역주 임화정연
2권

역주 임화정연 2권

초판1쇄 인쇄 2025년 6월 2일
초판1쇄 발행 2025년 6월 9일

옮 긴 이 김동욱
펴 낸 이 신일희
펴 낸 곳 계명대학교 출판부
출판등록 제347-1998-1호(1970. 9. 1)
주 소 대구광역시 달서구 달구벌대로 1095
대표전화 053-580-6233
팩 스 053-580-6235
홈페이지 www.kmupress.com

ISBN 979-11-6516-252-8 93810 정가 28,000원

역주 임화정연
2권

김동욱 옮김

계명대학교 출판부

역자 서문

『역주 임화정연』 2권은 조선도서 주식회사에서 1923년 발간한 『사성기봉 임화정연 권지이(四姓奇逢 林花鄭延 卷之二)』의 원문을 입력하고 주석과 현대어역 작업을 한 것이다. 〈임화정연〉은 19세기 무렵 창작된 것으로 추정되는 조선시대 한글장편소설이다. 이 작품이 중국 명나라 홍무(洪武, 1368~1398) 연간 절강 지역을 배경으로 한 것은 조선시대 소설의 관습에 따른 것이다.

〈임화정연〉은 그 분량으로 따지면 〈완월회맹연〉, 〈명주보월빙〉과 더불어 조선시대 3대 장편으로 일컬을 만한 작품이다. 조선시대에 창작된 가장 긴 한글장편소설 〈완월회맹연〉이 약 298만 8천자이고, 두 번째로 긴 〈명주보월빙〉이 약 147만 5천자이다. 〈임화정연〉은 구활자본이 약 81만자이고 필사본은 약 150만자로 추산되니 조선의 3대 장편소설 중 하나로 일컫기에 부족함이 없다고 하겠다.

또 〈임화정연〉은 상당한 인기를 끈 작품이기도 하다. 1888년 기록된 〈옥수기(玉樹記)〉의 발문에서 〈임화정연〉이 당시의 한글장편소설을 대표할 만한 작품으로 인식되었던 정황을 엿볼 수 있다. 〈임화정연〉은 구활자본으로 출판되기도 했는데, 한글장편소설이 구활자본으로 두 차례 이상 출간된 사례는 〈임화정연〉과 〈옥루몽〉, 〈하진양문록〉 세 작품뿐이다.

이처럼 〈임화정연〉이 차지하는 문학사적 위상과 중요도가 작지 않음에도 불구하고, 〈임화정연〉은 다른 고전소설에 비해 주목받지 못한 편이다. 이는 지금까지 〈임화정연〉을 쉽게 접근할 수 있는 방편인 신뢰할 만한 현대어역본이 없었기 때문이 아닌가 생각한다.

옮긴이는 2016년도에 서울대학교에서 〈임화정연〉으로 박사학위를 받았다. 그리고 언젠가는 〈임화정연〉을 역주해 많은 사람들에게 〈임화정연〉의 진면목을 알리고 싶다는 뜻을 품고 있었다. 이에 2024년도에 조선도서주식회사에서 출판한 구활자본 〈임화정연〉 6권 중 1권을 출판했고, 1년 정도의 작업기간을 거쳐 2025년도에 2권을 세상에 내놓게 되었다.

옛한글을 어느 정도로 현대어로 번역을 할까 하는 문제로 많은 고민을 했다. 1권은 원문의 예스러운 문체를 최대한 살려 축자역에 가깝게 번역했다. 그런데 2권에서는 현대 독자들이 읽기 쉽도록 최대한 현대어답게 과감히 번역하자는 쪽으로 생각이 바뀌었다. 원문의 고아(古雅)한 맛을 느끼고 싶은 독자들은 뒤에 따로 실은 원문을 직접 읽어 보면 된다고 생각해서 내린 결정이었다. 그 과정에서 원문의 문체가 상당히 훼손된 것은 어쩔 수 없는 일이었다.

옮긴이는 앞으로 남은 4권의 〈임화정연〉도 차례로 역주할 계획이다. 옮긴이의 부족한 능력 탓에 걸작의 명성에 누를 끼친 것이 아닌지 염려된다. 부족하지만 앞으로의 〈임화정연〉 연구에 밑거름이 되기를 바라는 마음으로 이 책을 낸다.

2025년 4월

김동욱

일러두기

1. 이 책은 1923년 출판된 조선도서주식회사 『임화정연』 2권을 저본으로 삼아 현대어 번역과 주석을 한 결과물이다.

2. 이 책은 현대어 번역 및 주석 부분을 앞에 배치하고, 원문은 뒤에 수록했다. 원서는 6권 6책으로 이루어져 있고, 또 장회가 나누어져 있다. 이 책의 권 구분과 장회 제목은 원서의 권 구분과 장회 제목을 그대로 따른 것이다.

3. 주석은 처음부터 끝까지 일련번호를 붙여 각주로 달았다. 인물, 주요 용어 및 어구의 출전, 관련 배경지식 등을 주로 담았다. 의미 전달의 명확성을 위해 필요한 경우 한자를 괄호 속에 병기했다.

4. 번역은 옛한글로 된 원문의 순서를 바꾸어 현대어 문장의 순서에 맞게 의역했다. 야야(爺爺), 태태(太太) 등 오늘날의 독자들이 이해하기 어려운 호칭은 부친, 모친 등으로 바꾸었으나 소자(小子), 소저(小姐) 등 비교적 이해하기 쉽고 여러 차례 쓰이는 호칭은 그대로 두었다.

5. 역주 작업 도중 원문의 오류로 생각되는 부분은 바로잡아 번역했다. 그 과정에서 72권 72책 필사본을 참고했다.

6. 이 책에 쓰인 주요 문장부호는 다음 원칙에 따랐다.
( ) 한자를 병기할 때
『 』 책 이름을 표기할 때
「 」 책의 편명, 작품명 등을 표기할 때
< > 원문의 쪽수를 표기할 때

목차

현대어역
제사편

第三編
제삼편

제십삼회 第十三回

이현경이 명을 내려 화씨 집안을 어지럽히고,
연권이 정연양을 만나 그녀를 의녀로 삼다

제십사회 第十四回

의약으로 정연양의 병을 구하고,
옥사로 인해 가홍부에 이르다

제십오회 第十五回

화씨 집 살인 사건의 진실을 밝히니,
이현경이 자백하고 잘못을 뉘우치다

제십육회 第十六回

화씨 집에서 홍연을 이창백에게 보내고,
연권이 임유를 찾아 마음을 터놓다

제십칠회 第十七回

연권이 정씨 집을 찾고,
송사를 공정하게 해결한 후 길을 떠나다

제십팔회 第十八回

진상문이 연영아에게 장가들고자
류일을 몰래 사귀어 뇌물을 쓰다

第十三回 제십삼회

이현경이 명을 내려 화씨 집안을 어지럽히고, 연권이 정연양을 만나 2녀를 의녀로 삼다

화 상서 부인이 연기를 불러오게 했다. 때마침 연기는 뇌물을 쓰고 아문 앞에서 소식을 알려고 머무르다가 부인의 부름을 듣고 서둘러 돌아왔다. 부인이 두 아들을 지켜 달라고 하자, 연기는 머리를 숙여 명을 받고 대답했다.

"소복(小僕)이 두 공자를 반석같이 지켜내겠습니다. 부인께서는 염려 마십시오."

이에 부인은 크게 기뻐하며 두 아들을 연기에게 맡겨 떠나보냈다. 화빙아는 두 공자의 옷을 바꿔 입혀 청의동자(青衣童子)[01]로 꾸며 혹시 모를 상황에 대비해 경계를 게을리하지 않았다.

"동생들이 여기 머물러도 득이 될 것이 없을 뿐 아니라 귀한 몸이 위험해질 수 있습니다. 어머니께서는 염려 마시고 부디 조심하십시오."

부인은 연거푸 당부했고, 두 공자는 울며 작별 인사를 나눈 뒤 연

---

01 청의동자(青衣童子): 푸른 옷 입은 아이. 옛날에는 시종들이 푸른색 옷을 입었다.

기를 따라 떠났다. 부인은 마음이 좋지 않아 식사를 전폐했다. 화빙아가 태연자약하게 위로했다.

"어머니께서는 너무 걱정 마십시오. 이미 대비책이 있습니다."

그렇게 말한 뒤로도 조금도 두려운 기색 없이 하인들에게 문밖의 동정을 살피게 했다. 연파는 남편이 잡혀가 놀랐으나 필시 무사하리라 짐작하고, 부인을 달래면서 집안 기강을 엄숙히 세워 어떠한 일도 밖으로 새어 나가지 않도록 신경 썼다. 과연 화빙아가 어떻게 대처하며, 이창백 부자의 목숨이 어떻게 될까.

한편 이현경은 관청에 위엄 있게 자리 잡고 준비를 갖춘 채 기다리고 있었다. 이윽고 차사들이 화씨 집의 노복 세 명을 붙잡아 왔다는 보고가 올라오자, 그는 즉시 잡아들이라 명했다. 차사가 즉시 세 명을 끌고 들어와 엎지르니, 이현경이 좌우에게 연충을 데려와 혹독한 형벌을 내리라고 했다. 그러자 연충이 소리높여 호소했다.

"비록 역적이거나 큰 죄를 지은 자라도 원정(冤情)[02]을 먼저 들은 뒤에 형벌을 내리는 법입니다. 지금 노야(老爺)께서는 유무죄도 묻지 않으시고 곧바로 혹형을 내리시니, 소인은 비록 미천한 종이지만 죽어서도 억울함을 참기 어렵습니다."

이현경이 크게 분노해 꾸짖었다.

"무지한 놈이 감히 나를 밝지 못한 재판 한다고 비방하느냐? 당장 매질을 더해라!"

그러자 하리(下吏)들이 아뢰었다.

"죄인은 문초를 거친 뒤 형벌하는 것이 국법의 당연한 절차입니다. 이놈이 상전을 대신해 왔으니, 우선 그 상전이 무슨 악행을 저질렀는지

---

02 원정(冤情): 옛날 수령에게 백성들이 자신의 억울한 사정을 아뢰던 일.

들어보신 뒤에 취조해 자백을 받으시는 편이 좋겠습니다. 부디 잠시 형벌을 거두시고, 먼저 이자의 말을 들어주신 다음 처분하시지요."

이현경이 하리의 말을 듣고 화씨 집 노복에게 소리 높여 물었다.

"원정을 먼저 말하겠다고 했으니, 그 사연이 무엇이냐? 자세히 아뢰어라."

연충은 무릎을 꿇고 대답했다.

"소인들은 내당(內堂)의 일은 자세히 알지 못하오나, 대강 알고 있는 바를 말씀드리겠습니다. 전에 소인의 집에 과객으로 오신 정 공자는 정 상서의 아들입니다. 일찍이 정 상서께서 화 노야와 혼사를 약조(約條)하셨기에, 정 공자가 직접 찾아오신 것이지요. 소인의 집에서도 혼례를 준비해 두었고, 이미 정 공자와 맹약을 맺은 터라 지현(知縣)께서 여러 차례 통혼을 요구하셨음에도 이를 따를 수 없었습니다. 화 소저 또한 부친의 명을 따르며, 정씨 가문과의 의리를 저버리지 않으려 했습니다.

마님께서 날을 고르셔서 혼례까지 사오일쯤 남았을 때, 어느 날 밤 강도 네댓 명이 들이닥쳐 정 공자를 칼로 찔러 죽이고, 소저마저 행방불명이 되어 온 집안이 뒤집혔습니다. 소저가 어디로 갔는지 전혀 알 길이 없고, 정 공자를 죽인 자들도 파악되지 않아, 부인께서는 홀로 남아 어찌할 바를 모르고 계십니다. 소공자도 아직 어린 데다 그날 집에 없었고, 가까운 친척도 마땅치 않으며, 정 공자의 본가는 멀어 연락하기조차 어렵습니다. 결국 두렵고 참담할 뿐이었습니다. 소인 등은 이밖에 아는 바가 없습니다. 백생 등 네 명은 도적이 들기 전 모두 고향으로 떠났습니다. 바깥에 있던 노복이 어찌 내당의 사정을 알겠습니까?"

분향 등이 또 아뢰었다.

"연충의 말이 소인과 같으니, 소인 또한 따로 아뢸 것이 없습니다. 백생 등은 먼저 떠났고, 소저는 그 후에 행방이 묘연해졌는데 그 진상은 시녀들조차 제대로 알지 못했으니 어찌 하인들이 알 수 있겠습니까? 소인 등은 다만 타향에 온 정 공자가 참혹하게 죽었다는 사실만 애달프게 여길 뿐입니다."

이현경은 세 명의 말이 모호하자, 오히려 내심 기뻐하며 말했다.

"너희들의 말은 믿을 수가 없다. 정 공자의 행방과 백생의 소식을 파악한 뒤 자세히 조사하여 법에 따라 처벌하겠다. 일단 이자들을 가둬 두고 상부의 지시를 기다려라."

하리들이 명을 받고 세 사람을 하옥하자, 이현경이 그들의 초사(招辭)[03]를 정리하여 마 지부에게 보고했다. 이를 본 마 지부는 발끈 낯빛을 바꾸어 말했다.

"이현경은 어찌 이리도 용렬한가? 원정이 이같이 모호한데 다시 조사하지 않고 이들을 하옥하다니, 분명 무언가 혐의가 있거나 아니면 정에 치우쳐 조사를 꺼리는 것이로다. 내가 직접 이들을 잡아 심문해야겠다."

그리하여 이현경에게 죄인을 상부로 이송하라는 명을 내리니, 이현경은 매우 놀라 속으로 생각했다.

'만약 이들을 지부로 보냈다간 엄중한 문초로 인해 우리 일이 탄로 날 것 아닌가. 내가 직접 조사하고, 다른 관서에는 절대로 보내지 말아야겠다.'

이에 이현경은 이렇게 회신했다.

"연충 등 노복은 규중의 일을 잘 알 리가 없습니다. 그 아들을 잡아 물어야 간사한 실상이 드러날 것입니다. 굳이 상부를 번거롭게 할 필요가 있겠습니까?"

그러자 마 지부도 그 말에 수긍해 '밝게 처결하라'고 지시했다. 그러

---

03 초사(招辭): 옛날 관아에서 용의자를 심문해 그 내용을 기록한 자료.

자 이현경은 즉시 차사를 보내 '화 공자를 잡아 오라'고 명한 뒤, 다시 생각했다.

'화 공자가 아직 어리다 하니 위엄을 보이면 겁에 질려 굴복할 것이다. 옥중에 가둬 몰래 죽여버리면 모든 일을 조용히 마무리할 수 있겠군.'

한편 화씨 집안에서는 연충이 매를 맞지 않고 그저 갇혔다는 소식을 듣고 조금 마음을 놓고 있었다. 그런데 갑자기 차사가 나타나 화 공자를 붙잡아 가겠다고 했다. 부인이 문을 걸어 잠그고 말했다.

"집안에 강도가 들어 정 공자를 살해하고, 우리 딸아이마저 사라졌으니 분명 도적에게 끌려간 듯하다. 집안이 외로워 원수를 갚지도 못하고, 혹 무슨 해가 닥칠까 두려워 아들을 이미 그의 아버지가 귀양 간 조주로 보낸 지 한 달이 지났다. 너희들이 꼭 공자를 잡아가야겠다면 내가 직접 지현 노야를 뵈러 관부에 가서 자초지종을 고하겠다. 너희들은 이리 아뢰어라."

이에 차사들이 대답했다.

"부인께서 그렇게 말씀하셔도 지현 노야께서 믿지 않으실 것입니다. 정말 공자께서 안 계시다면 문을 열지 못할 이유도 없을 텐데, 괜히 속이지 마시지요. 더 늦어지면 지현 노야가 노하실 것입니다."

부인이 노하여 크게 꾸짖었다.

"지현 노야가 한 고을의 수령이라면 공정하고 밝게 다스려야 마땅하지 않겠느냐? 사대부의 집에 침입해 사람을 죽이고 규수를 납치해 간 강도는 찾지도 않고, 무죄한 우리를 협박하니 이게 대체 무슨 법도냐? 우리 아이는 열 살도 안 된 어린애로 아무 죄도 없는데 무엇이 두려워 없다고 하겠느냐? 비록 내가 여인이지만 담력이 없지 않고, 상공이 귀양 중이라 해도 조정의 명관인 것을 지현도 모를 리 없다. 설마 사대부 집안의 부인을 함부로 욕보이지는 못할 것이다. 기회가 된다면 내 당당히 등문고(登聞鼓)[04]를 두드려 황상께 아뢰겠다. 다시는 이 외로운 사대부 집안을 우습게 여기지 마라. 언젠가 꼭 딸아이의 행방을 찾아내고, 정 공자를 죽인 범인에게 원수를 갚을 날이 있을 것이다."

부인이 말을 마치고, 맹렬한 기세로 하인들을 꾸짖으며 내쫓으라고 했다. 차사들은 부인의 말이 엄숙하여 함부로 무례하게 굴지 못하고 돌아가 이현경에게 이 뜻을 전했다. 이현경이 크게 노하며 말했다.

"패륜(悖倫)하는 음녀(淫女)의 어미가 감히 큰소리를 치고, 나라의 체면을 무너뜨린 도적의 계집이 어떻게 벼슬아치 부인인 척 행세하는가? 저의 남편은 황상의 은혜로 목숨만 건졌을 뿐, 이미 죄를 면치 못해 서민의 처지로 전락했다. 그런데도 내게 함부로 맞서다니! 내 마땅히 저 늙은 계집을 잡아다가 오형(五刑)[05]에 처해 버리면 모든 죄상이 드러날 것이다!"

이처럼 호령했으나, 속으로는 두려운 마음이 있어 큰 소리만 쳤을 뿐 막상 잡아들이지는 못하고 망설였다. 마침 위후진이 찾아오자, 이현경은 좌우를 물리치고 연충 등의 원정과 주 부인이 차사를 꾸짖던 말을 전하며 '저들이 저렇게 방자하니 어찌해야 좋겠소' 하고 상의했다.

한편 이부시랑(吏部侍郎) 연권은 절강(浙江) 출신이었다. 성품이 강인하고 사리에 밝아 일찍이 벼슬길에 올라 이부시랑의 지위에 이르렀다. 정무(政務)에 마음을 다해 국사를 보좌했고, 정현과는 죽마고우(竹馬故友)[06]로 함께 국사를 이끌었다. 그러나 국운이 불행하여 호유용이 간사한 말로

04 등문고(登聞鼓): 백성이 억울한 일을 임금에게 직접 하소연할 때 치게 하던 북.

05 오형(五刑): 조선 시대의 다섯 가지 형벌은 작은 매로 볼기를 치는 태형(笞刑), 큰 매로 볼기를 치는 장형(杖刑), 중노동에 처하는 도형(徒刑), 유배 보내는 유형(流刑), 사형(死刑)을 이른다. 고대 중국의 다섯 가지 형벌은 살갗에 먹물을 넣는 묵형(墨刑), 코를 베는 의형(劓刑), 발뒤꿈치를 베는 비형(剕刑), 고자를 만드는 궁형(宮刑), 죽이는 대벽(大辟)을 말한다.

06 죽마고우(竹馬故友): 대나무 말을 타고 놀던 벗이라는 뜻으로, 어릴 때부터 같이 놀며 자란 벗.

황상의 뜻을 맞추어 총애를 받게 되었다. 그로 인해 호유용이 조정의 권세를 제멋대로 휘두르며 간사한 무리들이 날뛰고 어진 신하들은 물러나게 되었으니, 의로운 선비들은 그 꼴을 보고 탄식할 수밖에 없었다.

연권은 호유용과 뜻이 맞지 않아 벼슬이 시랑(侍郞)에 그쳤고, 집안도 대대로 가난한 선비 집안이라 가세가 쓸쓸하고 친척도 드물었다. 그러니 부부 두 사람이 서로 의지해 세월을 보내며 살았다. 그 부인 유 씨가 늦게야 딸 하나와 아들 하나를 낳고 세상을 떠나자, 연권은 쉰 살에 상(喪)을 당했다. 젊어 고생을 함께 해 온 부인을 떠올리며 재혼하지 않고, 첩(妾)인 방 씨에게 집안 살림을 맡기고 직접 자녀를 돌보며 극진한 사랑을 쏟았다. 그 딸인 영아는 열넷, 아들 춘경은 열두 살이었다. 두 아이 모두 기질이 뛰어나 선풍옥골(仙風玉骨)[07]이었고, 특히 연영아는 단정하고 수려한 데다 품행이 고결하여 사람됨이 비범했다. 용모는 서시(西施)[08]도 무색할 만큼 아름답고, 재능은 소사(簫史)[09]를 능가할 정도였다. 마음이 단정하고 온순해 부족함이라곤 없으니, 연권이 보배로운 구슬처럼 아끼며 사랑했다.

연영아와 연춘경 남매는 어릴 적 어머니를 여의고, 오직 아버지를 의지하며 자랐다. 서모(庶母)인 방 씨는 미모와 덕(德)을 겸비해 원래 부인 유 씨가 살아 있을 때부터 특히 신임받았다. 유 씨가 늦도록 자식을 낳지 못하자 유 씨가 방 씨를 첩으로 들이도록 권했고, 그 뒤 유 씨가 아이들을 낳자, 방 씨는 오히려 기뻐하며 영아 남매를 친자식처럼 돌보았다. 남매도 방 씨를 친어머니 못지않게 따르며 두터운 정을 나눴다. 부인

---

07 선풍옥골(仙風玉骨): 신선의 풍채와 도인의 골격이란 뜻으로, 남달리 뛰어나고 고아(高雅)한 풍채를 이르는 말.

08 서시(西施): 중국 춘추시대 월나라의 유명한 미녀.

09 소사(簫史): 중국 춘추시대의 뛰어난 음악가. 퉁소를 잘 불었다고 한다.

이 세상을 떠난 뒤, 방 씨는 슬픔을 억누르며 더욱 영아 남매를 보살폈다. 연영아가 비범한 재능을 지닌 것을 기뻐해, 연권과 함께 재주와 덕을 고루 갖춘 사위를 찾아보려 했다.

마침 연영아의 이름이 원근(遠近)에 퍼져, 구혼(求婚)하려는 사람들의 매파(媒婆)로 문 앞이 북적였다. 당시 권문세가(權門勢家) 출신의 귀공자들이 많았으나, 연권은 그 모든 혼담을 단호히 물리쳤다. 이때 진상문은 황상의 총애를 받고, 호유용의 조카사위가 되어 권세가 대단했다. 그에게는 두 부인이 있었는데, 첫째 부인 호 씨는 성격이 흉포해 권세를 믿고 함부로 굴었고, 둘째 부인 이 씨는 진상문의 뜻을 잘 따르며 총애를 받았으나, 용모가 썩 마음에 들지 않는다는 이유로 진상문은 늘 아쉬움을 품고 있었다. 게다가 두 부인이 수시로 다투어 가정이 시끄럽다 보니, 진상문은 조용하고 정숙한 여인을 얻어 평생을 쾌락 속에 살고 싶다고 생각하며 탄식했다.

"내 팔자가 평탄하지 못하구나."

그러던 중, 연영아의 꽃다운 이름이 온 고을에 자자해, 재주 있는 젊은 선비들이 앞다투어 연씨 집안의 사위가 되려 한다는 소문을 듣게 되었다. 진상문은 말은 없었으나, 속으로 연영아에 대한 그리움이 깊어 은밀히 말 잘하는 매파를 구해 연권을 찾아가게 했다. 매파는 진상문의 재주와 부귀를 칭송하며 마치 자공(子貢)[10]이나 소진(蘇秦)[11]처럼 화려한 말재주로 연권을 설득하고자 했다. 그러나 연권은 현명한 군자였기에, 진상문이 권세만을 쫓는 소인배이고, 더구나 호유용의 조카사위라는 사실을

---

10 자공(子貢): 중국 춘추시대의 유학자. 공자의 제자로 언변에 뛰어났다.

11 소진(蘇秦): 중국 전국시대의 유세가. 강대국인 진(秦)나라에 맞서 여섯 나라의 합종책(合從策)을 제안했다. 여섯 나라의 군사동맹을 성사시킨 소진은 여섯 나라의 재상직을 겸하고 여섯 나라 왕들의 회의에 의장 역할을 했다.

익히 알고 있었다. 그래서 준엄한 말로 거절했다.

"나는 본디 가난한 선비라, 딸의 용모가 그리 빼어나지도 못하다. 사위도 한미한 유생(儒生)을 맞아 조용히 지내길 바라는데, 어찌 한림원(翰林院)의 이름난 분을 사위 삼으려 하겠는가? 더구나 진 한림에게는 이미 두 부인이 있다고 들었다. 우리 딸은 어릴 적 어머니를 여의고 배운 것도 적으니, 그런 적국(敵國)[12] 사이에서 과연 잘 지낼 수 있겠는가? 한림께서 구혼해 주신 것은 고맙지만, 결코 허락할 수 없다."

매파는 온갖 수단을 다했으나, 연권은 끝내 허락하지 않았다. 결국 매파가 빈손으로 돌아와 일이 성사되지 않았음을 알리자, 진상문은 다시 동료 이 한림을 보내어 구혼했다. 그러나 끝내 연권이 허락하지 않으니, 진상문은 불쾌해하며 앙심을 품었다. 그 뒤로도 연영아의 이름만 들으면 어찌할 바를 몰라 마음이 흔들렸다.

마침 조정에서 인재를 뽑아 절강 등지로 순무어사(巡撫御史)를 파견하려 했는데, 진상문은 연권을 해치고 연영아를 차지하려는 마음으로 황상께 일부러 연권을 천거했다. 황상께서는 연권의 정직함을 익히 아셨으므로, 그를 절강 안찰사(按察使)[13]로 임명하시고 속히 출발하라고 명하셨다. 연권은 사은(謝恩)한 뒤 서둘러 떠나려 했는데, 자녀와 방 씨는 그의 옷자락을 붙들고 먼 길을 조심하라며 눈물을 머금고 당부했다. 연권도 아쉬운 마음으로 그들을 달래며 말했다.

"황상의 크신 은혜로 중책을 받들게 되었다. 대장부로서 절월(節鉞)[14]을 받들고 나아가 집안일만을 생각하는 것은 못나게 보일 수도 있으나,

---

12 적국(敵國): 적대 관계에 있는 나라. 같은 남편을 둔 부인들이 서로를 '적국'이라고 부른다.

13 안찰사(按察使): 명나라 때에 지방 군현을 돌아다니며 지방 관리들을 감독하던 벼슬.

14 절월(節鉞): 절은 깃발과 같이 만들고 월은 도끼와 같이 만든 것으로, 군령을 어긴 자에 대한 생살권(生殺權)을 상징한다.

그래도 자식들 걱정을 떨칠 수가 없구나. 서로 의지하며 지내되, 나를 너무 그리워하지 말고, 춘경의 학업을 열심히 도와주어라. 진상문이 여러 번 구혼을 했으나 내가 거절했으니, 그가 분을 품고 어찌할지 모른다. 혹시 내가 없는 사이 그가 권세로 억지 혼담을 들이밀더라도 절대 경솔하게 움직이지 말고, 내외(內外)를 단속하여 내가 돌아올 때까지 기다려라."

두 아이는 절하며 아버지의 말씀을 받들었고, 연권은 다시금 방 씨에게 주의를 주었다.

"두 아이를 잘 돌보고, 집 안팎을 단속하여 낯선 이가 틈타지 못하게 하시오."

그렇게 여러 번 당부한 뒤, 연권은 결국 집을 떠나 절강 일대를 순무하며 다스렸다. 그는 먼저 미복(微服)으로 돌아다니며 백성들과 아전(衙前)들의 선악(善惡)을 살폈고, 억울한 백성이 없도록 힘썼으며, 도적들을 회유해 귀순시키고, 창고를 열어 빈민을 구제하는 한편, 농업을 장려하고, 각 고을의 현령(縣令)들이 저지른 비리를 밝혀내 정사를 맑고 엄정하게 이끌었다. 연권이 민정을 살피고 백성들을 위해 힘쓰자, 도처에서 칭송이 자자했다. 주현(州縣)의 관리들 또한 겁을 먹어, 호화로운 술과 미녀로 연권의 환심을 사려 하지 못하고, 오직 선정을 베풀어야만 죄를 면할 수 있었다.

이때는 늦가을 9월이라, 서풍이 스산하게 불었고, 산과 들에는 단풍이 고운 빛으로 번져 비단 장막을 친 듯 장관을 이루었다. 날씨가 점차 추워지고, 남쪽으로 날아가는 기러기 무리가 처량한 울음소리를 내니, 타향에 나온 나그네의 마음을 더욱 쓸쓸하게 했다. 연권은 미복을 입고 시동(侍童) 하나만 데리고 산음(山陰) 지방 곳곳을 돌아다녔다. 길가 주점에서부터 깊은 시골 마을까지 오가며 백성들의 실정을 살폈다.

어느 날, 몸도 피곤하고 배도 고파 차나 간단한 음식을 사 먹으려 했으나, 눈에 띄는 주점들이 어수선해 조용한 곳을 찾았다. 그러다 인가(人家)가 드문 한 산골 마을에 이르렀는데, 동자에게 문을 두드리게 하자, 한 할머니가 나와 물었다.

"이런 깊은 산골에 어떤 손님이 오셨습니까?"

연권이 예를 갖춰 답했다.

"먼 길을 왔는데 날이 쌀쌀하고 목이 말라서, 차나 간단한 음식을 살 수 있을까 해서 들렀습니다. 주인께서 허락해 주시겠습니까?"

할머니는 연권의 풍채가 준수하고 나이도 있어 보여 공경히 대하며, 초가집 안으로 안내해 간단한 술과 안주를 내주었다. 연권이 물었다.

"이 집 주인어른은 무엇을 하시며, 자녀가 몇이나 되십니까?"

그러자 할머니가 탄식하며 말했다.

"제 남편의 성은 왕(王)인데, 원래 농사를 짓다 세상을 떠났습니다. 딸이 하나 있는데 올해 열다섯이 되었으나 시집도 못 간 채, 저와 단둘이 지냅니다. 그래서 사람들은 저를 '왕 과부'라 부르지요."

연권이 안타까운 듯 말했다.

"이런 외진 곳에도 절개를 지키는 분이 계시군요. 남편이 안 계시니 살림이 무척 어렵겠습니다."

할머니는 한숨지었다.

"원래부터 가난했는데, 남편이 세상을 뜨고 나니 형편이 더 곤궁해졌습니다. 그래도 딸아이가 베를 짜고 수를 놓아 생계를 돕습니다. 성품이 효성스러워 아직 어머니를 모시고 싶으니 시집가지 않겠다고 해 제가 강제로 내보낼 수가 없습니다."

연권이 크게 칭찬했다.

"이런 깊은 산촌에도 뜻있는 과부와 효녀가 있다니, 참으로 귀한 일입니다. 지현은 왜 이런 기특한 사람들을 찾아 상을 주지 않는지 모르겠군요."

"과부가 절개를 지키고 자식이 부모를 봉양하는 건 옛날부터 당연한 도리 아닙니까. 그보다 걱정되는 건, 가끔 난폭한 무리들이 떼를 지어 우리 딸을 빼앗으려 드는 일이지요."

"그건 어렵지 않습니다. 제가 어사 노야와 잘 아는 사이니, 특별히 그대의 사정을 관청에 알려 어떤 무뢰배도 감히 침범하지 못하게 조치하겠습니다."

왕 과부는 기뻐하며 머리를 숙여 사례했고, 다과를 더 내며 극진히 대접했다. 연권은 한가롭게 앉아 이 고장의 민심과 지부, 그리고 현관들의 정치를 물었다. 그때 옆방 쪽에서 희미하게 신음소리가 들렸고, 곁에서 누군가 슬프게 탄식하는 소리도 이어졌다. 연권이 물었다.

"옆방에서 앓는 사람 소리가 나는 것 같은데, 누가 아픈 겁니까?"

"이번 달 초에 다섯 명의 젊은 소년들이 해 질 무렵 이 집을 찾아와 하룻밤만 묵어가게 해 달라고 부탁했습니다. 원래 딸아이 때문에 낯선 사람 들이길 꺼렸는데, 그 소년들이 애원하고 또 용모가 비범해 보이기에 괜히 내치기 어려워 객실에 재웠지요. 이들의 성명을 물어보니, 저와 같은 '정(鄭)' 씨라 하여 더 호감이 갔고, 특히 그중 한 명인 '정 공자'라는 아이가 어찌나 아름다운지, 혹시 사위로 들일 수 있을까 하는 생각까지 했습니다. 그런데 갑자기 병이 들어 열흘 넘게 자리에 누워 지내더니 병세가 점점 위중해지고 있습니다. 함께 온 네 명도 밤낮으로 걱정하며 밥도 제대로 못 먹고 눈물로 지내고 있으니 안타깝기 그지없습니다. 하물며 낯선 타향에서 만약 이 사람이 죽기라도 한다면, 시신을 어떻게 해야 할지 또한 큰 걱정입니다."

"어디 출신이고, 어떤 사연으로 떠돌고 있는 사람들인지, 또 동행한

네 사람은 종인지요?"

"병든 정 공자는 정 상서의 아들이라고 했고, 함께 온 네 명은 백생과 석생 형제를 비롯해 모두 사촌 사이라고 들었습니다. 집안에 큰 화를 당해 떠돌고 있다고만 하더군요."

이를 들은 연권이 깜짝 놀라며 중얼거렸다.

"정 상서의 아들이라니…. 혹시 정현의 자식이란 말인가? 나는 정 상서와 친한 벗입니다. 중도에서 헤어져 늘 그를 그리워하던 참에, 이곳에 정 상서의 아들이 있다는 소식을 듣고 내력을 좀 물어보고 싶습니다. 게다가 그 아이가 병이 심하다고 하는데, 제가 조금 의술을 아니 도움이 될 수도 있을 듯합니다. 모쪼록 제 뜻을 전해 주시겠습니까?"

왕 과부는 크게 기뻐하며 감사를 표했다.

"상공께서는 보통 사람이 흉내 낼 수 없는 자비심을 지니셨습니다. 제가 안으로 들어가 전해 보겠으니, 상공께서는 잠시 기다려 주십시오."

그리 말하고는 곧 안으로 들어갔다. 사실 연권이 정 공자의 빼어난 용모와 풍모 이야기를 듣고 한번 만나 보고 싶어 한 건, 어찌 보면 사위감으로 어떨지 살펴보려는 마음도 있었다.

한편, 전에 정연양은 이창백의 박해를 피해 화씨 집에서 나올 때, 시녀 네 명과 함께 어디에 기댈 곳조차 없이 사방으로 떠돌게 되었다. 고향으로 돌아가려 해도 어머니가 워낙 마음이 여려 또다시 꾀임에 빠질까 두려워 차마 고향에 갈 수 없었고, 사면팔방에 아는 사람이 없어 그야말로 하늘 아래 갈 곳이 막막했다. 정연양은 하늘을 우러러 탄식했다.

"집안의 운세와 내 불운이 어쩌면 이리도 심할까?"

네 시녀는 여러모로 달래며 조금씩 길을 나아가 기주의 주 어사가 부임해 있다는 곳으로 가보려 했다. 하지만 천 리나 되는 먼 길을 약골인 정연양이 버티기 어려웠다. 길을 헤매며 이창백의 위협을 피하려고 이름도 감췄는데, 돌아다니다 보니 산음 고을의 죽계촌(竹溪村)에 닿았다. 가지고 있던 돈도 얼마 안 되고, 사람이 여러 명이니 숙박마저 쉽지 않았다. 며칠간 걸어 다녔더니 정연양은 기력이 소진되어 다리와 발이 부어올랐고, 조용한 곳에서 쉬며 몸을 추스르고 싶었다. 그러나 마을이 전반적으로 누추하고 시끄러워 마땅한 숙소를 찾기 어려웠다. 길 가는 이에게 "조용한 집이 없느냐?"라고 물었더니 왕 과부의 집을 알려 주었다. 일행은 크게 반가워 그 집 앞에 이르렀는데, 대문이 굳게 닫혀 있고 누런 강아지 한 마리가 달려들며 사납게 짖어 댔다. 안에서 할머니 한 명이 나오며 말하였다.

"누구이길래 우리 개가 저리 요란하게 짖느냐?"

그러면서 문을 열고 개를 달래는데, 가월이 앞으로 나서서 공손히 절하며 말했다.

"먼 길을 오다 보니 묵을 곳이 없어서 이 댁을 찾아왔습니다. 부디 하룻밤만이라도 묵게 해 주시면 큰 은혜를 베푸시는 것입니다."

원래 이 할머니가 바로 '왕 과부'였다. 남편이 세상을 떠난 후, 절개를 지키며 딸 경아와 단둘이 적막하게 살아가고 있었다. 경아는 비록 농부의 딸이었지만 그 용모가 유난히 아름답고, 품성도 어질어 재주와 덕을 고루 갖춰 사람들이 너도나도 "며느리 삼고 싶다"라고 할 정도였다. 그러나 경아 스스로 '군자다운 사람과 결혼하지 않으면 차라리 혼자 살겠다'라고 고집했고, 또 외롭고 가난한 노모를 버리고 시집갈 수 없다며 바느질로 생계를 이으면서 규수 같은 태도로 집 안을 지키고 있었다. 촌의 무지한 사람들은 경아가 아리따운 것만 보고 못된 마음을 품어 힘으로 빼앗으려 들기도 했으나, 경아 모녀가 담대하고 집 안을 굳게 지켰기에 쉽게 범접하지 못했다.

그날도 문밖에서 개가 요란하게 짖기에 왕 과부가 나가보니 소년

다섯이 하룻밤만 묵게 해 달라고 애원하는 것이었다. 왕 과부는 '혹시 딸을 노리는 불량배는 아닌가' 의심이 들어, "집이 좁아 들일 곳이 없다"라며 돌려보내려 했다. 그러나 가월이 거듭 애원했다.

"노인장께서 어찌 이리 매정하십니까? 우리는 먼 곳에서 온 이들로, 고요한 곳에서 하룻밤 묵고 내일 아침 떠날 작정입니다. 부디 대자대비한 마음으로 우리를 받아 주십시오."

왕 과부는 의심스러워 눈을 들어 자세히 살펴보니, 다섯 명 모두 차림새가 단정하고 용모가 비범한 데다 목소리 또한 온화해 어딜 봐도 흉악한 무리는 아니었다. 그렇다고 해도 딸아이만 있는 집에 남자를 다섯이나 들인다는 것이 꺼려져, 계속 거절했다. 그 사이 날은 어두워지고, 사방은 적막해졌다. 가월 등은 더욱 다급해져 재삼 애걸했다.

"우리도 미천한 사람들은 아닙니다. 절강 소흥부(紹興府)에 계신 주 어사 부인이 우리 숙모가 되시지요. 소흥부에 계신 주 어사 부인을 뵈러 가던 길에 도적을 만나 짐도 모두 빼앗기고 몸도 지쳤습니다. 그래서 조용한 곳을 찾던 중 이곳에 이르렀습니다. 하룻밤만 묵을 수 있게 허락해 주시면 반드시 후히 사례하겠습니다."

왕 과부는 '정 상서의 아들'이라는 말에 비로소 허락하기로 했다. 일행은 연신 감사의 말을 하며, 왕 과부를 따라 객실로 들어갔다. 왕 과부는 즉시 촛불을 밝히고 깨끗한 자리를 펴 앉도록 했다. 그리고 촛불 아래에서 다섯 사람을 유심히 살피니, 모두 신선 같은 풍모를 지녔고, 그 중 한 사람은 특히 눈에 띄게 아름다운 얼굴이었다. 왕 과부는 놀라움과 칭찬을 금치 못했고, 어쩐지 마음이 끌려 서둘러 안으로 들어가 딸 경아를 불렀다.

"어서 밥을 지어 손님들을 대접해라."

경아는 놀라 물었다.

"어머니, 어떤 분인지도 잘 모르면서 이렇게 극진히 대접하라고 하세요?"

그러자 왕 과부가 손사래를 치며 말했다.

"처음엔 나도 수상히 여겨 안 들이려 했지만, 본인들이 '정 상서의 아들과 조카'라고 밝히고, 목소리와 태도가 점잖은 걸 보니 무뢰배가 아닌 듯하구나. 객실에 들여 보니, 고금(古今)을 통틀어도 이런 인물은 드물 것이다. 신선이 내려왔거나 부처가 변신했을지도 모르지 않겠냐? 네가 용모가 곱다는 소릴 들어 왔어도 저 정 공자만큼은 못 해. 나머지 네 명도 눈동자가 별처럼 맑아서 가벼운 자들이 아니니, 어서 저녁을 차려 대접해라."

경아는 모친이 너무 호들갑을 떠는 게 의아했지만, 대강 반찬을 마련해 밥상을 차렸다. 왕 과부는 그것을 가져가며 일행에게 말했다.

"허술하게 차렸으니, 너그럽게 이해해 주십시오."

일행은 고맙게 여겨 말했다.

"먼 길에서 헤매던 저희를 맞아 주신 것도 감격스러운데, 이렇게 저녁상까지 내주시다니 그 은혜를 어찌 갚겠습니까."

이윽고 식사를 마치자, 왕 과부는 밥상을 치우고 다시 나와 손님들과 이야기를 나누었다. 그중 '정 공자'라 불리는 이는 단정히 앉아 말이 거의 없었는데, 마치 그림 속의 관음보살을 보는 듯했다. 백생과 석생 형제는 말이 온화하고 거동이 우아해, 왕 과부가 정 공자의 빼어난 용모를 칭찬하면서도 그가 워낙 차가워서 쉽게 다가가기 어려웠고, 대신 섬월이 낭랑한 목소리로 싹싹하게 대하자 더없이 반가워하며 '딸아이를 시집보낼 만한가' 하는 속생각까지 해 보았다.

밤이 깊어 일행은 잠자리에 들고, 다음 날 아침 왕 과부는 정성껏 아침밥을 차려 주었다. 경아는 모친이 전력을 다해 손님을 챙기는 모습이 신기해, '도대체 어떤 분들이길래 이럴까?' 싶어 벽 틈으로 몰래 내다봤다. 과연 다섯 사람 모두 옥 같은 용모와 풍채를 지녔고, 특히 정 공자는 한층 더 빼어나 촌에서 보기에 경이로울 지경이었다. 경아도 속으로 감탄을 멈추지 못했다.

이때는 이미 9월, 가을이 깊어 서늘한 바람이 거세게 불고, 찬 이슬이 내리던 철이었다. 정연양은 원래 몸이 약했는데, 긴 여행 탓에 다리가 붓고 기력이 쇠하여 더 이상 길을 갈 수 없게 되었다. 더욱이 왕 과부와 대화를 나눠 보니 집이 조용하고, 할머니도 학식이 있어 보였기에, 일행이 함께 상의 후 말했다.

"정 공자께서 발이 상해 걸을 수가 없을 정도로 피곤해하니, 며칠만 이 댁에서 쉬어도 되겠습니까?"

왕 과부는 흔쾌히 응했다.

"우리 집이 누추하나, 그리 원하신다면 얼마든지 머무르시지요."

다섯 사람은 기뻐하며 감사의 예를 표했고, 왕 과부도 극진히 대접해 주었다. 덕분에 정연양 일행은 마음 편히 쉬게 되었다.

그러나 늦가을 서풍이 유난히 날카로웠고, 밤낮 온도 차가 심해 아무리 따뜻한 방에 비단이불을 덮어도 한기가 가시지 않았다. 연약한 몸으로 오랫동안 고생을 거듭한 정연양은 급기야 중병에 걸리고 말았다. 섬월 등 시녀들은 있는 힘껏 돌보았지만, 약도 구하기 어렵고 뾰족한 방법이 없어 안타까움에 눈물만 흘릴 뿐이었다. 정연양 또한 병이 깊어지자 '부모님도 보지 못한 채 타향에서 억울하게 죽는 것이 아닌가' 하는 슬픈 마음에, 눈물이 비 오듯 쏟아졌다.

정연양은 마음의 근심이 더해 갈수록 병세가 날로 위중해졌다. 네 시녀는 속수무책이었고, 왕 과부 또한 참혹히 여겨 온 정성을 다해 돌보았지만, 정연양은 침상에서 정신이 흐릿한 상태였다. 가끔 정신이 들면 왕 과부에게 고마움을 표하며 부모를 떠올려 슬픈 마음을 달래 보려 했지만, 마음속 응어리가 풀리지 않아 병세는 조금도 호전되지 않았다. 열흘가량 지나자, 증상이 더욱 심해져, 네 시녀는 그저 탄식과 눈물로 지새울 뿐이었다. 그러던 어느 날, 왕 과부가 들어와 말했다.

"방금 어떤 상공께서 오셨는데, 참으로 인자하고 말씀도 온화한 분이시더군요. 다과를 원하시기에 마지못해 간단한 차와 과일을 내놓았는데, 벽 너머에서 정 공자가 앓는 소리가 들리자 '누가 앓느냐'라고 물으셨어요. 그래서 내가 공자의 사정과 병증을 대강 말씀드렸더니, 그분이 놀라며 '정 상서는 내 오랜 벗인데, 그 아들이 길에서 병을 얻었다니 내가 한번 보아야겠다' 하시기에 모셔 왔어요."

그 말이 끝나자, 나이가 지긋해 보이는 한 사내가 방 안으로 들어왔다. 백생 등이 급히 나가 맞으며 인사를 드리자, 그 사내는 이렇게 말했다.

"나는 세상을 떠도는 쓸모없는 촌부(村夫)입니다. 마침 이 고장에 왔다가 여러분이 곤궁한 처지에 놓였다는 말을 듣고 가슴 아파 어찌할까 고민하던 차에, 혹시 병든 공자를 고칠 방도가 있을지 몰라 이렇게 찾아왔습니다. 먼저 여러분의 성명을 여쭙고 싶습니다."

네 사람이 일제히 몸을 숙여 답했다.

"소생은 백념·백생 형제이고, 소생은 석진·석난 형제입니다. 그리고 병든 이는 같은 집안의 이성형제(異姓兄弟)인 정운(鄭雲)입니다. 집안에 우환이 생겨 떠나게 되었고, 원래 가흥부의 주 어사 댁을 찾아갔으나 그 어사께서 외지로 부임 중이라 헛걸음만 했습니다. 그래서 기주로 가보려 하다가 중도에 도적을 만나 짐과 나귀까지 모두 빼앗기고 걸식하며 지내던 중, 정운이 원래 몸이 약해 병을 얻어 점점 위독해졌습니다. 저희는 타향에서 떠도는 신세라 의약을 구하기도 어려워 손 놓고 지켜볼 수밖에 없었지요. 그런데 마침 대인(大人)께서 오셔서 병자를 살피려 하신다 하니 그 은덕이 태산같이 느껴집니다. 주인 할미 말씀에, 대인께서 정 상서의 옛 친구라 하셨는데 정말 그렇습니까?"

연권은 네 사람 목소리가 청아하고 말씨가 공손한 데다 어딘가 남자라기엔 미묘한 느낌이 있어 약간 의아해하면서도 대답했다.

"나는 연권이라 하오. 정 형과는 오랜 친구지. 예전에 정 형이 고향으로 돌아간 뒤, 나는 방랑하며 지낸 탓에 서로 소식이 끊긴 지 수십 해가 되었네만, 늘 옛 벗을 그리워했소. 정 형이 귀양을 갔다고 들어 안타까운 마음이 컸는데, 그 아들마저 병들었다니 이 또한 슬픈 일이오. 그런데 여러분이 정 형의 조카라 하니 정말 반갑구려."

네 사람은 거듭 감사의 인사를 올리며 말했다.

"대인께서 정 숙부와 친우 관계라 하시니 감히 저희가 집안 사정을 말씀드리겠습니다. 정 숙부께서 귀양을 가신 뒤, 정운이 집안일로 피신하느라 밖을 떠돌다 여기서 병이 심해졌습니다. 그 와중에 주인 할머니께서 지극정성으로 돌보아 주셨고, 이제 또 대인께서 이곳까지 와 주셨으니 실로 하늘이 정운의 사정을 헤아려 대인을 인도한 게 아닌가 싶습니다."

연권이 고개를 끄덕이며 말했다.

"병이 위급하다니, 어서 진맥해 보고 고쳐야 할 것이오."

가월이 눈물을 머금고 병중인 정연양에게 다가가 비단이불을 살짝 걷으며 그 손을 잡고 낮게 말했다.

"형, 정신을 차리세요. 하늘이 우릴 돕는지 이처럼 어진 어른이 오셔서 형 병을 보시려 합니다. 맥을 보이고 상태를 말씀드려 보세요."

정연양은 정신이 흐릿해 연권이 왔는지도 몰랐다가, 가월의 목소리를 듣고는 비로소 눈을 떴다. 곁에 앉은 낯선 어른은 범상치 않은 풍채에 반쯤 백발이었다. 정연양이 겨우 정신을 수습하며 말했다.

"내 병은 예사롭지 않아 하늘이 내린 벌이라 여기니, 의술로 낫는다는 기대조차 품지 못하겠다. 괜히 번거롭게 진맥을 받아봐야 무슨 소용이 있겠느냐. 괜히 대인을 수고롭게 하지 말고 그냥 나가 달라."

그리고 돌아누워 고집스럽게 팔을 내보이지 않으니, 그 속마음은 팔뚝에 있는 '홍점(紅點)'[15]이 혹시라도 드러나 본인의 정체가 탄로날까 두려웠기 때문이었다. 가월 등 시녀들은 오직 정연양의 병만 회복되기를 바랄 뿐 그 밖의 사정엔 큰 관심이 없었고, 정연양이 거절하자 억지로 진맥을 강요하지도 못했다. 연권이 말했다.

"내가 비록 예로부터 명의(名醫)로 유명한 편작(扁鵲)[16]의 의술은 지니지 못했지만, 이 정도 병이라면 고칠 수 있을 걸세. 그러니 의심 말고 맥을 좀 보이게나."

그러나 정연양은 끝내 팔을 내보이지 않았다. 연권은 몹시 의아해 속으로 생각했다.

'중병이라면서 진맥조차 거부하는 걸 보면, 뭔가 숨기는 사연이 있는 듯하구나.'

그는 네 시녀에게 말했다.

"정 공자가 내 의술을 미덥지 않아 해 진맥을 허락하지 않으니, 내 더는 강권할 수는 없네. 다만 그 얼굴빛만이라도 살펴 병세가 어느 정도인지 알고 싶으니, 일단 공자를 부축해 일으켜 앉혀 주게."

네 시녀가 정연양을 달래 앉혔다. 연권이 자세히 보니 병세의 가벼움과 무거움을 떠나 용모가 매우 뛰어났고, 비록 중병에 시달리는 중이라도 환히 빛나는 눈썹과 맑은 눈동자는 마치 새벽별이 은하수에 비치는

---

15 홍점(紅點): 앵혈(鶯血)을 의미함. 앵혈은 여자의 팔에 꾀꼬리의 피로 남긴 붉은 점으로, 성교를 하면 이것이 없어진다고 해 처녀의 징표로 여겼다.

16 편작(扁鵲): 중국 전국시대의 명의.

듯했으며, 그 태도가 한없이 단아하고 아름다워 말로 다 묘사하기 어려웠다. 게다가 왠지 자신의 딸아이와 비슷한 분위기가 느껴져, 연권은 곧바로 '이 아이가 남자가 아니구나' 하고 눈치챘다. 그러자 연권은 슬며시 물러나 앉으며 공손히 말했다.

"나는 비록 사광(師曠)[17]의 총명함까지는 지니지 못했어도 대략 사람의 진심은 알아보는 편이오. 정 낭자의 병은 사람을 두려워하는 마음과 깊은 시름이 겹쳐 일어난 것으로 보이오. 차가운 기운에 상한 데다, 근심까지 더해 온갖 병이 뒤섞인 상태라는 말이오. 또한 분명 낭자께서 남들에게 털어놓지 못하는 심중의 회포가 있을 듯하오. 바라건대 마음을 감추지 말고 고해 준다면, 내가 의리를 다해 낭자의 어려움을 풀어 드리고 소원을 이루어 평안히 지낼 수 있도록 돕겠소."

네 시녀는 연권의 예리한 통찰에 놀라 서로 얼굴을 마주 보고는 감히 아무 말도 못 했다. 정연양도 이 장부의 풍채와 말씨가 예사롭지 않음을 느끼고, 마음을 다잡아 눈물로 감사를 표하며 말했다.

"소생 정운은 팔자가 기구해 아버지와도 떨어져 지내고, 어머니께서도 멀리 계시니 늘 그리움에 사무쳐 있습니다. 효를 다하지 못한 슬픔이 깊어 결국 객지에서 이런 중병을 얻었지요. 대인께서 하신 말씀은 절대 헛되지 않음을 압니다만, 그래도 남에게 말 못 할 사정이 있어 더 자세히는 밝힐 수가 없습니다. 그저 대인께서 저를 살려 주신다면, 그래서 부모님을 다시 뵙게 해 주신다면, 그 은혜를 평생 잊지 않겠습니다."

그러자 연권이 미소 지으며 말했다.

"내가 무슨 대단한 의술로 죽을 사람을 살려 낸단 말인가. 하지만 내 어리석음을 탓하지 말고, 속마음을 자세히 들려주게나. 그러면 내 진

---

17 사광(師曠): 중국 춘추시대의 악사(樂師)로, 소리를 듣고 여러 가지 일을 잘 알아맞혔다.

심으로 자네를 구할 방도를 찾아보겠네. 남녀의 병은 다르고, 음양(陰陽)의 조화도 차이가 있지. 내 짐작컨대, 자네는 본래 규수였으나 어쩔 수 없는 사정으로 길 위를 떠돌며 남장을 했을 터. 그러나 세상 이목을 피하려고 해도 결국 완전히 감출 수는 없을 게야. 만에 하나 사나운 무리에게 발각이라도 되면, 죽고 싶어도 못 죽고 살고 싶어도 못 사는 더욱 끔찍한 사태가 벌어질 수 있네. 나는 그대의 아버지와 뜻이 통한 벗이기도 하고, 나이도 그분보다 위일 것이니 자네를 자식과 다름없이 여길 수 있네. 내 어찌 자식 같은 그대를 위태로움 속에 내버려 두겠는가. 그러니 조금도 숨기지 말고 이야기한다면, 이 연권이 최선을 다해 그대를 구해내겠네."

정연양은 그 말을 듣고 등골이 서늘해졌으나, 연권이 나이도 지긋하고 언행이 떳떳하며 무엇보다 의리를 아는 군자라 느꼈기에, 결국 속마음을 털어놓으면 도움이 되리라 생각했다. 그녀는 힘겨운 몸을 일으켜 정중히 감사의 절을 올렸다.

"백부 대인의 해와 달 같은 안목을 만났으니, 어찌 더 숨길 수 있겠습니까. 저는 정연양이라 하며, 과연 정 상서의 딸입니다. 부모의 극진한 사랑 속에 자라 세상의 험난함을 모르던 제가, 갑작스러운 운명의 굴곡으로 아버지가 억울하게 수천 리 밖으로 귀양 가시자 어린 남동생과 함께 어머니를 모시며 외롭게 지냈습니다. 그런데 간사한 사람이 말도 안 되는 혼사를 강요해 왔고, 어머니께서는 이를 막아낼 힘이 부족하셨기에, 결국 모욕까지 당하게 될 지경이었습니다. 이에 부득이 남장하여 도망쳐 숙모 댁에 의탁하려 했으나, 저의 운수는 점점 기구해 숙모의 집에 갔을 때 주 숙부께서는 이미 부임지로 떠났습니다. 여기에 중도에 도적을 만나 짐과 나귀를 잃고 완전히 낭패를 보았습니다.

의지할 곳이 전혀 없어 막막하던 차에, 다행히 왕 과부께서 자비로이 보살펴 주신 덕에 이곳에 머물며 목숨을 부지하고 있었는데, 그조차 제게는 복이 덜 되었는지 이번엔 중병까지 얻었습니다. 죽음을 맞더라도 원통함은 없을 것입니다만, 부모님께서 얼마나 슬퍼하실까 싶고, 규중의 여식이 길바닥을 헤매다 객지에서 한 줌 시신으로 버려질까 두려웠습니다. 제발 대인의 뛰어난 재주로 제 남은 목숨을 구해주신다면, 저는 살아서 부모님을 다시 뵙고, 일생토록 정성을 다해 마치 아버지를 섬기듯 대인을 모시겠습니다."

정연양의 옥 같은 목소리에 슬픔이 가득 묻어나고, 눈물은 이미 얼굴을 적시고 있었다. 이를 들은 연권은 표정을 가다듬으며 말했다.

"소저가 나를 탓하지 않고 속마음을 털어주니, 진실로 마음이 통하는 사람이네. 나는 비록 보잘것없으나 옛사람의 의리를 흠모하고 살아왔네. 하물며 옛 벗의 귀한 딸을 그냥 외면하겠는가? 내 팔자가 기구해 부인을 잃고, 슬하에 딸 하나, 아들 하나만 있으니 딸은 열넷이고, 아들은 열둘이라네. 아이들이 어려서부터 어미 없이 자라 안됐지만, 그럭저럭 잘 자라 주었고, 딸이 특히 용모가 뛰어나다고들 하네. 그래서 사위를 잘 고르고 싶었는데, 아직 인연을 못 만나 아름다운 소년만 보면 관심이 갔다네. 아까 왕 과부도 소저의 기특한 자질을 칭찬하시기에 내심 '한번 보고 싶다' 싶었는데, 이렇게 옛 친구의 따님이라니, 어찌 다행이 아니겠는가. 소저는 의심 말고 날 친아버지처럼 생각하게. 그런데 저 밖의 네 소년은 대체 누구인가?"

정연양이 감사한 마음으로 대답했다.

"대인께서 저를 살려 주신다면, 이는 하늘 같은 은혜입니다. 저를 낳아주신 분은 물론 친부모이시지만, 저를 알아주신 분은 대인이니, 대대로 부모처럼 모시고자 합니다. 저 밖의 네 사람은 제 시녀들입니다. 어려움을 겪을 때 서로 도우며 지냈기에, 오늘까지 목숨을 부지할 수 있었지요.

여행길에 불편이 많아 사촌이라고 거짓 신분을 꾸몄을 뿐, 사실은 가월·섬월 자매와 진진·난난 자매로, 비록 천인의 신분이지만 식견이 풍부하고 충성스러워 제게 큰 힘이 되었습니다."

네 시녀는 황급히 머리를 조아리며 말했다.

"소비(小婢)들이 당돌한 줄 알면서도 어쩔 수 없이 소저를 형제라 칭하며 노야 앞에 무례를 범하였습니다. 죽을죄를 지은 것이니, 부디 벌을 내리십시오."

연권이 웃으며 칭찬했다.

"옛말에 이르길, '장수가 엄해야 군사가 날쌔다'라고 했으니, 참으로 너희들을 말한 것이로구나. 너희는 나이 어린 여자들임에도 머리가 뛰어나고 충성이 변함없어 주인을 모시고 이 험한 세월을 견디지 않았느냐. 무슨 허물이 있다는 말이냐. 오히려 너희들의 충의가 대견하기 그지없다."

연권의 따뜻한 위로에 정연양은 안도의 한숨을 내쉬었으나, 이미 중병으로 기력이 쇠해 정신을 잃을 듯 일어나지도 못했다. 연권이 걱정하여 자신의 주머니에서 '회생단(回生丹)'을 꺼내 먹이고, 네 시녀에게 그녀의 손발을 주무르도록 하자, 조금 지나 정신을 차렸다. 연권이 말했다.

"내가 소저를 고쳐 주고 싶으나, 이 산촌엔 변변한 약이 없으니 고을에 알리고 치료받아야겠네. 하지만 남들이 듣기엔 '정체 모를 사람을 고을에서 극진히 치료한다' 하는 게 뭣하네. 만일 내가 '조카를 찾아 데려왔는데 병이 들어 치료 중'이라 하면, 지부나 현관에서도 놀라 전력을 다할 것이네. 소저 생각은 어떠한가?"

가월 등이 기쁨에 겨워 "참으로 좋은 생각입니다!"라며 정연양을 거듭 권하자, 정연양이 대답했다.

"대인께서 이처럼 은혜를 베푸시니, 제가 어찌 사양하겠습니까? 마땅히 대인의 말씀대로 따르겠으나, 다만 아직 대인께서 누구신지 자세한 내력을 듣지 못해 왠지 송구스러운 마음이 있습니다."

그러자 연권이 답했다.

"실은 나는 평범한 선비가 아니네. 이부시랑의 직함을 지냈고, 현재 절강 지방의 안찰사라는 중임을 맡고 있네. 절월을 뒤에 두고 미복으로 민정을 살피는 중 소저를 만나게 된 것이라네. 소저가 혹여 나를 '한미한 집안'이라 여기고 내 부양 아래 있는 것을 마땅치 않게 여길까 염려해서 바로 이르네."

정연양이 절하며 말했다.

"어찌 감히 대인을 한미(寒微)하게 여기겠습니까. 다만 대인께서 워낙 귀한 풍채를 지니셨는데도 옷차림이 간소하시기에 궁금해서 여쭈어 본 것입니다."

연권은 그녀의 통달함에 감탄했다. 정연양이 시녀들의 부축을 받아 정중히 예를 갖추려 하자, 연권은 기뻐하며 함께 온 종자에게 벼루와 향을 준비시키고 돗자리를 똑바로 깔게 했다. 정연양은 간신히 몸을 추슬러 의관을 정제하고, 시녀들의 도움을 받아 네 번 절을 올렸는데, 허약한 몸으로 힘을 쓰려니 구슬 같은 땀이 옥 같은 얼굴에 송글송글 맺혔다. 연권이 부축하며 말했다.

"예는 이쯤 줄여라. 병이 더 악화될라."

그리고는 마치 친딸을 보살피듯 정연양을 돌보았다. 이윽고 연권은 왕 과부를 돌아보며 말했다.

"오늘 그대의 덕분에 이렇게 아름다운 딸을 얻게 되니 감개무량하네. 게다가 그대 모녀의 절개와 효성이 남다르고, 또 강도들이 틈날 때마다 침입을 노린다니, 내가 그 문제까지 해결해 주고 싶네. 그러니 자네 딸도 함께 나를 따라가 훌륭한 배필을 만나 한평생을 빛내는 것은 어떤가?"

왕 과부는 감격스러워 고개를 조아리며 말했다.

"제가 미처 분별없이 무례를 범했는데도 용서해 주시고, 도리어 저희 모녀가 편안히 살 길을 열어 주시다니 산 같은 은혜, 바다 같은 덕택을 어찌 갚을 수 있겠습니까. 이제 노야께서 정 소저와 부녀(父女)의 연을 맺으시니, 천고(千古)에 길이 전해질 아름다운 일이옵니다."

第十四回 제십사회

의약으로 정연양의 병을 구하고, 옥사로 인해 가흥부에 이르다

왕 과부가 다시 머리를 숙여 말했다.

"제가 미련하여 노야 대인께 무례한 점이 많았는데, 오히려 몸을 편안히 할 방도를 일러 주시니 그저 송구할 따름입니다. 노야께서 정 소저와 부녀의 의를 맺으신다 하니, 저 또한 제 천한 딸을 드려 정 소저의 시녀로 삼으시게 하겠습니다."

그리고는 안으로 들어가 딸 경아에게 연권 어사의 하늘 같은 의협심을 전하며, 밖으로 나가 뵙도록 말했다. 경아가 대답했다.

"소녀도 정 공자를 보고 왠지 남자답지 않다는 생각을 했는데, 역시 소저였군요. 연 노야께서 그렇게 의기로운 분이라 하시니, 나가 뵙겠습니다."

경아는 의복을 다듬고 어머니와 함께 밖으로 나가 연권에게 절을 올렸다. 연권이 눈을 들어 보니, 나이는 열넷쯤 되어 보이는데, 수수한 옷차림에도 불구하고 옥 같은 얼굴에 전혀 촌스러운 기색이 없었다. 가월 등 시녀들과 비슷해 보이면서도 오히려 그들보다 두어 등분은 아름다웠다.

연권은 무척이나 기특해하며 탄식했다.

"내 세상에 절세의 미녀가 드물다 했더니, 오늘 보니 어찌 이리도 많단 말인가. 남자 중에 저런 훌륭한 인재가 드문 것처럼, 여자 중에도 이렇게 빼어난 숙녀가 많구나. 서로 짝을 찾기 어려운 게 딱할 뿐이로다. 만약 옥 같은 군자를 만나지 못한다면 실로 민망할 일이 아니겠는가."

그런 뒤 왕 과부에게 말했다.

"자네 딸이 시골의 보잘것없는 선비와 혼인한다면 애석할뿐더러, 애초부터 높은 뜻을 품고 있다 들었네. 마침 내게는 첩 한 사람이 있는데, 아이가 없으니 내가 양녀(養女)로 삼아 데려다 좋은 인연을 맺어 주고, 즐겁게 지내도록 하고 싶네. 자네 생각은 어떠한가?"

왕 과부는 놀랍고도 감사한 마음에 머리를 조아리며 감사했다. 하지만 경아는 내켜 하지 않는 표정으로 입을 열었다.

"노야께서 저를 보시고 이처럼 은혜로운 말씀을 주시니, 그 은덕은 백골이 되어도 잊지 못하겠습니다. 다만 저에겐 외로운 노모 외에는 가족이 아무도 없습니다. 지금까지 제가 바느질로 쌀을 구해 어머니를 봉양해 왔는데, 노야께서 저를 거느려 가신다면 저는 신선 세계에 오를 듯 기쁘겠으나, 어머니께서는 굶주림을 면치 못하실 테니 차마 갈 수가 없습니다."

연권이 경아의 말을 듣고 칭찬했다.

"네가 이렇게 효심이 깊으니 참으로 기특하구나. 이미 어머니 곁을 떠날 수 없다 하니, 우리 집이 비록 부유하진 않아도 어머니와 함께 간다면 어떻겠느냐?"

경아는 크게 기뻐하며 연거푸 감사를 표했다. 가월 등과 정연양도 경아가 빼어난 용모와 총명한 기질을 지닌 데다 효성까지 깊은 점을 칭찬했고, 경아 역시 네 시녀의 기질에 감탄하며 서로 아끼고 존중했다. 정연양은 경아가 어머니를 끝까지 모시려는 모습에 스스로를 돌아보고는 '나는 어머니를 속이고 이렇게 떠돌아다니는데, 어쩌면 저리도 효성이 지극한 경아에 못 미치나…' 하고 마음속으로 탄식했다.

그날 저녁, 왕 과부와 경아가 저녁상을 넉넉히 차려 연권과 일행에게 대접했고, 모두 한자리에 모여 밤늦도록 이야기를 나누었다. 연권은 십분 흡족해하며 정연양을 친딸처럼 다독였고, 경아에게도 친딸 대하듯 애정 어린 태도를 보였으며, 네 시녀 역시 소중히 여겼다. 연권은 정연양이 남장을 하고 화(禍)를 피하기까지의 자세한 사정을 묻자, 정연양은 차마 있는 그대로 말하기 어려워 망설였다. 그러자 가월이 대신 정연양이 겪은 환난을 대략적으로 설명했다. 비록 부인의 일은 감추었으나 자연스럽게 드러났고, 진상문의 간악함과 임규의 외모가 뛰어나지 못해 벌어진 일, 그리고 이를 기회로 진상문을 속여 집을 떠나게 된 사연 등을 이야기했다. 다만 말이 번거로워질까봐 화씨 집의 사건은 언급하지 않았다. 연권이 듣더니 말했다.

"임규의 외모가 얼마나 볼품없기에, 진 부인이 그토록 싫어하며 정연양의 운명을 이 지경으로 몰고 간 것인가? 이번에 내가 임 처사를 만나게 된다면 임규의 인물이 어떤지 확인해 보고 싶구나. 그리고 진상문이란 자는 무례한 행동이 짐승 같아서, 세상을 어지럽히며 권세를 남용하고, 호유용의 힘을 빌려 사람을 침탈하니 참으로 분통 터질 노릇이다. 진상문은 지금 수도에서 한림원에 있으면서 호유용과 이 시랑의 사위가 되어 한껏 명망을 떨치고 있다. 나아가 욕심을 부려 내 딸에게도 구혼했었다.

나는 그 부모의 행실이 불량한 것도 싫었고, 진상문의 인품 자체를 증오해 혼담을 단호히 거절했다. 그랬더니 진상문이 앙심을 품고 나를 조정에 천거해 이렇게 안찰사로 멀리 부임하게 한 것이다. 그의 부정한 속셈으로 봐선 조만간 또다시 권세를 부려 강압적인 수를 쓸 것이 분명하다. 내 딸도 식견이 있어 쉽게 당하진 않겠지만, 그래도 걱정은 없지 않다. 뭐, 모든 일은 결국 하늘 뜻이니, 과연 사람을 해칠 수 있겠느냐마는…. 문제는 정연양이 살아 있다는 걸 진상문이 알게 되면 또다시 음험한 꾀를 부려 해치려 할지도 모른다는 거다. 그러니 당분간은 '정연양'이라는 본명 대신 '연 씨' 정도로 속여 지내는 것이 좋겠다."

모두 그 말이 옳다 여겼고, 정연양은 어머니의 과오가 떠올라 말없이 눈물을 지었다. 연권이 위로했다.

"너희 모친께서 만년에 딸을 사랑하는 마음이 지나치셨고, 임규의 꼴사나운 모습이 싫으셨던 게야. 또 진상문의 겉모습이 훤해 보이니 혹 마음이 기울 수 있었을 터. 겸해 조카를 더 편애하시는 정까지 있었으니, 크게 이상할 것도 없다. 이젠 불안해하지 말거라."

정연양은 더욱 감사해 고개 숙였다. 그렇게 밤을 보내고 날이 밝자, 연권이 일어나 말했다.

"이제 내 본 처소로 돌아가 관복과 절월을 갖춘 뒤 관아로 가서 일을 봐야겠다. 아이는 우선 병이나 잘 추스르거라. 내가 곧 의약을 보내주겠다."

정연양이 감사의 예를 표했고, 연권은 곧 처소로 돌아갔다. 이미 거느리고 온 위의(威儀)와 절월이 준비되어 있었으므로, 그는 곧 관복을 정중히 차려입고 절월을 손에 들고, 방포(放砲)를 세 번 터뜨린 뒤, 곧바로 관아로 들어갔다. 지부와 지현 등이 놀라 황급히 관복을 갖춰 입고 아문(衙門)에 달려 나와 연권을 뵈었다. 연권은 자리에 앉아 공사를 엄정히 처리하며, 백성의 억울함이 없게 살폈으니, 백성들이 마치 자애로운 어머니를 만난 듯 칭송이 자자했다.

업무를 마치자, 지부가 주연(酒宴)을 베풀어 환대했는데, 연권이 말했다.

"내 조카가 이 땅에서 유학하던 중 중병이 들었다고 하오. 부디 지부께서 의약을 좀 지원해 주시오."

지부와 지현이 연이어 고개 숙여 응했다. 연권은 잔치가 끝난 뒤 물러와, 안락한 가마를 준비해 죽계촌 왕 과부의 초가집으로 갔다. 거기서 정연양을 데려오고, 왕 과부와 경아 또한 함께 거느려 관아 부중(府中)에 평안히 머물게 했다. 그리고 사람들에게는 '연 순무의 조카'라고 전했다. 그 말이 군관들에게도 전해져, 다들 그렇게 알고 지냈다. 지부가 의약과 병중에 쓸 물품을 보내며 순무어사의 뜻에 부응하려 애썼다. 자연히 환자는 마음이 편안해지고, 두려운 생각이 사라지니 병세도 차도가 있었다. 더구나 연권이 아침저녁으로 지극히 보호하고 위로하였고, 정연양 또한 그 은혜에 감복해 온갖 슬픔을 떨쳐내려 애썼다. 그리하여 열흘 남짓 지나자 병이 거의 나아, 연권과 시녀 네 명이 크게 기뻐했다. 거기에 더해 경아 모녀가 밤낮으로 돌보며 정성을 다하니, 정연양은 경아에게 거듭 감사했고, 네 시녀와 경아는 친자매처럼 서로 우애를 나누었다.

정연양의 병이 회복되자, 경아가 겨울옷 한 벌을 지어 와서 그녀에게 새로 단장하도록 도왔다. 세수까지 마치고 새 옷을 입으니, 그 빛나는 용모가 더욱 기이하고 아름다워 왕 씨 모녀가 암암리에 칭찬을 아끼지 않았다. 정연양은 중당(中堂)으로 나와 연권을 뵈었다. 연권이 대단히 반가워하며, 곧 편지를 작성해 자신의 딸 연영아와 첩 방 씨에게 전했다. 그 편지에는 "도중에서 정 상서의 따님을 만나 부녀의 정을 맺었소. 또 경아도 의녀로 삼았으니 친딸처럼 사랑해 주시오"라고 알렸고, 이를 봉해 보냈다. 그리고 연권은 다른 지역으로 순무를 가고, 정연양 일행은 수도를 향해 길을 떠났다. 정연양은 작별하며 "부디 평안을 기원하오니 속히 돌아오소서"라는 간절한 말을 전했고, 눈물이 비 오듯 쏟아지자, 그 수려한 모습이 더욱 애처로웠다. 연권은 그녀를 다독이며 말했다.

"내 아이야, 가는 길에 몸조심하고 내가 돌아갈 때까지 기다리거라. 우리 집의 두 아이가 현명하고, 첩인 방희도 온순해 결코 네게 서먹하게 대하지 않을 것이니 안심해도 좋다. 나는 이번에 임규의 소식도 알아볼 것이니, 너희들도 부디 조심해서 떠나거라."

정연양이 눈물로 감사 인사를 올린 뒤, 마침내 손을 흔들며 헤어졌다. 정연양은 수도로 향하고, 연권은 위의를 거느리고 순무 길을 재촉했다. 연권은 가홍 지역에 이르러 며칠 머무르며 민심을 살폈는데, 그 과정에서 이현경의 학정(虐政)과 정 공자가 참혹한 일을 당했다는 소식, 또 화빙아가 물의를 일으켰다는 풍문 등이 들려왔다. 연권은 내심 한스럽게 생각하며, 하루빨리 그 고을에 가서 관아에 부임해야겠다고 다짐했다.

마침내 관아에 도착해 도임(到任)을 알리고, 방포까지 올리자, 지부와 지현이 황급히 관복을 갖춰 입고 나와 아문에서 연권을 뵈었다. 하리들이 문서 한 무더기를 좌우에 쌓아 놓자, 연권은 일일이 살펴보며, 밀린 송사를 결단했다. 백성들은 안찰 노야의 해와 달 같은 맑은 정치라며 칭송했고, 원통한 사람들이 구름같이 몰려 와 사정했으므로, 연권이 듣고 곧장 처분을 내리니 지부와 지현은 간이 콩알만 해지고, 백성들은 크게 기뻐했다. 아직 하루도 다 지나기 전에 수많은 공무가 마무리되자, 연권이 지부와 지현을 돌아보며 엄정한 어조로 물었다.

"이현경이 재물을 탐하고 포학하게 굴어 백성들을 괴롭힌다는 소문이 파다하오. 맡은 고을에 패륜의 범죄자가 있어도 제대로 다스리지 않고 방치했다 하니, 이것이 대체 어떤 정치란 말이오?"

이현경이 겁에 질려 무릎을 꿇고 대답했다.

"소인은 국은(國恩)을 입어 이 고을에 부임했으니, 새벽부터 밤까지 두려운 마음으로 정사를 소홀히 하지 않으려 애썼습니다. 그런데도 대인께서 이리 호되게 책망하시니 몸 둘 바를 모르겠습니다. 그리고 '패륜의 범죄자'라니, 소인으로서는 아는 바가 없으니 어떤 자를 말씀하시는지요?"

연권이 크게 꾸짖었다.

"화경윤의 딸이 이미 혼약한 장부를 간부(姦夫)와 짜고 살해한 뒤 그 간부와 함께 도망쳤다는 얘기가 사방에 퍼져 있소. 그런데도 그대는 민심을 바로잡지 않고 재물이나 챙기며 밤낮으로 무엇을 다스리고 있었단 말이오?"

이현경이 얼굴을 붉히며 차마 쉽게 대답하지 못하자, 마 지부가 두 손을 모으며 말했다.

"제 능력이 부족해, 주현의 상태를 바로 살피지 못해 풍속이 어지럽게 된 것이니, 어찌 오로지 이현경의 죄만이겠습니까. 사실, 대인께서 말씀하신 '화씨 집안의 죄상'은 제가 이미 인지하고, 이현경을 다그쳐 화씨 집 노복을 붙잡아 문초하도록 했습니다. 하지만 초사가 분명치 않고, 화씨 집의 소저와 그 간부를 아직 잡지 못했으며, 정 공자의 죽음 또한 뚜렷한 증좌가 없어 쉽게 결단 못 하고 있습니다. 간부와 음녀를 찾고 있는 형편이지요."

연권은 분노를 이기지 못하고 말했다.

"화경윤은 충의로운 분으로 알고 있었는데, 이런 못된 자식이 태어나 가문을 더럽히다니! 화씨 집 노복을 붙잡아 문초했다 했다니, 얼마나 형벌을 가했소?"

마 지부가 대답했다.

"저는 아직 본격적으로 신문하지 않았고, 이현경이 잡아와 몇 가지 물었을 뿐, 형벌은 가하지 않았다고 합니다."

연권은 얼굴빛을 바꾸며 말했다.

"관가에 형벌이 있는 것은 바로 이런 큰 죄를 다스리기 위한 것이오. 무죄한 사람을 함부로 혹형(酷刑)하기 위함이 아니란 말이오. 이현경은 학정이 심하여 억울한 백성만 잔혹하게 다루면서, 정작 이런 패륜의 죄인은 방치해 공권력의 위엄까지 무너뜨리고 있으니, 분명 뇌물을 받고 국체를 손상시킨 것이오. 세상에 어찌 이런 관리가 있단 말이오! 내일 내가 친히 문초할 테니, 화씨 집 하인들을 모조리 잡아오도록 하시오."

말이 끝나자, 연권의 준엄한 기운이 마치 차가운 눈발 같아, 마 지부는 시무룩해져 감히 말을 잇지 못했다. 이현경은 더욱 놀라 얼굴빛이 잿빛이 되어, 애써 담력을 내어 무어라 변명하려 했지만, 연권이 엄한 표정으로 제지했다.

"내일 내가 직접 그 간사한 실상을 조사하겠소. 당신들은 쓸데없는 말 말고, 명령을 어기지 않도록 하시오."

이현경은 더 이상 입도 뻥끗하지 못하고 물러났다. 연권이 자리를 파하고, 아역(衙役)들이 문을 닫으려 할 즈음, 한 노파가 손에 원정을 쥐고서 차마 물러가지 않았다. 아역이 꾸짖으며 내쫓으려 하자, 그 노파가 크게 외쳤다.

"안찰 노야님, 이 늙은이에게 너무나 원통한 일이 있습니다. 부디 살펴 주십시오!"

연권이 눈길을 주니, 노파는 나이 사십쯤 되어 보이는 이로, 행색이 온화하고 단정해 보통 시골 늙은이처럼 보이지 않았다. 연권이 물었다.

"어찌 된 사연으로, 어느 댁 안주인인지도 모를 분이 이리도 늦도록 남아 있는 것이오? 무슨 원통한 일이 있기에 미리 말하지 않고 홀로 와 있소?"

그 노파는 원정이 적힌 종이를 바치며 말했다.

"여기에 제 비상한 원통함을 적어 두었습니다. 일월(日月) 같은 노야께서 백성의 억울함을 밝혀 주신다 하니, 부디 만고(萬古)에 남을 이 변고를 올바로 해결해 주시길 바랍니다."

연권은 노파가 '비상한 원'을 당했다고 하기에 그 사연이 궁금해 종이를 받아 자세히 보았다. 그런데 필체가 매우 특이했고, 마치 구슬을 흩어 놓은 듯 오묘해 연권은 깜짝 놀라고 기특하게 여겼다. 더 살펴보니 그 글 내용은 이러했다.

예부상서(禮部尙書) 화경윤의 딸 화빙아는 지극한 원통함을 안은 채 하소연할 곳도 없어 늘 비탄에 잠겨 있었습니다. 그러다 천행으로 안찰 대인께서 이 고을에 부임하신다기에 마치 해와 달 같은 정치가 백성을 비추듯, 규중(閨中) 소녀의 귀에도 천둥같이 알려지니 소녀가 두 손 들어 눈물을 씻고 이 규중의 원통함을 고하오니, 부디 노야께서 밝혀 주시길 간절히 바랍니다.

천첩(賤妾) 화빙아는 나이 열셋에 불과하여 아직 세상 물정도 제대로 모르지만, 어려서부터 아버지의 가르침을 들어 효와 절개로 몸을 지키려 했습니다. 비록 옛사람만큼은 못 될지라도, 한 계집으로서 정조는 잃지 않으려 했지요. 그런데 어찌하여 만대(萬代)에 씻지 못할 누명을 제 한 몸에 뒤집어쓰게 되었단 말입니까!

천첩의 혼사는 어릴 적 부친께서 정 상서의 아들과 정해 놓은 바 있었습니다. 하지만 불행히도 부친이 남의 모략에 말려 만 리 밖으로 귀양을 가셨고, 정 상서께서도 억울하게 귀양을 떠나게 되었습니다. 집안은 하루아침에 풍비박산이 되어, 저희 모친과 저는 그저 눈물로 세월을 보냈지요.

그러던 중 지현 이현경이 저에게 구혼해 왔습니다. 소녀는 부친이 귀양 중인 데다, 이미 정 공자와 혼약이 있으므로 당연히 거절했는데, 이현경은 듣질 않고 강압적으로 혼인을 요구해 왔습니다. 그렇다고 혼인을 파기할 수는 없으니 필사적으로 막았지만, 결국 지현은 포기하지 않고 여러 번 강박을 일삼았지요.

마침내, 정 상서의 아들이 저희 집에 왔습니다. 모친은 지현의 위협에 전전긍긍하던 참에 정 공자가 찾아왔으니 무척 기뻐하며 즉시 길일을 잡아 혼례를 치르려 했습니다. 혼례일까지 며칠 남지 않았는데, 이현경 부자가 그 소식을 듣고 흉계를 품었습니다. 정 공자를 죽이고 저를 겁탈하려고 도적들을 모아 끔찍한 음모를 꾸몄던 것입니다.

다행히도 천지신명(天地神明)이 그런 악행을 용납하지 않으셨는지, 정 공자는 아직 죽임을 당하지 않았습니다. 송파라는 여인이 일찍이 시중을 드는 매파 노릇도 하고 장사도 해가며 저희 집에 드나들었는데, 그가 우연히 이현경의 험악한 소문을 엿듣고는 곧바로 놀라 저희 집으로 조심스레 소식을 전해 왔습니다. 그러자 모친께서 정 공자를 멀리 피신시키기로 하고, 초인(草人)을 만들어 정 공자가 쓰던 방에 비단이불로 얼굴을 가린 채 자는 모습처럼 두었으며, 또 시녀 홍연에게 제 치장을 대신하고 침실에 머물게 하여 저는 몰래 몸을 피하게 됐습니다.

도적들이 과연 저희 집에 쳐들어와 정 공자를 죽이고 홍연을 겁탈해 갔습니다. 저는 죽을 화를 면했지만, 이현경 쪽에서 자신들이 속았음을 알게 되면 또다시 무슨 일을 벌일지 몰라 정 공자가 죽은 것처럼 꾸며 초인을 관에 넣고, 집안에는 "정 공자가 죽었다"라는 소문을 일부러 퍼뜨렸으며, 저는 남장을 하고 아무 데도 머무르지 않은 채 도망쳤습니다.

그들이 조금이라도 양심이 있었다면 자신들의 잘못을 뉘우치고 이 일을 감추었으면 좋았을 텐데, 오히려 날이 갈수록 저를 음란한 계집으로 몰아세우고, 우리 집 하인들을 붙잡아 가두니 이게 어찌 사람으로서 할 짓이겠습니까? 만약 그들이 부끄러운 줄 알아 흉계를 그만두었다면 굳이 저도 남의 잘못을 폭로하지 않았을 것입니다. 그러나 저를 애매하게 더러운 이름으로 몰아 가문을 욕보이니 제가 신원을 못 해서 제 결백을 누가 알겠습니까?

이대로라면 천고에 죄인으로 남아 동해물로도 씻지 못할 누명을 뒤집어쓰게 됩니다. 하늘과 귀신은 제가 무고하다는 걸 알겠지만, 이 고을 사람들은 제가 더러운 짓을 했다고 손가락질할 테지요. 비록 전 아직 어린 유방 여인이지만, 차라리 죽음을 무릅쓰고 황성에 올라가 등문고를 울려 성상의 밝은 정사를 힘입어 제 옥석(玉石)을 가려내고, 그 뒤 죽어도 떳떳한 귀신으로 남고자 했습니다.

그런데 마침 대인께서 이 지방에 부임하신다고 들었고, 그 지혜롭고 공정한 정치가 마치 일월처럼 백성을 비춘다는 말이 하루가 채 되지 않아 제 귀에 천둥같이 들려왔습니다. 그래서 저는 이 끝없는 회포를 글로 써 두고, 대인께서 아문에 오시기만을 기다렸다가 유모 취랑을 통해 이 원정을 올리게 되었습니다. 바라건대 노야께서 너그러이 분별하여 주시길 청합니다.

혹여 첩의 사연에 조금이라도 의심이 드신다면, '송파'를 잡아들이시고, 또 지현의 부하들을 엄히 문초해 보시면 자초지종을 알 수 있을 것입니다. 이현경은 정 공자를 진정 죽은 줄 알고, 혹 본상이 탄로될까 두려워 저를 '간부와 짜고 살인 후 도주했다'고 모함하고 있습니다. 이런 간사하고 풍속을 어지럽히는 자들이 또 어디 있겠습니까? 이는 곧 저를 모함할 뿐 아니라 임금을 거역하고 조정을 능멸하는 것이니, 안찰 노야께서 제발 풍화를 바로잡아 주셔서 소녀로 하여금 이 억울함을 씻을 수 있도록 해 주십시오.

연권이 이 글을 다 읽고 나니, 문장이 격정적이고 애통한 뜻이 분명하게 드러났다. 그는 이현경의 무도함에 크게 분노했고, 동시에 화빙아의 담대한 기개와 지혜를 몹시 칭찬하며, 책상을 탁 치며 말했다.

"이현경 부자는 짐승의 마음을 지닌 자들이니, 개돼지 같은 행실이라 할 수 있다. 이런 자들이 조정의 녹을 먹으며 국법을 어지럽히고 풍속을 해치다니, 엄중한 형벌이 필요하다. 화빙아의 지모(智謀)와 재략(才略)은 천고에 드문 일이니, 그 고결한 행실이 길이 전해질 만하구나."

그리고는 유모를 불러 자리를 마련하고, 자초지종을 캐물었다. 연취가 이현경과 이창백의 잘못, 또 화씨 집에 정 공자가 백생 등 네 사람을 데리고 찾아왔던 일, 화빙아가 어떻게 기지를 발휘했는지 낱낱이 밝혔다. 연권은 고개를 돌려 탄식했다.

"내일 풍속을 바로잡으리니, 너는 돌아가 소저께 전해라. '연권이 공경하는 마음으로 전하오니, 옥석을 분별할 때 비록 수치스럽고 번거롭더라도 소저께서 직접 나서야 간사한 정사를 밝힐 수 있으니, 부디 부끄러움을 마다하지 마십시오. 이렇게 해야 큰 옥사를 바르게 처리할 수 있을 것입니다'라고 말이다."

유모가 연거푸 머리를 숙이며 물러나자, 연권은 이현경의 흉악함에 분이 치밀어 저녁 식사도 거른 채 촛불 아래에 단정히 앉아 깊이 생각했다.

'화빙아가 정 공자와 친하다 하는데, 그 정 공자는 누구의 아들인가? 정현의 자식인가? 전에 정연양의 시녀들이 석생·백생 등이라 했고, 그들끼리 사촌 형제라 칭했었지. 정 공자의 사촌 중에도 백생, 석생이라는 이가 있다는데, 혹 화씨 집에 머문 것인가?'

한참 더 생각하더니,

'화공(花公)과 정공(鄭公)은 어려서부터 서로 얼굴을 익혀 혼인을 약속했다던데, 그렇다면 정연양은 아닐 테고…. 분명 정연양의 조카 격인 백생 등이 있었으니, 혹 '정 공자'가 화씨 집에 갔다가 변을 당했고, 정연양은 가칭(假稱)으로 석생과 백생을 택해 남장을 했던 것인가? 만약 정 공자가 정연양의 남동생이라면, 틀림없이 그도 아름다운 선비일 텐데…. 그렇다면 화빙아의 뛰어난 짝이 될 수도 있겠구나!'

이처럼 연권은 머릿속에 온갖 추측을 하며 깊은 생각에 잠겼다. 이렇게 밤을 새워 생각하던 끝에 날이 밝아, 닭 우는 소리가 들려 왔다. 세 번 북을 울려 문을 열었다고 알리자, 수많은 군관과 속관들이 문안을 올렸다. 연권이 분부했다.

"오늘 대옥(大獄)을 판결하려 하니, 인근 군현에 알려 모든 관리가 모이도록 하라. 절차를 각별히 엄숙하게 갖추고, 만일 오지 않는 자가 있으면 그 죄를 물을 것이다."

아랫사람들이 명을 받들어, 곧바로 각 관(官)과 현에 명령을 내렸다. 모든 관리가 한 사람도 빠짐없이 자신의 소속 관원을 데리고 관아로 모였는데, 혹여 빠지거나 오지 않는 자가 있으면 처벌하겠다고 했기 때문이었다. 각 군현의 관리들이 이상히 여겨 속원들과 함께 모두 관아에 도착하자, 지부와 지현은 연권이 화씨 집의 옥사를 다스리려 한다는 사실을 알고 있었다. 이에 이현경은 연충, 분향 등을 칼에 씌워 데리고 들어왔고, 자신은 가마를 타고 아문 밖에서 연권의 명령을 기다렸다.

그날 아침, 연권은 관복을 단정히 입고 위의를 엄숙히 갖춘 채 자리에 앉았다. 연권이 금패(禁牌)[18]를 중앙에 세우고, 북을 세 번 울리자, 여러 현·지부·지현·판관·만호 등이 차례로 들어와 예를 갖춰 인사했다. 이들은 양손을 맞잡고 한쪽에 줄지어 섰고, 연권은 이현경에게 물었다.

"오늘 이 옥사의 옳고 그름을 가리려 하오. 화씨 집 노복(奴僕)들은 다 잡아왔는가?"

이현경이 대답했다.

"죄를 지었다고 의심되는 노비들은 데려왔으나, 다른 노비들은 아직 붙잡지 못했습니다. 곧 차사를 보내겠습니다."

그러자 연권이 이현경을 바라보며 말했다.

"그보다 먼저 물어볼 일이 있소. 원래 화씨 집 여인의 음란함과 정공자를 죽인 사건은 누구에게서 보고받았소?"

이현경은 몸을 낮추며 답했다.

---

18 금패(禁牌): 금란패(禁亂牌). 금령을 내릴 때 금지사항을 적은 패.

"소인은 잘 몰랐는데, 마 지부께서 먼저 이 사실을 듣고 오셔서 '왜 다스리지 않느냐'라고 책망하셨습니다. 그리하여 화씨 집 노복을 불러 물었으나 명확한 진술이 없었습니다. 증거와 범인을 확보해야 옥사를 열 수 있어, 우선 노비들을 가둬 둔 상태였습니다."

연권이 다시 마 지부에게 물었다.

"그대는 어떻게 화씨 집 여인의 일을 알게 되었는가?"

마 지부가 말했다.

"자세한 건 몰랐지만, 하리 장청이 백성들 사이에서 들었다며 제게 전해 주기에, 저도 놀라 이현경을 불러 '어찌 이런 일을 다스리지 않느냐'라고 꾸짖었습니다. 그랬더니 이현경이 비로소 화씨 집 노비들을 잡아 물었으나 송사가 분명치 않아 '좀 더 조사하라'고 했습니다만, 국사(國事)가 많아 일단 그렇게 두었던 것입니다."

연권은 냉소하더니, 얼굴빛을 가다듬고 엄하게 말하며 장청을 부르라고 했다. 장청은 계단 아래에서 대기하다가 부름을 듣자 땅에 엎드렸다. 연권이 장청을 한번 살펴보니, 외모나 태도가 성실해 보여, 곧 물었다.

"화씨 집의 그 사실을 누구에게 들은 것이냐? 낱낱이 말하라."

장청은 연권의 위엄 앞에 잔뜩 겁을 먹고 머리를 조아리며 대답했다.

"소인은 평소 맡은 일이 많아 외부를 나돌 일이 드물었사온데, 어느 날 '위후진'이라는 양반이 소인을 찾아와 이렇게 말했습니다. '내가 마침 볼일이 있어 부(府)에 왔다가 가는 길에 들렀다네. 자네에 대해 들어보니 아전 중에서도 특히 성실하다 하더군. 양반이 아전을 직접 찾는 건 좋은 일이 아닐 수도 있지만, 나는 소탈한 성품을 좋아해 자네와 사귀고 싶어 이렇게 왔네' 그러면서 대단히 공손한 태도로 술과 안주를 대접하며 한참 이야기를 나눈 뒤, 문득 '시골에 큰 변이 났네!'라며 분개한 표정을 지었습니다.

소인이 '무슨 일로 그리 화가 나십니까?'라고 묻자, 그가 말하기를 '화 상서 댁에 이런저런 변이 있어, 정 공자라는 이가 억울하게 죽었고, 화 소저는 음란한 죄명까지 뒤집어쓰게 됐다. 이 얼마나 분한 일이냐!'라 하였습니다. 그러면서 '이런 일은 관이 모를 수 있으니, 아전이라면 이를 제대로 알리고 억울함 없게 하며 풍속도 바로잡아야 하지 않겠는가'라며 탄식했습니다. 소인도 그 말이 한스러워 노야께 말씀드렸을 뿐, 특별한 소문은 더 듣지 못했습니다. 그것이 전부이옵니다."

연권은 장청의 말이 간사하게 꾸민 것 같지 않음을 직감하고, '위후진'이라는 이름에 의심이 일었다. 이현경의 얼굴빛이 순간 당황하는 기색이 보여, 연권은 그를 돌아보며 말했다.

"그대는 위후진이라는 자를 알고 있겠구려. 어느 마을 사람이고, 어떤 인물인지 아는 대로 말하시오."

이현경은 속이 뒤숭숭해 등골이 서늘했으나, 억지로 평정심을 내세우며 무릎을 매만지며 대답했다.

"소인은 위후진이라는 이름조차 처음 듣습니다."

연권은 이현경의 모습을 보고 더욱 의심스러웠으나 겉으론 내색하지 않고, 곧 차사를 불러 명령했다.

"지금 당장 '위후진'을 잡아오도록 하라. 그리고, 정 공자가 죽고 화빙아가 사라진 일을 송파라는 노파가 자세히 안다니, 그 노파도 빨리 붙잡아 오라."

좌우 사람들이 일제히 대답했다.

"송파가 누구인지를 정확히 알지 못합니다."

"그녀의 본명은 '칠랑(七娘)'이라 하고, 중매를 겸하며 장사도 한다더라. 사는 곳은 확실히 모르나, 누가 아는 이 있으면 알려 줘라."

아전이 나서서 말했다.

"송파라는 이가 차현촌에 사는 것으로 알고 있습니다."

연권은 즉시 차사들을 보내어 송파를 잡아오라 명했다. 그 말을 들은 이현경은 이미 속으로 큰일이 났다고 여기고, 마치 바늘방석에 앉은 듯 초조해했다. 사실 송파는 이미 아문의 옥에 가두었지만, 불안한 기색이 얼굴에 드러나지 않을 수 없었다. 그가 고개를 숙이고 얼굴빛이 시시때때로 달라지니, 연권이 곁눈질로 살피고, 마 지부 등도 이상히 여겼다. 얼마 지나지 않아 차사가 돌아와 보고했다.

"송파를 잡으러 차현촌에 가 보니, 수 칸짜리 초가만 덩그렇고, 어린 아이 하나가 있을 뿐, 온 집안이 황폐했습니다. 그 아이 말로는 송파가 오래전에 떠나 돌아오지 않아 마을 사람들이 불쌍히 여겨 그나마 밥을 먹여 살려 줬다 합니다. 아이의 말이 분명치 않아 주변 사람들에게 물어 보았더니, '저번에 관아에서 송파를 잡아간 후로 소식이 끊겼다'라고 합니다."

연권이 듣고 이현경을 향해 엄한 목소리로 물었다.

"대체 무슨 까닭으로 송파를 가뒀단 말이오? 어서 풀어 내놓으시오."

이현경은 황망한 기색으로 대답했다.

"그 여자가 예전에 아문에 드나들며 '물건을 대신 팔아 드리겠다'라고 해서 맡겼는데, 오래도록 돌아오지 않기에 잡아들여 물었더니, 보물을 다른 사람에게 맡긴 채 찾지 못해 헤매다가 간신히 찾아 돌려줬습니다. 그 후 곧바로 밥을 먹이고 보내 주었기에 가둔 일은 없습니다. 아마 관아에 붙잡힐까봐 두려워 도망친 것 같습니다."

연권이 얼굴빛을 바꾸며 말했다.

"그대 말을 나는 믿을 수 없소. 좌우는 곧 이현경 지현의 부중에 가서 송파를 찾아내라. 만약 순순히 내놓지 않으면 옥(獄) 안을 뒤져서라도 당장 잡아 오라."

모두가 명을 받들자, 이현경이 다급해져 소리 질렀다.

"순무 대인이 지위가 높으시다 하나, 나 역시 이 고을의 수령입니다. 도리와 체면이 있지, 마음대로 부중을 뒤져 요란을 피우겠다는 게 말이 됩니까? 정말 송파를 가둔 적이 있다면 내 당연히 불러서 데려오겠지, 무슨 이유로 굳이 숨기고 안 내놓겠습니까? 역적의 집이라면 나라에서 뒤질 수 있지만, 보통 살인 집이라도 이렇듯 막무가내로 뒤지진 않는 법입니다. 대인께서 어찌 내 집을 멋대로 수색하시려 드십니까?"

연권은 이 말을 듣고 노기가 치밀어 두 눈을 크게 뜨며 크게 외쳤다.

"이현경, 이 도적 같은 놈! 네가 감히 이토록 흉포하게 구느냐? 네가 이 땅의 수령이란 이유로 법을 무너뜨리고 흉악한 술수를 부려 백성들을 해치고, 제멋대로 날뛰어도 해와 달을 속일 수 있을 것 같으냐! 나는 황상의 명을 받들어 천하를 순무하는 몸이다. 어사는 금패가 있어 무도하고 포악한 관리쯤은 선참후계(先斬後啓)[19]해도 된다는 특별 칙령을 받았다. 여기 절월이 바로 그 증표니, 조그마한 지현의 관아쯤이야 수색을 못 할 이유가 뭐 있겠느냐? 조정에서 나를 어지럽다 해도 감수할 터이니, 대장부가 백성 다스리는 데 자신 목숨 사사로운 것에 구애될까 보냐? 송파가 바로 네 부중에 있다는 걸 내 이미 짐작하고 있다. 속히 내놓아 법을 제대로 세우지 않으면 내가 가만두지 않겠다!"

이 말을 마치자, 연권은 곧장 이십 명의 차관과 통사관(通事官)을 불러 "이 지현의 부중을 엄히 뒤져서라도 송파를 찾아내라!" 하고 명했다. 모두 "명 받들겠습니다!" 하고 바람같이 달려 나갔다. 이현경은 그제야 넋

---

19 선참후계(先斬後啓): 법률을 어긴 사람을 먼저 처형하고 나중에 임금에게 보고함.

이 나가 얼굴이 잿빛이 되었고, 눈이 뒤집혀 땀을 흘리며 어찌할 바를 몰랐다. 얼마 지나지 않아, 위후진을 잡으러 갔던 차사가 달려와 보고했다.

"죄인을 붙잡아 왔습니다!"

연권이 "안으로 끌어들이라" 하자, 아역들이 위후진을 섬돌 아래에 무릎 꿇렸다. 연권이 엄한 목소리로 호령하자, 위후진은 혼비백산해 고개를 조아리며 말했다.

"소생은 안찰 노야께 일찍이 죄를 지은 일이 없는데, 어찌된 연유로 잡아 오셨습니까?"

연권은 위후진을 살펴보니, 몸가짐이 비루하고 거동도 단정치 않아 선비의 맑은 풍모는 전혀 없어 보였다. 마치 벌의 눈에 뱀의 머리를 한 듯 재물을 탐하고 지혜롭지 못해, 무식하고 간특한 소인배 같았다. 그리하여 물었다.

"네가 화씨 집에서 벌어진 일을 자세히 알고 있다고 하는데, 그 진상을 명확히 듣고자 한다. 이왕 왔으니 하나도 빠짐없이 고하라."

위후진은 놀라 겁이 났으나, 억지로 침착한 척하며 웃는 얼굴로 대답했다.

"대인께서 그 일 때문에 소생을 잡아 오신 것이군요. 소생은 화씨 집과 친척도 아니고 친구도 아니니, 그들 일을 어찌 알겠습니까? 다만 옛말에 '좋은 소문은 문밖을 나서지도 못하고, 나쁜 소문은 하루 천 리를 간다.'라고 합니다. 화씨 집의 괴이한 행각이 온 고을에 퍼져, 정 공자의 죽음이 화씨의 잘못이라는 얘기가 곳곳에 난무했기에, 소생 또한 시중에 떠도는 말을 들었을 뿐입니다."

연권이 다시 물었다.

"그렇다면, 어찌하여 장청에게 이 소문을 전해 지부가 알게 한 것이냐?"

위후진은 뻔뻔스레 대답했다.

"소생이 성격이 과격한 편이라, 풍속을 어지럽히는 일을 바로잡고자 그냥 발설한 것입니다."

연권이 비웃으며 말했다.

"그대의 말이 매우 그럴싸하구나. 하지만 혹 한 마디라도 거짓이 있다면 가볍지 않은 처분을 받게 될 것이니, 일단 물러가서 대기하라."

위후진은 내심 안도하며 감사 인사를 드리고, 태연한 기세로 물러났다. 이현경은 위후진이 목숨을 건진 것을 다행히 여기며 잠시 마음을 놓았다. 연권이 화씨 집 하인들을 당장 문초하지 않자, 마 지부가 옆에서 조바심 나서 아뢰었다.

"화씨 집 노복인 연충이 대령하고 있습니다. 어서 문초하시지요."

연권이 말했다.

"조금 뒤에 물을 것이오. 그대는 내가 하는 일을 지켜보기만 하시오."

마 지부는, 연권이 이미 이 사건에 대해 자세히 알고 있는 건 아닌가 의심스러워졌다.

한편, 송파를 잡으러 간 차사들은 급히 지현 부중에 이르러 "송파를 내놓으라!"라고 요구했지만, 아문의 노복들은 냉소하며 대답했다.

"우리 부중에 송파란 자가 있단 말은 꿈에도 못 들었네."

차사들이 노발대발했다.

"어사 노야께서 큰일이 있어 송파가 여기에 있음을 알고 잡아 오라 하신 것인데, 감히 없다고 할 셈인가?"

차사들은 더 묻지 않고 곧장 관아 곳곳에 뛰어들어 "어사 노야의 명령이니, 옥을 샅샅이 뒤져라!" 하며 수색하기 시작했다. 그 바람에 한바탕 소동이 벌어지자, 경 씨와 홍연은 크게 놀라 어찌할 바를 몰랐고, 이창백은 당황한 기색으로 크게 소리치며 나섰다.

"너희가 무슨 놈들이기에 감히 우리 현 안에 들어와 이렇게 소란을 피우느냐! 빨리 물러나지 않으면 큰 매로 대가리를 부숴 죽이겠다!"

그러자 군관이 크게 노하여 말했다.

"미친 자식! 어떻게 안찰 노야의 차사들을 욕보이는 것이냐? 이곳이 황제께서 직접 내려주신 집도 아니고, 지현이 개국공신이라도 된단 말이냐? 그따위 망발을 하다니!"

그렇게 말하고, 곧바로 좌우를 시켜 방방곡곡 뒤지다가 안뜰 깊숙한 곳에 이르니, 어디선가 누군가 외쳤다.

"송칠낭이 여기 있소! 어서 문을 열어 주시오!"

사람들이 크게 기뻐하며 문을 일제히 열었다. 그러자 한 노파가 며칠 굶주리고 추위에 떨었는지, 얼굴이 마치 귀신처럼 야위어 황급히 밖으로 뛰쳐나왔다. 차사가 물었다.

"네가 송칠낭이란 말이냐?"

그 노파가 울며 대답했다.

"제가 바로 송칠낭입니다. 무슨 죄가 있다고 이 지현이 저를 잡아 가둬 한 달 넘게 옥에서 밥 한술 못 먹으며 겨우 목숨만 붙이고 있었지요. 이제 귀인들이 저를 왜 찾으시는 겁니까?"

차사가 말했다.

"순무어사 노야께서 너를 찾으라 하셨는데, 지현이 이를 감추고 알려 주지 않으니, 노야께서 노하시어 우리더러 부중을 샅샅이 뒤지라 하셨다. 혹여 네가 억울함을 호소할 마음이 있다면, 안찰 노야께서 직접 들어 주실 것이다."

그렇게 말하며, 차사들은 송파에게 따뜻한 국 한 그릇을 먹여 기운을 차리게 한 뒤 그를 데리고 관아를 나왔다. 한편, 이창백은 정신이 나간 채 움직이지 못하고 서 있다가 혼잣말로 중얼거렸다.

"차라리 송파를 일찍 죽여 버렸다면, 이런 화를 당하지 않았을 텐데…."

그리고 온몸을 부르르 떨며 마치 살아 있는 송장 같았다. 유모와 아전들이 달려와 "송파가 잡혀갔다"라고 내당에 알리자, 경 씨는 가슴이 찢어질 듯 비명을 지르며 대청을 왔다 갔다 하며 통곡했다. 집안은 눈 깜짝할 새 두려움과 공포로 가득 차, 이창백이 겨우 정신을 차려 보려 해도 초조한 나머지 한겨울에 연달아 얼음을 먹는 바람에 원래 약한 속이 차가운 기운을 견디지 못해 복통을 일으켰다. 곧이어 심한 설사를 여러 번 하며 쓰러지니, 경 씨가 당황 속에 약을 써 가며 따뜻한 곳에 뉘어 구호했다. 그 사이 차사들은 송파를 붙잡아 관아로 데려갔고, 연권은 그 소식을 듣고 크게 기뻐하며 말했다.

"이제 송칠낭을 잡아 왔으니, 이현경 네가 이래도 모른다고 할 테냐?"

이현경은 고개를 숙인 채 몹시 난처해하며 한마디도 하지 못했다. 연권은 송파를 가까이 꿇어앉히고 물었다.

"무슨 이유로 지현이 너를 잡아 가둔 것이냐?"

송파가 울먹이며 대답했다.

"저는 원래 장사도 하고, 중매도 하며, 사대부 집안에 드나드는 일이 잦았습니다. 하루는 화 상서 댁에 갔다가 돌아오는 길에, 지현 노야의 아중(衙中)에 제 사촌이 있어 그를 찾으려 했고, 그러다 우연히 부인을 뵙고, 시중 양반 댁 규수 이야기를 나누게 되었습니다. 그때, 화 상서 댁 소저의 용모가 빼어나다는 말을 제가 전하자, 지현 부인은 크게 놀라며, '우리 아들이 며느리를 구하려 해도 마땅한 곳이 없어 고민이었는데, 그 말을 들으니 다행스럽다.' 하시더군요. 그래서 지현 노야께 구혼을 아되려 했는데, 노야께서는 '우연히 전해 듣고서야 덜컥 혼사를 논할 순 없다'라며, 시녀 경 유모를 불러 제게 함께 가서 화 소저의 자질을 살펴 오라고 하셨습니다.

저도 어찌 거절 못 하고 유모를 데려가, '노리개를 팔러 다닌다'라는 핑계로 화씨 댁에 들어갔습니다. 때마침 화 소저께서 어린 동생에게 글을 가르치느라 부인 침소에 계셨기에, 자세히 보고 돌아와 지현께 전했더니, 지현 부부는 소저가 요조숙녀라는 걸 확신하고, 공자를 위해 본주의 어떤 거인과 고 어사를 청해 구혼하려 했습니다. 그러나 부인은 '상서 노야께서 수도에 계실 때 이미 혼약한 곳이 있다'라며 혼례를 받을 수 없다고 거절했고, 지현 노야께서는 노하시어 제게 '이러이러하게 격동하라'고 시키셨습니다. 저도 꺼리면서도 부인과 소저 앞에서 이런저런 소리를 해 보았지만, 소저는 전혀 흔들리지 않아 돌아와 그대로 보고드렸습니다.

그러자 노야가 크게 노하시어 무언가 앙갚음할 생각을 하던 중, 화 소저와 정혼했던 정 공자가 성례를 치르려 이 고을에 왔다 하고, 며칠 뒤가 길일이라며 혼구(婚具)를 준비한다는 소식이 들려 왔습니다. 지현 노야는 이 이야기를 듣고 더욱 노하여, '정 공자를 죽이고 화 소저를 겁탈하겠다'라는 음모를 꾸미는 것을 제가 우연히 알게 되었지요. 듣고 보니 이 모든 일이 제가 화 상서 댁 이야기를 전한 탓에 벌어진 것 같아, 만약 그 정 공자가 타향에서 억울하게 죽기라도 하면 하늘이 노해 앙화를 내릴까 무섭고, 화 소저 같은 기품 있는 아가씨가 옥 같은 몸을 잃는 건 너무도 애석해, 제가 조심스레 화 댁에 '위험하니 피하라'고 알렸습니다.

하지만 부인과 소저는 제 말을 미덥지 않아 하셨는지 방비가 제대로 안 되었다가, 결국 정 공자가 적화(賊禍)로 죽고, 소저는 어딘가로 도망갔다느니, 혹은 겁탈당했다느니 하는 말이 떠도는데, 사실인지 아닌지는 저도 모르겠습니다. 그렇게 양쪽 집 일에 제가 조금씩 관여한 까닭에 화씨 집에도 가지 못하고, 지현 아중에도 못 나갔습니다. 그런데 한 달쯤 전, 갑자기 현에서 차관이 들이닥쳐 제가 무슨 죄가 있는지도 모르고 잡아가더니, 지금껏 옥에 갇힌 채 오늘 노야께서 비로소 찾아내 '화 소저의 사정을 어떻게 아느냐'라고 물으시니, 소인은 이 밖의 사정은 전혀 알지 못합니다."

연권은 송파의 증언을 듣고, 이현경의 흉악함과 무정함에 분노를 억누르지 못했다. 좌중의 모든 이도 크게 놀라며 술렁거렸다. 그러자 연권은 좌우를 꾸짖으며 이현경에게서 관복과 관모를 벗기고 밀어내도록 명령했다. 이현경은 놀라 급하게 발악하듯 소리를 질렀지만, 연권은 더욱 노기를 띠고 말했다.

"이 시점까지도 죄를 인정하지 않다니, 내가 곧 명확한 증거를 보여주겠다!"

第十五回
제십오회

화씨 집 살인 사건의 진실을 밝히니, 이현경이 자백하고 잘못을 뉘우치다

연권이 이현경에게 말했다.

"너는 갈수록 파렴치하고 염치가 없구나. 죄가 분명함에도 여전히 항복하지 않으니, 당장 확실한 증거를 제시하겠다."

그리 말하고, 책상 위에 놓인 화빙아의 원통함을 적은 글을 꺼내, 마 지부에게 낭독하라 했다. 마 지부가 큰 소리로 읽자, 글의 뜻이 비장하고 문체가 맑아 이현경의 간악함과 패악스러운 행태가 낱낱이 드러났다. 관아에 가득 모인 이들은 화빙아의 기지를 찬탄했고, 이현경은 그 글 내용을 듣자 변명할 길이 없었다. 그럼에도 그는 발악하듯 소리쳤다.

"정 공자는 분명 죽었고, 화빙아는 이미 달아났는데, 어찌 그가 나타나 원정을 올릴 수 있겠습니까? 분명 화 상서 댁 부인이 딸의 음행을 숨기고자 거짓 글을 지어 대인을 속이는 것입니다. 대인께서 속지 말고 소인을 해치려 하시니 부당합니다. 만약 정말 화빙아가 나타난다면, 그때는 제가 굴복하겠습니다!"

연권은 이현경의 교활함을 간파하고도 그 말을 넘기며 "진실을 천천히 밝혀 보겠다"라고 했다. 그리고 차사를 보내 화씨 집에 가서 화빙아를 모셔 오고, 또 정 공자의 관을 운구해 오라 했다. 아울러 이창백을 잡아 와 홍연과 대면시키도록 했다. 차사들은 지시에 따라 뿔뿔이 흩어졌고, 얼마 뒤 여러 아역이 관(棺)을 메고 뜰로 들어왔다. 지난번 원정을 올렸던 노파가 길을 인도하고, 뒤이어 한 여인이 작은 가마를 타고 도착했다. 온 읍내에 그 소문이 퍼져, "어사가 대옥을 결판내려 하니 정 공자의 관을 열어 보고, 달아났던 화 소저가 왔다!" 하며 떠들썩했다. 이윽고 화빙아가 단정한 태도로 나와 손을 모아 예를 올리니, 연권이 몸을 숙여 맞이하며 말했다.

"소저께서 원통한 사정을 털어놓으시면, 내가 법대로 처결하겠습니다."

화빙아가 대답했다.

"저는 이미 원정에 모든 사정을 써 올렸으니, 대인께서 공정히 살피셔서 처결해 주십시오."

그 맑고 고운 목소리, 법도에 맞는 거동에 어사와 여러 관원이 감탄하며 바라보니, 과연 천하에 둘도 없는 기품의 숙녀였다. 마치 가을 하늘에 밝은 달이 구름에 가려진 듯했고, 또 눈 속에 핀 매화처럼 고결한 풍채가 돋보였다. 남전(藍田)[20]의 옥이 티끌을 벗은 듯 맑고 깨끗해, 가을 물처럼 투명한 눈빛과 단아한 자태가 보는 이를 절로 경건하게 만들었다. 대소관원(大小官員) 모두가 자신도 모르게 자세를 가다듬고, 속으로 찬탄을 금치 못했다. 이현경은 마치 청명한 날벼락을 맞은 듯 눈앞이 아찔하고 정신이 아득해, 자신의 악행이 끝내 드러났음을 깨닫고 말 한 마디도 못 한 채, 얼어붙은 듯 미동조차 하지 못했다. 그를 지켜보던 사람

---

20 남전(藍田): 중국 남전 지역. 예로부터 아름다운 옥이 산출되는 곳으로 유명했다.

들은 분노를 억누르지 못했다. 이때 송파가 화빙아를 보고 말했다.

"소저를 지키려 했는데, 한 달 넘게 옥에서 고생하며 목숨이 경각에 달렸습니다. 그러나 어사 노야의 해와 달 같은 밝음 덕분에 이제 화를 면하고, 소저께서는 반석같이 건재하시니, 제가 하늘의 밝음을 다시 깨닫게 됩니다."

"그대가 나를 위해 애써 주어, 그 험한 고초에까지 처했으니, 어찌 감사하지 않겠는가."

그리고는 돌아서서 어사에게 말했다.

"소첩은 백 년 묵은 누명을 쓸 뻔하였으나, 다행히도 대인의 해와 달 같은 덕택으로 이를 벗을 수 있게 되었습니다. 이 은혜가 하늘과 땅 같아 갚을 길이 없습니다. 저는 아버지를 머나먼 절역(絶域)에서 이별하고, 어머니와 오붓이 지내며 강도들의 침범을 당하는 등 세상에 없을 액운(厄運)을 겪으며 누명을 쓸 뻔했습니다. 그러다 대인의 성덕으로 목숨을 건졌습니다. 하지만 대인께서 이곳을 떠나신 뒤, 저 흉악한 무리들이 다시 원수를 갚겠다며 무슨 모략을 벌이게 되면 이번 화보다 더 큰 화가 덮칠까 두렵습니다. 부디 대인께서 이 외로운 여인을 가엾게 보시고, 끝내 안전히 살아갈 방도를 마련해 주시길 청합니다. 또 저도 이미 도망치지 않고 대중 앞에 나섰으니, 이제 물러나게 해 주십시오."

연권이 공손히 대답했다.

"저 흉악한 자들이 국법을 무시하고 인륜을 문란케 하니 천하의 죄인입니다. 내가 비록 미약하나 황상의 명을 받들어 순무로서 사방의 민심을 다스리는 바, 불법을 자행하는 관리를 처단하는 것은 내 본분이외다. 비단 소저를 위함만이 아니오. 다만, 소저의 뜻이 높고 분명하시니, 내가 당당히 일을 처리하되 아직 죄인들의 자백을 다 받아내지 못했고, 옥사의 결말이 나지 않았으니 부디 잠시 불편하시더라도 내 처결을 기다려 주십시오."

그리고 나서 지현을 돌아보며 말했다.

"그대는 아직도 억울함을 변명하겠단 말인가? 한 고을의 아버지요, 어머니라 자처하면서 이처럼 패악(悖惡)을 일삼아 자식을 제대로 가르치지 못하고, 불의로 남을 모함해 재산을 탈취하려 하다니, 인륜의 죄인이자 조정에 대한 반역자나 다름없다. 이 자리에서 조금이라도 평안히 있으려 말고, 더는 벼슬자리를 욕되게 하지 말라!"

연권이 관리들을 시켜 지현을 당 아래로 끌어내리게 하니, 이현경은 부끄러움에 몸 둘 바를 몰랐다. 연권이 다시 위후진을 끌어다 놓고 엄한 형구(刑具)를 갖춘 뒤, 화빙아를 모함한 내역을 캐물었다. 위후진은 비록 간사한 인물이었으나, 이미 심문 앞에서 변명할 재주가 없었다. 이에 이창백과 함께 어떻게 모의했는지 자백하면서도 자신의 잘못을 얼버무리며 앞뒤가 맞지 않는 진술을 내놓았다. 좌중이 놀라고, 연권은 크게 노하며 위후진을 준엄하게 꾸짖었다.

"너는 분명 선비라 자처하며 유생의 관(冠)을 쓰고, 입으로는 성현(聖賢)의 글을 읽으면서도 불의한 짓을 꾸며 대중을 속이고, 관리를 사귀어 체면을 망치며, 사대부 집 규수를 모해하다니, 천하에 이런 어리석고 고약한 자가 또 있겠느냐! 이현경이 관복을 입고도 악행을 서슴지 않고, 헛소문을 지어 화씨 집안을 도탄에 빠뜨린 것을 보니 못할 짓이 없구나. 이대로 두면 반신 역적이 될 게 뻔하니, 내가 곧 황상께 아뢰어 법률을 엄히 적용하겠다. 마 지부 또한 미욱해 간사한 무리의 계책을 간파 못 하고, 뜬소문을 믿어 이런 억울한 사태를 불러일으켰구려. 관원이 되어 이리도 몽매하다니 실로 한심하오!"

연권이 노기를 띠고 북풍 같은 기세로 호령하자, 좌우의 사람들은 땀을 흘리며 등이 축축해졌다. 마 지부가 전전긍긍해 죄를 청했다.

"제가 어리석어 간인의 술책에 넘어갔으니, 부끄럽기 그지없습니다. 다만 그들의 간계(奸計)가 워낙 교묘해 순간 깨닫지 못했을 뿐이니 대인께서는 부디 용서해 주십시오."

연권이 대답했다.

"그대가 미처 알지 못한 잘못은 있으나, 흉인들과 한통속은 아니니 크게 책망하지는 않겠소. 향후 더욱 살피고 임하시오."

마 지부가 거듭 감사의 말을 전했다. 연권은 이어서 이창백과 홍연을 잡아들이라고 명했다. 부에서는 안팎이 다 뒤집혀 귀신에 홀린 듯 난리였다. 이창백은 원래 속이 약한 데다, 복통까지 겹쳐 정신을 놓고 소리를 지르며 점점 미쳐가는 듯했고, 비명 소리는 처절했다. 경 씨는 아들의 울음소리를 듣고 또다시 경악해 떨면서 손발 둘 곳을 몰랐다. 홍연은 비록 잡혀 왔으나, 실제 죄를 지은 것이 없으므로 크게 동요하지는 않았다. 하지만 이창백의 울부짖음을 들으니 우습기도 하고, 그래도 한때 같은 집안에 있던 정이 있어 마음 한구석이 편치 않았다.

차사들이 홍연을 잡아온 뒤, 이창백은 결박당해 구박받으니, 얼음물까지 마셔 뱃속이 상해버린 그가 공포에 질려 변을 질질 흘려 구린내가 진동하고, 두 눈에는 눈물이 그렁그렁해서 꼴불견이었다. 차사들이 이창백을 끌고 아문으로 오자, 나졸들이 "죄인을 잡아왔습니다!" 하고 보고했다. 연권 앞에 엎드려진 이창백은 몹시 놀란 나머지 자신도 모르게 큰 소리로 통곡했는데, 그 소리가 흉측하기 이를 데 없었다. 이를 지켜보던 이들은 모두 경악했고, 곁에 있던 군관이 붉은 곤장으로 그의 옆구리를 치며 말했다.

"여기가 어디라고 함부로 곡을 하느냐! 빨리 그쳐라!"

이창백은 울음을 삼키고, 눈물만 줄줄 흘릴 뿐이었다. 좌우에서 그를 비웃듯 쳐다보자, 이현경은 부끄럽고 분해 고개를 숙이고, '차라리 송파를 미리 죽여 이 꼴을 면했어야 했다'라며 속으로 한탄했다. 연권이 이창백을 보니, 그 생김새가 몹시 초라하고 얼굴빛은 노랗고 검으며, 나태한 눈매에 거친 눈썹, 귀밑머리가 허옇게 섞여 참으로 간특해 보였다. 눈물을 질질 흘리는 꼴이 우스꽝스러워, 연권은 탄식하듯 말했다.

"과연 비루한 필부로다! 저런 개돼지 같은 놈이 어떻게 천고의 숙녀 화빙아를 넘볼 수 있었단 말인가? 애당초 될 리 없는 일을 꾀하다가 죄를 부른 것이로다."

좌우 사람들도 "참으로 옳으신 말씀"이라며 맞장구쳤다. 연권이 이창백에게 물었다.

"네 죄상은 이미 대부분 밝혀졌다. 그런데 이런 몰골로 감히 훌륭한 숙녀를 차지하려 들었단 말인가? 혼인은 인륜의 대사이며, 다섯 가지 윤리의 근본이다. 네가 비록 하찮은 인물이지만 그래도 공부했다고 자부하는 자가 올바르지 못한 수단으로 재상 가문의 규수를 빼앗고, 정가 신랑을 해치려 하다니 하늘이 두렵지도 않느냐? 거짓소문으로 무고한 이를 음탕한 죄로 몰아 한 가문을 파멸에 이르게 했으니, 그것만 해도 큰 죄가 하나! 선비로서 간악한 꾀를 내어 살인을 꺼리지 않았으니, 죄가 둘! 권세를 빙자해 혼인을 강요하다가 끝내는 도적들을 모아 재상가 규수를 납치하려 했으니, 죄가 셋! 자신이 저지른 죄를 뉘우치긴커녕 화 소저를 누명 씌워 해치려 했으니, 죄가 넷! 무고한 송파까지 잡아 가두고, 나의 차사들을 욕보였으니, 죄가 다섯이구나! 법으로 치자면 네 머리를 베고 두 눈을 뽑아도 모자랄 형편이다. 나라에서 법을 두는 이유가 바로 너 같은 부자를 다스리려 함이니, 너와 네 아버지가 사형(死刑)을 면하긴 어려우리라."

이창백은 그 말을 듣고 더욱 절망해 눈물만 흘릴 뿐, 아무 대꾸도 하지 못했다. 그제야 연권이 좌우에게 "정 공자의 관을 가까이 가져오고,

뚜껑을 열어 보라"고 명했다. 뚜껑을 여니, 안에는 풀로 만들어 염(殮)한 초인이 들어 있었다. 초인의 배 속은 둥글게 비어 있고, 가죽 주머니에 피를 담아 칼자국을 내어 피가 흘러넘치게 만들어, 마치 살해된 시신처럼 보이도록 꾸며 놓았던 것이다. 사람들은 그걸 보자 화빙아가 꾸민 기묘한 계책에 감탄했고, 관아를 가득 메운 이들은 "신묘하다!"라며 초인을 구경하며 떠들어 댔다. 연권도 탄식하며 말했다.

"화 소저의 지혜가 실로 세상에 드물어, 진정으로 비범한 규방의 기인이자, 여중영웅(女中英雄)이로다!"

그렇게 칭찬을 아끼지 않았다. 화빙아가 돌아갈 뜻을 비치자, 연권이 말했다.

"소저께서 이처럼 훌륭한 일을 해내셨으니, 천고의 유례가 없을 만큼 기이합니다. 노부가 깊이 공경하니 안심하고 돌아가십시오. 추후 내가 마땅히 처리할 테니 소저의 신변을 염려 말기 바랍니다."

화빙아가 감사의 예를 올리고 물러나자, 이창백은 그러는 와중에도 화빙아의 모습을 정신없이 바라봤다. 너무도 황홀한 자태에 마치 경국지색(傾國之色)[21]을 본 듯, 마음이 혼미해 "과연 인간인가?" 하는 의심마저 들었다. 곰곰이 생각해 보니, 자신은 온갖 수단과 꾀를 썼으나 결국 아무것도 이루지 못하고 다섯 가지나 되는 죄명을 뒤집어쓴 채 이렇게 계단 아래에 끌려나와 고초를 겪는데, 화빙아는 도리어 모두의 존경과 연권의 칭찬을 받으며 빛나는 모습으로 돌아가니, 아무리 애써도 마음을 진정할 수 없었다. 고개를 바닥에 박고 울음을 참으려 했지만, 원래 설사와 복통을 앓던 차에 차가운 바닥에 배를 깔자 더 견디지 못해, 똥이 급히 쏟아지려 했다. 일어나려 하니, 아역이 소리치며 꾸짖었다. 결국 이창백은

21 경국지색(傾國之色): 나라를 기울일 정도로 뛰어난 미인.

변을 참지 못하고 그 자리에 싸 버려 고약한 냄새가 진동했다.

이창백이 똥을 싸며 악취가 진동하자, 주위 사람들은 코를 막으며 멀리 물러섰다. 연권과 여러 관원들은 관복 소매로 코와 입을 가리며 "어서 끌어내라!" 하고 소리쳤다. 그러자 노복들이 떼를 지어 나서 이창백을 끌고 밖으로 나갔다. 화빙아는 그 꼴을 보고는 기가 막혀 했지만, 오히려 그가 사람 수만 채우는 몹쓸 존재임이 불쌍하다고 여겼다.

가마에 오른 화빙아를 수많은 아역과 시녀들이 호위했고, 송파와 홍연도 함께 풀려나 화빙아를 따라갔다. 사람들은 구름같이 모여들어 너도나도 화빙아를 칭찬했다.

"어린 소저가 지닌 그 신기묘산(神機妙算)[22]이 어떻게 저토록 기발한가!"

칭송이 마치 하늘을 울릴 듯했다. 연권은 이창백과 위후진을 칼을 씌워 가두고, 이현경은 일단 아문으로 보내 감시했다. 모든 관원도 각자 고을로 돌아가지 않고 머무르며 사태를 지켜보았다. 이현경은 이제 감히 관복을 입을 엄두도 못 내고 평복 차림으로 아중에 돌아왔는데, 경 씨가 마중 나와 아들의 죄목이 중하다는 소식에 또 남편 이현경 또한 죄인이 된 꼴을 보자 가슴을 치며 통곡했다. 그러면서 연권을 원망하고, 차라리 송파를 죽였어야 한다며 이를 갈았으나, 자리에 앉아도 마음이 가라앉지 않았다. 이현경은 한숨을 쉬며 말했다.

"이게 다 아들놈이 우리 말을 듣지 않고 목숨까지 걸며 화씨 댁을 넘보는 바람에 어마어마한 돈을 날리고, 벼슬마저 보전 못 할 지경이 되었소. 부자(父子)가 함께 이런 치욕 속에 죽을 날을 기다리게 되었으니, 남

---

22 신기묘산(神機妙算): 귀신 같은 재주와 묘책이라는 뜻으로, 평범한 사람은 짐작하기 어려운 뛰어난 지략이나 계략을 이르는 말.

을 해치고 무사히 지내리라 기대한 게 어리석었단 말이오. 그래도 애초에 우리가 꽤 치밀하게 증거를 없애고, 화씨는 친척도 없는 집안이니 설령 별 탈이 생겨도 설마 누가 도와주랴 했는데 원수 같은 연권이 어사로 내려와 우리 부자의 죄행을 샅샅이 들춰냈소. 게다가 화빙아란 계집은 워낙 잔꾀가 많아 뭔가 준비를 단단히 해놓고 이런 반격을 펼친 것이오. 여자를 우습게 봤다가 여인 하나 때문에 모든 앞길이 막혀 버리니 참으로 애통하오. 연권이 한 번 마음먹은 이상, 화씨 쪽에 친척이 없다 해도 그가 끝까지 돕겠지. 내 비록 어사의 위세를 당하긴 해도 목숨까지 뺏긴다는 법은 없으니, 내가 살아남기만 한다면 반드시 저 원수를 갚아 오늘의 수치를 씻고야 말겠소!"

부부는 더욱 불의를 꾀하고, 식음을 전폐한 채 근심에 빠졌다.

그 무렵, 화 부인은 연권이 화빙아를 관아로 부른다는 말을 듣고 크게 놀라 탄식했다.

"내 딸은 규중의 처녀 아닌가. 어찌 관아에 나가 그 수치스러운 꼴을 당하게 한단 말인가. 차라리 내가 나이도 있으니 거리낌 없이 대신 가겠다."

그러자 화빙아가 말했다.

"아닙니다. 모친께서 명부(命婦)[23]로서 존귀하시고, 이미 작위를 받은 몸이시니, 어사 앞에 나가 모욕당하시면 대인의 체면에도 누가 될뿐더러, 간인들의 흉언(凶言)만 더 집요해질 것입니다. 게다가 제가 이전에 '도망갔다.'라고 했으니, 어머니가 굳이 '딸의 죄를 은닉했다.'라는 오해를 받을 게 뻔하지 않습니까. 차라리 제가 규중처녀라도 제 몸의 죄라 여기고 직접 가는 것이 옳습니다. 모친께서까지 욕을 보실 이유가 없지요. 제 팔자

---

23 명부(命婦): 봉작(封爵)을 받은 부인을 통틀어 이르는 말.

가 기구하다지만, 설마 이 일로 죽기까지 하겠습니까?"

화 부인은 딸의 말이 옳긴 해도, 마음속 근심을 접지 못했다. 결국 화빙아가 관아로 떠나고, 부인은 안절부절못해 시녀들을 보내 소식을 알아보게 했고, 종일 애만 태웠다.

날이 저물 무렵, 화빙아가 돌아오자 부인은 급히 나가 무슨 일 있었는지 물었다. 화빙아가 관아에서의 일을 대략 전했고, 유모가 얼굴 가득 웃음을 머금고 이창백 부자의 몰골과 소저가 얼마나 빛났는지 설명했다. 마지막에 "이창백이 대중 앞에서 똥을 쌌다"라는 이야기에 부인은 터져 나오는 웃음을 이기지 못했다. 곁에 있던 사람들도 모두 웃음을 터뜨렸다. 그러자 화빙아가 말했다.

"그자가 비록 축생(畜生) 같은 놈이라 천 번 죽어도 아깝지 않지만, 그렇게 수치를 당하고 반죽음 상태로 끌려나가는 꼴을 보니 좀 측은하기도 하고, 이현경 또한 한 고을 부모라 자처하던 자가 하루아침에 죄인이 되어 계단 아래 서 있는 모습이 안쓰럽긴 합니다. 이 사람들이 수신(修身)을 제대로 하지 못해 결국 이런 모욕을 당하고 앞길까지 막히게 되었으니, 어찌 측은하지 않겠습니까. 그 부자가 다시 무슨 교활한 계책을 꾸민다 해도, 제게는 해가 되지 않을 것이고, 게다가 정 공자가 죽지 않았으며, 저 역시 반석처럼 안전합니다. 이전에 저를 해치려 했던 그 악의는 놀라울 따름이나, 생각해 보면 제 액운이기도 하고, 그 부자가 제 일로 인해 죄를 뒤집어쓰고 보니 아마도 원망이 더 깊어질 테지요. 하지만 또 한편으론 그 인생들이 불쌍하기도 합니다. 그래서 저는, 그들을 사지(死地)에서 건져 목숨을 살려 주고 싶습니다."

부인은 딸의 착한 마음이 기특해 칭찬했다.

"정말 어진 마음이로다, 딸아. 네 마음이 이다지 넓으니 하늘이 반드시 복을 내려 주실 게다. 하지만 그 부자가 이미 죄를 지어 법으로 다스릴 터이니, 네 힘만으로 그들을 구해 내긴 어려울 듯하구나."

화빙아는 웃으며 말했다.

"설령 어사께서 저를 오해하셔서 무겁게 처벌하려 하시더라도, 제가 한 장의 글을 바쳐 설득하면 될 것입니다. 연공은 본디 어질고 너그러운 분이라, 그리 어렵지 않을 겁니다."

유모 취정은 달가워하지 않으며 말했다.

"저들이 힘을 믿고 우리를 우습게 여기며 백 가지로 업신여겼고, 나중엔 정 공자를 죽이려 드는 등 소저께 온갖 누명까지 씌우지 않았습니까? 오늘에서야 분한 마음이 조금 풀렸고, 그 흉악한 자가 벌을 받는 게 당연한데, 왜 소저께서는 오히려 그들을 구해 주려 하십니까?"

화빙아가 설명했다.

"어미께서 말하는 건 당연히 그간의 원통함이겠지만, 아직 눈앞만 보는 좁은 식견이네. 저들의 흉한 마음이 결국 자기 스스로를 해치는 꼴이 되었지. 우리로서는 한때 욕을 보았으나, 원수를 갚으려 들면 그 역시 옹졸한 사람의 짓이네. 저들이 아무리 악독해도 내가 구해 주는 것에 감복하면 다시 나쁜 짓을 꾀하진 않을 걸세. 죄가 중해도 나라에 해가 되는 정도는 아니니, 괜히 사람을 죽음으로 몰아 넣어 무엇이 좋겠는가? 나는 옛사람의 어질고 너그러운 일을 본받고 싶고, 그를 통해 아버지께서도 하루빨리 돌아오실 수 있으리라 믿네."

연파 등은 화빙아의 말에 깨달음이 일어 옳게 여겼고, 송파도 그 자비로운 마음에 연신 감탄했다.

그 시각, 연권은 관아(官衙)의 업무를 마치고 표문(表文)을 작성해, 이현경 등 죄인을 수도로 압송하기로 결심한 뒤, 책상에 기대어 생각에 잠겼다.

'내 딸이 세상에서 으뜸이라 여겼는데, 이번 길에서 만난 숙녀 두 명은 그 지혜와 용모가 우리 딸보다 더 뛰어난 듯하구나. 천하에 이렇게 기특한 여인이 많은데, 정작 기특한 군자는 만나지 못했으니, 조물주가 공연히 여인들만 비범하게 만들고, 국가를 지탱할 인재는 낳지 않으시는 듯하니 안타깝도다. 정 씨와 화 씨, 둘을 남자로 태어나게 했다면, 틀림없이 국가의 동량(棟梁)이 되었을 텐데. 또 나의 딸까지 합해, 세 명의 요조숙녀를 이른바 '삼절화(三絶花)'라 칭해도 손색없구나. 과연 어디에 옥 같은 군자가 있어 이 세 사람의 배필이 될지….'

연권은 탄식이 끊이지 않았다.

다음 날 아침, 연권이 세수하고 대청에 나오자 수많은 관원들이 차례로 들어와 알현했다. 연권이 말했다.

"이현경 부자와 위후진을 모두 수도로 압송하려 한다. 나는 가흥을 돌아본 뒤 다시 돌아올 것이니 그 사이 일들을 잘 살피고 있으라."

마 지부가 명을 받들고, 연권은 즉시 이현경의 관복과 인수(印綬)[24]를 거둬들이고, 차사에게 표문을 지참하게 하여 수도로 보내려 했다. 이현경은 막막한 심정으로 가재를 정리한 뒤, 여염집으로 옮겨 갔다. 그러자 마 지부가 창고를 봉인하고, 문서를 거둬들이며 속관들을 점검한 뒤 연권에게 보고했다. 연권은 차사들을 명해 수도로 가려 했는데, 갑자기 누군가 화빙아가 써서 바친 글 한 장을 올려왔다. 그 글에는 이렇게 적혀 있었다.

> 지현 부자의 죄상이야 국법을 벗어날 수 없겠지만, 제 미천한 몸으로 인해 억울하고도 더러운 이름이 나라에 떠돌고, 이 일이 장차 어디로 미칠지 알 수 없게 되었습니다. 노야의 너그러운 혜택으로 그 죄가

---

24 인수(印綬): 관인(官印)을 몸에 차기 위한 끈. 관인을 말함.

국가에 간섭하지 않음을 고려하시고 앞으로 불의를 경계하시면 어질지 못한 자가 혹 깨달음을 얻어 착한 사람으로 변화하여 아름다움이 있을지도 모릅니다.

글을 다 읽은 연권은 크게 깨달은 듯 손가락을 튕기며 감탄했다.

"저들이 짐승 같은 잔혹함으로 천만 번 흉악한 짓을 벌였으니, 보통 사람은 물론 성현과 견줄 만한 선비라도 쉽게 용서하지 못했을 것이다. 그런데 화 소저는 천하에 견줄 이 없는 용모와 기질을 갖춘 데다 자비심마저 뛰어나, 원수에게 은혜를 베풀고자 하니 그 절개를 따져 보면 옛 열녀(烈女)에도 부끄럽지 않고, 지모를 논한다면 병법가 황석공(黃石公)[25]에 비할 만하며, 인덕(仁德)을 살펴 보면 옛 현인들에 못지 않구나."

그렇게 말하고 나서 손가락을 튕기며 흠모의 뜻을 드러내고, 화빙아의 말을 따라 이창백 부자에게 관대한 처분을 베풀겠다고 결심했다.

사실 이창백 부자와 위후진은 지나온 행적이 이미 흉악할 대로 흉악해, 만천하에 부끄러울 것도 없고 앞날도 완전히 망쳐 버려 패가망신(敗家亡身)할 운명이었다. 그들은 지금껏 자행한 죄로 슬픔과 두려움에 빠져 가족 앞에서도 얼굴을 들지 못할 지경이었다.

바로 그때, 차관이 연권에게서 떠날 짐을 정리한 뒤, 세 죄수를 묶어 목에 커다란 칼을 씌우고 말을 준비하라고 재촉했다. 이제 곧 수도로 압송될 참이었다. 그들은 눈물을 흘리며 서로를 돌아보는 형편이었는데, 그때 갑자기 연권이 계단 아래로 세 사람을 불러 무릎 꿇게 한 뒤, 화빙아가 보낸 글을 큰 소리로 읽어 주었다.

세 사람은 그 글 내용을 듣자마자 마치 황제의 사면을 받은 것처럼

---

25 황석공(黃石公): 중국 진(秦)나라 말엽의 은사이자 병법가. 장량에게 병서를 전하여 주었다는 노인으로, 장량은 이 병서를 읽고 한(漢)의 천하 통일을 도왔다.

기뻐하면서도 부끄러움을 느꼈다. 화빙아의 고결한 뜻과 어진 마음, 그리고 확 트인 마음이 소인의 간교함을 깨뜨리고 흉악한 심정을 바꿔 놓을 듯했다. 물론, 이창백은 거의 정신이 나간 상태여서 더는 의논할 여지가 없었지만, 이현경과 위후진은 그래도 옛 배움이 있어 제법 사람다웠기에, 자신들의 과오를 진심으로 뉘우치며 눈물을 흘렸다. 화빙아의 은혜에 깊이 감복했으나, 어사인 연권이 아직 '용서한다'라고 공식 선언을 하지 않아 안도하면서도 의문이 커 머리를 숙이고 눈물을 쏟아냈다. 주변 사람들은 어제까지 함께 지내던 동료가 이리 처참히 몰락한 상황을 보고 참담함을 금치 못하고 있었다. 그때 연권이 소리를 높여 말했다.

"너희 부자는 관원(官員)의 신분으로 화 소저를 겁탈하려 들었고, 정 공자를 죽이려까지 했으며, 도적과 결탁해 윤리도덕을 농락했다. 만일 정 공자가 정말 죽었다면, 살인죄는 한 고조(漢高祖)[26]라 해도 용서할 수 없는 큰 죄이니, 약법삼장(約法三章)[27]의 첫째 조항—'사람을 죽인 자는 사형에 처한다'—을 적용해 너희 부자를 참수하는 게 당연하다. 그런데 다행히 정 공자가 죽지 않았으니 사형만은 면하겠다. 하지만 흉악한 짓을 저지른 뒤에도 반성할 줄 모르고 거듭 간계를 부려 무죄한 사람을 모함하고 송파까지 잡아 가두었으니, 이는 머리가 열 개라도 부족할 죄다. 게다가 죄상이 드러나도 놀라기는커녕 끝까지 날 속이고 기만하려 들었으니, 율(律)에 따라 황상께 보고해 삼척(三尺)의 법[28]으로 엄히 다스리려 했다.

그러나 뜻밖에 화 소저의 '남을 사랑하는 마음'이 하늘과 같아, 원수

---

26 한 고조(漢高祖): 중국 한(漢)나라의 제1대 황제 유방(劉邦)을 말함.

27 약법삼장(約法三章): 중국 한 고조(漢高祖)가 진(秦)을 멸하고, 백성과 약속한 세 가지 법규. 살인자는 사형하고, 남을 해친 자 및 도둑질한 자는 벌하며, 진나라의 옛 법은 폐한다는 것이다.

28 삼척(三尺)의 법: 예전에는 3척의 죽간(竹簡)에 법률을 기록한 데서 유래한 말.

조차 배척하지 않고 진심으로 살려 주려 애쓰는 모습을 보고, 나 또한 감복해 너희 부자의 죄를 용서해 주기로 했다. 단, 만약 다시 뉘우침 없이 악행을 저지른다면, 이번과 지난 죄를 합해 머리 없는 귀신이 될 것이니, 부디 개과천선(改過遷善)[29]하여 어질고 바른 사람이 되도록 하라! 다만 그렇다고 이대로 그냥 둘 수도 없으니, 장(杖) 백 대를 치고, 유생 명단에서도 이름을 빼 선비 대열에 두지 못하도록 하겠다. 그의 아들 역시 부자 간 동일한 죄상으로 장 백 대를 치고 선비의 이름을 없앤다. 이현경은 몸과 마음을 닦아 훗날 다시 등용될 수 있기를 기다려라."

그 말이 끝나자, 좌우가 세 사람의 목에 씌워졌던 칼을 벗기고, 이현경에게 관복과 예법에 맞는 복장을 내주어 입게 했다. 이현경은 부끄러움을 이기지 못했지만, 죄를 면하게 된 것을 다행으로 여기며, 얼굴을 조아려 감사의 뜻을 표했다.

"소생은 전후로 큰 죄악을 저질러 죽음을 면치 못할 줄 알았는데, 대인의 너른 은혜와 화 소저의 성심 덕으로 사지에서 벗어나 부자가 목숨을 부지하게 되었습니다. 그 은혜가 하늘과 같습니다. 소생이 비록 어리석으나 이번 일을 깊이 뉘우치고 자책하며, 대인과 소저의 은혜를 평생 간직하고 갚을 길을 찾겠습니다."

이현경은 부끄러운 눈물로 옷깃을 적셨다. 연권이 그를 타일렀다.

"성현이 이르길, '허물 없는 이가 어디 있으랴. 다만 고치기가 어렵다'라고 했소. 그대는 지난 과오를 뉘우치고 새롭게 선(善)을 행한다면, 보다 나은 미래가 있을 것이오. 나도 오늘 일을 결코 잊지 않을 것이니, 그대 또한 마음에 새겨 앞으로 행실을 닦으시오."

이현경은 다시금 연권의 관대함에 감사를 드리며, 머리를 들지 못했

29 개과천선(改過遷善): 지난날의 잘못이나 허물을 고쳐 올바르고 착하게 됨.

다. 마 지부 등 관원들도 그가 화를 면하고 뉘우치는 모양을 보고 안도하며 위로했다. 이현경은 비록 담이 큰 인물이지만, 차마 고개를 들 수 없었다. 연권이 이현경에게 "당상(堂上)으로 올라오시오"라고 명하자, 이현경은 거듭 사양했지만, 다시 청하니 하는 수 없이 올라가 엎드린 채 몸을 펴지 못했다.

그러고 나서, 연권이 아역들을 꾸짖으며 "위후진을 결박하라"고 했다. 곧 붉은 곤장을 든 건장한 아역들이 위후진을 오십 대까지 매질하니 살가죽이 벗겨져 피가 흥건히 맺혔다. 위후진은 머리를 흔들며 "살려 주십시오!" 소리치는데, 이창백은 그 광경을 보고 자신도 곧 저렇게 될까 싶어 창자가 끊어지는 것만 같았고, 눈물은 장마에 비 쏟아지듯 흘렀다. 아역들이 힘껏 곤장을 휘둘러 팔십 대에 이르자, 위후진의 살점이 떨어져 나가고 거의 숨이 끊어질 지경이 되었다. 더 때리면 바로 죽을 것 같아 좌우가 끌어내니, 위후진의 하인이 대기하고 있다가 반송장이 된 주인을 실어 갔다. 이어서 나졸들에게 "이창백을 끌어내라!" 하고 호령하자, 범 같은 나졸들이 달려와 붙잡으려 하니, 이창백은 어찌할 바 몰라 대청을 올려다보며 아버지를 부르고, 어머니를 부르며 울부짖었다.

"아이고, 이 일을 어찌하나! 저 튼튼한 위후진도 곤장에 맞아 거의 죽게 됐는데, 나 같은 허약한 사람이 저 모진 매를 맞고 어떻게 살며 어떻게 견디겠는가!"

그렇게 울부짖자, 주변 나졸들은 곤장으로 입과 옆구리를 찌르며 "이놈, 여기서 감히 큰소리를 내고 울부짖느냐!" 하고 욕설을 퍼부으며 이창백을 엎드리게 했다. 아직 한 대도 맞지 않았는데도, 이창백은 두 손을 땅에 파묻고 조상들을 부르며 크게 울었고, 이를 본 사람들은 도리어 비웃음을 터뜨렸다. 당 위에 있던 군관은 아역에게 "서둘러 집행하라!" 명했고, 아역들이 "명 받들겠습니다!" 하며 높이 곤장을 치켜들고 내리쳤다.

이창백은 부모의 사랑만 받고 자라 한 번도 매질을 당해 본 적 없던 처지에, 오늘 어사의 곤장을 처음 맞으니 어떻게 견디겠는가. 이현경은 그런 장면을 차마 보지 못해 고개를 돌렸고, 군관은 이어서 엄히 독촉했다. 이창백이 이미 이십 대 정도 맞고 나자, 두 손이 묶인 채 연권에게 울며 빌었다.

"하늘 같으신 노야님, 제발 덕을 베풀어 저를 살려 주십시오. 소생이 이제야 법을 알았으니, 다시는 그런 불의를 행하지 않겠습니다. 만약 또 다시 죄를 짓거든 그땐 죽여 주십시오. 소생은 집안의 독자로 태어나 선생에게도 한 번도 매를 맞은 적 없고, 부모에게도 꾸중 한 마디 들어 본 적이 없는지라, 어미 품에서 자라 바늘에 찔리는 고통조차 모르고 지냈습니다. 안찰 노야님께 여러 대를 맞으니 아픔을 차마 견딜 수가 없습니다. 차라리 목을 베어 죽이시고 매는 그만둬 주십시오. 아파 죽겠으니 자리에 계신 모든 어르신들께서는 제 불쌍한 목숨을 구해 주십시오."

이창백이 곤장을 피하기 위해 눈물로 애걸하자, 그 모습이 너무 가관이어서 사람들은 크게 비웃었다. 연권도 어이가 없었는지 살짝 웃음을 머금었다. 이에 마 지부가 나서서 말했다.

"저 이창백이란 자는 사람이라 하기엔 차라리 짐승만 못하지 않습니까? 평소 못된 짓은 대개 위후진에게 배우고, 스스로 생각할 능력이 없으니 저런 걸 굳이 엄벌에 처해 보아야 나무를 치고 돌을 치는 것과 다를 바 없을 겁니다. 게다가 이창백은 몸도 약해 매질을 더하면 분명 죽음에 이를 테니, 대인께서 불쌍히 여기셔서 목숨만은 건져 보내 주신다면, 그의 가문이 대인의 은덕을 평생 잊지 못할 것입니다."

연권도 이창백을 더 묶어 두는 것은 부질이 없고 자칫 목숨을 잃을까 우려되어, 마 지부의 만류를 따르기로 했다. 그래서 묶어 놓았던 포승을 풀며 말했다.

"네가 본래면 백 대 곤장을 맞아야 하겠지만, 화 소저의 청과 마 지부의 낯을 봐주어 이번만 용서한다. 이후로는 화씨 댁의 문을 네가 지켜, 너 같은 사나운 놈들이 또다시 사고 치지 못하게 하거라. 혹 누가 감히 방자한 짓을 하면 지체 없이 지부 관아에 알리도록 하라. 만약 조금이라도 게으름을 피운다면 예전 죄까지 합쳐 더 크게 벌을 받을 것이다."

이창백은 목숨을 건지게 되자 안도의 숨을 내쉬며 기뻐했다. 다만, '화씨 댁의 문지기가 돼라'라는 말이 연권의 농담인지도 모르고, 황급히 대답했다.

"그 은혜에 감사드립니다! 반드시 화씨 댁 문을 지키며, 소인 같은 놈이 나타나면 잡아다가 지부께 알리겠습니다!"

주변 사람들은 그 말을 듣고 또 한바탕 크게 웃었고, 연권도 따라 웃었다. 결국 이창백은 하인에게 업혀 돌아가고, 이현경 역시 온몸에 수치심을 무릅쓰고 '살려주신 은덕'을 백 번 절하며 물러갔다. 연파는 이창백이 보인 여러 우스꽝스러운 행태를 떠올리며 생각했다.

'어찌 저런 자가 소저에게 구애(求愛)할 줄 알았겠나. 어미를 부르며 똥을 싸는 몰골이 과연 여자를 사랑할 줄 아는가? 우습고도 가련하다.'

주변 관원들과 마 지부가 그대로 남아 있는 가운데, 연권이 마 지부를 향해 말했다.

"이현경 부자의 죄상은 원래 용서받을 수 없는 건데, 화 소저의 너그러운 마음에 감화되어 이번만큼은 봐주기로 한 것이오."

第十六回
제십육회

화씨 집에서 홍연을 이창백에게 보내고, 연권이 임유를 찾아 마음을 터놓다

연권이 이어 마 지부에게 당부했다.

"이창백이 혹시 화 소저에게 앙심을 품고 또다시 해치려 들지 않도록 각별히 유념하여 돌보시오. 나중에 화공께서 돌아오시면 그 은혜를 잊지 않으실 거요. 부디 살펴 주시오."

지부가 "예, 알겠습니다" 하고 대답하자, 연권은 화씨 댁 문에 붙일 글 한 장을 작성해 호방한 자들이 감히 넘보지 못하도록 했다. 연파는 고개 숙여 감사를 표했고, 연권은 연파를 가까이 불러 물었다.

"소저와 혼약했던 정 공자는 소흥부 정 상서의 아들이라 했지? 나이가 얼마나 되고, 이름은 무엇이며, 용모와 학문은 또 어떠한가?"

연파가 대답했다.

"정 공자의 이름은 '운'이고, 올해 열다섯쯤 되었습니다. 그 얼굴이 묘하고, 우리 소저보다 더 수려한 듯하며, 성품은 온화하고 정의로우며 말과 행동이 예법을 어기지 않고 늘 공손했습니다. 정녕 하늘이 우리 소저의 짝으로 정해 두신 듯 싶었는데 결국 조물주가 시기했는지, 좋은 시기를 허송하다 돌아올 기약조차 없이 총총히 떠나 버렸으니 어찌 이 슬픔을 견디겠습니까."

연권이 말했다.

"분명 고향으로 돌아갔을 테니, 하인을 보내 무사함을 전하고 귀환(歸還)을 청하면 될 것 아닌가. 혼례를 치르는데 무엇이 걱정이겠는가?"

연파는 고개를 가로저으며 말했다.

"정 공자는 집안에 무슨 불편한 일이 있어 화를 피해 나온 길이니, 본가로 돌아가지 않고 기주에 있는 주 어사를 찾아가거나, 혹은 편안한 곳을 찾아 머무르려 했습니다. 어디로 갔는지 정확히는 모르지만, 아마 기주에 있는 주 어사를 찾아간 것 같습니다."

이 말을 듣고, 연권은 의아한 기색으로 다시 물었다.

"정 공자의 혼사는 이번에 정해진 게 아니라, 너희 노야께서 생전에 이미 약조하신 것이냐?"

연파는 여러 사람의 의혹을 막기 위해 거짓으로 대답했다.

"정 상서 노야와 저희 노야께서 소저가 열 살 되기 전에 이미 혼약을 맺으셨고, 두 집안이 금석(金石) 같은 의지를 지켜 왔습니다. 저희 노야께서 먼 길을 떠나실 때도 소저에게 '부친의 명(命)을 지켜 절부(節婦)를 본받아라' 하셨는데, 바로 그때 지현이 무모하게 혼인을 강요하는 바람에 일이 이렇게 어지럽게 됐습니다."

연권은 그 말을 듣고 속으로 생각했다.

'처음엔 정연양이 남장하고 화씨 집에 숨어 혼사를 맺으려 한 게 아닌가 의심했지. 그런데 사정을 들어 보니, 이건 어릴 적부터 맺은 혼약이라 정연양과는 관계가 없어 보이네. 하지만 이상하게도, 정 공자라고 하고 백생·석생 같은 비슷한 이름이 오가니 혹 그쪽에서 가명(假名)을 빌린 건가? 정 공자가 무슨 화를 피해 떠돌았다는 것도 진상문 쪽 사정인가?'

그렇게 완전히 납득이 가지 않아, 다시 물었다.

"정 공자에게 다른 형제가 있던가? 무슨 화를 피했으며, 모부인은 어디에 계시다고 하던가?"

연파는 이렇게 답했다.

"정확한 내막은 듣지 못했습니다. 공자에게는 여동생이 하나 있을 뿐이고, 모부인은 본댁에 계시다고 들었습니다만, 백생 형제의 눈치로 보아, '공자의 외사촌인 진 한림과 무슨 원한이 있어 죽이려 한다'라는 소문이 있었지요. 그래서 집을 떠나 지내는 것 같았습니다."

연권은 생각했다.

'진상문이 정연양에게 집착하다 실패하자 정 공자를 해치려 한 모양이군.'

이제 의심을 거두고 속으로 칭찬하며, '정현은 자녀가 기특해, 두 명 자식만으로도 열 명을 능가하는구나. 과연 명문가의 기운을 이을 만한 자식들이다'하고 감탄했다. 그리고 연파에게 당부했다.

"너는 돌아가 소저께 이렇게 전하거라. '이현경 부자의 죄는 원래 사적인 감정이라 해도 풍속(風俗)에 중대한 해를 끼쳐 응당 사형에 처해야 했으나, 소저의 너그러운 성정에 감동해 기쁘게 용서했습니다. 소저께선 오래도록 안심하고 지내시기를. 내가 직접 찾아가 인사드리고 싶지만, 남녀유별(男女有別) 때문에 갈 수 없음을 살펴서 이해해 주시길 바랍니다' 이렇게 말이다."

연파는 머리를 숙여 감사한 뒤 물러갔다. 연권은 화빙아의 인물됨과 행적을 다시금 탄복하며, 그 집 문을 수호하라고 글을 써 붙인 뒤, 마 지부에게 몇 번이나 당부했다. 그리고 조정에 글을 보내 '이현경이 어리석고 탐욕스러워 지방을 다스리기 부적합하다'는 이유로 파직(罷職)을 청원하고, 더 밝은 관리를 보내 달라고 보고했다. 그 외의 공무를 마친 뒤,

수하들을 거느려 이번에는 임규를 찾아 정씨 집안의 소식을 알아보려 했다.

한편 연파가 돌아가 연권의 말을 전하고, 이창백이 매 맞던 해괴한 꼴을 전하자, 화씨 집 사람들은 박장대소했다. 부인도 웃으며 말했다.

"이창백이 똥 싼 힘이 보통 아니구나. 처음엔 우리 딸 마음을 움직여 불쌍히 여기게 하더니, 이번엔 어사의 마음까지 움직여 곤장 백 대를 면했으니, 어찌 '두 번 똥 싸기'가 유익하지 않으냐?"

화빙아도 낭랑히 웃었고, 주변 시녀들 역시 한바탕 크게 웃었다. 취정 노파도 크게 웃으며 말했다.

"이창백이 살아난 건 똥의 덕이라는 말이 퍼져 '황분재상(黃糞宰相)'이라 불린다고 합니다. 그래서 똥 싸는 아이가 생길 때마다 '너야 아무리 똥을 많이 싸도 화 소저나 연 순무 같은 후원자가 없어 소용없단다' 하고 농담한다고 합니다."

홍연은 그래도 이창백과 한때 정분이 조금 있었다고 여겨 그의 곤장 맞음과 똥 싼 일화를 들으며 마음 아파했다. 그래서 여러 사람들이 어지럽게 이창백의 흉을 보는 소리를 듣기 싫어 고개를 돌렸다. 송파가 화빙아에게 고했다.

"홍연이 이 공자와 나름 애정이 깊어서, 한순간 떨어져 지내는 걸 애석해하네요. 게다가 이 공자가 한 번 저런 꼴을 봤으니, 누가 달가워 사위로 들이겠습니까? 어차피 홍연과도 나름 애틋한 정이 있으니, 둘을 갈라놓기보다 차라리 인연을 맺어 평생 똥이나 치우며 살게 하는 게 소저의 큰 은덕이 아닐까요?"

"홍연이 나의 급한 화를 대신하여 공을 세웠으나, 이미 이씨 가문에 몸을 바쳤으니 다시 신임하기는 어려운 일이네. 속량하여 돌려보내고자 하나, 이씨 가문에서 자신들이 당한 치욕을 분하게 여겨 받아들이지 않는다면, 홍연은 머물 곳이 없을 것일세. 조용히 그녀와 같은 장부를 찾아 외간으로 보내려 했으나, 송파의 의견이 그러하다면 내가 어찌 이를 허락하지 않겠는가? 마땅히 그녀의 뜻을 물어 결정하겠네."

유모와 송파가 홍연을 찾아가 소저의 뜻을 전하고 어떻게 할지를 물으니, 홍연이 탄식하며 말했다.

"제가 소저를 대신하여 저곳에 갔으나, 그들은 제가 소저가 아님을 알면서도 며느리로 후대해 주었고, 또한 이 공자와 부부의 정을 굳게 맺었습니다. 그러나 어사께서 저를 불러 돌아오게 하셨으니, 어찌 다시 그곳에 갈 생각을 하겠습니까? 하지만 비록 제가 천한 신분이라 할지라도, 이미 두 장부를 따랐으니 그 뜻을 저버릴 수 없습니다. 부인과 소저께서 덕을 베푸시어 이씨 가문과의 인연을 다시 이어주신다면, 이씨 가문에서도 깊이 감사할 것입니다."

송파가 이 말을 화빙아에게 전하자, 부인과 화빙아는 기꺼이 홍연을 이씨 가문으로 보내기로 했다. 화빙아가 홍연에게 경계하며 말했다.

"지현의 포악함이 이번 일로 인해 절반 이상 꺾였으니, 이제 다시 불의를 행할 마음은 없을 것이다. 하지만 이창백은 나무나 돌처럼 무감각한 사람이다. 마음이 약해 남의 말을 쉽게 따르니, 악한 길로 이끌면 악해지고, 선한 길로 이끌면 선량해지는 인물이다. 지금 그를 달래 잘 이끌어준다면, 이번 수치를 잊고 다시는 불의에 빠지지 않을 것이다. 너는 반드시 그를 올바른 길로 가르쳐 남의 말에 쉽게 휘둘리지 않도록 해야 한다. 조용히 가업을 지키며 여생을 마치게 하고, 이씨 가문의 문호를 보존하는 것이 네가 당당히 이씨 집안의 어진 며느리가 되는 길이다. 만약 그가 부모의 경계를 따르지 않고 다시 불의를 행한다면, 누구도 이를 막을 수 없을 것이니, 각별히 조심해야 한다."

홍연은 비록 충절과 절개를 갖춘 열녀는 아니었으나, 총명하고 성품이 순하였기에, 화빙아의 큰 은혜를 깊이 새기며 감사하고 명을 따랐다. 부인은 다시 한 번 그녀를 경계하고, 의복과 짐을 챙겨 가마에 태워 이창백의 집으로 보냈다.

그때, 이현경의 가족이 시골로 내려와 아들과 남편을 영결하며 가슴을 치고 머리를 부딪치며 곡을 하다가 기절하였다. 그러던 중, 이현경을 따라갔던 하인이 급히 달려와 외쳤다.

"부인, 슬퍼하지 마십시오! 하늘이 내린 기쁜 소식이 있습니다!"

경 씨가 크게 놀라 급히 물었다.

"무슨 기쁜 일이냐?"

"화 소저께서 순무어사에게 글을 올려 노야와 공자를 간절히 구명하니, 어사께서 감동하여 노야는 석방되고, 공자와 위후진은 백 대의 곤장형을 받는 것으로 마무리되었습니다. 이런 기쁜 일이 또 어디 있겠습니까! 공자가 백 대의 곤장을 맞는 것은 오히려 영광이나, 화 소저께서는 실로 살아 있는 부처이시며, 여중군자(女中君子)이십니다!"

경 씨는 이 말을 듣고 놀랍고도 기뻐 눈물을 흘리며, 화씨 집을 향해 두 손을 모아 감사의 예를 올렸다.

"어진 소저의 하늘 같은 은혜를 어찌 갚겠는가! 죽어서도 잊지 못할 것이로다!"

그러나 문득 발을 구르며 중얼거렸다.

"아니다. 화 소저가 우리를 원통하게 여길 수도 있을 터인데, 혹시 어사가 도리어 가벼운 처벌을 내린 것은 무슨 속셈이 있어서 그런 것이 아닐까? 혹시 어사가 떠난 후, 상급 관청에 청원하여 더 무거운 처벌을 내릴지도 모른다. 만약 수도로 보내진다면, 구할 방도가 있을까?"

하인이 대답했다.

"부인, 조금도 의심하지 마십시오! 화 소저의 뜻은 조금도 사사로움이 없으며 정대하십니다. 절대로 그런 일은 없을 것입니다."

경 씨는 그제야 안심하며 화빙아의 덕을 칭송했지만, 여전히 방심하지 못한 채 아들이 혹독한 곤장형을 받을 것을 걱정하며 초조해했다.

얼마 후, 이현경이 아들을 업고 무사히 돌아오자, 경 씨는 기쁨을 감추지 못하며 서둘러 마중했다. 이창백은 심하게 매를 맞지는 않았으나, 옷에 온통 오물이 묻었고 안색이 창백하여 죽은 듯하였다. 그는 어머니를 보자마자 크게 울었고, 경 씨도 눈물을 흘리며 아들의 옷을 벗기고 자리에 눕힌 뒤 미음을 준비해 먹이며 무사히 돌아온 경위를 물었다.

이현경은 탄식하며 눈물을 흘리며 말했다.

"화빙아 소저의 은혜 덕분에 죽음을 면하였소. 아들도 원래는 백 대의 곤장을 맞을 것이었으나, 설사를 하는 바람에 겨우 수십 대만 맞고 돌아올 수 있었소."

그리고 이어서 그동안 있었던 일을 자세히 이야기해 주었다.

"우리가 공연히 화 씨를 모함해 헤아릴 수 없는 치욕을 안겼는데도 도리어 우리를 구해 주다니, 생각할수록 부끄럽고 참회하지 않을 수 없소. 예로부터 '하늘을 순종하면 흥하고, 거스르면 망한다'[30] 했는데, 처음엔 믿지 않았으나, 세상사를 겪어 보니 옛말이 틀리지 않구려. 설령 우리가 무사하다 한들, 다시 어찌 잘못을 저지르겠소. 화 씨의 은혜, 그리고 연공 어르신의 너그러운 덕을 어찌 잊을 수 있겠소. 마땅히 고향으로 돌아가 마음을 고쳐 먹고 덕을 닦아야겠소."

경 씨도 애초에 나쁜 마음을 품었으나, 화빙아의 자비로운 행동에 감동해 부부가 과거를 후회했으나 이미 돌이킬 수 없었다. 이창백은 병

---

30 하늘을 … 망한다: 『맹자(孟子)』「이루(離婁)」 상. "천리를 순종하는 자는 보존하고, 천리를 거스르는 자는 망한다.(順天者存, 逆天者亡)"

상에 누워 앓다가 "고향으로 가자"는 말을 듣고 깜짝 놀라 일어나며 말했다.

"어사께서 분부하시길, 내가 화씨 집 문을 지켜 혹 사나운 무리가 나타나면 지부께 고하라고 하셨는데, 어찌 고향으로 돌아간단 말입니까?"

그러자 이현경이 응수했다.

"그야 네 꼴을 보고 재미 삼아 하신 말이지. 네가 비록 어리석다지만, 저 집에서 너를 문지기로 삼을 리가 있겠느냐. 괜한 걱정 말고, 병이나 잘 추스르도록 해라."

이창백은 그것을 듣고 크게 안도했다. 경 씨가 약과 맛있는 음식을 마련해 아들의 병을 보살피면서 짐을 꾸리던 차에, 갑자기 작은 가마가 도착했다. 부부가 놀라 당황하자, 가마 안에서 홍연이 내려와 절하며, 그간 집안이 놀라고 매 맞았던 일을 위로했다. 이현경 부부는 말했다.

"화 소저의 하늘 같은 은덕으로 죽을 화를 면하고, 연 어사의 큰 덕분에 아들이 심한 매도 면했으니, 이런 은혜를 어찌 잊겠느냐. 그런데 그대는 본래 주인을 모시는 몸 아닌가. 우리는 고향으로 갈 것이니, 다시 볼 일도 없을 듯했는데, 이렇게 다시 오다니? 설마 부인이 허락하신 명을 받아 온 것이냐? 만약 네가 주인 몰래 우리 아들을 따라오겠다고 한다면, 우린 결코 받아들이지 않을 거다."

홍연이 대답했다.

"우리 소저의 너그러운 마음과 도량이 아니었다면, 상공과 공자께선 끝없는 원한에 휘말려 목숨도 건지지 못하셨을 겁니다. 한 장의 글로 절조 굳은 어사님의 마음을 움직여, 상공 부자의 죽음 직전의 목숨을 살리신 게 바로 우리 소저의 다시없는 바다 같은 은덕이십니다. 바라건대 상공과 부인께서는 지난 일을 돌아보시고 착한 길을 열심히 행하셔서 앞

날을 올바로 세우시길 바랍니다. 소첩은 비록 천한 몸이나, 이미 공자께 제 몸을 내놓았으니, 죽어서도 이씨 가문의 귀신이 될 것입니다.

우리 소저께서 처사를 바르고 정대하게 하시어, 저를 꾸짖고 가르치시며, '시부모와 남편을 어질게 보좌해 이씨 문중을 보전하라'고 보내셨습니다. 또 부인께서 혼수와 가마를 준비해 예를 갖춰 보내 주셨으니, 제가 어찌 달아나 구차하게 굴겠습니까. 다만 상공과 부인께서 제 미천함을 싫어하신다면, 곧장 돌아와 배은망덕한 불의의 인간이라 세상에 알리라고 하셨습니다. 결론적으론 제 몸을 어찌할지는 이씨 가문에 달렸으니, 부디 속히 결정해 분부를 내려 주십시오."

원래 홍연의 이 말은, 이현경 부부가 자신의 '천함'을 핑계로 자신을 받아들이지 않을까 걱정해 슬쩍 속내를 떠보려는 의도가 있었다. 이현경 부부는 홍연의 말을 듣고 부끄러움과 함께 감사를 표했다.

"화 소저의 큰 은덕을 어찌 평생 잊을 수 있겠나. 그대가 비록 천한 신분이라 해도, 어려운 상황에서 우리 아들과 부부의 인연을 맺었으니, 은인이 보내신 것을 어찌 업신여기겠나. 소저께서 꼭꼭 일러 주신 경계가 하나하나 감동스럽다. 그대는 우리 아들을 잘 이끌어 주어, 아무쪼록 이씨 가문의 문호(門戶)를 지켜라."

홍연은 사의를 표하고, 곧 이창백의 병상으로 가 상처를 살폈다. 그러자 이창백은 홍연을 보자 돌연 화를 내며 꾸짖었다.

"네 탓에 우리가 이런 부끄러움을 당하고 내가 매를 맞았으니 널 원수로 여기고 있다! 무슨 낯으로 또 내 병을 물으러 왔느냐. 당장 끌어내라!"

이현경 부부가 깜짝 놀라, 이창백을 단속했다.

"우리가 애초에 잘못을 저질러 화 소저에게 큰 폐를 끼쳤지만, 그 소저의 너른 덕으로 죽을 고비를 면했고, 시녀까지 허락해 네가 아내 노릇을 하라 보내 주니 실로 감격스럽구나. 그런데 네가 어찌 조급한 성미를 내려 하느냐. 저 홍연이라는 처자는 성품이 공손하고 예의를 갖춘 듯하니, 너는 마땅히 부부의 도리를 다해 자식을 낳아야 하지 않겠느냐. 그러면 우리도 슬하에 기쁨이 되지 않겠느냐."

이창백은 본래 자주적이지 못한 인물이라, 곧 "그래 보겠습니다"라고 수긍하며, 화빙아의 은덕을 다시 떠올렸다. 그리고 홍연이 은근히 문병하자 감격해, 부부의 도리를 갖춰 살겠노라 다짐했다.

이 무렵, 연권은 옥사를 마무리하고, 모여 있던 읍(邑)의 관원들은 모두 흩어졌다. 그 뒤, 지부 아문을 떠나 가흥현에 도착한 연권은 미복을 하고 시골 마을을 돌아보며 속으로 생각했다.

"화빙아의 현명하고 큰 덕, 정연양의 밝은 행실이 세상에 참으로 드문 기특함이 있구나. 둘 다 보통 혼인은 어울리지 않을 듯싶은데, 내 딸로 말하자면 세상에 둘도 없다고 여겼지만, 이 두 여인이 훨씬 더 뛰어나 보이니…. 내가 미복으로 다니며 임규를 찾아 정현의 눈에 든 사윗감이 어느 정도 인물인지 알아보려 한다. 정말 마음에 든다면, 내 딸을 아황(娥黃)과 여영(女英)[31] 고사처럼 정연양에게 버금가는 배필이 되게 해도 좋겠지. 또 화빙아가 정연양을 남자로 알고 혼인을 생각했다 했으니, 그 역시 정연양의 의중이 있는 건 아닌가?"

그렇게 궁리하며 절강부(浙江府)에 이르러, '임자순 댁'을 수소문하자 촌사람이 대답했다.

"임 처사는 집이 가난해 찾는 이도 없는데, 그 아들 공부가 뛰어나 학자들이 왕래하곤 하지요. 상공도 글공부하러 오신 겁니까? 거긴 접대할 형편도 안 되니, 먹고 마실 생각이면 다른 곳으로 가시지요."

---

31 아황(娥黃)과 여영(女英): 중국 요(堯) 임금의 두 딸로, 둘 다 순(舜) 임금에게 시집갔다.

연권은 고개를 저으며 말했다.

"나는 글 하는 사람도 아니고, 양식을 구하러 다니는 걸인도 아니오. 임 처사를 뵙고 상의할 일이 있어 왔소."

그 촌사람이 손가락으로 길을 가르쳐 준 뒤, 연권은 임자순 댁을 찾아갔다. 문 앞에 동자 하나가 나와 물었다.

"노야께서는 어디서 오신 분이십니까? 최근 처사 노야께 무슨 불편하신 일이 있어 손님을 잘 대하지 못하십니다."

연권은 명함을 내주며 말했다.

"나는 자네 공자께 전할 일이 있다. 괜히 걱정 말고, 이 명함을 전해 드려라."

동자가 들어가 그대로 고하자, 임규가 알아볼 새도 없이 연권이 이미 문으로 들어섰다. 임규는 그를 보고 백의서생이 아니어서 약간 불안했으나, 일단 맞아들여 무릎을 모으고 앉았다. 연권은 흔연히 인사하고, 자연스레 말을 건넸다. 그가 임규의 말투와 태도를 살피니, 보통 세상 사람이 아니었다. 연권은 속으로 감탄을 금치 못하며, 마음속으로 크게 칭찬했다.

'이 사람은 세상에 드문 인재로다. 정현이 사윗감 고르는 안목도 예사롭지 않아, 안력이 탁월하구나. 정연양의 뛰어난 언행과 단정함이 이 임규와 짝이라니, 하늘이 작정하고 인연을 맺은 듯하다. 다만 임규의 외모가 크고 웅장한 데다 조금은 가증스럽게 보이는 부분이 있어, 좁은 속내를 지닌 여인에게는 탐탁지 않을 수도 있겠군.'

연권은 속으로 탄식하며, 겉으로는 시문(詩文)과 옛 성세(盛世)·난세(亂世)의 이야기 등을 꺼내 고담준론(高談峻論)을 나누니, 임규의 대답이 마치 물이 쏟아지듯 막힘이 없었다. 연권조차도 미처 대응하지 못해 미소 지으며 갈채를 보냈다.

"과연 대단한 재주로세. 그런데 그대 부모는 모두 건재하시다 들었는데, 형제가 몇인가?"

임규는 정중히 답했다.

"소생은 외아들이라, 형제의 번화함이 없습니다."

연권이 웃으며 말했다.

"그대는 열다섯 청춘인데 벌써 성숙한 기상이 보이는군. 혹 봉황(鳳凰)의 짝을 이루었을지도 모르겠구먼."

임규는 고개를 저으며 덧붙였다.

"가난한 집 자식이니 누가 사위로 삼으려 하겠습니까. 그래서 아직 배필이 없습니다."

연권이 웃으며 말했다.

"그대의 괴이한 품격과 세속을 벗어난 기질이 천고에 드문 바탕이네. 딸을 둔 자라면 모두 그대를 사위 삼고 싶어 할 게 틀림없네. 내가 보기에, 그대 눈이 높고 기질이 당당해 웬만한 여인으론 만족하지 못하는 듯하네. 혹시 결혼을 염두에 둔다면, 대체 어떤 숙녀를 원하시는가?"

임규가 사양하며 말했다.

"노선생께서 소생을 처음 보시자마자 이렇게 귀히 보아주시는데, 오히려 높은 성명을 밝히지 않으시고 제가 무슨 '딸 있는 자를 우러러보지 않는다'라며 농담하듯 말씀하시니, 영문을 알 수 없어 경황이 없습니다."

연권이 흔연히 웃으며 말했다.

"내가 그대를 대하자 마음이 후련하고 한평생 답답하던 가슴이 뻥 뚫리는 듯하네. 자연스레 담론에 빠져 성명조차 못 밝힌 것이니, 부디 탓하지 마시게. 내 이름은 '연필'이라 하고, 남평부(南平府) 출신이네."

임규는 공손히 물었다.

"선생께서 남평 출신이시면, 어찌 수천 리를 떠나 눈보라와 찬 서리를 무릅쓰고 이곳 타향까지 오셨습니까?"

연권이 웃으며 답했다.

"내 평생 산수(山水)를 집 삼고 길의 멀고 가까움을 따지지 않네. 나귀를 타면 어지간한 곳은 금세 닿을 수 있으니, 몸이 비록 늙었어도 장부가 눈보라와 서리를 피하겠는가? 하지만 이곳에 온 건 사실 남다른 까닭이 있어, 아직 그대에게 말하진 않았네. 혹시 그대 부친을 뵐 수 있겠는가?"

임규가 답했다.

"부친께서 몸이 좀 편찮으시지만, 손님을 뵈려 하신다면 제가 안으로 들어가 여쭈어 보겠습니다."

그리 말하고 일어나, 내당에 들어가 연권의 청을 전하자, 임자순은 의아해하며 옷매무새를 가다듬은 뒤 객당(客堂)에 나와 연권을 맞이했다. 서로 간단히 인사를 마치고, 성명을 교환했다. 임자순이 먼저 말했다.

"학생은 시골에서 가난한 유생으로, 재주가 부족하고 학식이 얕아 취할 만한 것이 없습니다. 날마다 한가해 이렇게 묵묵히 지낼 뿐인데, 뜻밖에도 선생께서 찾아와 주시니 한편으로 반갑고 한편으로 놀랍습니다. 무슨 말씀이 있으신지요?"

연권은 임자순의 모습과 행동거지를 보니 나이 사십이 넘었어도 얼굴이 복숭아꽃 같고, 눈빛이 맑아 속된 기색이 없었다. 속으로 깊이 존경하며, 흔연히 대답했다.

"만생(晩生) '연필'은 시골에서나 떠돌며 지내는 쓸모없는 필부(匹夫)입니다만, 우연히 이 고을에 와 들으니, 선생의 높은 절개가 마치 상산사호(商山四皓)[32]를 따르는 분이라 해서 예부터 명성을 우러렀습니다. 그러다

---

32 상산사호(商山四皓): 중국 진시황(秦始皇) 때에 난리를 피해 섬서성 상산(商山)에 들어가서 숨

오늘 아드님의 뛰어난 재주를 직접 보고 더욱 경모(敬慕)하는 마음이 생겼습니다. 이렇게 선생을 뵙게 되니 삼생(三生)[33]의 다행이 아닐 수 없습니다."

임자순은 연권의 풍채와 언행이 결코 촌사람 같지 않음을 의아해하며, 공손히 물었다.

"처음 뵌 분이시나, 틀림없이 귀인의 풍모를 지니셨는데 우리같이 미천한 유생을 이렇게까지 존중해 주시다니, 혹 존공(尊公)께서 이름을 감추고 저를 떠보려 하시는 게 아닙니까?"

연권이 웃으며 말했다.

"저 또한 숲속에서 떠도는 한 선비입니다. 선생께서 어찌 그리 의심하십니까. 실로 선생의 높고 맑은 절개를 흠모해 뵈러 온 것일 뿐입니다."

임자순은 거듭 사양하며, 동자를 불러 술과 간단한 다과를 내오게 해 연권을 대접했다. 둘은 서로 이야기를 나누는데 곧바로 마음이 통했다. 임규는 예를 갖춰 옷을 단정히 하고, 대화에 끼어들지 않고 있었다. 그 모습에 연권이 임자순에게 물었다.

"아드님께서 정말 빼어난 인재로 보입니다."

임자순이 몸을 낮춰 말했다.

"자식이 미욱한데 너무 과하게 말씀하시니, 제가 송구합니다. 원래 볼품도 없고 성품도 어두운 아이니, 선생께서 과찬하심에 어찌 감당하겠습니까."

연권이 웃으며 응했다.

은 동원공(東園公), 기리계(綺里季), 하황공(黃公望), 녹리선생(甪里先生) 네 사람을 이른다. '호(皓)'는 '희다'는 뜻으로, 이들이 모두 눈썹과 수염이 흰 노인이었다는 데서 유래한다.

33 삼생(三生): 전생(前生), 현생(現生), 후생(後生)의 총칭.

"아드님의 용모가 흔히 말하는 미모는 아닐지라도, 관상이 심상찮고, 문채(文彩)가 뛰어나 귀(貴)한 격이 가득합니다. 재주가 뛰어난 사람은 언젠가 용과 봉을 이루어 충신(忠臣)으로 천하에 명성을 떨칠 것이니, 남자의 외모를 굳이 의논할 것이 없습니다. 한 고조 유방도 만고의 황제이지만 용모가 볼품없었고, 당대(唐代)의 뛰어난 재상인 위징(魏徵)[34] 역시 얼굴이 추했다고 합니다. 예로부터 영웅호걸은 외모로 논하지 않는 법이고, 오히려 용모가 지나치게 고운 문인 재자(才子)는 대개 수명이 짧으니 굳이 논할 바가 아니지요."

임자순이 사양하며 말했다.

"형께서 제 자식을 지나치게 치켜세우시니 민망하고 부끄럽습니다."

둘은 서로 뜻이 크게 통해 술자리가 무르익었으나, 임자순은 '정현'에 대한 이야기는 일절 꺼내지 않고 오직 고금의 이치만 논하고 있었다. 술이 반쯤 돌자, 연권이 물었다.

"아드님의 재주와 인품이 뛰어나니, 배우자를 구하는 데도 결코 만만치 않을 것입니다."

임자순이 답했다.

"가난한 집안 자식에다, 용모 또한 그리 낫지 않으니 누가 감히 대갓집 숙녀로 시집보내겠습니까. 다만 한 재상의 호의를 입어 미리 혼약을 정했을 뿐입니다."

연권이 짐짓 물었다.

"어느 가문의 분인가요?"

임자순이 대답했다.

"전(前) 이부상서 정자산이 제 아들의 못생김을 싫어하지 않고 규방

---

34 위징(魏徵): 당(唐)나라의 이름난 재상.

(閨房)의 옥 같은 딸을 허락해 주셨는데, 불행히도 정공께서 먼 곳으로 귀양 가신 뒤 아들이 고집해 조혼(早婚)을 원치 않게 되면서 아직 예를 못 치렀습니다."

연권이 칭찬하며 말했다.

"과연 아드님이 보통 사람보다 뜻이 높아서 감탄스럽습니다. 그런데 정자산이 혹시 정현을 말하는 것인가요?"

임자순이 반문했다.

"어찌 아시는지요?"

연권은 잠시 침묵했다가 답했다.

"소생은 정현을 직접 알지는 못하오만, '상서 정현의 딸이 아버지의 명에 따라 임 씨 집에 혼약했는데, 그 어머니가 싫어하여 남편이 먼 길 떠난 사이 딸을 진가와 강제로 다시 혼인시키려다 정 소저가 밤중에 도망갔고, 이후 행방을 모른다'라는 소문을 들었습니다. 그 정 소저가 바로 그 아드님과 맺은 인연이 아닌가 싶어, 혹 맞는지 여쭙고자 합니다. 이야기를 들어보면, 정 소저가 절개를 지켜 도망갔다는데, 저 집도 별 기색이 없고 생사를 모른다 하더이다. 혹 형께서 이 일에 대해 더 아시는 바가 있습니까?"

임자순은 눈썹을 찌푸리며 탄식했다.

"정공께서 제 아들의 못난 겉모습도 마다하지 않고, 규중의 옥 같은 딸을 허락하셨으니 저는 그저 감격스러웠습니다. 그래서 사돈간에 후한 정을 맺어, 백 년을 함께하자고 했지요. 그런데 정공이 귀양 가시고, 일이 시기를 놓치면서 얼마나 안타깝겠습니까. 하지만 정가에서는 다른 혼약을 꾸민 기색이 없어, 설마 정 소저가 도망쳤을 리가 없다고 믿었지요. '정 소저가 도주했다'라는 소문은 들었어도, 그 집안은 평소처럼 지내고, 오직 정공이 돌아와 말씀해 주시길 기다리는 중이라 섣불리 '소저가 어딜 갔느냐?' 묻지도 못합니다. 그런데 세간에서 정 소저의 도망이 진짜인가 떠돌기에, 저 또한 슬프기 이를 데 없습니다. 혹 선생께서 더 자세히 아시는 게 있으면 알려 주십시오."

연권은 속으로 생각했다.

'진 부인이 사위로 정해진 딸을 잃고 부끄러워 감히 임씨 집에 언질을 못 준 듯하구나. 뒤에 어떻게 하려는 걸까. 임씨 쪽은 정연양이 수절하며 만 가지 고초를 겪은 걸 전혀 모르니, 내가 살짝 임규의 마음을 살펴보는 게 좋겠지.'

그리고 대답했다.

"사실, 저도 정씨 집안의 친척은 아니라 그 집 내부 사정을 속속들이 알지 못합니다. 정 소저가 절개를 지켜 도망쳤다는 얘긴 소문으로만 들었을 뿐이지요. 다만 내 오랜 세월 산천을 돌아다니며 이런저런 종적을 엿보았는데, 금년 초가을에 화음현(華陰縣) 근방의 한 암자에 들렀더니 젊은 미소년 다섯이 있더군요. 그중 한 명이 마치 하늘 꽃 같고 가을 달 같은 기운으로 세상 사람과는 달라 보여 함께 이야기해 보니, 자칭 '상서 정현의 아들'이라 하더이다. 그래서 나는 '남자인가?' 싶어, 문답을 나눠 봤더니 그 문장재주가 천고에 짝이 없을 만큼 기이했습니다. 천하에 옥 같은 군자가 있음을 칭찬하며, 종일토록 대화하다가 이별했습니다. 그 뒤 다시 그 암자에 들러 정 공자를 찾으니, 중이 말하기를,

'정 공자는 사실 남자가 아니었습니다. 여자로서 절개를 지키느라 피난하던 중, 우리 암자에 수십 일 머무르더니, 기주의 주 어사를 찾아 간다며 떠났습니다. 가다가 도적을 만나 짐을 잃고, 또 병까지 들어 목숨이 경각에 달렸는데 시녀 네 명이 애써 모셨습니다. 그러나 재물도 없이 병까지 있어, 묵던 곳에서 쫓겨날 지경이라 갈 곳이 없었지요. 정 소저는 '팔자 사나워 길 위에서 욕을 보느니 차라리 물에 몸을 던져 죽겠다'

라며, 시녀들이 백방으로 말려도 듣지 않고 강물에 뛰어들었고, 시녀들도 뒤따라 뛰어들려던 참에, 이를 멀리서 본 정 소저의 친척이 불쌍히 여겨 구해 주려 했으나 미치지 못하고, 그 근본 사연을 알지 못했다고 합니다. 나중에 들어보니, 그 정 소저라 하더군요.'

저는 이 이야기를 듣고 마음이 참담해, 정 소저의 절개에 크게 감탄했지요. 하지만 이제 그 빼어난 재주와 인품이 사라졌으니, 부모님은 아직도 모르실 터이고, 그 애달픔이 끝이 없습니다. 그래서 천 리가 멀다 않고 정씨 댁을 찾아 소식을 전하려 했는데, 때마침 진 부인이 조카의 꼬드김을 믿고 딸의 뜻을 모른 채 강제로 혼인을 시키려다 결국 이런 불행을 초래했다는 소문에 분개해, 소문도 전하지 않고 돌아가려 하다 생각이 미쳤습니다. '임규라는 청년이 대단한 귀인이라는데, 정 소저가 어찌 못난 배우자를 택했는가?' 궁금하기도 했고, 그 소저가 아예 끝내 숨을 거뒀다면 대체 임규와의 인연은 어떻게 된 건가 하는 슬픔이 더하여 이렇게 임랑을 찾아오게 된 것입니다.

오늘 임랑을 보니 과연 정 소저와 한 세대의 훌륭한 배필인 듯한데, 정 소저가 물에 몸을 던져 원혼(冤魂)이 되었다니 어찌 이리도 비정한 운명입니까. 만약 제가 정 소저를 직접 보지 못했더라면 그 재주와 인품을 어찌 알았겠으며, 이토록 아끼고 애석해할 마음도 들지 않았겠지요. 그러니 임 형과 임랑께서 정 소저의 진정을 헛된 웃음거리로 여기지 마시길 바랍니다."

이 말을 들은 임자순은 얼굴빛이 달라지며 슬프게 탄식했다.

"정 소저가 집을 나가 도주했다는 소문은 얼핏 들었지만, 그게 사실일 줄 몰랐습니다. '혹 잠시 떠나 있다 돌아와 부친이 오면 결혼을 치르려 하나 보다' 그렇게 안일하게 생각했지요. 어찌 감히 우리처럼 가난하고 변변치 못한 자식을 위해 천금 같은 몸을 스스로 마쳤으리라 상상했겠습니까. 우리 부자가 복이 없구나. 어질고 귀한 며느리를 잃다니, 어찌 이리도 참혹하단 말입니까. 그런데 선생께서 말씀하신 내용은 확실한 것입니까?"

연권이 거듭 말했다.

"제가 비록 미욱하나, 하찮은 거짓말을 지어낼 사람은 아닙니다. 하물며 생사에 관한 중대한 일을 꾸며 낼 수 있겠습니까? 제가 정 소저를 직접 뵈지 않았다면, 그 재주와 인품을 어찌 알았겠으며 이토록 안타깝게 여기겠습니까."

임자순은 연권이 농담이나 거짓을 함부로 할 사람 같지 않아, '정연양의 높은 절개와 고운 기질이 결국 임씨 집안에 도움도 못 주고 길에서 헤매다가 강물 속에 몸을 던졌다니 어찌 슬프지 않겠나…' 하며 서글퍼했다. 연권이 오히려 위로하려고 임규의 안색을 살펴보니, 그가 '정 소저가 길 위에서 중병을 얻고 목숨이 경각에 달렸으며 강물에 투신했다'라는 대목에 이르러도 크게 놀라거나 슬퍼하는 기색 없이 태연해 보였다. 연권은 속으로 '대단히 비상한 성품이구나' 하고 감탄하면서도, 짐짓 떠보려는 듯 말했다.

"정 소저가 임씨 가문을 위해 절의를 지키다 끝내 물 속에 사라졌다면, 정말 감동스럽긴 하나 이미 구천(九泉)[35]의 혼이 되었으니 이미 세상에 없는 정 소저를 위해 임랑이 어찌 수절(守節)할 수 있겠습니까. 임랑이 또 이 가문의 독자라 하니, 마땅히 다른 가문의 아름다운 여인을 골라 젊은 날을 헛되이 보내지 않아야지요. 죽은 사람을 향한 슬픔은 아쉽지만 아무런 득이 없지 않겠습니까."

임자순이 대답했다.

---

35 구천(九泉): 땅속 깊은 밑바닥이란 뜻으로, 죽은 뒤에 넋이 돌아가는 곳을 이르는 말.

"형의 말씀이 옳습니다만, 제 아이는 아직 어리고, 정 소저의 절개가 너무나 감동스러워 아직 몇 해는 더 기다려 그녀의 생사를 분명히 안 뒤 그때 가서야 다른 일을 의논하고 싶습니다."

연권은 임자순의 지조(志操)에 감탄했으나, 정작 임규는 계속 한마디도 하지 않고 묵묵히 앉아 있을 뿐이었으니, 그 모습이 마치 천근만근의 무거움인 듯했다. 연권이 가끔 말을 던져 떠보아도 그 뜻을 알 수 없어 속으로 감탄할 따름이었다.

날이 저물어 가자, 연권은 하직 인사를 청했고, 임자순은 연권의 풍모가 속세를 벗어난 듯하여 마음으로 공경하게 느껴 마치 수십 년 지기 같은 정이 생겼다. 서로 이별을 아쉬워하며 만류했고, 하룻밤 머물러 남은 정을 나누자고 권했다. 이에 연권도 흔연히 허락해 그날 밤을 묵고 가기로 하니, 임자순은 크게 기뻐하며 저녁상을 재촉했다.

이어 임자순이 자신이 묵는 방으로 연권을 청하자, 방 안은 소박하고 정결했는데, 양옆으론 간소하게 마련된 가구들이 놓여 있고, 상 위엔 책이 가득했다. 대나무로 짠 침상에 수수한 이불이 덮여 있었고, 왼편에는 칠현금(七絃琴)[36]이, 오른편에는 퉁소와 옥피리가 있었으며, 처마 아래엔 고기잡이 그물이 걸려 있었고, 뜰 한켠에는 학(鶴)과 두루미가 유유자적하는 모습이 참으로 '은자(隱者)의 집'이라는 인상을 주었다. 연권은 방 안을 둘러보며 칭찬했다.

"청결하고 담백한 모습이 마치 소부(巢父)와 허유(許由)[37]같고, 고기 그

---

36 칠현금(七絃琴): 일곱 줄로 된 고대 현악기의 하나. 오현금에 두 줄을 더한 것이다.

37 소부(巢父)와 허유(許由): 중국의 요 임금이 허유에게 천하를 주겠다고 하자 허유는 더러운 말을 들었다고 해 강물에 귀를 씻었으며, 소부는 허유가 귀를 씻은 더러운 물을 소에게 먹일 수 없다고 해 소를 끌고 돌아갔다는 고사가 있다. 이에 부귀영화를 마다하는 고결한 사람을 이르는 말이 되었다.

물이 보이니 강태공(姜太公)[38]을 떠올리게 됩니다."

임자순이 겸손하게 말했다.

"소부와 허유는 천고의 높은 선비이고, 강태공은 위수(渭水)의 노인이지요. 어찌 이런 분들을 저 같은 가난한 유생과 견주시는지, 농담이라 생각됩니다."

연권도 웃으며 말했다.

"형께서 후세에 이름을 남기지 못하신다 해도, 아드님의 재주는 천 년에 길이 전해질 것입니다. 어찌 강태공이 나이 팔십에 제(齊)나라 왕에 봉해진 일에 견주겠습니까?"

임자순이 웃으며 "감당하기 어렵습니다" 하고 겸양했다. 손님과 주인은 저녁 식사를 마친 뒤 이윽고 차를 나누고, 촛불을 밝혔다. 임규는 어머니께 문안을 드리고 물러가, 아버지를 모신 뒤 손님 방을 정리하고 나가려 했다. 연권이 말렸다.

"내가 여기 머무른 건, 그대 부친과 교제를 깊이 하고자 하는 뜻도 있지만, 무엇보다 그대를 사랑해서 쉽사리 떠나기 아쉬웠던 때문이네. 부디 함께 밤에 대화나 나누세."

임자순도 거들었다.

"귀한 손님께서 이 누추한 곳에 머무시는 건데, 네가 물러가는 건 무례다. 모름지기 더 많은 가르침을 들어라."

---

38 강태공(姜太公): 중국 주나라의 유명한 재상 '태공망'을 그의 성(姓)인 강(姜)과 함께 이르는 말.

第十七回 제십칠회

연권이 정씨 집을 찾고, 송사를 공정하게 해결한 후 길을 떠나다

임규가 자리에 앉았다. 연권이 그의 손을 잡고 친근하게 대하니, 임규는 "이분이 어쩐지 벼슬 없는 선비 같지 않은데…" 하는 의구심에 속으로 불편함이 있었지만, 그래도 그 애정 어린 태도에 감사해 연권의 물음에 간간이 답했다. 그 대화에 임규가 하는 말이 현명하고 바르니, 연권이 더욱 심복(心服)하였다. 한참 조용히 이야기를 나누다 보니 밤이 절반쯤 지나갔다. 임자순이 좌우 시동에게 술과 과일을 더 내오게 하고, 임규에게 다시 술을 권하게 했다. 그리고 술이 반쯤 돌 무렵, 연권이 잔을 들어 임자순에게 웃으며 말했다.

"제가 임 형의 높은 식견과 아드님의 뛰어난 문장과 기량을 우러러 이렇게 직접 찾아오게 되었습니다. 혹 만남이 불발될까 염려했으나, 요행히 아드님의 단정함과 형의 극진한 대접을 받으니, 어찌 '서유자(徐儒子)가 진번(陳蕃)의 탑에서 대접받았다'[39]라는 옛 고사를 부러워하겠습니까. 한

39 서유자(徐儒子)가 진번(陳蕃)의 탑에서 대접받았다: 진번은 중국 후한 말의 정치인이고, 서유자

순간의 만남에도 마치 수십 년 지기 같은 정이 생겼으니, 제 마음에 품은 생각을 말하지 않고는 못 배기겠습니다. 다만 형과 아드님의 뜻이 어찌 할는지, 제가 알 수 없을 뿐입니다."

임자순이 공손히 답했다.

"연 형께서 이렇듯 헤아려 주시니 송구할 따름입니다. 그러나 예로부터 '사해(四海)의 안은 모두 형제지간'이라 했듯, 남자가 좋은 벗을 만나 비록 초면이라도 마음이 통하면 서로 숨길 게 없듯이, 저 또한 형과 뜻이 다를 리 없을 것입니다. 바라건대 머뭇거리지 마시고, 품은 생각을 감추지 말고 말씀해 주십시오."

연권이 감사히 여기며 말했다.

"임 형께서 저를 사랑해 주시니, 제 오래 품은 소망을 말하지 않을 수 없습니다."

그리고 이어서 말했다.

"제가 불행히도 늦게야 자식을 얻어, 오랜 세월 '후손 없는 것이 가장 큰 죄'라 하여 늘 한스러워했습니다. 다행히 늦게나마 남매를 얻고, 그 사이 아내가 세상을 뜨는 바람에, 어미 없는 두 아이를 제가 직접 돌보게 되었는데, 딸아이가 이제 열셋입니다. 자랑 같지만, 그 용모가 남에게 부족하지 않고, 성품도 온화하고 정숙합니다. 그래서 사방에 사위를 골라 보았는데, 올봄 어느 암자에서 정 소저를 만나 그를 남자라 여겨 혼인을 청했는데 허락하지 않았고, 훗날 알고 보니 옥 같은 숙녀였는데 남장(男裝)한 것이었더군요.

는 당시 향리에 은거하던 서치(徐稚)를 말한다. 예장태수였던 진번은 일개 선비였던 서치를 극진히 대접했는데, 그를 위해 특별히 평상을 만들어서 벽에 달아 두었다가 서치가 오면 이를 내려서 사용하게 했다. 그래서 사람들은 어진 사람을 극진히 대접할 때 진번이 서유자에게 행한 일을 빌어 진번하탑(陳蕃下榻)이라고 했다.

그 일이 있고 난 뒤, 이야기 끝에 정 소저의 절개와 행실을 들었고, 한편으론 그 소저가 정연양이라면 반드시 그 배필도 비범할 테니 임랑을 꼭 만나보고 싶었습니다. 오늘 실제로 대면해 보니 과연 기대 이상입니다. 그 기질이 곰과 호랑이의 기상으로, 언젠가 크게 귀하게 될 것입니다. 또 형의 외아들이니 정 소저가 이미 세상을 떠났든 어쨌든, 시간이 지나면 아드님도 새 짝을 골라야 할 것입니다. 이에 만일 다른 여자를 구한다면, 감히 제 딸을 아드님 배필로 삼고자 하는 뜻을 주저 없이 밝힙니다. 부디 어떠하신지 말씀해 주십시오."

임자순이 흔쾌히 대답했다.

"연 형께서 우리 못난 자식을 이토록 아껴 주시며, 귀하고 옥 같은 따님을 사위 삼고자 하시니 어찌 감사를 안 드리겠습니까. 다만 정 소저의 생사를 아직 분명히 알지 못했으니, 섣불리 약조를 깨뜨릴 순 없습니다. 게다가 정 공께서 저희 못난 아들에게 커다란 은혜를 보이셨는데, 어떻게 먼저 약속을 저버릴 수 있겠습니까. 몇 해 더 지켜보며 소식을 알아본 뒤, 정공이 돌아와 분명한 결단을 내려 주시면 그때 다른 혼사를 생각해 보겠습니다. 형의 너그러운 제안은 정말 고맙습니다만, 지금 당장은 가볍게 허락하기 어려우니 부디 양해해 주십시오."

연권이 웃음을 머금고 말했다.

"형께서 이렇게 신의를 지키시니, 제가 억지로 밀어붙일 일은 아니겠지요. 그럼 정 소저의 생사가 확실해진 뒤 다시 의논하되, 아드님의 기상으로 미뤄, 일생 한 아내로만 지내진 않을 듯합니다. 정 소저가 혹 살아 돌아오더라도, 내 딸을 그 곁에 '버금'으로 들이는 것이 좋겠습니다. 또 저에게는 또 한 의녀가 있는데, 그 정숙함은 친딸보다 낫고 스스로 늘 아황·여영의 옛일을 흠모해, 두 아이를 한 군자에게 시집보내 인연을 완성하고 싶습니다. 두 딸은 서로 떠나기를 원하지 않으니 이렇게 하는 것이 좋겠습니다. 아드님의 기상이 언젠가 일곱 아내와 열두 첩을 둘 것이니, 제가 감히 두 딸을 모두 아드님에게 드리고자 합니다. 부디 형께서 제 망령된 속마음을 탓하지 마십시오."

임자순이 웃으며 대답했다.

"이는 형의 지나친 말씀이지요. 저는 보잘것없는 한미한 유생이고, 제 아들은 아직 어린 데다, 재상집 귀한 숙녀 하나도 과분하다 여기는데, 어찌 여러 아내를 논하겠습니까. 괜한 농담으로 복을 상할까 두렵습니다. 형께서 우리 부자를 놀리시는 게 아닌가 싶네요."

연권이 흔연히 웃으며 말했다.

"형께선 제 말을 '망언'이라 하지만, 두 아이가 하늘이 맺어 준 인연을 피하지 못할 수도 있지요. 아직은 제가 권하지 않겠다만, 하늘 뜻은 사람 힘으론 막기 어렵습니다."

그러고는 임규를 돌아보았다. 그는 대화에 딱히 관여하지 않고, 씩씩하며 가을 하늘 같은 침착함으로 늠름하고 엄숙한 기색이었다. 연권이 더욱 사랑스럽게 여겨 웃으며 말했다.

"내가 자네를 진심으로 아껴 사위 삼고 싶어 이런저런 말을 꺼냈는데, 부친께선 아직 응하지 않으시는군. 자, 그대의 마음은 어떠한가?"

임규가 몸을 숙여 두 손을 모으고 말했다.

"노선생께서 저를 아껴 주시는 깊은 정에 감사드립니다. 하지만 살펴보건대, 선생님께서는 단순한 벼슬 없는 선비가 아니신데도 자신의 내력을 밝히지 않으시고, 일부러 말을 꾸며 저희 부자를 시험하시니, 이는 군자의 바른 도리와는 거리가 먼 듯합니다. 또한, 친구를 대하는 데 있어 마음을 터놓으신다면서도 여전히 많은 것을 감추고 계시니, 이것이 과연 어르신께서 지녀야 할 도량인지 의문이 듭니다. 제가 비록 어리고 미숙하지만, 이러한 처사가 이상하다고 느껴지지 않을 수 없습니다. 더욱이 정 소저의 생사를 분명하게 밝히지 않으시고, 친딸과 의녀를 같은 사람에게 시집보내겠다고 하시니, 혹시 정 소저가 죽었다는 말이 거짓이며, 저의 마음을 시험하여 혼인을 빼앗으려 하시는 것은 아닌지 의심스럽습니다. 그렇지 않다면, 저를 하찮게 여기고 조롱하려 하시는 듯합니다. 제가 비록 젊고 경험이 부족하지만, 어찌 남의 조롱을 감내할 수 있겠습니까?

혼인은 본디 부모님께서 결정하실 일이니, 제가 함부로 나설 일은 아닙니다. 하지만 정 소저가 정말로 세상을 떠났다면, 남자로서 평생 수절할 이유는 없습니다. 그런데 그녀가 확실히 죽었는지도 모른 채 먼저 인연을 끊어버리는 것은 군자의 바른길이 아니며, 더구나 여러 아내를 맞이하는 문제는 지위가 올라간 후에 논의해도 늦지 않을 일입니다. 그런데 저처럼 젊은 유생에게 경솔한 말씀으로 이런 이야기를 꺼내시니, 저는 그 뜻을 도무지 이해할 수 없습니다. 바라건대 선생께선 저를 바른 도리로 가르쳐 주시기를 바랍니다."

그러고 나서 임규는 침묵했다. 그 말은 모나지 않으면서도 사리에 맞고, 거짓 없이 직언하는 태도가 범상치 않았다. 연권은 그 준엄함과 곧음을 놀라워하고, 더욱 아끼고 싶었지만, 일부러 안색을 바꾸며 말했다.

"나는 그대를 진정으로 아껴 내 두 딸을 허락하고 싶었던 것이네. 그런데 내가 '허망하고 속이려 든다'니, 부끄러움을 금치 못하겠네. 하지만 언젠가는 그대가 이 허망한 노부에게 아쉬운 소리를 할 날이 있을 테니, 지금 일부러 다툴 필요는 없겠지."

임규는 그 말을 수상히 여겼으나, 더 묻는 것은 무례하다고 여겨 다만 죄송한 듯 고개를 숙였다. 임자순도 부드럽게 사죄하며 아들의 말을 나무랐다. 연권은 더는 혼담을 꺼내지 않았고, 또 어떤 유감도 표시하지 않으며 기쁘게 담화를 나누었다. 또 화빙아에 관한 이야기도 꺼냈는데, 임자순 부자는 그녀의 기이한 꾀와 절개에 입을 모아 칭찬하고, 이현경 부자의 못난 행실을 듣고 선악의 대비와 인심의 험악함을 탄식했다. 임규는 "정 공자가 화빙아와 혼인했다"라는 이야기에 크게 의아해하면서, 연권과 조용히 대화를 나누다 보니 날이 밝아 왔다. 연권은 임자순 부자와 작별하고 돌아갔다. 임규는 연권의 행동을 수상쩍게 여겨, 동자에게 "저분을 몰래 따라가 움직임을 살피고, 머무는 곳을 알아 오라"고 지시했다. 반나절 뒤 동자가 급히 돌아와 보고했다.

"그 상공이 어느 객점(客店)에 들어가셨는데, 오래지 않아 위의가 삼엄해졌습니다. 붉은 양산과 푸른 일산을 받치고, 앞에는 관원이 있으며, 붉은 곤장과 흰 매를 든 아역들이 몰려들더니, 그 상공께서는 금관(金冠)에 옥대를 띠고 높은 가마에 올라 홀(笏)을 잡고 앉으셨고, 뒤에는 비단옷을 입은 수많은 관원들이 벽제(辟除)[40] 소리를 외치며 행차하더이다. 소인은 허겁지겁 피해 돌아왔습니다."

임규가 크게 깨닫고 말했다.

"과연 연공은 촌사람이 아니었어. 순무어사가 변복하고 왔구나."

그가 부친 임자순에게 아뢰자, 임자순은 놀라며 말했다.

"우리가 모르고 예를 다하지 못했으니, 혹 그분을 노하게 한 건 아닌지 걱정이구나. '혼사를 안 한다 해도 언젠가 내게 아쉬운 소리를 할 일이 있으리라'고 했던가. 황명을 받은 어사인데, 우린 보잘것없는 선비이니 무슨 화가 있을지도 모르겠다."

임규는 부드러운 목소리로 말했다.

"연공은 대장부로, 검박한 군자입니다. 어사가 아니라 군왕의 권세를 지녔다 해도, 남에게 포악하게 굴 분이 아니지요. 제가 평민 복색이었어도 지극히 공경해 주시고, 또 제가 조금이라도 무례하지 않았으니 어찌

---

40 벽제(辟除): 지위가 높은 사람이 지나갈 때 종자들이 소리를 질러 잡인의 통행을 막은 일.

불만을 품고 우리 부자를 욕보이겠습니까. 천자 앞에서도 직언(直言)을 하는데, 일개 순무어사 쯤이겠습니까. 하지만 그의 온 뜻이 혼사를 염두에 두고, 정 소저가 사실 죽지 않았음에도 죽었다고 꾸며 제 마음을 시험하려 한 게 아닌가 싶습니다. 만약 위세로 혼인을 강요했다면 곤란했을 테지요. 잠시 집을 떠나 제가 돌아갈 때까지 기다리시지요."

임자순도 그 말을 옳게 여겨, 아내를 경계해 무슨 일이 있거든 이러이러하게 대답하라 지시하고, 임규와 함께 나귀를 끌고 영운산에 들어가 놀며 매화와 설경을 감상했다. 이웃에서 전하는 말을 들으니, "어사 연권은 강명(剛明)한 덕과 위엄을 함께 갖춰 백성을 사랑하고 구휼(救恤)함이 하늘 같으시다" 하여, 임자순 부자는 그가 이름을 바꾸었음을 비로소 알아차렸다.

한편, 연권은 임자순 부자와 헤어져 거처로 돌아가 관복을 갖추고 절월을 거느려 방포한 뒤 관아에 도임했다. 원근의 지부와 대소 관원들이 안색이 달라져 엎드려 문안하자, 연권은 각종 문서를 결재하고, 백성들의 억울함을 풀어 주며, 쌓인 송사를 명쾌하게 처리하니 근처에 사는 백성들이 다들 기뻐했다. 일을 마친 뒤, 연권이 지부에게 물었다.

"이 고을에 '상서 정현'이라는 분이 노부의 옛 친구인데, 이미 먼 곳으로 귀양 가시고 그 뒤로 소식을 듣지 못했소. 변방의 고생이 어떠하고, 또 그 일가식솔은 잘 지내는지 알고 싶소."

지부가 답했다.

"정공께서는 귀양지에서 무사하다고 들었으나, 그 딸이 원래 다른 집과 혼약이 있었는데, 어머니인 진 부인이 '신랑이 용모도 못나고 집도 가난하다'라며 싫어해서, 오히려 '친조카인 진상문에게 시집보내겠다'라고 강제로 밀어붙였습니다. 그런데 정가의 여식은 어리고 약해도 절개가 높고 지혜가 빼어나, 겉으론 태연히 따르는 척하면서, 길일을 기다리다 결혼 당일에 시녀 하나를 대신 '신부'라 꾸미고, 자기는 시녀와 함께 달아났답니다. 그 부인에게도 편지를 남겼는데, 행실이 광명정대하여 옛 열녀에 견줘도 부끄럽지 않다는군요. 진상문은 요조숙녀를 원하다가 한 번에 귀신 같은 추물(醜物)을 맞이하게 되어 웃음거리가 고을에 가득해, 분하고 부끄러움을 견디다 못해 식구를 거느리고 수도로 떠났답니다. 이런 희한한 구경거리가 또 어디 있겠습니까. 부인과 공자는 아직 평안하다고 들었습니다."

연권이 듣고 웃으며 말했다.

"진상문이 정 소저를 넘보는 건 금수 같은 짓이니, 시녀나 맞이하는 게 마땅하지 않겠소. 그러나 정 소저의 높은 절개가 참으로 천고에 드문 일이군. 과연 정현의 딸답소."

주변 사람들이 그 얘기에 웃음을 거들자, 연권은 더 크게 웃으며, 정연양의 묘책을 소리 높여 칭찬했다. 며칠 뒤, 연권은 아역을 시켜 정연경을 불렀다.

그때 정연경은 본가에 머물며, 유근 등이 전한 말을 의혹스럽게 여겨 임씨 집에 가 보았더니 대문이 굳게 닫혔고, 임자순 부자도 보이지 않아 동자에게 물었다.

"어찌하여 집이 잠겨 있고, 노야께서는 안 계시느냐?"

동자가 대답했다.

"상공과 공자께서 매화 구경하러 밖에 나가셨습니다."

정연경이 놀라며 말했다.

"내가 떠날 때는 임 형이 학업에 힘써 좀처럼 밖에 나가지 않으셨는데, 이런 혹한에 유람이라니."

동자는 다시 말했다.

"며칠 전 어떤 노 상공이 밤에 들러 오랜 얘기를 나누고 가셨는데,

그분을 따라갔던 시동이 '그 상공께서 위엄 있는 관원으로서 관아에 부임하셨다'라고 전하자, 우리 상공과 공자께서 깜짝 놀라 곧바로 여행을 떠나셨습니다."

정연경은 속으로 생각했다.

'그럼 어사 연공이 임 선생을 만나러 왔다가, 다시 보고자 할까봐 임 선생이 피신한 거로구나.'

본가로 돌아오니 유근 등이 말했다.

"오늘 보니 닷새 전 주점 밖에서 보았던 상공이 절월을 거느리고 관아로 부임하는 걸 보았습니다. 아마 어사 노야가 미행하셨던가 봅니다."

정연경이 고개를 끄덕이며, '연 순무가 미복으로 임 선생을 찾아가셨구나' 생각하고, 어머니께 이런저런 소식을 전했다. 그러자 부인이 말했다.

"네 아버지께선 어릴 적부터 연 한림과 막역한 벗이었는데, 그분이 벼슬길을 올라 이부시랑이 되셨다고 들었다. 지금 '연 어사'라면 곧 그 '연 시랑'이겠구나. 당연히 우리 집에 와 네 아버지를 찾고, 너를 찾겠지. 혹 딸이 있어 혼사를 구하더라도 잘 대접해야 한다."

정연경이 명을 받들었다. 며칠 뒤, 아역이 "연권 노야께서 정연경 공자를 청하신다"라고 전했다. 정연경은 사양치 않고, 의관을 정숙하게 갖춰 나귀를 타고 아문에 이르렀다. 아역이 먼저 들어가 "정연경이 왔습니다"라고 고하자, 마침 연권이 홀로 있다가 황급히 맞이해 보았다.

연권이 정연경을 보니, 아직 십여 세 정도라지만 키가 크고 기골이 당당하며, 옥 같은 얼굴에 분홍빛 뺨, 붉은 입술이 마치 반악(潘岳)[41]과 같아, 정연양과 흡사했고, 그 부친인 정현의 면모가 엿보였다. 연권은 반가

---

41 반악(潘岳): 중국 서진(西晉)의 문인. 문학적인 재능이 뛰어났으며 미남이었다.

운 마음에, 그의 손을 꽉 잡고 슬픈 듯 탄식했다.

"내가 네 부친을 떠날 때, 너는 아직 포대기에 든 갓난아이였는데…. 이렇게 훌쩍 장성하다니, 네 부친과 헤어진 지 참 오래되었구나. 너희 아버지는 충직한 탓에 소인의 모략을 입어 멀리 변방으로 귀양을 갔으니, 나는 항상 애석하게 생각해 왔다. 시대가 변하고 사정이 합치지 않아 찾아가지 못했는데, 오늘 너를 보게 되니 부끄러움을 금할 수 없구나. 네 아버지의 후사(後嗣)를 이렇게 보니, 그 빛남이 대단하구나. 너희 모친은 안녕하신가? 또 네게 누이가 있던데, 잘 지내느냐?"

정연경은 자리를 살짝 물러난 뒤, 슬픈 기색으로 대답했다.

"부친께서 늘 대인의 이야기를 종종 하셨고, 사모하심이 깊어 저도 익히 들었습니다. 오늘 뜻밖에 대인께서 불러 주시고, 이렇게 존안을 뵈니 마치 부친을 뵌 듯해 기쁨을 이기지 못하겠습니다. 하지만 운수(運數)가 불행해 아버지는 귀양 가시어 소식이 희미하고, 어머니께서도 외롭지만 제가 곁에서 함께하며 즐거운 얼굴로 모시고 있습니다. 해가 바뀌고 시절이 또 바뀌어, 그리움의 눈물도 말라 갈 뿐이지만, 누이는 또 무슨 간인의 참화에 휘말려 타향을 떠돌고 있으니 이 어찌 슬프지 않겠습니까."

정연경이 이렇게 말하자, 눈물이 비 오듯 쏟아졌다. 연권은 그를 위로했다.

"네 누이는 효성과 절개가 드물 만큼 뛰어나니, 하늘이 살피어 복록(福祿)이 두터울 것이다. 너도 심사를 너무 괴로워하지 말고 스스로 몸을 보중(保重)해 모친의 슬픔을 덜어 드려라. 나는 일찍이 선산(先山)에 가 있던 중, 네 아버지가 수도에 들렀다가 옥에 갇히고 귀양을 가게 되면서 서로 만나지 못했다. 그래서 지금껏 애석했는데, 오늘 너를 보니 네 부친을 대하는 듯한 감회가 드는구나."

정연경은 더욱 가까워진 느낌에 연권을 마치 아버지처럼 모셨다. 연권이 웃으며 물었다.

"네 누이와 혼약했던 임규는 어떤 사람이더냐?"

정연경이 대답했다.

"임 형은 대인의 상(相)과 어른다운 풍모가 있습니다. 비록 외모가 좀 누추하나 금과 옥 같은 군자라 여깁니다."

연권이 고개를 끄덕이며 다시 물었다.

"그런데 네 사촌 형 진상문은 내가 조정에서 가끔 봤는데, 옥 같은 군자요, 문장이 훌륭한 학사처럼 보이더라."

정연경은 갑자기 얼굴이 붉어지며 고개를 숙였다. 이는 자기 어머니의 행적이 부끄럽고, 연권이 진상문의 일을 다 아는데 일부러 묻는 듯해 민망했기 때문이었다. 잠시 묵묵히 있다가 말했다.

"진 형은 외모가 아름답고, 재주도 나쁘지 않지만, 마음이 바르지 않아 군자라 할 수 없습니다. 일가라 의리는 두텁지만, 그의 불인(不仁)함엔 저도 속으로 동의할 수 없는데 대인께서 혹 일부러 시험해 물으시는지 부끄럽습니다."

연권이 웃으며 말했다.

"내가 어찌 너를 시험하겠느냐. 진상문이 외모와 문장이 뛰어나 진정 훌륭한 인물인가 싶었는데, 뜻밖에 불초(不肖)하다니 미처 몰랐구나."

그러고는 화제를 돌려 말했다.

"내가 가흥을 지날 때 들은 바로, '정 공자가 화빙아와 어려서부터 혼인을 약조했다'는데, 혹 정현의 아들인가 의심했었지. 이제 너를 보니 성혼하기에 이르지 않은 것은 아니지만, 집안에 머물러 있으니 자세한 건 알지 못하겠구나."

정연경이 듣고 기이하게 여겨 생각했다.

'설마 그게 누나가 꾸민 일이었나? 그러나 '어릴 적 정혼'이라니 전혀 알 수 없군.'

그는 탄식하며 대답했다.

"화 소저의 인자(仁慈)함은 천고에 드문 것이고, 과연 훌륭한 숙녀겠으나, 우리 정씨 집안에는 그런 '정 공자'가 없습니다."

연권도 그렇게 여겼다. 정연경이 두 손을 모아 물었다.

"대인의 연세가 반백(半百)을 넘으셨으니, 자손도 벌써 장성했겠지요?"

연권이 대답했다.

"내가 자식을 늦게 얻어, 이제야 남매를 두고 있고, 본처가 세상을 떠나 소실(小室)만이 집을 지키고 있다. 딸이 열셋, 아들은 자네 나이쯤 되었는데, 그나마 용렬함을 면했을 뿐이다."

어느새 날이 저물어, 정연경이 하직하고 돌아와 모친께 자초지종을 알렸다. 부인이 물었다.

"혼담에 대한 말은 없었느냐?"

"혼사 이야기는 꺼내지 않으셨습니다."

부인이 그제야 안심했다.

그 무렵, 연권은 다시 임규를 만나려 아역을 보내 명함을 전하고 "임 공을 청해 오라"고 했으나, 아역이 돌아와 보고했다.

"임 노야와 공자가 함께 매화 구경을 떠나셨다 합니다."

연권은 속으로 생각했다.

'날 피하는 것이로군. 그렇다면 내가 직접 가야겠다.'

그리하여 위의를 갖추고 다시 임씨 집에 갔는데, 과연 대문이 잠겨 있고 인적이 끊겨 있었다. 하인에게 물으니, 하인이 이렇게 대답했다.

"상공과 공자께서는 눈꽃 경치를 구경하러 떠나셨습니다."

연권은 서운해하고, 어쩔 수 없이 돌아오면서 붓과 종이를 내어 시 한 수를 지어 하인에게 건네주며 말했다.

"안찰어사 노야가 뵈러 왔다가 만나지 못하고 돌아간다. 훗날 다시 만날 수 있길 바란다고 전해 주거라."

그러고는 돌아가며 생각했다.

'임랑은 참 신묘한 인물이구나. 일전에 했던 말로 내 정체를 알아차리고 일부러 피하는 듯한데. 이 사람은 훗날 세상을 뒤덮을 영재(英才)이니, 비록 외모가 출중하지 않아도 어찌 그 귀함을 헤아리겠는가. 이제 딸에게 훌륭한 신랑감을 찾아야 하지만, 그런 기상을 가진 대인을 만나긴 어려우니, 과연 어딜 더 헤맨단 말인가? 차라리 두 딸을 함께 시집보내자. 내 딸들은 세상에 뛰어난 숙녀이니, 평범한 예법에 구애받지 않고, 당당히 '아황과 여영' 고사를 본받고 싶구나. 돌아가면 두 딸의 뜻부터 시험해 봐야겠다.'

그렇게 결심하고, 이곳에서 10여 일을 더 머무르며 공무(公務)를 마친 뒤, 절월을 돌릴 즈음 정연경을 불러 작별했다. 정연경도 이별이 아쉬워 은근히 마음을 표하자, 연권이 물었다.

"요즘 네 누이 소식은 들은 게 있느냐?"

정연경은 부끄러운 기색으로 대답했다.

"누나가 한 번 떠난 뒤로 예닐곱 달째 생사조차 모르니, 저와 어머니가 날마다 슬퍼하고 있습니다."

연권이 조용히 웃으며 말했다.

"네 누이가 효성과 절개가 높으니, 하늘이 살펴 복을 내릴 것이다. 잠시 고생은 있어도 언젠가 재회하게 될 테니, 너무 근심 말고 어머니 마음이나 잘 위로해 드려라. 나는 전에 임랑을 보았는데 실로 세상을 뒤덮을 영웅 같더라. 정말로 존경스러웠다. 너도 그를 본받아 사소한 허물은 개의치 말고 잘 지내라."

정연경이 묻고 나서 놀랐다.

"대인께서 언제 임 형을 보셨습니까?"

연권이 미소 지으며, 미복 차림으로 임규를 찾았던 이야기를 전했다.

"임랑은 누이를 향한 뜻이 금석 같더라. 조금도 다른 데 마음을 두지 않았고, 언행이 대인군자(大人君子)였지. 내가 그를 너무 아껴 다시 찾아가 봤는데, 날 피하고 만나 주지 않아 아쉽게 돌아왔다."

정연경이 사례하며 말했다.

"대인께서 선비 사랑이 깊으시니, 임 형은 정말 금이나 옥 같은 군자라 부를 만합니다. 제가 어릴 때부터 집안의 명으로 임 처사께 수학하여 임 형과 골육 못지않게 정이 깊습니다. 예전에 한 번 집에 들렀다가 어제 다시 가 보니, 두 분이 나가 계셨습니다. 어찌 대인을 피한 것이겠습니까."

연권이 웃으며 말했다.

"네가 임규와 함께 공부하면 분명 유익할 게 많으니, 게으르지 말고 힘써라."

그러고 나서 글 한 통을 내주며 말했다.

"후일 창주에 갈 일이 있거든 이걸 전해라."

정연경은 "예"하고 봉함된 글을 받아 들었으나, 내용은 알 길이 없어 궁금증만 더했다. 서로 섭섭히 작별하고, 연권은 주현의 순수를 마쳐 공무를 끝냈다. 길을 떠나 수도로 돌아가려 하니, 집을 나선 지도 벌써 7개월, 때마침 봄이 왔다. 눈보라와 서리를 겪으며 가는 길에서, 곳곳에 백성들이 "어사 연권의 강명하고 인애한 정사(政事) 덕에 백성들이 불편함 없이 산다"라고 칭송하니, 원근에 명성이 진동했다.

이때 진상문이 연영아를 사모해 백 가지 계책을 지어냈다. 이 씨의 시녀 난춘을 불러 가만히 자기의 생각을 이르고 말했다.

"네 동생이 연영아 집 시녀이니 너는 난섬을 불러 방 씨의 마음을 요동하게 해 성사하면 중히 상 주겠다."

"노야가 소비를 불쌍히 여기시니 어찌 사양하겠습니까. 다만 우리 소저가 투기 심하시니 행여 일을 아시면 소비의 목숨이 일각에 마칠 것이요, 또 주인의 적국을 도모함이 차마 못 할 일인가 합니다."

"네 말이 인정에 옳으나 내 너의 소저와 은애 깊으니 연 씨를 얻으나 해로움이 없을 것이다. 연 씨의 미모에 대한 소문이 대단하여 내 그녀를 사모하는 마음이 밥 먹기를 잊기에 미쳤으니 내 저를 취하지 못하면 반드시 병을 이루어 일찍 죽을 것이다. 내가 만일 죽으면 이 씨의 박명함이 다시 어떠할까 싶으냐. 내 뜻을 따르면 네 주인에게도 유익할 것이고, 내 또 장인께 말씀드려 너를 속량해 집을 이루어 좋게 살게 할 것이다. 내 지금의 한림원 명사로 너에게 실언하겠느냐."

그리고 원보(元寶)[42] 두 덩이를 내어 난춘을 주며 달콤한 말로 재삼 달랬다. 난춘이 황공해 감히 다시 사양하지 못하니 진상문이 크게 기뻐 재삼 당부했다.

원래 진상문의 집과 연씨 집은 멀지 않았기에, 난춘 자매는 자주 서로 왕래했다. 어느 날, 난춘은 곧바로 연씨 집으로 가서 난섬을 만나 여러 이야기를 나누던 중 조용히 말했다.

"내가 너와 은밀히 상의할 일이 있으니, 오늘 밤 내 방으로 꼭 와주었으면 해."

난섬이 망설이며 말했다.

---

42 원보(元寶): 중국에서 쓰던 화폐의 하나. 말굽 모양으로 된 은덩이로서 보통 무게가 50냥 가량 나간다.

"우리 마님께서 혼자 계셔서 집을 비우기가 쉽지 않아."

그러자 난춘이 낮은 목소리로 설득했다.

"요즘 내가 높은 분을 알게 되었어. 너를 소개해 부귀를 도모하고 싶지만, 주변에 사람이 많아 조용히 이야기할 수가 없어. 그래서 깊은 밤에 상의하려는 것이니, 아무 핑계든 대고 잠깐만이라도 나와."

난섬은 이 말을 듣고 크게 기뻐하며 흔쾌히 승낙했다.

난춘은 기쁜 마음으로 집으로 돌아와 이 사실을 진상문에게 알렸다. 진상문은 듣자마자 환하게 웃으며 말했다.

"네 동생이 오거든 동산 안에 있는 정자로 데려오너라."

그날 저녁, 진상문은 부모에게 말했다.

"황상께서 각 지역에 조서를 반포하시려 하니, 조용한 곳에서 글을 정리하여 매끄럽게 다듬고자 합니다. 혹시 누가 저를 찾으러 오거든 외출했다고 전해 주십시오."

그는 책상과 붓, 벼루, 그리고 보물이 담긴 상자를 정자의 깊숙한 곳으로 옮긴 후, 문을 닫고 난춘이 오기를 기다렸다.

이윽고 난춘은 진상문의 명을 받아 연씨 집으로 갔다. 난섬은 그를 반갑게 맞이하며 자신의 방으로 불러들였다. 난춘은 상자를 열어 허다한 은자와 값비싼 비단 의류를 꺼내 보였다. 난섬은 깜짝 놀라며 물었다.

"이게 다 어디서 난 거야? 언니가 말한 부귀가 바로 이걸 두고 한 말이었어?"

원래 난춘·난섬은 재물을 탐하는 천한 무리였고, 연권의 집안은 본디 빈한하여 방 씨도 늘 의식이 넉넉지 않으니, 시녀나 하인의 어려움은 더 말할 필요도 없었다. 난섬은 평소 비단과 금은을 몹시 좋아했는데, 언니가 가져온 상자 안에 금은과 비단이 넘치는 걸 보니 눈이 멀 지경으로 기뻐했다. 그러니 어찌 차후를 돌아볼 여유가 있겠는가. 결국 흔쾌히 말했다.

"언니, 진 한림께서 이토록 재물을 아끼지 않으신다면, 내 한 몸 바쳐서라도 성사할 수 있어. 죽을 일이 있더라도 힘써볼 테니, 안심해."

난춘은 그 말에 기뻐하며, 날이 깊도록 대화를 나눴다. 한밤중, 거리가 고요해지자 난춘은 난섬을 데리고 진상문의 집 동산 한구석으로 몰래 갔다. 진상문은 이때 난춘을 보내고 오랫동안 기다리다가 난춘의 말을 듣고 기쁘게 난섬을 방 안으로 불러들여 아름다운 말로 구슬렸다. 난섬은 진상문의 준수한 외모와 달콤한 말에 정신이 아득해져, 머리를 조아리며 사례했다. 진상문은 웃으며 말했다.

"난춘에게서 들었을 것이다. 네가 일을 이루어 주면 천금(千金)을 상으로 주겠다."

난섬이 대답했다.

"우리 소저는 그야말로 용모와 재덕이 천하 으뜸인지라, 입으로 형언하기조차 어렵습니다. 노야께서 이미 부인 두 분이 계시다는 걸 우리 소저가 꺼리진 않을지 걱정이나, 노야의 옥 같은 외모와 문채라면 우리 소저 배필로 손색이 없습니다. 저도 온 힘을 다해 매듭지어 보겠습니다. 방씨는 우리 집 노야의 첩인데, 아이가 없어 외롭게 지냅니다. 가세가 빈약하여 부족한 것도 많죠. 게다가 집주인이 외방으로 떠나 쉽게 돌아오지 않으니, 온갖 일이 전부 마님 손에 달렸습니다. 만약 상공께서 보배를 아끼지 않고 우리 마님의 마음만 흔드신다면, 대사를 거의 이룰 수 있을 겁니다."

진상문이 크게 기뻐, 먼저 비단 다섯 필과 원보 하나를 난섬에게 주며 말했다.

"일을 이루면 더 많이 줄 것이다."

그러고는 순금 자물쇠로 잠근 궤짝을 꺼냈다. 진상문이 궤(櫃)를 열어 보이니, 기이한 보배와 명주, 백옥, 순금 등이 셀 수도 없었고, 눈 같은 원보 다섯 덩이가 들어 있었다. 이것들이 곧 훗날 연영아에게 화근이 될 것이었다. 진상문이 말했다.

"이 보물들을 너희 마님께 드려 승낙을 얻어 오너라. 만일 결혼이 성사되면, 비단은 얼마든지 구하는 대로 줄 것이고, 천금을 예물로 바치면 사욕(私慾)도 극진히 채워질 것이다. 너희 노주(奴主)의 일생을 어찌 편안히 못하겠느냐?"

난섬은 기대 이상으로 풍족한 제안에 당연히 "성사하겠다"라며 즐거워했다. 진상문이 술과 과일로 대접하며 밤새 기이한 계책들을 알려 주자, 난섬이 하나하나 고개를 끄덕이며 새벽에 돌아가려 했다.

"이 일이 결코 쉽진 않을 겁니다. 먼저 마님의 뜻을 떠보아야 하니, 이 보배들은 일단 두십시오. 제가 다시 소식을 전하러 오겠습니다."

진상문이 그러자고 허락하니, 난섬은 돌아와 방 씨를 찾아갔다. 방 씨가 물었다.

"네 언니 병은 좀 어떠하더냐?"

"거의 나았습니다."

그날도 연영아는 적루에서 어린 공자들에게 글을 가르치고, 방 씨는 침소에서 방적(紡績)을 하는데, 난섬이 앞에서 거들다가 문득 말했다.

"소비가 어젯밤 언니 댁에 가 보니, 진 한림네 집과 담 하나를 사이에 두고 있더군요. 한림이 이 시랑 댁에 와 계신다는데, 제가 그 한림을 잠깐 엿보니, 얼굴은 신선 같고, 부귀도 상당한 데다, 진씨 집 큰 노야와 태부인도 너그러워 종들을 사랑하며, 상을 무수히 내려 말단 시녀 상자에도 금은보화가 가득하더이다."

방 씨가 무심히 대답했다.

"우리 노야는 어려서부터 청렴해 줄곧 가난하고, 저들은 탐욕스러운 편이라 부유하니, 그런 집과 비교해 봐야 부러울 게 있겠느냐."

"아무튼 번화한 집이다 보니, 부럽기 그지없습니다."

방 씨는 묵묵할 뿐, 답이 없으니 난섬은 잠시 눈치를 보다가 다시 입을 열었다.

"진 한림이 부인이 불행해 다른 부인을 구한다더이다."

"한림의 부인은 누구 집 딸이냐?"

"이 시랑의 딸이긴 한데, 용모가 그다지 뛰어나진 않다더이다."

"전에 진 한림이 우리 소저에게도 혼사를 구해 왔다더니, 그 사람이 아니냐?"

"예, 맞습니다. 진 한림이 우리 소저의 이름을 듣고 천금 빙폐도 아끼지 않겠다 했지만, 노야께서 허락지 않으셨던 거잖습니까. 그러니 이번에 '만약 성혼되면 칠보(七寶) 장식과 금은보화를 쏟고, 비단은 원하는 대로 주겠다'라고 하네요. 진 한림의 인물이 아름답지 못하면 비록 돈이 많으나 무슨 쓸모가 있겠습니까. 그렇지만 진 한림은 얼굴도 빼어나 나이 열다섯쯤 되고, 옥당(玉堂)[43] 벼슬을 지낸 명사라 조정에서도 물망이 높답니다. 우리 소저 배필로 꼭 어울릴 듯싶습니다. 게다가 진 한림이 금은을 흙 보듯 하니, 우리 소저가 진가 부인이 되면 부귀가 다 온전할 것이고, 제가 중매로 일생 먹고사는 데 모자람이 없을 듯합니다. 마님께선 이 일을 주도해 보시지요."

방 씨가 크게 꾸짖었다.

"누가 너더러 그런 간교한 말을 배워 와 내 앞에서 떠들라 했느냐! 우리 소저 혼사는 노야가 정하시고, 게다가 진가는 이미 '안 맞겠다'라고 거절하셨으며, 노야가 떠나시기 전에도 거듭 그쪽 혼사는 불가하다

43 옥당(玉堂): 주로 황제의 조서(詔書)를 작성하는 일을 맡아 보던 한림원(翰林院)을 말한다.

고 당부하셨다. 네가 누구 말에 홀려 이런 미친 소리를 옮기느냐! 두 번 다시 이런 말 꺼내면 네 입을 지지고, 노야 돌아오시는 날 죽여 버리겠다. 진씨 집에 산 같은 금이 있다 한들 우리에게 무슨 소용이겠냐? 너는 다시는 그 집에 드나들지도 마라!"

난섬은 두려움에 몸을 떨며, 속으로는 크게 실망했다. 진상문이 준 비단과 금은을 다시 돌려주게 생겼으니 애석할 따름이었다. 며칠 뒤, 난춘이 밖에 나와 "어떻게 됐느냐?"라고 물었고, 난섬이 손을 내저으며 답했다.

"안 될 것 같아. 마님이 완고하시고, 내가 오히려 크게 꾸지람만 들었어. 이대로라면 준 물건도 다 돌려드려야 할 판이니, 돌아가 한림께 그렇게 전해야겠어."

난춘이 크게 놀라, 곧장 진상문에게 알렸다. 진상문은 웃으며 말했다.

"내 선의(善意)를 굳이 받아들이지 않는다면, 차라리 계교(計巧)를 써서 속이겠다. 너희에게 줬던 보배를 어찌 다시 거둬들이겠느냐. 언젠가 난섬을 또 쓸 자리도 있을 테니, 일단 잠자코 있거라."

그는 속으로 '방 씨를 핍박해 강제로 인연을 이루겠다' 하며 온갖 방법을 생각해 냈다.

당시 호부시랑(戶部侍郞) 류일은 연권 부인의 이복동생이었다. 사람됨이 어리석고, 재물을 탐하며, 무식하고 마음이 뒤틀려 예로부터 연권과 교류가 없었다. 연영아도 그의 언행이 어질지 못해 늘 피하는 편이었고, 류일이 오만하여 뜻이 사나우니 두 집안은 서로 멀리하며 왕래가 드물었다.

류일은 아버지가 살아 있을 때 과거(科擧)에 합격해 작은 읍의 현관(縣官)을 지내고, 한동안 호부낭중(戶部郞中)에 올랐으나, 곧 부모상을 당해 고향에 돌아갔다. 하지만 조정에서 뚜렷이 평가하는 이가 없어 관직을 얻지 못해, 요즘 집에 있으면서 울적해하던 차였다. 마침 연권이 멀리 순무 나갔다는 소식을 듣고, 류일은 그 사이를 타 벼슬을 구하려 했으나 딱히 인연을 찾지 못했다.

第十八回 제십팔회

진상문이 연영아에게 장가들고자 류일을 몰래 사귀어 뇌물을 쓰다

진상문은 이를 간파하고, 간특하고 흉악한 계책을 마구 굴렸다. 먼저 류일을 꼬드겨 연권이 돌아오기 전에 뜻을 이루려 했으나, 공사가 많아 틈이 나지 않으니 속이 탔다. 게다가 만약 이 은밀한 일이 알려져 호유용의 귀에 들어간다면 자신도 몸 둘 곳을 못 찾게 되고, 집안 부모가 알면 예전 정연양 사건을 떠올려 호되게 죄를 물을 것이었다. 더구나 두 아내가 이 일을 알면 집안은 크게 난리가 날 게 뻔했으니, 진상문은 번민하며 여러 날을 보냈지만 악한 마음은 쉽게 순해지지 않았다.

어느 날 기회를 잡은 진상문은 류일의 집을 찾았다. 하인에게 명함을 전하고 "진 한림이 뵈러 왔다고 전하라" 했더니, 하인이 들어가 진상문이 왔음을 아뢰었다. 류일은 관직이 없는 탓에 문 앞이 썰렁해 우울해하던 차, 유명한 관리가 찾아왔다는 말에 크게 반가워, 의관(衣冠)을 정돈하고 자리를 깔아두었다. 진상문이 경망스럽게 들어오자, 류일이 일어나 영접(迎接)했다. 주인과 손님이 서로 자리를 사양하며 예를 차리고, 앉아서 이야기를 나누었다. 진상문은 공손한 말투와 표정을 지어 보이며 말했다.

"소생은 재주가 모자라 관아 일로 바빠 대인의 존명을 익히 들었으나 만나 뵙지 못했습니다. 오늘 마침 한가해 대인을 뵈러 왔고, 들으니 대인께선 '벼슬길을 싫어하고 권세와 이익을 배척한다' 하니, 그 고매한 뜻이 옛사람을 압도한다고 들었습니다. 부디 가르침을 받들고 싶습니다."

류일은 진상문의 아첨을 듣고 어리석은 마음에 크게 뿌듯해하며 웃었다.

"만생은 실로 무용한 필부요. 세상에서 버림을 받아 마음이 비뚤어져, 권세와 이익을 좇는 무리들을 싫어했을 뿐입니다. 오늘 명공(名公)이 찾아와 위로의 말씀을 주시니, 민망하오이다."

진상문은 마음속으론 "이 어리석은 자를 쉽게 농락하겠구나" 비웃으면서도, 겉으론 특별히 모시는 태도로 간교한 말들을 늘어놓았다. 류일은 더욱 기뻐해 술과 안주를 풍성히 차려 대접했다. 날이 저물자, 진상문이 잔뜩 취해 하직하고 돌아갔고, 류일은 마치 큰 실세를 만난 것처럼 의기양양해졌다. 그 뒤로, 진상문은 류일에게 자주 드나들며 유창한 말솜씨로 그를 구슬려, 류일은 속으로 벼슬을 얻을 희망을 품고 진상문을 진심으로 대했다.

어느 날, 진상문이 류일의 집을 찾아와 오랫동안 대화를 나누고 있었다. 그런데 갑자기 천지가 어두워지며 구름과 안개가 짙게 일어나더니 폭우가 쏟아졌다. 하인들이 모두 집 안으로 들어가 비를 피했으나, 빗줄기는 좀처럼 그치지 않았고 날이 점점 어두워졌다. 하인들이 난처해하며 "진 상공께서도 돌아가셔야 하지 않겠느냐"라고 했지만, 류일이 말했다.

"이미 날이 저물었고 비도 이리 오는 걸 보니, 비록 저희 집이 변변치 않아도 하룻밤 묵고 내일 아침에 가시는 게 좋겠소. 하인들은 먼저 돌려

보내시면 되고요.”

진상문도 조용히 마저 얘기하고픈 마음이 있어 고개를 끄덕였다.

“그럼 가마꾼들과 하인들은 내일 아침에 다시 오라고 하리다.”

그렇게 해서 관복을 벗고 머물렀다. 류일은 하인들에게 “진 노야께 저녁상을 내오라” 분부했고, 이내 여종이 꽤 화려하게 차린 음식을 들여왔다. 진상문은 ‘꽤 정성을 들였구나’ 하고 먹었고, 식사를 끝낸 뒤, 촛불을 밝히고 술과 과일을 차려놓고 이야기를 이어갔다. 밤이 깊어 사방이 조용해지자, 진상문이 물었다.

“대인께서는 자녀가 몇이신지요?”

류일이 탄식했다.

“제가 팔자가 기구해 일찍이 자식을 보지 못하다가, 중간에 딸 하나를 얻었는데 이제 열넷이고, 막내아들은 겨우 다섯 살이라, 몸도 약해 병이 잦아 항상 걱정이 큽니다.”

진상문이 따라 탄식했다.

“대인께서는 아직 젊으시니, 또 다른 자손을 얻어 말년 부귀를 누리실 수도 있지 않겠습니까.”

류일이 다시 한숨을 쉬었다.

“내 나이도 이제 마흔을 넘겨, 늦게 낳은 자식이 또 자란다고 어찌 장담하겠소. 그래도 딸아이가 몹시 예뻐 마치 아들처럼 생각하고 있소.”

그렇게 얘기하던 중, 진상문이 슬쩍 화제를 돌렸다.

“대인께선 아직 젊으시고 재덕(才德)을 겸비하셨는데, 어찌 벼슬을 구해 노년의 부귀를 누릴 생각을 안 하시나요? 소생은 대인의 뜻을 몰라 궁금합니다.”

류일이 답했다.

“내가 어찌 벼슬하고 싶은 마음이 없겠소. 다만 집안이 이미 쇠해 의지할 권세가 없으니, 조정에 알아주는 이가 없어 쓸쓸히 지내는 겁니다."

진상문이 작게 웃으며 말했다.

"연 어사는 대인으로 말하자면 매부(妹夫)가 아니십니까? 지금 명망이 높고, 세력도 충분해 보이는데, 어찌 그 연 어사께 한마디 청탁을 하지 않으시고 괜히 다른 사람에게 구걸하시려 하시나요?"

류일은 문득 얼굴빛을 바꾸며 말했다.

"연공과 내가 비록 처가(妻家) 관계라 하지만, 그는 성격이 괴이하고 교만해, 처가 쪽을 가볍게 보고 오래전부터 우릴 홀대해 왔소. 겉으론 매부지만 실제론 수년째 만나지 않았고, 내 누이가 돌아간 지 벌써 십 년. 최근엔 더더욱 교류가 없으니, 그가 왜 날 위해 벼슬을 주선하겠소."

진상문은 더욱 놀란 기색을 지으며 큰 소리로 말했다.

"세상 사람들은 저마다 인정을 따라 처가를 후하게 대접하는데, 연공은 정말로 안하무인한 사람입니다. 저는 비록 아내와 사이가 좋지 않더라도 처가를 박하게 대하지는 않았습니다. 그래서 제 장인 이 시랑이 몇 년간 벼슬을 하지 못했을 때, 제가 주선하여 예부시랑 자리를 맡도록 도와드렸습니다."

류일이 탄식하며 말했다.

"그대는 참으로 후덕한 군자요. 이처럼 넓은 마음을 가지셨으니 감탄할 뿐이요. 하지만 연공은 고집이 대단하고 인정이 없는 사람이요. 젊었을 때부터 하는 일이 괴이하더니, 나이가 들면서 더욱 인정머리가 없어졌소. 게다가 젊었을 때부터 나를 미워하였으니, 나는 늘 그에 대해 원통한 마음을 품고 있소. 밤낮으로 벼슬길에 올라 그에게 설욕하고자 하나, 뜻대로 되지 않음을 늘 한탄할 뿐이오."

진상문이 미소를 지으며 말했다.

"연공은 조정에서 교만하게 행동하고, 생각하는 바가 괴이하여 조정에서도 그를 중히 여기지 않습니다. 힘도 별로 없는 사람이니, 다른 사람을 위해 무언가 주선할 힘이 있겠습니까? 저는 비록 부족한 인물이지만, 황상의 후대하는 은혜를 입어 아직 조정에서 동료들에게 푸대접을 받지는 않고 있습니다. 그러니 대인을 위해 힘써 도모해 보겠습니다. 요행히 공을 이루게 된다면, 저를 신뢰해 주신 은혜에 보답하는 길이 될 것입니다."

류일은 이 말을 듣고 몹시 기뻐하며 급히 감사 인사를 올렸다.

"내가 그대와 본래 친분이 있었던 것도 아니고, 갑자기 만나게 되었는데도 이처럼 깊은 정을 베풀어 주시니 감사함을 이루 말할 수 없소. 장차 어떻게 이 은혜를 갚아야 할지 모르겠소이다."

그러자 진상문이 서둘러 그의 손을 붙잡으며 말했다.

"저는 대인의 재능과 덕을 오래도록 재야에 머물게 하는 것이 안타까웠을 뿐이며, 조정에 어진 신하를 모시는 것이 마땅하다고 여겼을 뿐입니다. 어찌 이를 은혜라 하겠습니까?"

이 말을 하는 진상문의 얼굴은 마치 쥐가 달려가는 듯 움찔할 법했지만, 겉으론 전혀 티 내지 않았다. 류일은 백 번 머리를 숙여 감격해, 그를 위해서라면 물불도 가리지 않을 의지를 보였다. 그러다 밤이 깊어지자, 진상문은 달콤한 말과 음험한 술책으로 어리석은 류일의 마음을 송두리째 사로잡았다. 류일은 말마다 감격해 마음을 열고, 속내를 전부 털어놓았다. 진상문은 그의 심정을 엿보고 속으로 기뻐했다.

'이 사람이라면 자기 조카딸쯤은 아끼지 않고 내 뜻대로 움직여 줄 테니, 연영아를 내 수중에 넣으면 비록 연권이 노해도 이미 엎어진 물, 어찌하랴. 게다가 친척끼리 벌인 일이니, 그도 함부로 못하겠지.'

마침내 술자리에서 어느 정도 계책을 정해 놓고, 진상문이 물었다.

"연공의 부인께서는 돌아가신 지 오래라 들었는데, 자녀는 몇이고 재혼은 했는지 알고 싶습니다."

류일이 대답했다.

"우리 누님이 늦도록 아이를 못 낳다가, 한 해에 딸·아들 한 명씩 낳으셨소. 딸 영아가 열셋, 아들 춘경이 열하나요. 둘째 아이를 낳고 몇 해 안 돼 누님이 세상을 뜨셨으니, 연공이 재혼하지 않고 직접 자녀를 키우며 평생 홀아비 신세라 하더이다."

진상문이 또 물었다.

"그 따님은 시집갔나요?"

류일이 대답했다.

"조카딸 영아는 세상에 둘도 없는 숙녀요. 서시(西施)니 양귀비(楊貴妃)[44], 반첩여(班婕妤)[45], 조비연(趙飛燕)[46]을 다 합쳐도 미치지 못할 미모요. 다만 아버지를 닮아 교만하고 방자해, 내가 외삼촌이긴 해도 얼굴을 본 지 오래됐소. 연공이 사위를 구하는 데 남달라, 영민하고 준수한 군자를 찾느라 지금껏 혼사가 미뤄졌으니, 아마 제 눈에 맞는 사람을 못 찾은 듯하오. 이러다 어찌 보면 끝까지 시집을 못 갈지도 모르겠소."

진상문이 웃었다.

"비록 그렇게 아름답다 해도, 재상가의 자제 중에는 분명 배필이 있을 텐데요?"

류일이 말했다.

"내가 어찌 한림을 속이겠소. 영아는 비록 교만하나 절세미녀인 건

---

44 양귀비(楊貴妃): 중국 당 현종(唐玄宗)의 총애를 받던 후궁으로 귀비는 품계다. 서시, 왕소군, 초선과 더불어 중국의 4대 미인으로 일컬어진다.

45 반첩여(班婕妤): 한 성제(漢成帝)의 후궁으로 본명은 분명하지 않다. 첩여는 후궁의 품계다. 재색을 겸비한 미인으로 일컬어진다.

46 조비연(趙飛燕): 한 성제(漢成帝)의 후궁으로 본명은 조의주(趙宜主)나 "날으는 제비"라는 뜻의 비연(飛燕)으로 불리었다. 중국 전통의 미인으로 일컬어진다.

사실이라, 그 용모와 재주는 정말 천하에 독보적이오."

그 말에 진상문은 잠시 침묵했다. 류일이 말했다.

"한림께서 내 말을 거짓이라 여기니, 어찌 우습지 않겠소."

진상문이 돌연 안색에 슬픔을 띠자, 류일이 이상히 여겨 말이 없었다. 그러다 진상문이 벌떡 일어나, 류일 앞에 무릎을 꿇고 절하며 말했다.

"대인이시여, 제 목숨을 구해 주십시오."

류일이 깜짝 놀라 그를 붙들며 말했다.

"한림이 무슨 까닭으로 이런 거동을 하시오? 부디 그 뜻을 알게 해 주시오."

진상문이 말했다.

"소생 진상문은 용모와 재주가 옛사람만 못하나, 부귀가 너무 낮진 않습니다. 다만 아내가 둘 있긴 해도, 용모(容貌)가 별로라 금슬(琴瑟)이 좋지 못하지요. 평생 소원이 절세미인을 얻어 반평생 즐기며 살고픈 것인데, 외모와 덕을 겸비한 여인을 찾지 못해 늘 한(恨)이 남아 있습니다. 연 소저가 요조숙녀(窈窕淑女)라 하여 명성이 높음을 흠모해, 여러 차례 매파를 보내 청혼했으나, 연공께서 '이미 두 아내가 있다'라고 꺼려 허락지 않으시니 뜻을 이루지 못했습니다. 소생이 밤낮으로 사모하며, 혹 남의 손에 넘어갈까 걱정이 이만저만 아니었지요.

그런데 대인께서 그 소저의 외삼촌이라 들었기에, 인연이 있을까 하여 이렇게 찾아왔습니다. 부디 대인의 어진 마음을 힘입어 저의 소원을 이뤄 주십시오. 대인을 통해 혼인에 성공한다면, 소생이 목숨 바쳐 은혜를 갚고, 천금을 예물로 바쳐 대인께 드릴 것이니, 결코 저버림이 없을 것입니다. 바라건대 대인께선 거룩한 뜻으로 아끼지 말아 주십시오."

류일은 진상문의 간절함을 알았으나, 혼인이란 극히 중대한 문제였다. 게다가 연권 부녀의 강직한 고집이 자신의 말로 설득될 리 없을 터.

어찌 진상문의 소원을 이룰 수 있겠는가. 류일은 난처한 기색으로 눈살을 찌푸렸다.

"영아가 미모가 무쌍(無雙)한 건 사실이지만, 성격이 강렬해 유순한 부인감은 아니오. 한림께서 그리 사모함이 지나치니, 부인의 용모와 부귀가 가난한 영아에게 오히려 과분할진대, 설마 이유 없이 거절했겠소. 결국 연공의 괴이한 고집 때문에 분수 넘는 혼사를 물리친 것이라, 그의 고집이 얼마나 대단한지 짐작되오. 이미 거절한 바 있으면, 소진의 말재주로도 그 고집을 돌리기 어렵소. 더구나 내가 비록 외삼촌이긴 하나, 딱히 교분이 깊은 것도 아닌데 들을 리가 있겠소. 결코 대인을 거절하려는 게 아니라, 애초에 길이 막힌 일이오. 만일 내가 힘써 가능했다면, 어찌 마음을 다하지 않았겠소."

진상문이 답했다.

"소생도 연공의 고집이 대단하단 걸 잘 압니다. 그래서 정상적인 방법으로는 혼사를 이룰 수 없음을 알고, 임시방편으로 이러이러하게 속이고 취하고자 하는 것이지요."

그리 말하며, 진상문은 날카로운 혀끝에서 꿀 같은 말들을 쏟아내, 모든 이익이 완벽할 것처럼 묘사했다. 류일은 그 말에 홀려 정신이 황홀해졌으니, 어찌 거부할 마음이 있겠는가. 과연 해 볼 만하다고 크게 기뻐하며 말했다.

"한림의 이 말씀이 극히 옳소이다. 그런데 무슨 수로 영아를 속여 데려가려 하시오?"

진상문이 설명했다.

"연공께서 소생을 단칼에 거절했으니, 다시 방법이 없습니다. 또 대인께서도 '공식 통로'로는 쉽지 않을 걸 아시잖습니까. 지금 연공은 어사 직분으로 외지에 있으니, 돌아올 기약이 아직 멀고요. 대인이 비록 연 소저와 각별한 정은 없어도, 외삼촌이니 일단 찾아가 친척임을 내세워 이러저러하게 접근해 보시지요. 연 소저는 의리를 아는 여자라, 외삼촌을 박대하진 않을 겁니다. 차차 정(情)을 쌓고 달래 몸 나올 길을 이러저러하게 만들어 가히 성사할 수 있다 봅니다. 염려할 것 없습니다."

류일은 그 말을 듣고 계략의 묘함에 혀를 내두르며 칭찬했다. 그리고 "내가 혼사를 이루면, 한림은 벼슬을 주선해 달라"는 약조를 굳게 나눈 뒤, 밤새도록 은밀한 계획을 세웠다.

날이 밝자, 진상문 댁의 하인들이 찾아왔고, 진상문은 류일에게 작별 인사를 하며, 다시 한번 철저히 약속했다.

류일이 그를 보낸 뒤 내당에 들어가니, 부인 원 씨와 딸 류취향이 물었다.

"누가 와서 묵고 갔나요?"

류일은 얼굴 가득 환한 표정으로 대답했다.

"어젯밤 손님은 한림학사(翰林學士) 진상문이오. 젊은 명사로 나라에서 물망이 높고, 황상께서 총애하신다오. 게다가 호 상국의 사위라 부귀가 무궁하고, 생김새도 옥 같아 세상에 이를 데 없는 인자한 군자요. 우연히 만나 마음 털어놓았더니, 마치 친척 같은 정이 들었소. 내가 벼슬 못해 오래 답답해했던 걸 알고, 천거(薦擧)를 약속했으니, 머잖아 높은 벼슬과 후한 녹봉(祿俸)을 받을 것이라오. 게다가 기쁜 일이 더 있으니, 그 진 한림이 조카 영아를 밤낮으로 사모하여 밥도 잊을 정도라 천만 금도 아끼지 않고 인연을 바란다 하오. 이런저런 계책을 알려 줬더니, 만약 성사되면 예물도 듬뿍 받고, 평생 은인으로 대접하겠다 하니, 이 또한 다행이오."

원 씨가 말했다.

"그러면 참 기쁜 일이지만, 과연 연공과 영아가 속을까요? 또 설령 속아서 혼인이 된다 해도, 영아가 원망하여 부부 사이가 좋지 않으면 어쩌죠? 진 한림이 마음에 안 든다고 다투면 당신의 수고가 헛될 텐데요."

류일이 웃으며 대답했다.

"진 한림은 모습이 반악같이 준수하고 스무 살도 안 되어 문명(文名)과 부귀가 으뜸인 인물이니, 영아가 그의 아내가 된다면 명사의 부인으로 좋은 짝이 될 것이오. 영아가 박복해 연공의 고집으로 그 혼사를 막았으니, 내가 좋은 인연을 맺어 준다면 미인과 재주 있는 젊은 남자가 함께 평생을 완벽히 보낼 거요. 죽은 누님 영혼이 있다면 반드시 기뻐할 것이고, 영아도 일생 영화(榮華)를 누릴 것이오. 그리되면 연공도 언젠간 내게 고마워할 거요."

원 씨가 웃었다.

"그렇게 되면 서로 이롭겠네요. 하지만 혹 일이 실패하면 남들에게 웃음거리가 되고, 진 한림의 사례도 못 받을 뿐 아니라 공연히 고생만 할 수 있으니, 조심하세요. 영아가 매우 총명하고 교만하니, 함부로 허락하진 않을 텐데요?"

류일이 대답했다.

"연공이 있으면 당연히 불가능할 것이오. 하지만 영아도 아직 어린데, 어찌 대장부의 계책을 가뿐히 벗어나겠소? 나야 비록 외삼촌이긴 해도, 그녀가 의리를 아는 이상 박대하진 않을 거요. 게다가 진 한림의 꾸밀 계책이 기막히니, 영아가 속지 않을 리 있겠소."

류일 부부가 이리 대화하고 있는데, 곁에서 듣던 딸 류취향은, '진상문이 그렇게 멋있고 부귀까지 지닌 소년 명사라면, 아버지는 왜 나를 생각지 않고 연영아를 위해 움직이느냐'라고 속으로 불만스러워했다. 원래 류취향은 열네 살로, 용모가 빼어나지만 성품이 어리석고 천박했다. 그러나 겉보기엔 재능이 뛰어나 부모가 기특히 여겨 세상에 둘도 없는 귀한 딸이라 여겼다. 이날 류취향이 연영아를 칭송하는 말을 듣고 속으로 생각했다.

'내가 영아를 본 적 없지만, 과연 날 능가할 것인가? 만약 함께 앉아 있다면 누가 윗자릴 차지할지 모른다.'

그리고 진상문의 옥 같은 외모 이야기에 부러움이 생겨, 마음 깊이 흠모하게 되었다.

그 이튿날, 류일이 연권의 집을 찾아가 연영아에게 소식을 전하려 했다. 연영아는 외삼촌의 무식함을 한탄해 평소 친척으로서 정이 없었지만, 어머니 형제가 류일 하나뿐이라 안타깝게 생각했다.

"내 팔자가 기구해 어머니를 여의고, 외가(外家)엔 가족도 드문데, 그마저도 류일 외삼촌은 인품이 좋지 않아, 각별한 정 없이 지내니 이게 어찌 애달프지 않으랴."

연권이 젊을 적부터 류일을 탐탁지 않게 여겨 서로 냉랭했기에, 남매간 의리가 끊겨 외숙·질녀 사이도 남남처럼 멀었다. 연영아는 때마다 모친을 그리며 더욱 슬퍼했지만, 이날 하인이 들어와 "외삼촌이 오셨다"라고 알리자, 영아도 반가운 한편 슬픈 기분이 섞여, 급히 중당(中堂)으로 마중나가고, 시녀에게 연춘경을 불러 함께 류일을 맞이했다. 류일이 들어와 절을 마치고, 연춘경도 서당에서 달려와 인사했다. 그 뒤 류일이 손을 잡으며 연영아를 향해 슬프게 말했다.

"이렇게 너희 남매가 장성한 걸 보니, 돌아가신 누님을 못 뵌 게 새삼 슬프구나. 연 형께서 멀리 떠나셨는데, 안부 소식을 자주 듣느냐?"

그러고는 연춘경을 다정히 어루만지며 친아들 대하듯 했고, 예전의 서먹하던 태도가 싹 없어 그들과 달리 유난히 친근했다. 연영아 남매는 외삼촌이 이렇게까지 친밀한 태도를 보이자 크게 의아해하면서도, 한편으로 감격해 눈시울을 붉혔다.

"저희가 죄가 커 일찍이 모친을 여의고 오직 부친만 의지하며 살았는데, 최근 부친께서 멀리 떠나 계시고, 삼촌이나 사촌도 없으니 더욱 슬픕니다. 외삼촌께서도 저희를 찾지 않으시니, 날마다 그리워하며 슬픔이 컸지요. 그런데 오늘 이렇게 오셔서 사랑을 베푸시니 기쁘고도 슬퍼 어쩔 줄 모르겠습니다."

류일이 흔연히 말했다.

"내가 근래 병을 앓느라 너희를 도무지 찾지 못했구나. 영아는 규방처녀라 문밖출입이 어려울 테지만, 춘경은 남자이니 마땅히 외삼촌 집을 찾아야 했을 터인데 한 번도 오지 않아 나는 속으로 서운했단다."

연춘경이 고개 숙여 사과했다.

"제가 아직 어려 부친의 가르침이 엄중해, 어리석은 제게 늘 공부만 시키셨습니다. 그래서 외삼촌께서 병이 드셨을 때 안부도 못 여쭙고, 도리어 이렇게 직접 오시게 했으니 황공할 따름입니다. 모두 어른들이 멀리 떠나 계신 탓이고, 저희가 아직 어리석기 때문이오니 부디 용서해 주십시오."

류일이 웃으며 달래듯 말했다.

"내가 어질지 못해, 내 아이들조차 잘 챙기지 못하니 너희에게 소홀했던 것이라. 미안하구나."

그러고 나서 연영아를 향해 탄식했다.

"돌아가신 네 어머니와 내가 서로 의지하며 지내다가 불행히도 누님이 먼저 가셨지. 너희 남매 어릴 적에 연공이 나를 멸시하듯 대하니 스스로 부끄러워 자주 못 왔고, 그 탓에 너희와 서먹해져 조카라도 남남 같았구나. 젊어서는 연공이 나를 푸대접함을 원망했지만, 이제 돌아보니 예전 누님이 외로웠을 거라 생각하면 너무 후회스럽고 부끄럽구나. 그래서 너희 남매를 잊을 수 없어 이렇게 만나러 왔다. 앞으로는 친척 간 의리를 더 다져 보자꾸나. 너희 부친은 나를 냉대했지만, 너희 남매는 돌아가신 어머니를 생각해서라도 각별히 여겨야지 않겠느냐. 동성(同姓) 친족도 중요하지만, 외가도 혈육임은 마찬가진데 어찌 서먹하겠니. 요즘 나도 울적하고, 너희도 쓸쓸하다 들었기에, 서로 더욱 의지해야 할 것이다. 오늘은 그런 생각을 전하고, 반가움을 나누러 왔다."

연영아가 듣고 외삼촌의 그 은근한 태도에 생전 처음 느껴보는 정을 느꼈다. 친숙부라도 이보다 더하지 않을 법했고, 그 돌봄과 귀히 여기는 말씀이 예전과 전혀 달랐다. 다소 의구심이 들긴 했으나, 어머니를 언급하며 안타까워하는 기색을 보이니 자연히 슬픔이 밀려와 눈물을 흘리며 사례했다.

"제 팔자가 기구해 어린 나이에 모친을 여의고, 바랄 건 부친이요 의지할 건 외삼촌뿐인데, 어찌 서먹하게 대했겠습니까. 다만 외삼촌께서도 자주 오시지 않으니 자연 멀어지고, 모친도 안 계시니 친척 간 정분이 옅어진 듯하네요. 그래서 늘 한탄해 왔는데, 오늘 외삼촌께서 이렇게 돌봐주시니, 모친의 영혼이 보신다면 틀림없이 눈물 흘려 감격하실 겁니다. 저희가 어찌 부모와 다른 마음으로 외삼촌을 대하겠습니까."

슬픔을 못 이겨 울자, 류일이 더욱 살뜰히 굴었다. 예전과 달리 너무 친절한 태도라, 연영아와 연춘경은 미처 류일의 간사한 의도를 알지 못하고 진심으로 반가워, 오랜 시간 대화했다.

방 씨도 생각하기를, 류일이 돌아가신 부인의 동생이자 자신은 그 부인의 첩이었으므로 원래 내외(內外)가 없었고, 연공이 집을 나간 뒤엔 직접 보진 않았어도 타인과 처지가 다르다고 여겼다. 이날 류일이 한참 남매와 이야기를 나누며 돌아가신 누님 이야기를 꺼내 슬픔을 표하는 걸 보고, 방 씨도 감격해 눈물을 흘리고 술과 안주를 내어 따뜻이 대접했다.

이윽고 류일이 오랜 속내를 털어놓고 작별해 돌아갔다. 연영아는 외삼촌을 배웅한 뒤 침소(寢所)로 들어왔다. 시녀 소선이 물었다.

"류 노야께서 우리 노야 나가신 후 잠깐 왔다가 그 뒤 일절 오지 않으셨는데, 오늘은 어쩐 일로 이렇게 오래 머무르고 가셨을까요? 거기에다 기색이 은근하고 말도 부드러우시니 정말 전에 없던 모습이네요. 웬지 의아스럽습니다."

연영아가 말했다.

"외삼촌이 예전엔 박정(薄情)했지만, 오늘은 그렇지 않으니 다행일 뿐이지, 뭐가 괴이하겠니."

소선이 웃으며 답했다.

"원래 박정한 성품이면 늘 박정할 텐데, 갑자기 이렇게 다정해진 걸 보면 수상쩍기도 합니다. 제가 볼 때 류 노야의 태도가 어딘가 어색한 듯하니, 무슨 속셈이 있는 게 아닐까 싶네요."

연영아가 두 눈썹을 찌푸렸다.

"너무 지나치게 의심하지 마라. 혹 앞일을 보고 알게 될 테니 경솔히 말하지 말거라."

소선이 잠자코 사과했다.

류일은 집에 돌아가 부인 원 씨와 딸 류취향에게 연 씨 댁에 다녀온 일을 전하며, 연영아의 미모가 새삼 세상에 둘도 없음을 칭찬해 마지않았다. 류취향이 물었다.

"그렇게나 훌륭하다니, 한번 만나보고 싶은데요?"

류일이 웃었다.

"머지않아 집으로 데려올 테니, 그때 보아라."

"영아는 엄청 차분해, 맘대로 밖에 나가는 법이 없단 말이에요. 어떻게 쉽게 우리 집에 오겠습니까? 저한테 생각이 하나 있어요. 연 어사께서 나가신 상황이니, 틀림없이 집이 한가할 텐데, 제가 먼저 거길 찾고, 조용히 정을 나누고 와서 영아를 청할게요. 안 오면 예법을 모른다고 비난하면 되고, 어쩔 수 없이 올 텐데요. 그럼 붙잡아 둔 뒤 진 한림께 알려 혼사로 이어지게 하면 어때요?"

류일이 손뼉을 치며 반겼다.

"우리 딸이 참 지혜롭구나!"

결국 몇십 일 뒤, 류일은 다시 연씨 집에 갔다. 연영아 남매가 반가워 예전보다 자주 그 이름을 언급하며 사례했으니, 류일이 더욱 은근히 다정하게 대하며 문득 연영아에게 말했다.

"너희 남매는 나와 외삼촌·조카 사이인데, 친가엔 별 친척이 없고, 우리 류씨 집안도 나와 내 자식들뿐이라, 너희 사촌 넷이 어찌 이렇듯 서로 못 보고 지냈겠느냐. 남들이 들으면 부끄럽지 않겠니? 내가 너희 집에 오지 않아 너희 남매도 우리 집에 안 오고, 내 자식들도 마찬가지니 사촌 간에 서먹해졌구나. 우리 딸에게 너의 꽃다운 이름을 듣고 한 번이라도 만나보고 싶어 했는데, 영아 네가 아직 한 번도 우리 집에 오지 않았다. 내 딸이 친척의 정을 그리는데 규수 몸으로 쉽게 나갈 순 없다고, 여러 번 내게 말하더라. 내가 '연 형께서 밖에 계시고, 집이 조용할 테니, 잠시 방문하는 걸 허락하마' 했다."

연영아가 머리 숙여 사례했다.

"이제 외삼촌께서 저희를 이렇게 아껴 주시니 참으로 감사할 뿐입니다. 외삼촌께서 예전엔 이런 정이 없으셨는데, 오늘은 이토록 진심으로 대해 주시니 감격스럽고, 저희 남매도 외삼촌을 부친같이 모실 마음이니, 부디 저희를 친자식같이 돌봐 주세요."

그리 말하곤 또 말했다.

"사촌언니께서 친척 사랑을 보여 주시려 한다니 저도 반가울 따름입니다. 다만 제가 외가에 드나듦이 적어, 사촌언니를 못 뵈었습니다. 오히려 사모하는 마음만 있어 왔는데, 언니께서 우리 집에 오신다면 얼마나 다행이겠습니까. 언제쯤 오시나요?"

"내 딸은 너를 오래 사모해 왔으니, 내일이라도 오고 싶다 하더라."

연춘경도 거들었다.

"사촌누나가 오시려면, 우리가 그냥 기다릴 순 없지요. 여종을 보내 초대해야 합니다."

연영아도 동생 말에 동의해, 양랑을 보내어 원 부인과 류취향에게 문안을 전하고, '곧 뵙고 싶다'라고 청했다. 이에 원 씨가 흔쾌히 허락해 다음 날 딸과 함께 갈 뜻을 알리자, 연영아는 방 씨와 함께 집 안을 깨끗이 정리해 손님 맞을 준비를 하고 기다렸다.

다음날, 원 씨가 딸 류취향을 데리고 연씨 집에 오니, 연춘경이 중문(中門)에서 나가 맞이했고, 연영아는 당 아래에서 마중했다. 서로 예를 갖추어 인사하자, 연영아가 옥 같은 목소리로 외숙모와 사촌언니가 찾아온 데 감사를 표하며 반가움을 전했다. 그 말이 간곡하고 완벽해, 한마디 한마디에 은근한 매력이 빛났다. 원 씨도 기쁘게 답했다.

류취향이 연영아를 급히 살펴보니, 들은 것보다 열 배는 뛰어나 보였다. 어찌 단지 붉은 낯과 구름 같은 머리카락만으로 미모를 논하랴. 눈매가 밝고, 기운이 상쾌했으며, 모든 모습이 다 아름다워 흠잡을 데가 없었다.

'나는 나무등걸에 분칠한 격이고, 가을밤 반딧불이 보름달과 견주는 격이구나.'

자부하던 마음이 사라져 교만이 꺾였고, 어린아이처럼 취한 듯 자신도 모르게 안색이 달라져 고개를 들지 못했다.

연영아도 류취향을 보니, 옥 같은 얼굴에 꽃 같은 풍채가 고요하고, 안색이 빼어난 미모임을 인정했으나, 어딘가 정숙하지 못함이 보여 안타까웠다. 그래도 사촌이 그뿐이고, 나이도 비슷하며 얼굴이 아름다운 데다 자신도 외로움을 느끼던 차라, 사촌을 만나 반가워하는 모습이 동풍에 활짝 핀 모란꽃 같고, 따스한 기운으로 붉게 피어오른 연꽃 같았다. 붉은 입술에 옥 같은 치아가 비칠 때마다 온갖 자태가 어우러지니, 그 매력을 한 입으로 다 형언하기 어려웠다. 원 씨 모녀는 마치 취한 듯 황홀해졌고, 연영아가 내뱉는 말은 옥 부딪히는 소리처럼 맑아 듣는 이의 정신을 홀렸다. 류취향은 넋이 나간 듯 말을 제대로 잇지 못했는데, 연영아가 류취향을 향해 사례했다.

"저는 죄가 많아 어린 시절 모친을 여의고 가슴에 응어리진 슬픔이 컸습니다. 또 한 몸이 외로워 쓸쓸함을 늘 한탄하다가, 언니의 아름다운 이름을 오래전부터 들으며 가슴 깊이 그리워했어요."

第四編
제사편

제십구회 第十九回

연영아가 외삼촌을 의심해,
시녀를 보내 간계를 살피다

제이십회 第二十回

연영아와 정연양, 두 소저가 의자매를 맺고,
시녀 가월의 기묘한 계략이 펼쳐지다

제이십일회 第二十一回

가월이 류취향을 부추겨
진상문이 그릇된 혼인을 맺다

제이십이회 第二十二回

진상문이 새 사랑을 맺고 날로 깊어가니,
호 씨가 류취향을 때려 중상을 입히다

제이십삼회 第二十三回

연영아에게 장가든다는 게 류취향을 잘못 맞아,
천금을 허비해 집안이 큰 소란에 빠지다

제이십사회 第二十四回

연권은 조정에 돌아와 옥에 갇히고,
진상문은 특별히 순무어사로 임명되다.

第十九回
제십구회

연영아가 외삼촌을 의심해, 시녀를 보내 간계를 살피다

연영아가 류취향에게 말했다.

"언니의 아름다운 이름을 예전부터 흠모했으나, 저는 규중 여자로 자유롭지 못해 밖에 나가기 어려웠습니다. 어머니마저 일찍 세상을 뜨셔 외가와도 서먹해 만나지 못한 지 거의 10년이 되었네요. 어릴 적에 겨우 본 얼굴마저 흐려져 남보다 못한 사이가 돼버렸는데, 이번에 외삼촌과 외숙모, 그리고 언니께서 오셨으니 얼마나 기쁜지 모르겠어요."

그리 말하며 시녀에게 명해 차와 과일을 대접하며 친척 간의 정을 나누었다. 류취향이 말했다.

"고모께서 안 계시니 예도 허술해져 서로 왕래가 끊겼네. 아버지가 돌아가신 고모를 그리며 늘 슬퍼하시면서, '너희 사촌이 몇 안 되니 친자매처럼 지내라' 하셨는데, 오늘에서야 이렇게 만나 정을 나누니, 어릴 적 얼굴과 다르지 않아 한없이 반가워. 이제부터 친척의 의리를 다해 동복자매처럼 지냈으면 좋겠어."

연영아가 기쁘게 사례했다. 연춘경도 사촌 남매의 정을 운운하며 진심을 전하고, 돌아가신 모친 얘기를 꺼내 함께 추모했다. 그리고 차와 과일을 풍성히 차려 극진히 대접하며 종일 이야기했다. 연영아는 원 씨의 성품을 이미 알고 있었지만, 류취향의 태도가 어딘가 아름답지 못함을 느꼈다. 말에 예법이 없고, 용모가 빼어나긴 해도 정대함이 부족하고, 어리석으며 마음이 어질지 못했다. 본래 성정이 간악하지는 않으나, 숙녀다운 위엄은 아니었다. 연영아는 한 번 보고 탄식하며 친애할 정은 없다고 판단했으나, 그래도 사촌이니 각별히 대접했다.

날이 저물자, 원 씨는 돌아가고, 류취향은 그 집에 남기로 했다. 연영아가 외숙모를 배웅하고, 류취향과 함께 침소로 돌아갔다. 류취향이 연영아의 침실에 들어와 주위를 살펴보니, 방 안이 정갈하고 물품이 간략하되 깔끔하고 청결했다. 산호로 된 책상 위에는 『열녀전(列女傳)』[47]이 놓여 있고, 백옥 벼루 옆에는 좋은 붓과 오색(五色)의 종이, 효행(孝行)과 예법(禮法)을 적은 책들, 수놓는 틀과 바느질 도구가 정돈되어 있었다. 구름무늬 병풍과 고운 비단 이불이 깔끔하며, 백옥 향로(香爐)에서 은은히 피어나는 향기는 비단 장막과 어우러져 거처의 분위기가 청아(淸雅)했다. 남자들의 거처와 사뭇 달랐지만, 규방의 엄숙함이 마치 임금과 신하처럼 질서가 있었다.

연영아의 시녀들도 행동거지가 공손해, '규방 여인'이란 말이 어울릴 만큼 예법이 고요했다. 그중 소선은 용모가 뛰어나 연영아가 아니었다면 으뜸 미인이었으니, 기묘하고 황홀한 매력을 풍겨 연영아와 닮았지만, 또 다른 절묘함이 있었다. 류취향조차 그 소선에 비해도 몇 등급 아래라는 생각에 속으로 놀라움을 금치 못했고, 일생 자부해 온 마음이 꺾여 내심

---

47 『열녀전(列女傳)』: 중국 전한(前漢) 때 유향(劉向)이 편찬한 책으로, 모범이 될 만한 여성들의 일을 담고 있는 책.

울적했으나 겉으론 드러내지 못하고 억지로 은근한 기색으로 회포를 나누었다. 밤이 깊도록 대화하면서도 본인 행동이 미숙하다 들킬까 두려웠는데, 도리어 허술함이 더 드러나니, 소선은 속으로 냉소하며 불쾌해했다.

며칠이 지나면서, 류취향이 이야기하는 주제는 숙녀나 절개 있는 부인이 아닌 탁문군(卓文君)[48]이나 교태 부리는 여인을 칭송하는 식이라 말마다 불순해 보이고 행동도 경솔했다. 연영아는 그 언행에 속으로 불쾌함을 느껴 더 이상 속마음을 털어놓지 않았다. 이렇듯 4~5일이 지나자, 류일이 다시 찾아와 조카딸을 극진히 대하며 여자의 행실에 대해 온갖 충고를 늘어놓았다. 연영아는 형식적으로만 응대하고 감사를 표할 뿐이었다.

한편, 진상문은 류일을 부추겨 연영아를 데려갈 계책을 짜느라 애쓰고 있었다. 며칠 뒤 류일을 만나 연씨 집 소식을 묻자, 류일은 슬쩍 "류취향에게 이런저런 계교를 가르쳐, 연영아 집에 가서 이런 식으로 유인하겠다"라고 알렸다. 진상문은 크게 기뻐하며, 부모에게 알리지 않고 혼인 예물 등을 하나하나 갖추어 기다렸다.

진상문에게는 성 밖에 별장이 하나 있었는데, 경치가 수려해 앞뒤로 수풀이 울창하고, 봄꽃 필 즈음이면 시인과 공자들이 자주 노닐던 곳이다. 거기에 노복 몇을 두어 지키게 했는데, 이번 일은 절대 호유용에게 알릴 수 없어, 별장 지키는 자를 달래며 은자(銀子)를 주고 "내 잠시 머물 일 있으니 누구에게도 알리지 마라" 했다. 혼례식도 그 별장에서 치르고, 연영아를 취해도 본가에 머무를 수 없으니, 조용히 천금을 흩어 또 다른

---

48 탁문군(卓文君): 중국 한(漢)나라 때 탁왕손의 딸인 탁문군은 과부였는데 사마상여(司馬相如)가 탁왕손의 집에서 술을 마시다가 탁문군이 새로 과부가 되었음을 알고 거문고로 그녀를 꾀어내자 탁문군이 반해서 밤중에 집을 빠져나와 사마상여의 아내가 되었다는 고사가 있다.

집을 마련해 즐기려 했다.

그 무렵, 진상문의 본가에서는 이 씨와 호 씨가 서로 시기하며 집안을 어지럽히고 있었으나, 진담 부부도 이를 제대로 제지하지 못해 날로 괴로움을 겪고 있었다. 진상문은 두 여인의 어질지 못한 행동을 꺼려 점점 마음이 멀어졌고, 결국 침실을 찾지 않게 되었다. 이에 이 씨는 분노했으나, 진상문을 두려워하여 겉으로는 진정하며 많이 참았다. 그러나 호 씨는 포악하기가 이루 말할 수 없는 여자였다. 더구나 그녀는 숙부 호유용의 권세를 믿고 있었기에 조금도 거리낌이 없었다. 그녀는 질투심이 극도로 심해 이 씨를 시녀 다루듯 꾸짖고, 시부모를 함부로 대하며, 심지어 남편까지도 업신여겨 마치 노예처럼 취급했다. 책상을 두드리며 불손하게 행동했고, 심할 때는 욕설까지 서슴지 않았다. 진상문이 크게 노하여 꾸짖고 제지하려 했으나, 호 씨는 성질을 마음대로 부리며 전혀 두려워하지 않았다. 그로 인해 집안은 점점 더 혼란스러워졌고, 밤낮으로 전쟁터가 되었다.

호 씨는 숙부 호유용의 권세를 믿고 시부모를 가벼이 여겼으므로, 시부모는 내심 분개했으나 겉으로는 참고 그녀를 기쁘게 대했다. 그러나 속으로는 오히려 이 씨를 두둔하며 아끼게 되었고, 이를 눈치챈 호 씨는 더욱 분개하여 시부모에게 더욱 거칠게 대했다. 그녀의 욕설과 불손한 태도는 날로 심해져 갔다.

한편, 호유용은 여자의 지나친 질투심을 혐오하는 사람이었기에, 조카딸인 호 씨의 행동을 꾸짖으며 질투와 발악을 엄히 금했다. 그는 부녀자의 도리를 강조하며, 여인의 행동거지를 엄격히 가르쳤기에, 호 씨도 숙부를 두려워하여 제멋대로 행동하지 못하는 면이 있었다. 진상문은 호 씨의 악행을 참을 수 없었으나, 호유용의 권세를 두려워해 그녀를 내쫓을 결심을 하지 못했다. 이 씨는 진상문과의 정이 깊지 않았으면서도, 예법을 알지 못해 남편을 볼 때마다 울며 보챘다. 그로 인해 진상문은 점점 더 이 씨에게 정을 잃었고, 결국 두 아내 모두와 관계가 소원해졌다.

이런 상황에서, 진상문은 더욱 연영아의 미모와 그녀에 대한 소문에 끌리게 되었고, 그녀를 취하고 싶은 마음이 간절해졌다. 그는 부모나 처자도 모르게 다른 집을 마련하고, 완전한 행복을 꿈꾸며 연영아를 맞이할 계획을 세웠다. 대장부라 자처하는 그의 마음가짐은 이처럼 좁기만 했다.

한편 류취향이 연씨 댁에서 며칠 지내다가 아버지 류일이 시녀를 보내 딸을 데려갔는데, 연영아는 크게 만류하지 않고 은근히 작별했다. 류취향은 떠나며 "조만간 우리 집에 꼭 와 달라"고 간청했는데, 연영아도 딱히 박정하게 거절할 수 없어 은근히 승낙했다. 류취향이 돌아와 류일에게 연영아의 뛰어난 아름다움을 전하니 류일이 기뻐했다. 진상문이 수시로 찾아와 연영아 소식을 묻기에, 류일은 딸 류취향을 시켜 편지를 보내 청하도록 했다. 류취향이 아버지의 명을 받고 시녀에게 글을 써서 연씨 댁에 전했다. 연영아가 류취향의 편지를 보니, 거기에 담긴 내용이 은근하고, 작별 후 그리움이 흘러나오긴 해도, 곳곳에서 교활함이 느껴졌다. 연영아는 속으로 냉소하며 다음과 같이 답장을 보냈다.

"근래 몸에 잔병이 있어 바깥출입이 어렵습니다. 병이 나아지면 언니 댁에 가도록 하겠습니다."

답장은 매우 정중했지만, 류취향은 이를 보고 화를 냈다.

"연영아가 어찌 이리 교만하고 방자하단 말인가? 내가 먼저 그 집에 갔었는데, 왜 스스로 잘난 체하며 우리 집엔 오지 않으려는 걸까? 기가 막히네!"

그리 말하며 답장을 부모에게 보여주자, 류일 부부도 화를 내며 "직접 가서 데려오겠다"라고 했다.

한편, 연영아는 류 씨 댁 시녀에게 그렇게 회답을 전하고 나니 내심 불안해 하면서도 말없이 있었다. 소선이 물었다.

"류 소저의 청이 매우 간절하고, 게다가 먼저 이쪽에 왔는데, 한 번쯤 답례로 찾아가 보시는 게 어떻습니까?"

연영아가 대답했다.

"언니가 친척으로서 다정히 대하고, 외삼촌께서도 나를 사랑하신다 하니 사실 외가기도 하고 겉으로 거리낄 건 없겠지. 하지만 내가 규방 처녀라 밖으로 자주 드나드는 건 예의에 어긋나고, 또 내 마음에 의심되는 점이 있어 함부로 움직이기 부담스럽다. 만약 외삼촌이 노해 책망하신다면 또 난처하니 그저 마음이 편하지 않다."

소선이 물었다.

"다른 이유는 알겠는데, '의심된다' 하신 건 무슨 뜻이십니까?"

연영아가 깊이 생각하다가 답했다.

"시녀들 앞에서 외삼촌의 허물을 말하긴 그렇지만, 너는 내 심복(心腹)이니 내 속내를 털어놓으마. 외삼촌은 그동안 극히 박정해 어머니 돌아가신 뒤로 우리를 거의 돌보지 않았고, 아버지와 뜻이 맞지 않다 보니 늘 남남처럼 지냈다. 예전 아버지께서 순무어사로 나가실 때, 잠깐 들렀다 간 후 단 한 번도 우리를 찾지 않으셨는데, 이번에 갑자기 오셔서 날마다 은근히 살펴 주시니 크게 의심스럽단다. 또 사촌언니도 어릴 적 서너 살 때 잠깐 본 이후 한 번도 왕래가 없었는데, 이번엔 규수로서 체면도 잊고 이렇게 이르러 지나치게 다정함을 보이니 참 수상하지 않으냐? 어딘가 속셈이 있는 듯싶어 내가 경솔히 움직이지 못하는 거다."

소선이 연영아의 말을 듣고 웃으며 말했다.

"소저께서 깊이 생각하시는 바가 제 생각과 같습니다. 저는 류 소저를 보니 용모야 아름답지만 행동거지가 음란하고 경솔해 마치 창부 같고, 무식하기 그지없는 여인이라 소저께 가까이 하는 뜻이 정직하지 않을 겁니다. 게다가 류 노야의 태도도 심히 의심스럽고 수상해, 지난번에 제가 '그 행동이 이상하다' 했을 때 소저께서 '말이 많다' 책망하셔서 감히 더 말 못 했으나, 내심 의혹이 많았습니다. 이제 소저도 의심하심이 마땅합니다. 류 시중이 갑자기 소저를 이토록 후대하는 데 무슨 꿍꿍이가 있을까요. 저로서는 실로 모르겠습니다."

연영아가 고개를 끄덕였다.

"외삼촌 부녀가 수상하다 의심은 되나, 속마음이 무엇인지 아직 모르겠다."

소선이 다시 말했다.

"제 생각엔, 틀림없이 소저를 꾀어 뭔가 이익을 얻고, 금을 챙겨 엉뚱한 남자에게 시집보내려는 것 같습니다."

연영아가 그 말을 듣고 수긍했다. 소선이 덧붙였다.

"하지만 알 길이 없으니, 소저께서 영리한 시녀를 시켜 류씨 댁에 자주 드나들며 소식을 살피고, 류 소저와도 친한 듯 지내며 속내를 파악하셔야 합니다. 그래야 방비책을 세울 수 있지요. 미리 알아야 대처하지, 일이 벌어지고 나면 막기 어렵잖습니까?"

연영아가 슬픈 표정으로 대답했다.

"네 말이 옳지만, 이 역할을 맡길 만한 이가 우리 집엔 없구나. 또, 기미(機微)를 알아낸다 해도 부친께선 돌아오실 기약이 없고, 춘경은 아직 어린데, 혹 변고가 닥치면 쉽게 막아내기 힘들 것 같아 그게 걱정이다."

소선이 말했다.

"그래도 기미만 알면 막을 대책도 생길 테니, 그냥 모른 채 속수무책으로 당할 순 없지 않습니까. 미리 알면 상책이죠. 설마 그들이 무슨 일을 꾸며도 다 막아낼 수 있을 겁니다."

연영아가 수긍했다.

“네 말이 맞다. 다만 집안 시녀 중에 똑똑한 아이가 없으니, 어쩌면 좋으냐?”

“자취가 총명하고 충성스러운 아이니, 이런 이유를 자세히 말하고, 류씨 댁에 가서 살펴보도록 하시지요.”

결국 두 사람은 자취를 보내기로 결정했다.

이때 류일이 다시 연영아를 데려가고자 연씨 집에 왔다. 연춘경이 서둘러 맞이해 인사한 뒤, 무릎 꿇고 안부를 여쭙자, 류일이 찌푸린 얼굴로 말했다.

“누님이 돌아가신 뒤, 너희를 친자식처럼 보살피려 했는데, 요즘 영아를 보려 해 딸로 하여금 편지를 보냈더니, 시녀 말로는 ‘병이 있어 못 온다’라고 하더구나. 참 한심하다. 오늘은, 네 아버지가 먼 지방에 가 너희 남매만 외로운 걸 염려해, 영아가 오지 않은 걸 책망하며 차라리 우리 집에 데려가 딸과 함께 정을 나누게 하고자 데리러 왔단다.”

연춘경이 대답했다.

“외삼촌의 분부를 거역하고 싶지 않습니다. 다만 누나가 병마(病魔)에 시달려 몸을 가누기 어려워 명을 받들지 못하오니, 부디 이해해 주십시오.”

류일은 연춘경의 말을 듣고 잠시 생각에 잠겼다. 그 시각, 연영아는 “외삼촌이 왔다”라는 말을 듣고 깜짝 놀라 소선과 의논했다.

“외삼촌이 들어오시기 전에 내 모습을 보면 ‘병이 있다’라고 한 게 거짓임을 알 텐데, 차라리 네가 나가 ‘소저 병이 심해 못 뵌다’라고 전하는 게 낫겠다.”

곧바로 소선을 내보냈다. 그때 류일은 외당에 앉아 연춘경과 함께 영아의 병 얘기를 하고 있었다. 소선이 연영아의 명을 받고 외당에 나가 류일에게 아뢰었다.

"외삼촌께서 또 찾아주시니 응당 달려 나가 뵈어야 하나, 소저께서 몸이 약해 우연히 병을 얻으신 바람에 나갈 수가 없어 인사 못 하십니다."

류일이 그 말을 듣고 믿은 듯 말했다.

"가을이 깊어 바람 쌀쌀해, 약한 사람은 감기를 얻기 쉬운 때다. 조심하여 잘 보양하라고 전해라."

그리고 영아에게 '건강을 유의하라'며 걱정의 뜻을 남기고 돌아갔다. 류취향이 류일에게 물었다.

"영아를 보셨습니까?"

"영아가 병이 깊어 못 봤다."

"그건 꾀병이 틀림없어요. 왜 아버지는 직접 들어가 보지 않으시고 그냥 돌아오셨습니까? '내가 직접 약으로 보살피겠다'라고 하면, 감히 병 핑계를 댈 수 있을까요?"

류일은 딸의 말을 듣고 "과연 지혜롭다"라며 칭찬했다.

그때 자취가 류씨 집에 도착해 류취향에게 말했다.

"우리 소저께서 며칠째 못 뵈어 그리움이 크다 하십니다. 또 시중 노야께서 댁에 다녀가셨으나 병이 있어 못 뵈었다며 황송히 여겨 저더러 소저께 이 사정을 전해 달라고 하셨습니다."

류취향이 대답했다.

"우리 노야도 너희 집에 갔다 오시고 '소저가 병이 있더라'라며 걱정하시더군. 나도 오늘 시녀를 보내 안부 물으려 했는데, 네가 먼저 왔구나. 도대체 소저가 어디가 편찮으시냐? 증세는 어떠하길래 이리 걱정이냐?"

"우리 소저가 그리 심각한 병은 아니지만, 본래 체질이 약해 자주 앓곤 하세요. 며칠 전 노야께서 오셨을 때도 뵙지 못해 탄식하시다가 절 시켜 그 사연을 소저께 전해 달라고 하셨답니다."

그러곤 류취향을 살짝 올려다보며 말했다.

"우리 소저께서는 소저만큼 강렬한 기운이 없어서 가벼운 병에도 정신이 탁해져 답답해하십니다. 그런데 소저께서는 기운이 왕성해 얼굴에 상서로운 빛이 돌고 오복(五福)[49]이 갖춰지셨습니다. 우리 소저는 실낱 같이 미약해서 미풍에도 날아갈 듯 몸이 수척해 심히 단명할 듯하고 복이 아주 없어 보이는데, 소저께서는 나중에 훌륭한 군자와 혼인해 백 년 해로할 크나큰 복록이 있어 보이십니다. 내년 이후로 백 년간 귀하고 영화를 누리실 기운이 얼굴에 보이는데, 대체 어디의 팔자가 좋은 재상하실 분이 배필이 되실지 모르겠네요. 만약 제 말이 거짓이라면 제가 중죄(重罪)를 받겠습니다."

류취향은 자취의 말을 듣고, 마치 홀린 듯 흐뭇해하며 말했다.

"너희 소저의 옥 같은 자태야 고금에 무쌍하겠지. 내가 감히 비교도 못 하는 걸 알고 있다. 하지만 미인이라는 게 대개 박복(薄福)하지 않으냐. 서시·양귀비가 절세미인이어도 다 박명(薄命)했으며, 탁문군도 과부가 되지 않았느냐? 여자는 재주와 용모가 뛰어날수록 수명이 짧고 불행해지는 법. 영아도 너무 공교롭고 체질이 약해 딱 봐도 박복해 보인다. 너희 등의 보는 눈이 기특하구나."

자취는 속으론 가소롭게 여기고 내심 분개했지만, 겉으론 "소저 말씀이 옳다"고 맞장구치며, 오래 머물며 아첨하는 총명한 말로 류취향의 비위를 맞췄다. 류취향은 더욱 기뻐해 살을 도려 내줄 듯 친근히 대했다.

---

49 오복(五福): 수(壽), 부(富), 건강함을 뜻하는 강녕(康寧), 도덕을 지키는 것을 낙으로 삼는 유호덕(攸好德), 제 명대로 살다가 편안히 죽는 것을 말하는 고종명(考終命)의 다섯 가지 복(福).

그러던 중, 문밖이 시끄러워 자취가 물었다.

"무슨 손님이 왔길래 이렇게 소란스러운가요?"

"진 한림 노야께서 오셨다."

"진 한림이라니, 누구시며 왜 오셨습니까?"

류취향이 집안 형세를 자랑하고 싶은 마음에, 고개를 빳빳이 들고 말했다.

"그분의 이름은 '상문'이라 하고, 아직 스무 살도 안 됐는데 재능과 외모가 비범해 조정에서 명망이 높고, 황상의 총애가 각별해 권세가 호상국 다음일 정도다. 또 마음이 어질어 우리 아버지가 벼슬 못 하는 걸 안타깝게 여겨 천거해 주기로 약속했고, 모든 일을 아버지와 상의하며, '왜 이제야 만났느냐'고 탄식하곤 하신다. 요즘 집안에서 그를 정성껏 대접하니, 하루아침에 대문이 북적이고 영광스럽단다. 저 상공이 이르면 수많은 하인 때문에 문 앞이 요란하거니와, 너희 댁도 그러하냐?"

자취는 속으로 생각했다.

'예전에 노야께서 우리 소저에게 혼사를 청하던 '한림 진상문'이 권세가 대단하다 했는데, 바로 이 사람이겠구나.'

그러면서 의심이 들었지만 겉으로는 내색하지 않고 다른 이야길 하다가 말했다.

"저, 이만 가 봐야겠습니다. 소저께서 너무 오래 있으면 꾸중하셔서요."

류취향은 전할 말을 자취에게 맡기고, 자주 와 달라고 부탁했다. 자취는 하직하고, 슬며시 빈 담 뒤에 가 외당 쪽 말소리를 엿들었다. 류일이 무언가 은근히 말하며 손님과 함께 서당(書堂)으로 들어갔고, 날이 추워 문을 닫고 대화하고 있었다. 자취는 발소리를 죽여 건물 뒤로 돌아 창 밑에 엎드려 들으니, 류일이 진상문에게 조용히 말했다. 자세히 보니,

과연 옥 같은 얼굴이 아름다운, 일세의 기남자(奇男子)였다. 자취는 그 모습에 정신이 아찔할 만큼 놀랐는데, 빛나는 상아 의자에 단정히 앉은 모습이 신선이 내려온 듯했다. 진상문이 류일에게 물었다.

"소생이 밤낮으로 연영아 소저를 사모해 하루하루가 급한데, 아직 소식이 없습니까?"

류일이 대답했다.

"영아가 마침 감기에 걸려, 직접 가마를 갖추고 그 집에 찾아갔지만, 병세를 좀 더 지켜봐야겠소. 곧 병이 나으면 바로 데려올 테니, 한림께선 의심 말고 전번에 말했던 대로 예물을 넉넉히 마련하시오. 영아의 기질이 고상하고 눈이 높아 허술하게 준비하면 낭패니, 아주 화려하게 차리라는 말이오."

진상문이 웃으며 말했다.

"소생이 비록 가난해도, 천금 예물과 만금 혼수를 충분히 준비할 수 있습니다. 걱정 마시지요. 대인께서 제 소원만 이뤄 주시면, 전 재산을 기울여 대인을 섬기고, 높은 벼슬과 녹봉으로 노년의 부귀영화를 누리도록 해 드리겠습니다. 그러니 하루빨리 백 년의 큰 기쁨을 정해 주십시오."

류일이 기쁜 듯 수염을 쓰다듬으며 말했다.

"영아의 혼사는 내 손안에 있으니, 병만 나으면 곧 데려오리다. 한림은 그 사이 길일이나 잘 택하도록 하시오."

자취는 이 말을 듣고 소름이 오싹하여, 날 추운 것도 잊고 더 이상 들을 수 없어 급히 돌아가 집으로 달려왔다. 마침 소선이 기다리고 있다가 물었다.

"왜 이리 늦었어? 얼굴빛이 당황스럽구나. 뭔 일이 있니?"

자취가 헐떡이며 말했다.

"언니, 웃지 마! 내가 류씨 댁에 갔다가 무서운 얘길 엿들었어. 너무 놀라 정신도 못 차리겠어. 얼굴빛이 변한 것도 그 때문이야."

"도대체 무슨 일이야?"

자취를 이끌고 침소로 들어가자, 연영아가 늦게 온 걸 책망했다. 자취가 좌우를 물리치고, 곧 '진상문과 류일이 연영아의 병이 나으면 바로 데려가 진상문의 아내로 삼을 계책을 짜고 있다는 것, 높은 벼슬과 녹봉이며 예물로 천금을 넘게 준비해 연영아의 눈높이에 맞추려 한다는 사실, 결국 연영아를 데려가는 일이 류일 노야의 손에 달렸다는 망측한 이야기'에 대해 낱낱이 털어놓았다.

"소저께선 어찌 막으시겠습니까?"

연영아가 듣고 너무 놀라 말이 안 나오다가, 한참 탄식해 숨이 막힐 듯했다. 소선이 발끈 성내며 연영아에게 말했다.

"류 노야는 정말 짐승 같은 행실이군요! 어찌 저 악한 계책으로 조카딸을 팔아 부귀를 얻으려 든단 말입니까. 저런 흉악한 괴물 같은 놈은 천고에도 없겠습니다."

말이 거칠어지자, 연영아가 정신을 가다듬고 눈을 부릅뜨며 정색했다.

"외삼촌의 잘못이야 그렇다 쳐도, 어디까지나 내 '외삼촌'이고 돌아가신 어머니의 동생이시다. 그런데 너희가 위아래 체면도 모르고 막말을 해 대니, 이는 내가 아랫사람을 잘못 다스린 탓이다. 방자하고 무엄한 네 말을 들으니 참으로 어찌 한심치 않겠느냐."

소선이 황급히 사죄했다.

"소비가 어리석은 생각에 류 노야의 음모를 듣고 일시적으로 격분하여, 경솔한 말로 상하의 예법을 돌아보지 못하고 무례를 범하였으니, 제 죄는 만 번 죽어 마땅합니다. 하지만 소저께서는 외삼촌과의 정과 친척 간의 의리를 생각해 공경하시나, 도대체 어떤 외삼촌이 남과 결탁하여 친척을 몹쓸 곳으로 몰아넣고자 하겠습니까? 더구나 그 공으로 벼슬을 얻고자 하다니, 이런 외삼촌은 천한 사람들 중에서도 찾아볼 수 없는 존재입니다. 류 노야의 어질지 못함은 하늘 아래 그 누구보다 앞설 것입니다.

옛사람이 말하기를 '임금이 신하를 사랑하지 않으면 신하는 임금을 원수같이 여긴다"[50]라고 했습니다. 이제 류 노야는 조카딸을 팔아 부귀를 누리고자 하니, 군신과 상하의 도리가 다르지 않습니다. 소비는 소저를 위하여 목숨을 걸어도 아깝지 않으니, 어찌 류 노야 같은 자를 공경할 뜻이 있겠습니까? 소저께서도 그러한 패륜적인 외삼촌에게 구태여 순종하실 필요가 없으며, 조카딸을 사랑하지 않는 외삼촌에게 무슨 의리를 다해 예를 차리시겠습니까?

진 한림이 이전에 우리 노야에게 간절히 혼인을 청하였으나, 노야께서는 진 한림의 간악함을 꺼리셨고, 더구나 그에게 이미 두 아내가 있다는 사실을 알고 물리치셨습니다. 진 한림이 이에 앙심을 품고 있던 차에, 노야께서 외출하신 틈을 타 류 노야를 회유하여 흉계를 꾸미고, 억지로 소저를 빼앗으려 하는 것입니다. 류 노야는 오로지 부귀에 눈이 멀어 이토록 악랄한 짓을 저지르고 있으며, 또한 소저를 여러 차례 찾아와 달래려 했습니다. 류 소저는 귀한 집안의 규수임에도 남의 혼사를 도모하는 역할을 자처하고, 친히 소저를 유인하여 자기 집으로 데려가려 하니, 세상에 이보다 더 더러운 일이 어디 있겠습니까?

이미 그들은 친척 간의 도리를 저버리고 불의한 짓을 행하고 있습니다. 그런데 소저께서 어찌 그들을 향한 정을 간직하고 계십니까? 소비는

---

50 임금이 … 여긴다: 『맹자』 「이루」 하. "맹자가 제선왕(齊宣王)에게 아뢰었다. "군주가 신하 보기를 수족과 같이 하면 신하가 군주 보기를 배와 심장 같이 여기고, 군주가 신하 보기를 개와 말처럼 하면 신하가 군주 보기를 행인(行人)과 같이 여기고, 군주가 신하 보기를 흙과 풀처럼 하면 신하가 군주 보기를 원수와 같이 여깁니다.(孟子告齊宣王曰, 君之視臣如手足, 則臣視君如腹心, 君之視臣如犬馬, 則臣視君如國人, 君之視臣如土芥, 則臣視君如寇讐.)"

다만 소저를 지키려는 충심으로 최선을 다할 뿐입니다. 어찌 주인을 해치려는 사람을 원수로 여기지 않을 수 있겠습니까? 류 소저의 행동은 재상 가문의 규수로서 지켜야 할 예법에 전혀 맞지 않습니다."

연영아는 소선의 격한 말에 눈썹을 찌푸리며 답했다.

"외삼촌이 아무리 못나도 모정을 저버린 분은 아니셨지만, 어찌 원수처럼 대하겠느냐. 다만, 다행히 진가의 음모를 알아냈으니 방비할 수 있을 거다. 내가 '병이 있다' 하고 움직이지 않으면, 외삼촌이라도 어찌하지 못할 것이다. 부친이 돌아오실 날이 머지않았으니, 그때까진 '병이 더 심해졌다'라고 속여 때를 벌면 된다. 부친이 오시면 누가 감히 넘어올 수 있겠냐."

소선이 나직이 대답했다.

"소저 말씀도 옳습니다만, 제 생각에는 류 노야가 진 한림에게 이미 큰 뇌물을 받고 '벼슬을 얻어 줄 것'이라는 약속을 단단히 맺었을 것 같습니다. 결코 소저께서 규방에 가만히 있길 내버려두지 않을까 심히 걱정됩니다. 지금은 병 핑계로 잠시 화를 면한다 해도, 간사한 자들이 이미 계략을 짜 놓았으니, 틀림없이 또 다른 술수를 쓸 게 아니겠습니까. 이렇게 되면 매일 밤낮으로 소저를 겁탈하려는 변고가 이어질 우려가 큽니다. 부친이 돌아오시기 전까진 그들의 흉계를 다 막아내기 어려울 텐데, 만일 소저께서 이런 음모에 말려들고 싶지 않으시다면, 비록 규수 신분이라 난처하나, 미리 공자와 의논해 집을 나가 잠시 피하시다가 노야가 귀가하신 뒤에 돌아오시는 편이 낫지 않겠습니까."

연영아가 탄식하며 말했다.

"내가 어리석어도 그 정도 생각이야 없겠느냐. 하지만 만사가 다 천명(天命)이다."

第二十回 제이십회

연영아와 정연양, 두 소저가 의자매를 맺고, 시녀 가월의 기묘한 계략이 펼쳐지다

연영아가 말했다.

"내가 어리석어도 그 정도 생각이야 없겠느냐. 하지만 만사가 다 천명이요, 재앙 또한 제 운수가 있기에, 저들이 아무리 불의한 공교로운 꾀를 써도 나를 쉽게 끌고 갈 순 없을 거다. 소인의 흉계가 어차피 끝이 없으니, 나는 그저 자기 몸을 곧게 하고 정신을 바르게 지켜 윤리와 도덕을 지키면, 하늘도 반드시 돕지 않겠느냐. 괜한 번뇌만 많으면 무익하니, 저들이 백 가지 수작을 해도 나는 백 가지 대책으로 막을 터다. 너희는 괜히 소문 내지 말고, 류씨 집 시녀나 외삼촌이 또 오시면 '병으로 누워 못 나간다'라고 전해라."

그리 말하고, 방 씨를 조용히 불러 이 사연을 전했다. 방 씨가 놀라며 낯빛이 하얗게 질렸다.

"노야께서 떠나실 때, 진 한림의 술수를 염려하시긴 했어도 설마 류 노야가 거기에 한몫할 줄은 꿈에도 못 떠올리셨어요. 사람 마음이 이렇게 예측 불가하군요."

그러다 문득 생각나며 말했다.

"저번에 어느 종년이 '언니가 앓는다.'라며 집을 나갔다 오더니 '진한림 댁의 부귀가 대단하다'며 이러이러한 이야길 하기에 내가 심하게 꾸짖었는데, 알고 보니 그때 벌써 뇌물을 받은 모양이네요."

그러며 크게 분노했다. 연영아는 달래듯 말했다.

"그 아이를 집안에 그대로 두면 분명 의심스럽겠죠. 그러니 이러이러하게 치우면 좋겠습니다. 그 시녀가 자취의 일을 누설할까 두렵습니다. 서모께선 멀리 치우세요."

방 씨가 옳게 여겨 응낙했다. 소선이 거들었다.

"하지만 난섬을 아무 이유 없이 쫓아내면 그쪽에서 의심할 거예요. 이러이러한 방법으로 자연스럽게 처리하는 게 어떻습니까?"

방 씨와 연영아가 깨닫고, 방 씨가 곧 침소로 돌아가 난섬을 불러 말했다.

"가을이 깊어 곡식이 다 익었을 테니, 목화도 많이 땄을 것이다. 집에 들이면 소저가 계셔 시선이 번거롭다. 네 어미가 성 바깥 농장에 있으니, 거기 가서 목화를 바꿔오고 함께 길쌈해 무명을 짜도록 해라. 팔아서 내 몫과 네 몫을 나누자."

그리고 목화 몇 근을 주자, 난섬은 크게 기뻐해 짐을 챙겨 성 밖 농장에 사는 어미에게 떠났다.

연영아는 '병이 더 심해졌다'라며 집 밖 출입을 완전히 끊고, 방 씨는 연영아의 병을 걱정하는 시늉을 해 집안 모두 '소저의 병이 심각하다'며 걱정했다. 며칠 뒤, 류일이 또 찾아와 연춘경에게 연영아의 병세를 물었다. 연춘경은 근심 가득한 얼굴로 답했다.

"누나가 갑자기 감기에 들어 처음엔 대수롭지 않더니, 이제는 증세가 매우 심합니다. 아버님이 집에 안 계시고, 저는 아직 어려, 의약으로 치료

받기가 쉽지 않아 걱정입니다."

류일이 크게 놀라며 말했다.

"그렇다면 의원을 부르거나, 내가 직접 병세를 살펴 약을 쓰도록 해야 하지 않겠느냐. 당장 안내하거라. 증세를 보고 의원에게 말해야겠다."

연춘경이 황급히 가로막았다.

"누나가 예절을 몹시 중시해, 저조차 병실에 못 들어가게 합니다. 그러니 외삼촌도 못 들어가시겠지요."

류일이 얼굴빛을 바꾸며 말했다.

"내가 비록 용렬해도 네 외삼촌이다. 어찌 남녀의 구분이 있겠느냐. 네 서모가 잠시 피해 있으면 되지."

연춘경이 더 막기 어려워 말했다.

"외삼촌께서 걱정하시는 것은 감사하나, 누나 고집이 너무 강해 저 역시 병실에 못 들어가니, 외삼촌께서 들어가시려면 먼저 한 번 전해 드리겠습니다."

류일은 바로 시녀를 시켜 연영아에게 알렸으나, 연영아가 어찌 받아들이겠는가. 연영아는 소선을 시켜 대답했다.

"제가 감기로 이불 속에 누워 있어, 외삼촌께서 부모 같으시더라도 남녀 구분이 있으니 직접 뵙기 어려움을 용서해 주십시오. 훗날 회복되거든 사죄드리겠습니다."

류일은 노해 말했다.

"내가 비록 남자지만 친척 관계 아닌가. 이토록 막는 건 날 업신여기는 거다!"

소선이 대답했다.

"소저께선 예전에도 병이 나시면 노야께서도 병실에 직접 못 들어가셨습니다. 밖에서 병세를 물어 약을 써 주시곤 했지요. 노야가 들어가려 해도 '거처가 누추하다'라며 사양하고, 병이 나은 뒤 옷차림을 정돈해 뵈었습니다. 지금도 외삼촌을 푸대접하는 게 아니라 소저가 예법을 지키기 때문이니, 괴이쩍게 여기지 말아 주십시오."

류일은 아무 말 없이 소매를 털며 화난 기색으로 돌아갔다. 소선이 돌아와 류일의 행동을 자세히 전하자, 연영아는 잠자코 탄식했다.

류일이 집으로 돌아가 원 씨에게 "영아가 병이라 핑계로 만나 주지 않는다"라고 하자 원 씨가 말했다.

"그건 틀림없이 꾀병이지요."

류취향도 거들었다.

"영아가 부친을 무시해 이렇게 간특하게 구니 정말 분하네요. 분명 가짜 병이니, 아버지께선 모른 척하시고 자주 가서 기미를 살피십시오. 매번 꾀병이라 둘러대긴 어렵고, 병이 낫고 난 뒤에는 무슨 이유로 피하겠습니까."

류일이 옳게 여겨, 하루에도 두어 번씩 문병(問病)하러 찾아갔지만, 매번 같은 대답만 들으니 어찌할 도리가 없었다. 이때 진상문이 찾아와 연영아의 소식을 묻자, 류일이 "영아가 병이라 만나지 못했다"라고 전했다. 진상문은 안색이 변하며 말했다.

"내가 직접 연 소저의 병이 진짜인지 알아보겠습니다."

그리고 류일의 집에 앉아 있으면서 난춘을 불러 말했다.

"네 아우 난섬을 불러 오너라. 내가 할 말이 있다."

알고 보니 난섬이 언니에게 알리지 않은 채 집을 떠났었다. 난춘이 응하며 곧장 연씨 댁에 가 난섬을 찾았으나, 시녀가 답했다.

"난섬이 며칠 전 마님 분부로 농장에 갔습니다. 갑자기 돌아올 것 같지 않아요."

난춘이 돌아와 그대로 보고하니, 진상문은 난섬이 없어진 걸 알고 기뻐하지 못했다. 난춘이 물었다.

"노야께서 난섬을 찾으시는 이유가 있나요?"

진상문은 "연영아의 병이 진짜인지 확인하려 했다"라고 밝혔다. 그러자 난춘이 나섰다.

"그럼 제가 직접 연씨 집에 가 조심스레 엿보겠습니다."

진상문은 크게 기뻐하며 말했다.

"그리하라. 자세히 알아내어 곧바로 보고해라."

난춘은 연씨 댁으로 가서 친한 늙은 유모를 만나 "소저 병세가 어떠냐"라고 물었으나, 유모도 "나는 가까이 모시지 않아 자세한 건 모른다. 병실에도 못 들어갔다"라고 답했다. 더 이상 엿볼 길이 없어, 난춘은 돌아와 진상문에게 그대로 보고했다. 진상문은 '연영아가 병든 건 사실인가?'하고 애매해 했고, 결국 더 알 수 없었다. 이에 류일을 향해 말했다.

"바라건대 대인은 영아 소저의 병세를 살피신 뒤, 병이 나으면 곧 데려와 주십시오."

류일도 그에 응했다.

이 무렵, 연영아는 외삼촌이 흉계를 부릴까 두려워 "병이 있다"라는 핑계로 바깥출입을 일절 끊고, 하인들과도 만나지 않았다. 저들이 또 무슨 간계를 쓸지 몰라 집안에 변고가 생길까 노심초사했고, 아버지에게까지 해가 미치지 않을까 우려해 침식(寢食)이 편치 않았다. 실은 병이 없지만, 마음고생이 심해 얼굴도 수척해졌다. 류일이 아침저녁으로 찾아와 문병했으나, 연영아 쪽에선 매번 같은 대답만 하니 류일은 의심이 깊어졌지만, 진상을 알 길이 없었다. 류취향이 아버지에게 말했다.

"영아가 무슨 병이기에 이렇게 오래 낫지 않겠습니까. 분명 꾀병입니다. 제가 '문병한다'라는 명분으로 직접 가 보겠어요."

류일은 딸의 생각이 좋다 여겨, 부녀가 의논해 류취향이 직접 가서 연영아 상태를 확인해 보려 했다.

하루는 연영아가 방에서 옛 책을 살피는데, 시녀가 와 전했다.

"노야를 모시고 떠났던 하인이 서신을 가져왔습니다."

연영아는 이 말을 듣고 깜짝 놀라면서도 반가운 마음에 곧 소선을 불러 방 씨에게 알리려 했다. 마침 춘경과 방 씨가 여러 장의 편지를 들고 달려와 말했다.

"노야께서 오가는 길에 무사하시고, 정 공자를 만나 같이 보내기로 하셨다 합니다. 본래 아버님께 조카라 부를 만한 이가 없고, '타향에 연씨 친척이 있다'라는 말도 못 들었는데 무슨 일인지 이상하군요."

연영아가 말했다.

"하인들이 전언을 분명하게 못 했을 수도 있으니, 우선 아버지 편지부터 봐야 알겠습니다."

아버지의 편지를 열어 보니, 집 떠난 뒤의 안부와 여정이 무사함을 적은 뒤, 정연양 이야기를 적어 보내며 "함께 지내며 친자매처럼 우애를 다하라. 무슨 일이 있으면 상의하라"라고 명백히 써 있었다. 또 "왕 과부 모녀도 함께 거두어 보내니 잘 보살펴 주라"고 써 있었고, "정연양의 시녀 가월 등 네 명은 천인(賤人)이지만 양평(良平)[51]이요 요즘 세상의 열협(烈俠) 같은 이들이니, 집안에 혹시 불행한 일이 생기면 그들의 방략(方略)을 따르면 좋은 방비가 될 것"이라 했다. 방 씨에게 부친 글에는 "왕 과부가 양순하고 그 딸이 특출나니 거두어 양녀를 삼아 친딸과 같이 대접하라"고 적혀 있었다. 방 씨와 연춘경, 연영아는 편지를 읽고 기뻐하며 그 특이함에 감탄했다. 연영아가 방 씨에게 말했다.

---

51 양평(良平): 지략이 뛰어난 사람을 이르는 말. 중국 한(漢)나라 고조의 신하인 장량(張良)과 진평(陳平)을 합해 부른 데서 유래한다.

"아버지의 의기가 어질고, 이처럼 희한한 일을 하셨다니, 저희도 공경히 따르는 게 옳습니다. 서모께서 정 소저와 왕 과부 모녀를 은밀히 모셔 주십시오. 만약 외삼촌에게 알려지면 귀찮아질 테니, 밖에 소문나지 않도록 하고, 식솔들에게도 조용히 대처하라 하셔야겠습니다."

방 씨가 "옳다"라고 하고, 방 안에 자리를 마련하는 한편, 별채를 청소해 정돈했다. 연영아도 자취와 소선을 시켜, 새 의상과 물품을 준비해 정연양 일행이 들어올 처소에 보내니, 정연양·왕 과부 모녀와 시녀들은 하인의 안내를 받아 연씨 집에 도착했다. 집안 늙은 유모가 시녀 두세 명을 데리고 나와 별채로 안내하고, 차와 음식을 내어 길에서 고생한 걸 달랬다. 또 청의시녀 한 명이 화장대와 거울을 들여오고 나와 연영아의 말을 전했다.

"노야 편지를 읽고, 소저께서 정 소저의 높은 명성을 듣고 반가워하고 계십니다. 행로에 고단하실 테니 먼저 쉬시고, 남복을 하셨다는 말씀에 다소 거칠지만 한 벌 의상을 받들어 보내오니 갈아입으신 후 소저께서 모시러 오신다고 전합니다."

정연양이 듣고 사례했다. 그리고 시녀 둘을 보니, 한 명은 정신이 맑고 아담해 천인 신분이라 믿기지 않을 만큼 특별한 인물이었다. 또 다른 시녀는 겨우 열세 살쯤이었는데, 눈처럼 희고 연꽃처럼 맑은 용모에, 버들 같은 눈썹과 앵두 같은 입술이 한껏 아름다웠다. 경아 못지않게 영리해 보였고, 속된 기색이 전혀 없어 천인이라는 느낌이 조금도 들지 않았다. 이 두 시녀는 비록 청색 옷을 입었으나, 그 풍채와 태도가 사대부가(士大夫家) 규수와 다름없어서 마치 가월 등과 같은 격으로 보였다. 정연양의 시녀와 왕 과부 모녀는 이를 보며 "연 소저의 시녀가 이처럼 훌륭하니, 그 주인의 아름다움은 얼마나 더할까" 하고 감탄했다.

이들은 서로 극진히 교류하며, 가월 등 네 시녀가 공손히 사례하고 정답게 대하는 모습이 마치 오래 알고 지낸 사이 같았다. 소선과 자취도 정연양의 시녀와 경아를 보고 칭찬을 아끼지 않아, 보는 이들 모두 기쁨을 억누르지 못했다. 안에서 시녀들이 차례로 나와 정연양에게 옷을 갈아입을지 물었고, 가월이 권유해 정연양은 머리를 풀고 장식을 정돈했다. 정연양의 눈동자는 요염하고 볼은 깨끗해, 마치 이슬을 머금은 연꽃 한 송이 같았다. 이를 본 소선과 자취는 감탄을 멈추지 못했고, 자연스럽게 정연양을 아끼는 마음이 샘솟았다.

차림을 마치자 유모가 여러 벌의 의복을 가져오며 내당으로 정연양을 청했다. 정연양이 시녀들에게 앞뒤로 인솔받아 내당에 들어서니, 방 씨와 연영아도 단정히 옷을 갖추고 나와 서로 인사를 나누었다. 연영아가 말했다.

"아버지께서 '정 소저와 자매의 의리를 맺어라'라고 하셔서, 예에 어긋남이 없도록 나이를 여쭙고자 합니다."

정연양이 사양했다.

"저는 박명한 떠돌이에 불과합니다. 연 대인께서 하늘과 땅 같은 은혜로 제 목숨을 구해 주시고 거두어 주셨으니, 무엇으로 그 큰 은덕을 갚겠습니까. 연 대인께서 여러 고을을 다니느라 돌아오시지 않아, 저를 이 댁으로 보내시며 소저와 공자께 의탁하라 하셨습니다. 서로 성도 다르고 초면이지만, 깊은 정과 의리가 이미 친자매 같으니 굳이 나이를 따져 뭘 하겠습니까."

연영아가 부드럽게 대답했다.

"아버지의 각별한 부탁이시니, 우리도 예법을 중히 여기겠습니다. 소저의 생년과 생일을 알려 주십시오."

정연양이 감사히 받아들이며 말했다.

"천한 몸이 어느덧 열네 살이 되었고, 생일은 9월 9일입니다."

"언니께서 제게 한 살 위시니, 제가 아우가 되겠습니다."

이렇게 말하고 두 사람이 자리에 일어나 '자매의 예'로 절을 주고받았다. 정연양이 방 씨에게도 인사하자, 방 씨가 황급히 붙들었다.

"소저께서는 재상가의 귀한 분이시고, 저희 노야의 장녀 자리에 계시니, 어찌 저처럼 천첩에게까지 절을 하십니까. 제발 소저께선 너무 낮추지 마시길 바랍니다."

정연양은 방 씨의 겸손한 태도에 은근히 감동해 가볍게 감사 인사를 건넨 뒤 자리를 잡았다. 이때 시녀가 와 아뢰었다.

"연 공자께서 정 소저께 인사를 올리고자 합니다."

정연양이 몸을 일으켜 맞이하자, 연춘경이 돗자리 가장자리에서 공손히 두 번 절하며 남매 간 예를 다했다. 정연양이 예로 답하고 서로 시선을 주고받으니, 정연양의 화사한 미모에 연영아가 놀라고, 연영아의 정숙한 태도에 정연양 또한 감탄했다. 그 사이 연춘경의 순수하고 예의 바른 모습은 군자의 기품이 뚜렷해, 세 사람이 서로를 칭찬하며 공경하는 마음이 솟아나, 다정함이 마치 친자매와 친남매 같은 분위기가 되었다. 모두 상기된 표정에 웃음이 번져 대화가 길어졌다.

그때 왕 과부 모녀가 당 앞에서 은혜에 감사드리며 절하자, 연영아와 방 씨가 반가이 권해 말석에 자리를 내주었다. 연영아와 방 씨는 경아가 지닌 옥 같은 기질에 촌스러운 기색이 전혀 없어 한없이 귀여워하며 다정히 위로했다. 경아 역시 부드러운 말씨로 어사의 은덕을 깊이 사례하자, 연영아와 방 씨는 공손히 사양하며 이 모임이 실로 하늘의 인연이라 칭하였고, 경아는 연영아의 꽃 같은 미모에 칭찬을 아끼지 않았다. 정연양이 연영아를 향해 옷깃을 다듬으며 말했다.

"나는 상서 정 모의 딸로, 가족이 많지 않아 오직 남동생과 함께 부모님의 사랑을 보배처럼 받아왔네. 비록 남매가 외롭게 지냈지만, 채의

(彩衣)의 놀음[52]과 훈지(壎箎)[53]의 즐거움을 누리고 세상 고생이나 가난과는 거리가 멀었지. 그런데 팔자가 기구해, 아버지께서 억울하게 먼 곳으로 유배를 가시니 나와 남동생, 그리고 어머니만 남아 외롭게 지낼 수밖에 없었다네. 설상가상으로 불초한 이들이 밖에서 어머니를 농락해, 나는 하는 수 없이 남장을 하고 이리저리 떠도는 고생을 겪게 되었어. 그러다 결국 타향에서 죽을병까지 얻게 되어 내 목숨이 경각에 달렸었다네. 죽는 건 아쉽지 않았지만, 부모님이 주신 몸이 길바닥에서 까마귀와 까치의 먹잇감이 될까 서러웠고, 멀리 유배 가신 아버지와 어머니의 애정을 떠올리니 내 불효가 너무 가슴 아파 날마다 시름에 잠겼었네.

그저 죽음을 기다리던 중, 의외로 연 대인을 만나 내 근본 사정을 꿰뚫어 보시고, 어려움도 마다하지 않고 나를 거두어 주셨다네. 덕분에 이 불효한 몸을 보전해 부모님 은혜를 저버리지 않을 수 있었지. 그 은혜야말로 평생 다 갚을 길이 없는데, 덕분에 댁에 머물며 소저와 공자의 극진한 환대를 받고, 방 씨의 너그러운 덕까지 입으니 모든 일이 정말 감사할 뿐이네. 성이 다르고 첫 만남이지만 서로 한 가족처럼 지낼 수 있다면 얼마나 좋겠는가. 소저가 굳이 자매의 순서를 정하자 하니 나 같은 떠돌이가 차마 소저의 위에 놓이게 되어 부끄럽고 불안하네."

연영아는 겸손히 사양하며 말했다.

"언니의 높은 절개는 천고에 견줄 이가 없으니 제가 감탄하고 또 감탄합니다. 우리 아버지께선 사람을 따뜻이 보살피시는 분이니, 언니 같은 숙녀가 위험에 처한 걸 어찌 그냥 두셨겠어요. 그건 당연한 일이니, 지나

---

52 채의(彩衣)의 놀음: 중국 초나라의 노래자(老萊子)라는 사람이 일흔 살에 늙은 부모님을 위로하려고 색동저고리를 입고 어린이처럼 기어다녀 보였다는 데서 유래한 말이다.

53 훈지(壎箎): 형이 훈이라는 악기를 불면 아우는 지라는 악기를 분다는 뜻으로, 형제간의 화목함을 비유적으로 이르는 말.

치게 자책하셔서 저를 불편하게 만드시진 마세요. 저는 어려서 어머니를 여의고 동생 하나와 함께 아버지를 의지해 지내 왔습니다. 아버지께서 제게 모정까지 베풀어 주시니 저는 그 마음에 의지해 살아왔지요. 그러던 중 아버지께서 황명으로 멀리 떠나시니 그리운 마음에 염려도 컸는데, 뜻밖에 언니를 얻어 이렇게 자매가 될 수 있으니 오히려 제가 복이 깊다 여깁니다. 성이 다른게 무슨 상관이겠어요. 평생을 함께 살아 한 가족처럼 지내길 저도 바랍니다. 언니께서 스스로를 낮추시는 말씀을 하시니, 그건 제가 원하는 바가 아니에요."

정연양은 은근히 감사 인사를 건네니, 둘 사이에 자연스러운 애정이 피어났다. 대화가 차분해지자, 연춘경도 친애하는 마음으로 누이와 다름없이 정연양을 대했으니, 방 씨는 그 모습을 십분 흐뭇해하며 푸짐히 음식을 차려 대접했다. 또 경아에게도 각별한 애정을 보이고, 왕 과부 모녀를 정중히 모시며, 가월 등 시녀들도 후히 대우했다. 연영아는 가월 등의 충직을 칭찬하고, 가월과 소선 역시 연영아가 빼어나고 너그러움을 찬탄해 서로 가까이 지냈다.

정·연 두 소저와 시녀들의 마음이 하나로 어우러지니, 그 정다운 모습이 천고에 다시 없는 아름다운 일처럼 보였다. 마치 하늘이 임, 화, 정, 연 네 집안을 낳아 세상의 만대(萬代)에 전할 훌륭한 이야기를 지어 낸 듯하다고나 할까.

그날 밤, 여덟 명이 모여 서로 회포를 나누었다. 연영아가 정연양에게 '피난 생활을 하던 이유'를 물었는데, 정연양은 어머니의 과실을 드러내기 부끄러워 슬픈 기색으로 담담히 말했다.

"내게 아름답지 못한 일이 많고, 어머니께서 저를 지나치게 사랑하신 탓도 있지만, 결국 내 운수가 기구한 탓이니 누구를 원망하겠는가."

연영아가 대답했다.

"저는 언니를 친언니처럼 여기는데, 언니께서는 마음을 감추시니, 어찌 저를 깊이 신뢰하신다고 말하겠어요."

정연양이 사양하듯 답했다.

"내가 어찌 동생을 남처럼 대하며, 연 대인의 은혜를 저버리겠는가. 다만 여러 사람 앞에서 내 모친의 잘못을 드러내기 부끄럽고, 자식 된 도리로 모친의 허물을 함부로 말하기 어려울 뿐이네. 동생이 총명하니, 내 마음을 헤아려 죄를 용서해 주게."

연영아가 잠시 침묵하더니 문득 웃으며 말했다.

"언니의 어머니가 곧 저의 어머니입니다. 설령 허물이 있으셨어도, 제가 감히 따져 문제 삼겠어요."

정연양이 은근히 감사 인사를 했으나 여전히 말을 삼갔다. 그때 가월이 나서 말했다.

"연 노야의 은혜는 하늘 같고, 소저의 알아주심은 친자매 같으니, 어찌 마음을 숨겨 의혹을 일으키겠습니까. 진 한림의 달콤한 말이 부인을 농락한 것이니, 어찌 모친의 잘못만이겠습니까. 소저께서 공개적으로 말하기를 어렵게 여기시니, 주제넘지만 제가 대신 말씀드리겠습니다."

그러곤 정연양이 겪은 일을 처음부터 자세히 털어놓았다. 임규의 외모가 썩 뛰어나지 않아 진 부인이 진상문의 좋지 못한 뜻을 맞추려 하다가 결국 일이 꼬여, 정연양이 봉귀형을 이용해 진상문을 속인 뒤 도망한 일, 청하암의 음란한 여승들이 석함에 가두려 하니 피해 떠돌고, 도중에 도적을 만나 낭패를 보고 걸식(乞食)하던 일과 화씨 댁에 이르러 겪은 곤란, 다시 왕 과부의 집에서 큰 병으로 쓰러졌을 때 연권을 만나 목숨을 건진 이야기까지 전부 털어놓았다. 말이 또렷하고 순서가 분명했으며, 마치 물 흐르듯 이어졌다. 연영아와 시비들은 그간의 원통함과 기묘한 일들을 듣고 깜짝 놀랐다. 이야기가 끝나자 연영아가 정연양에게 웃으며 말했다.

"언니의 어머니께서 언니를 천금처럼 아끼셨는데, 임랑의 생김새가 뛰어나지 않으니, 그런 일로 인해 예쁘고 귀한 딸을 못생긴 사위에게 맡기고 싶지 않으셨겠지요. 인정상 그럴 수도 있겠다 싶어요. 하지만 진상문을 들이려 한 건 잠시 판단을 잘못하신 듯하네요. 진상문이야말로 짐승 같은 간악한 인물인데, 언니께서 기발한 계책을 쓰지 않았다면 그에게 욕을 면치 못하셨을 거예요. 언니가 여자의 몸으로 청하암의 난잡한 여승들을 따돌리고, 화 부인 댁에 머무른 건 참 천고의 희한한 일이라 해도 되겠어요. 그런데 화빙아 소저는 이창백의 소란에서 어떻게 벗어났을지 궁금하네요."

정연양이 슬프게 한숨을 쉬며 대답했다.

"내 운명이 기구해 이런 전대미문의 일을 겪었으니, 어찌 좋다 말하겠는가. 화빙아 소저도 우리가 떠난 뒤 어떻게 됐는지 몰라, 늘 걱정스럽네."

연영아가 화빙아를 떠올리며 놀라워하자, 소선이 웃으며 말했다.

"진상문이 대체 어떤 사람이기에 이토록 방자하고 무례한지, 사촌지간임에도 저런 일을 하고, 시녀까지 농락하며, 한 세상 부끄러운 줄도 모르다니요. 게다가 우리 소저께도 간계로 속이려 하다니, 세상에 이런 사람이 또 있을까요. 조정에서는 어찌 이런 자를 한림이라며 총애하니, 다들 귀와 눈이 없는 짐승이란 말입니까."

가월도 말했다.

"노야께서도 우리가 출발하실 적에 진 한림의 간사함을 염려하시더니, 이곳에서까지 이렇게 못된 속셈을 부릴 줄은 몰랐습니다."

소선이 드디어 "진상문이 류일과 결탁해 연영아를 혼인으로 속여 억지로 취하려 하고, 자취가 그 계획을 엿들어 연영아가 '병이 있다'라며 밖에 안 나가고, 류일을 속여 간계를 막고 있지만 끝이 어떻게 될지 몰라 걱정된다"라는 말을 전했다. 정연양이 이야길 듣고 놀라움을 금치 못해 진상문의 간사함을 원통해 하자, 연영아가 웃으며 말했다.

"진가 집안의 짐승 같은 인물이, 사대부 집안의 남자로서 성현을 스승 삼고 한림이 되어 예의염치를 강조하는 명사라고 자처하면서도, 친척 사이에서 음란한 짓을 저지르고 윤리·도덕의 죄인이 되었음을 깨닫지 못한다니요. 더구나 연씨 집안은 남의 집이니 그가 조금이라도 불의를 알겠어요? 제 외삼촌이 무식하여 조카딸을 전혀 아끼지 않고, 벼슬을 도모하려는 욕심만 앞서니, 진상문의 만행을 책망하지도 못하고 있어요.

문제는 저희 아버지께서 언제 돌아오실지 아직 모르고, 간인들의 계책이 이토록 교묘하다는 겁니다. 외삼촌이 조카딸을 전혀 생각하지 않는 태도도 이러하니, 제가 비록 '병이 났다'라며 집에서 몸을 피하고는 있으나, 결국에는 더는 병을 구실 삼지 못하게 될 겁니다. 진상문이 어떤 수를 써 올지 몰라 우려스러워요. 그런데 아버지 편지에 '언니 노주의 기발한 계략은 옛날 한(漢)나라 책사인 진평(陳平)[54]이 천리 밖 승패를 내다보던 것과 같으니, 함께 의논하라'고 적혀 있었어요. 이제 가월 등이 하는 말을 보면 그 평판 그대로고, 언니의 총명함은 제가 따라갈 수준이 아니니, 이미 모사(謀士)가 있고 훌륭한 스승도 계셔서 걱정할 필요가 없을 듯하네요."

정연양은 쓸쓸히 웃었다.

"동생이 우리를 너무 놀리니 부끄럽네. 내 어려움도 가월 등의 도움으로 가까스로 무사했는데, 어떻게 동생이 당할 화까지 막아 줄 방법이 있겠는가. 진상문도 보통 간사한 사람이 아니거니와, 이렇게 우리가 인

---

54 진평(陳平): 중국 한나라의 모사. 한 고조를 도와 천하 통일을 이루었다.

연을 맺은 것도 참 기묘하지 않은가."

연영아가 웃으며 말했다.

"속담에 '원수는 외나무다리에서 만난다'라고 하지요. 언니가 진상문의 마수에서 벗어나 도망쳐 왔는데, 진상문은 또 다른 흉계를 써서 규중 여자를 악의로 넘보는군요. 만약 제가 언니의 손을 빌려 무사히 화를 면하게 된다면, 그 또한 희한한 일이 되겠지요. 언니께서 저를 위해 진상문이 낙담할 만한 계책을 베풀지 않으시면, 오히려 아버지 뜻과 제 소망을 저버리는 셈이 될 거예요."

정연양은 겸손히 답했다.

"내가 어찌 연 대인의 은혜와 동생의 알아줌을 헛되이 하겠는가. 다만 재주가 모자라 구원할 지모가 부족할까 두려울 뿐이네. 만일 힘쓸 길이 있다면 목숨을 걸어서라도 돕겠네. 가월 등 네 사람도 비록 천인 신분이긴 해도 상당히 영리하니, 우리 노주도 최선을 다해 보려 하네. 미리 용렬함을 용서해 주게."

연영아가 기뻐하며 감사 인사를 건네자, 가월 등이 말했다.

"연 노야가 우리 노주를 죽을 위기에서 구해 주셨으니, 저희가 그 은혜를 어찌 잊겠습니까. 저희가 목숨 바쳐 은혜에 보답하겠습니다."

연영아는 크게 반가워하며 밤늦도록 이야기를 나누었다. 가월, 소선, 경아 등이 새롭게 회포를 털어놓는데, 소선이 류일의 행동과 류취향이 연영아를 유인하려 집에 왔던 일을 전하자, 가월이 물었다.

"류 소저의 용모가 아름답던가요?"

소선이 대답했다.

"겉모습은 꽤 예쁘고 재주도 나쁘지 않으나, 성정이 좋지 않고 천박해 숙녀답지 못해요."

가월이 미소 지었으나 더 묻지 않았다.

이리저리 밤이 새자, 방 씨가 와서 밤새 안부를 물으며 정중히 대접했다. 정연양은 방 씨의 따뜻함에 공경심을 품어 은근히 사례했고, 연춘경도 들어와 "집이 누추해 귀한 몸이 불안하진 않으십니까"라고 물었다. 정연양은 흔쾌히 감사 인사를 했다.

연영아가 정연양을 만나 기뻐하며, 마치 물을 얻은 물고기처럼 즐거워하니, 그 규방의 우아한 분위기는 옛사람들도 따르지 못할 만큼 빛났다. 가월 등도 소선과 마음이 잘 맞아 서로 속마음을 터놓으며 친해지고, 경아도 이를 부러워했다. 두 소저는 귀천을 따지지 않고 서로 깊이 우애를 나눴으며, 방 씨 역시 그들을 더욱 사랑했고 왕 과부 모녀와 여러 시녀를 정중히 대접했다. 모두가 그 온화한 덕에 감동해 집안은 화기(和氣)로 가득 찼다.

그러나 연영아와 방 씨는 진상문을 늘 경계하고, 눈가에 수심이 감돌았다. 정연양은 부모님을 그리워하며 아침저녁으로 고향을 바라봐 슬픈 마음을 숨기지 못해, 때때로 눈물을 흘렸다. 또한 화빙아의 사건이 어떻게 됐을지 문득문득 떠올리면서, 자신의 허망한 예물을 지켜 부질없이 수절하는 일이 옳은가 고민하며, 나중에 어떻게 처신해야 할지 번민하는 탓에 식사나 잠자리에 편히 들지 못했다. 얼굴에 드러난 근심은 계속 깊어졌고, 연영아가 극진히 위로했으나 정연양과 함께 한숨을 내쉴 뿐이었다.

이때 류일은 여전히 연영아의 병을 걱정하는 와중에, 진상문이 날마다 다녀가며 소식을 물으니, 만약 진상문의 기대를 저버리면 벼슬을 되찾기가 어려울까 우려되었다. 그래서 우선 시녀를 보내 류취향이 연영아의 문병을 가겠다고 통보했다. 방 씨가 류 씨 댁 시녀를 바깥에서 잠시 대기시키고, 직접 연영아의 방으로 들어와 이를 전하자, 연영아가 눈살을 찌푸리며 말했다.

"취향 언니가 내 상황을 살피러 오겠다는 건, 결국 무슨 음모인지 뻔해요. 게다가 지금 정연양 언니도 여기 계시니 내가 응대하기가 거북해요. 어떻게 막아야 할까요?"

정연양이 말했다.

"가까운 친척이 병문안을 오는데, 굳이 막을 길이 있겠나. 난 깊이 숨어 있고, 동생은 병상에서 잠깐 괴로움을 참고, 나를 보지 않게 하면 될 것이네."

연영아가 근심스러운 표정으로 대답하지 못하자, 가월이 나서서 말했다.

"소저의 말씀도 옳습니다. 류 소저가 오시면, 저를 곁에 두시고 '새로 들인 시녀'라고 하셔서, 그분이 어떤 동정을 살피나 지켜보게 하시면 어떻겠습니까. 제가 그 인품을 살펴 좋은 계책을 써서, 소저의 화를 막아 드리겠습니다."

연영아가 재빨리 물었다.

"네가 구체적으로 무슨 계책을 쓰겠다는 거냐?"

가월이 무슨 대답을 했을까. 다음을 읽어 보시라.

第二十一回 제이십일회

가월이 류취향을 부추겨 진상문이 그릇된 혼인을 맺다

연영아가 재빨리 물었다.

"네가 구체적으로 무슨 계책을 쓰겠다는 거냐?"

가월이 부드럽게 답했다.

"류 소저의 인품을 직접 보아, 쓸 만한 계책이라면 써 보려 합니다. 다만 류 소저가 제 꾀에 쉽게 넘어올 사람이 아니면 아무것도 못 하겠지요. 그러니 일단 류 소저를 맞이해 보십시오."

연영아가 가월의 말을 듣고 정연양에게 물었다.

"언니, 가월의 의도를 짐작하시겠습니까?"

정연양이 고개를 젓고 쓸쓸히 웃었다.

"내가 어리석어 확실히 깨닫진 못하지만, 대충 짐작은 가네. 과연 옳은지 모르겠네."

가월이 미소 지으며 말했다.

"두 소저께서 이미 제 뜻을 안다면, 각자 한 번 써 보시지요."

소선이 옆에서 웃으며 거들었다.

"전 가월의 계책을 알 것 같아요. 옛날 주유(周瑜)와 제갈량(諸葛亮)이 동남풍으로 조조(曹操)를 치려 했을 때처럼, 우리 두 소저가 제갈량의 꾀를 흉내 낼 수 있을지 보시죠."

그리고 각자 생각을 적어 내보였더니, 모두 같은 구상이었고, 심지어 소선이 쓴 것도 똑같았다. 가월은 크게 웃으며 감탄했다.

"두 소저의 총명함은 제가 어찌 따라가겠습니까. 소선의 통찰까지 더하니 놀랍군요. 저는 이것 말고 다른 방법이 없습니다만, 자취를 이용해 길을 열고, 저와 소선이 '유세객(遊說客)'이 되어 움직인다면 어찌 성공하지 못하겠습니까. 우리 셋이 류 소저를 살살 구슬러, 여러 날 머무르게 하고, 소저께서는 그를 접대하되, 우리 소저가 보이지 않도록 하고, 남복으로 갈아입어 춘경 공자와 함께 고요히 서당에 계시면 류 소저가 알 리 없습니다. 또 류일 노야가 찾아오셔도, 공자께서 대신 나가면 모르고 지나칠 테니, 잠시 피하기엔 이만한 묘책이 없지요."

두 소저는 가월의 통달한 계책에 크게 기뻐하고, 네 명의 노주가 뜻을 모았다. 정연양이 한숨을 쉬었다.

"진상문이야말로 나와는 한 하늘을 못 이룰 원수로구나. 어딜 가든 날 괴롭히려고 하니…. 혹시 이곳에 있는 줄을 알면 또 무슨 해코지를 할까 걱정되네. 나는 부득이 남복을 해야겠지만, 외당이 불안하니 내당 가까이에 머물고 싶네."

연영아가 말했다.

"언니 말씀이 맞아요. 우리 아버지께서 예전에 손님을 사절하고 조용히 지내시던 '매죽당(梅竹堂)'이라는 곳이 있어요. 그곳에 머무시면 어떠실까요. 섬월 등을 남장시키고 모시도록 하고, 동생은 언니와 함께 공부를 배우다가 밤엔 서당에서 지내게 하죠. 혹시 류 씨 댁 시녀가 의심하면, '먼 친척이라 우리 집에 머물게 됐다'라고 하면 누가 거짓을 알아차리겠습니까."

모두가 기뻐하며 매죽당을 깨끗이 치우고, 연춘경을 불러 앞뒤 사정을 설명한 후, 정연양과 함께 매죽당에 머물도록 했다.

한편, 류 씨 댁 시녀가 돌아가 그 상황을 보고하자, 류취향이 "아침에 연영아 집으로 가서 데리고 오겠다"라고 나섰다. 류취향은 옷차림을 성대히 갖추고 연영아 집으로 갔다. 방 씨가 맞아 말했다.

"소저의 병이 좀처럼 낫지 않는데, 노야도 안 계셔서 치료가 여의치 않아 걱정입니다. 소저께서 홀로 계셔 외로운데, 류 소저께서 문병을 와 주시니 얼마나 다행이어요. 며칠 머무르시며 병든 마음을 달래 주시면 고맙겠습니다."

류취향은 흔쾌히 허락하고 연영아의 침실로 들어갔다. 연영아는 침상에 누워 있었고, 류취향이 곁으로 다가가 손을 잡으며 말했다.

"어쩌다 이렇게 앓고 있어? 아버지가 직접 보지도 못하셨으니, 나더러 가서 실상을 알아 오라고 하시더라."

연영아가 사양하며 말했다.

"찬바람을 잘못 맞아 며칠째 누워 있네요. 외삼촌께서도 걱정하셔서 오셨지만, 제가 못 뵈었어요. 그런데 언니가 또 와 주시니 정말 반가워요. 가을밤이 길어 병으로 마음이 괴로웠는데, 언니께서 며칠 묵으며 함께해 주시면 마음이 한결 편안할 것 같아요."

류취향은 기쁜 기색으로, 연영아의 상태를 살폈다. 별로 심각해 보이지 않지만, 용모가 다소 수척하고 머리카락도 헝클어져, 이불을 떠나지 못하는 모습이었다. 연영아가 그렇게 아픈 티를 내니, 류취향도 의심하지 않고 몇 마디를 더 물었다. 좌우에는 소선과 자취 등이 모시고 있었는데, 전에 보지 못한 시녀가 하나 더 있었다. 그 시녀의 용모가 유난히 아름다워, 류취향이 물었다.

"저 아이는 처음 보는 시녀인데?"

연영아가 말했다.

"가월이에요. 언니가 오신 날 어머니 뵈러 갔었거든요."

류취향은 고개를 끄덕였다.

"정말 예쁘구나. 가월이라…. 소선이랑 쌍이네."

가월이 다가와 머리를 숙이며 말했다.

"소저의 꽃 같은 명성은 익히 들었는데, 뵙지 못해 아쉬웠습니다. 오늘 뵈니 듣던 것보다 훨씬 뛰어나시네요. 감탄스럽습니다."

류취향은 가월이 자기를 칭찬하자, 무척 기뻐하며 웃었다.

"너희 소저는 내 못생긴 외모와 비길 바가 아니지 않니. 너희는 날 어떻게 그렇게 흠모한단 말이야?"

가월이 웃으며 대답했다.

"우리 소저도 예쁘시지만, 붉은 연꽃과 흰 연꽃이 색이 다르고, 작약과 모란이 다르듯이, 소저께선 또 다른 아름다움을 지니셨죠. 제가 보기엔 소저가 더 나아 보입니다."

류취향은 크게 웃었다.

"가월이 농담하는구나. 벌을 줘야겠네."

연영아가 미소 지으며 거들었다.

"언니의 빛나는 미모를 제가 어찌 따르겠습니까. 가월의 말이 옳은데, 벌을 주시겠어요?"

류취향이 장난스레 웃고, 가월의 재치 있는 말솜씨를 칭찬했다. 가월은 달콤한 말로 류취향의 마음을 살살 달랬고, 연영아는 흐뭇이 미소 지었다. 류취향도 마음에 들어, 며칠을 그 집에 머물렀다. 류일이 소식을 듣지 못해 "언제 돌아오냐"라고 재촉했으나, 연영아가 간곡히 잡고 가월도 달콤한 말로 류취향을 붙들었으므로, 류취향은 지내기가 괜찮다 여겨 그저 편지를 보내 "연영아의 병이 나으면 함께 돌아가겠다"라고 했다. 류일은 이 말을 듣고 안심해, 진상문에게도 이렇게 전했다. 진상문은 이처럼 시간이 지연되는 걸 걱정하면서도 일이 풀릴 것을 기대했다. 한편 가월은 류취향을 교묘히 달래면서, 자취에게도 '이러이러하라'고 지시했고, 자취는 연영아를 모시며 류취향과의 대화를 도왔다. 그중 하루는 자취가 류취향에게 조용히 물었다.

"지난번 제가 댁에 갔을 때, 외당에 젊은 명사가 와 있었는데, 누구였는지요?"

"우리 집 외당에 가끔 손님들이 오니, 누군지 어떻게 다 알겠니."

자취가 웃으며 거들었다.

"그 노야께서 아직 스무 살도 안 되어 보였고, 오늘날의 반악 못잖은 잘생김에, 기품이 남달랐습니다. 배필을 제대로 못 구하면 참 애석할 것 같아요."

류취향은 진상문임을 짐작하고 대꾸했다.

"아, 네가 그 상공을 사모하는구나. 그날 왔던 사람은 바로 현직 한림 진상문이다."

자취가 웃으며 말했다.

"제가 감히 그런 외람된 뜻은 없습니다. 다만 우리 소저를 위해 잊지 못해 여쭸을 뿐이죠."

그러자 가월이 대답했다.

"류 노야께서는 곧 자기 딸에게 선녀 같은 배필을 골라 주실 텐데, 어느 틈에 우리 소저를 생각하시겠습니까. 그런데 제가 듣자 하니 진 한림은 집안이 어마어마해 금과 비단이 상자에 가득하고, 부귀영화를 누리되 부인이 썩 아름답지 않아 금슬이 좋지 않다고 하더군요. 그래서 절세미인을 구하려 해도 얻지 못한다더라고요."

소선이 맞장구쳤다.

"참 대단한 상공이네. 그런데 예전에 우리 소저께서 구혼을 물리치신 건 왜였을까?"

"우리 상공은 부귀를 달가워하지 않으셔서 거절하신 거지. 우리가 무슨 말을 보태겠어."

"아깝구나. 아무 여인이라도 진씨 집 며느리가 되면 황후 팔자 못잖을 텐데."

이처럼 가월과 소선이 화려하고 현란한 말로 류취향의 마음을 뒤흔들어 놓자, 류취향은 홀린 듯 듣기만 하며 묵묵히 고개만 숙였다. 연영아가 그 모습을 보며 미소 짓자, 류취향도 연영아의 표정을 보고 이들의 말을 좋게 여기나 보다 하고는 함께 웃으며 말했다.

"진 한림이 요즘 너희 소저를 간절히 흠모해, 천금을 아끼지 않겠다고 우리 아버지를 날마다 졸라 댄다. 너희 상공이 비록 고집하셔도, 우리 아버지가 대신 혼사를 이루면, 너희 상공이 돌아오셔도 달리 할 말 없을 거야. 너희가 정말 충성스럽다면, 왜 소저께 권하지 않느냐?"

가월이 대답했다.

"소저 말씀도 일리가 있네요. 하지만 류 노야께서 정말 소저를 아끼신다면, 그런 훌륭한 신랑을 조카딸에게 그냥 줘 버리겠습니까. 그건 진정 사랑하지 않는 거죠."

류취향이 그 말을 듣고 낯빛이 변해 잠자코 있으니, 가월과 소선은 속을 꿰뚫어 보고 더욱 부추겼다.

"진 한림이 정말 류 소저의 미모를 알았다면, 굳이 우리 소저를 구하겠어요? 모르니까 구하는 거죠."

류취향은 점점 불쾌해졌으나, 속으론 생각했다.

'원래 아버지가 무슨 생각으로 영아를 골랐을까. 가월 말대로 진 한림이 그렇게 부유하고 멋진 신랑감이라면, 어째서 내가 아니고 영아에게 줄 생각이람. 결코 영아에게 빼앗기지 않겠어….'

이처럼 분분한 가운데, 연영아와 가월은 류취향의 속마음을 꿰뚫어 보고 은근히 미소 지었다. 결국 류취향이 가월에게 물었다.

"넌 어떻게 진 한림에 대해 그렇게 잘 아는 거냐?"

"제 아주머니가 진 상공의 유모예요. 그래서 자세히 알지요."

"그 진 한림에게 정말 아내가 둘 있냐?"

"첫째 부인은 너무 어리석고, 둘째 부인은 못생겨서 본가에 내쳤다 하더라고요. 두 사람 다 전혀 아름답지 않다고 합니다."

류취향은 더 말을 하지 않고 속으로 진상문을 떠올리며 흠모하는 마음이 커졌다. 동시에, 아버지가 왜 영아와 진상문을 혼인시키려 하는지 괴이하게 여겨 불쾌해했고, 결국 연영아를 꾀어 데려가려던 계획은 어디론가 사라졌다. 그런 상황이라, 류취향은 진상문과 혼인을 원하면서도, 제 입으로 말하기 어려웠고, 남에게 빼앗길까 억울해 내심 괴로웠다. 자연히 얼굴빛도 편치 않았다. 가월 등은 그 뜻을 짐작하고 내심 기뻐했다. 마침 류씨 댁 시녀가 찾아와 연영아의 병은 어떤지 물으면서, "류취향은 언제 돌아오느냐" 재촉하자, 류취향이 차마 기뻐하지 못했다. 연영아가 말했다.

"누추한 곳에서 며칠 머무시느라 불편하셨을 텐데, 저는 언니가 함께 계셔서 병을 잊을 만큼 위안을 얻었어요. 그런데 이제 가신다니 아쉬울 뿐이네요."

류취향이 답하기 전, 자취가 앞서 물었다.

"소저, 무슨 걱정거리가 있으신 듯, 표정이 밝지 않으십니다. 비록 제가 친한 시녀는 아니어도, 소저께 뭔가 불편한 마음이 있으면 말씀해 주세요."

류취향이 웃으며 말했다.

"무슨 불만이 있겠니."

그러자 자취가 다시 웃으며 말했다.

"제가 비록 어리석어도 전부 짐작합니다. 듣자하니, 소저께서 진 상공의 부귀와 외모를 남에게 빼앗기기 싫어 불만이 생기신 거지요. 본래 노야가 우리 소저를 귀한 신랑과 맺어 주려 하시니 감격이지만, 친딸을 제쳐 두고 조카딸을 으뜸으로 치심은 조금 인정에 어긋나 보입니다. 소저께서 마음 상하는 건 당연하고 떳떳해요. 그런데 노야가 오히려 진 집안의 부귀를 달가워하지 않으시니, 나중에 류 노야를 책망하실 수도 있겠지만, 우리한테는 오히려 다행일지도 모르죠. 이런 기쁜 일을 하필 우리 소저에게 숨기며 억지로 혼사를 진행하려 하십니까. 우리 소저가 안다고 해도 기쁘게 받아들이실걸요."

류취향은 이 말을 듣고 "연영아도 사실을 다 알고 있나?" 놀라 말문이 막혔다. 잠시 뒤에야 대답했다.

"네가 이미 알았다면, 내가 뭘 속이겠니. 실제로 진 한림이 영아를 흠모해 이 집으로 혼인을 청했지. 근데 허락받지 못하니 안달이 나서 날마다 우리 아버지를 조르는 거야. 자기 외모와 집안을 들어, 영아와는 천생연분이라고 여기는 거지. 허나 너희 상공이 허락 안 하시니 강제로 핍박하기 어렵고, 영아가 좋아하지 않을까 봐 주저하시던데…. 이 사람은 밥도 제대로 안 먹고 '벼슬을 얻어 은혜를 갚겠다'라고 하니, 우리 아버지가 좋다고 하셨지. 다만 영아가 병 중이라 데려갈 수 없어, 나로 하여금 영아를 잘 구슬려 데려가라 하셨어. 그러니 너희가 영아를 권해 우리 집으로 함께 가게 하렴."

자취는 거짓 기뻐하는 척 말했다.

"노야께서 우리 소저를 사랑하신다니 참 감격스러워요. 우리 소저도 좋아하시겠죠. 왜 안 따르겠습니까. 이 기쁜 일을 굳이 숨기실 필요가 있나요. 저희가 바로 소저께 아뢰겠습니다."

류취향은 '만약 영아의 혼인이 성사되면, 멋진 신랑감이 자기 손에서 날아가는 것'이라 생각해, 마음이 뒤숭숭했다. 그래서 곧 자취가 나가려 하자 붙잡고 말했다.

"잠깐, 아직 알리지 마."

"길일이 가까우니 빨리 말씀드려야 하지 않겠어요?"

류취향의 얼굴빛이 흙빛으로 바뀌며 말문을 잇지 못하자, 자취가 다시 물었다.

"소저께서 무슨 생각이 있으신 듯합니다. 부디 속마음을 털어놓으세요."

류취향은 주저하다가 간신히 입을 열었다.

"규수(閨秀)가 스스로 이런 말을 하는 게 부끄럽지만, 예부터 뜻 있는 여자는 큰일을 당해서 작은 체면을 돌보지 않는다고 하잖니. 내 마음이 편하지 않지만, 천하에 멋진 신랑이 흔치 않아서, 일찍이 난 옥같이 아름다운 신랑이 아니면 절대 섬기지 않겠다고 결심했다. 그런데 진 한림의 외모와 재주와 부귀를 들으니 가슴이 설레는데, 벌써 너희 소저에게 혼인을 맺으려 한다니 어찌 억울하지 않겠느냐."

자취가 대답하기도 전에 가월이 먼저 나서서 말했다.

"소저의 말씀을 들으니 저 역시 안타까운 마음을 금할 수 없습니다. 부녀 간의 정은 누구에게나 있는 법인데, 류 노야께서는 정말 인정이라곤 찾아볼 수 없는 분이십니다. 소저께서 어찌 슬프지 않으시겠습니까? 진 상공의 옥 같은 용모로 보아, 그분이 주군이 된다면 더없이 좋겠지만, 소저께서 이렇게 불만이 있으시다면 그분 역시 마음이 편치 않으실 것입니다. 제가 좋은 계책이 하나 있으니, 소저께서 한번 들어보시겠습니까?"

류취향은 가월의 말을 듣고 부끄러움을 느꼈지만, 이미 욕심에 눈이 멀어 체면을 잊은 상태였다. 그녀는 조심스럽게 물었다.

"그게 무슨 계책이냐?"

가월이 눈빛을 반짝이며 말했다.

"진 상공께서는 우리 소저의 아름다운 소문을 듣고 식사도 잊을 정도로 흠모하고 계시지만, 정작 소저의 이름조차 알지 못하십니다. 제 생각에는 우리 소저와 소저께서 마음을 하나로 모아 이렇게 이렇게 하시면, 이보다 나은 계책이 없을 것입니다. 진 상공께서 소저의 옥 같은 미모를 직접 보신다면, 더 이상 우리 소저를 생각하지 않으실 것이고, 소저께서는 백 년 동안 부귀영화를 누릴 수 있을 것입니다. 어찌 아름다운 일이 아니겠습니까?"

류취향은 이 말을 듣고 기쁨을 감추지 못하며 말했다.

"네 머리가 참으로 기특하구나. 하지만 너희 소저께서 너의 계책을 거절하지 않을까 걱정되는구나."

가월이 웃으며 말했다.

"우리 소저께서는 본래 부귀를 바라지 않으시고, 아버님의 허락이 없으면 혼인을 하지 않으실 듯합니다. 그러니 제가 소저를 위해 잘 주선해 보겠습니다. 훗날 저를 잊지 마십시오."

류취향은 크게 기뻐하며 감사의 뜻을 표했다. 그러자 가월이 다시 말했다.

"소저께서 조용한 때를 보아 우리 소저와 말씀을 나누시면, 제가 반드시 도울 것입니다."

류취향은 고개를 끄덕이며 각자 돌아갔다. 그날 밤, 연영아와 방 씨가 촛불 아래에서 담소를 나누고 있을 때, 류취향이 문득 연영아를 바라보며 말했다.

"동생, 좋은 소식이 있으니 들어볼래?"

연영아가 의아한 얼굴로 대답했다.

"저에게 무슨 기쁜 소식이 있겠어요?"

류취향이 싱긋 웃으며 말했다.

"우리 부친께서 동생을 위해 진 한림과의 혼인을 결정하셨고, 이미 예물을 받으셨단다. 길일도 머지않았어. 진 한림은 옥 같은 군자인데, 어찌 축하하지 않겠니?"

그러나 연영아는 얼굴을 굳히고 단호하게 말했다.

"언니, 어찌 그런 망령된 말씀을 하세요? 외삼촌께서 비록 어른이시지만, 혼인은 인생에서 가장 중요한 일입니다. 아버님도 안 계신데, 어찌 아버님의 명을 받지 않고 시집을 갈 수 있겠어요?"

류취향은 웃음을 머금고 말했다.

"동생, 겉으로는 사양하는 척하지 마. 여자의 평생은 남편에게 달린 거야. 이렇게 좋은 인연을 두고 소소한 예절을 따지는 게 무슨 소용이겠니?"

그러자 연영아가 눈살을 찌푸리며 단호하게 말했다.

"이런 이야기는 규방의 여인이 할 말이 아니니, 다시는 언급하지 마세요. 부디 언행을 삼가시길 바랍니다."

류취향은 이 말을 듣고 얼굴이 붉어지며 당황한 기색을 감추지 못했다. 그러자 옆에 있던 소선이 거들었다.

"소저의 정중하고 단호한 말씀이 참으로 올바르십니다."

그러자 가월이 나서며 말했다.

"류 노야께서는 좋은 뜻으로 소저의 혼사를 추진하시지만, 노야께서 계시지 않으니 실로 소저의 혼사를 논할 시기가 아닙니다. 하지만 류 노야께서 이미 진 상공의 예물을 받으셨다고 하니, 류 소저께서 진 상공과 혼인하시는 것이 마땅하겠지요. 다만 진 상공께서는 우리 소저를 원했을 뿐, 류 소저를 원하지 않으셨다고 하니 이 혼사가 순탄하게 진행되기는 어렵겠습니다. 하지만 이렇게 이렇게 하신다면, 우리 소저께서도 무방하고, 류 소저 또한 평생 부귀를 누리실 것입니다."

그러나 연영아는 얼굴빛을 바꾸며 단호하게 말했다.

"네 말이 요망하다! 남녀의 혼인은 인륜대사인데, 어찌 이름을 속여 혼인을 꾸미려 한단 말이냐? 그리고 네가 감히 진 한림의 무례함을 용인하고, 언니의 이름을 빌려 부당한 일을 도모하려 하느냐? 이 일은 반드시 외삼촌께 고할 것이다!"

류취향은 연영아가 끝내 진 한림과의 혼인을 거부하려는 것이 아니라, 오히려 그 부귀를 다른 사람에게 빼앗기지 않으려 고집하는 것이라고 오해했다. 그녀는 초조해졌고, 눈짓으로 가월에게 도움을 요청했다. 그러나 연영아는 그 눈짓을 보고 더욱 화가 나, 얼굴에 분노를 가득 담았다. 류취향은 난처해하며 고개를 숙였고, 속으로는 부모를 원망하면서도, 혹시라도 진상문과 연영아의 혼인이 성사될까 봐 불안에 휩싸였다. 가월이 웃으며 류취향을 향해 말했다.

"류 노야의 행동이 꼭 바른길은 아니지만, 일이 이미 이렇게 된 이상, 소저께서 이 혼사를 거부하긴 쉽지 않을 겁니다. 우리 소저는 아버지의 속뜻을 모르고, 만약 훗날 어떤 꾸지람이 닥칠지 모르니, 애초에 이 혼사는 류 소저께서 하는 게 나을 듯합니다. 소저께서는 소소한 예절을 따지지 마시고, 간단히 방법을 취하셔서 혼례 당일에 류 소저를 대신 보내신다면 좋겠지요. 류 노야가 아시면 허락하지 않을 테니, 소저 이름을 빌려 류 소저를 보낸다는 게 그만한 방책이지요. 소저께서 한번 잘 생각해 보십시오."

연영아는 한동안 깊이 생각한 뒤 조심스럽게 말했다.

"네 말이 그렇긴 하지만, 언니가 이 일을 달가워하지 않을까 걱정되는구나."

그러자 류취향이 대답했다.

"동생이 만약 개의치 않는다면, 나도 굳이 거절할 이유가 없지 않겠니?"

연영아는 살며시 미소를 띠며 말했다.

"제가 어찌 원망하겠어요? 오히려 언니가 탐탁지 않게 여기실까 염려될 뿐이에요."

류취향은 담담한 표정으로 말했다.

"설령 내 마음에 들지 않는다 해도, 그것도 내 팔자인 걸. 동생 탓이 아니니, 내가 어찌 원망하겠니?"

연영아가 빙그레 웃자, 류취향은 내심 기뻤다. 가월이 지혜로운 말들로 류취향을 계속 구슬리니, 다시 별다른 근심은 없어 보였다. 며칠 뒤, 연영아의 병세가 눈에 띄게 나아져 일어나서 병풍을 거두고 세수를 했다. 방 씨가 이를 기뻐했다.

이때 진상문은 "연영아의 병이 여전히 낫지 않는다"라는 말을 듣고 혹 거짓이 아닌가 의심했다. 그래도 날을 받아 먼저 납채(納采)[55]를 보내니, 류일과 원 씨는 크게 기뻐하며 길일을 고대했다. 하지만 원 씨는 딸을 생각하면 조금 야속한 마음이 있었다.

이날 류일이 연영아 댁을 찾아오니, 연영아가 서둘러 맞아 "병이 회복되어 가니 염려 마시라"고 했고, 류일은 기뻐서 "딸과 함께 우리 집에 오라"며 재차 당부했다. 연영아가 흔쾌히 응답하자 류일은 흡족해하며

---

55 납채(納采): 납채란 신랑 측에서 청혼해 신부 측에서 허혼(許婚) 했을 때, 정혼(定婚)을 해야 하는 절차로 신랑 측에서 신부 측으로 보낸다.

여러 번 당부하고 돌아가 부인에게 "영아의 병이 이제 나았다"라고 말하니, 원 씨도 반겼다.

"길일이 가까우니, 얼른 영아와 취향이를 불러 와야겠어요."

그때부터 안팎으로 예식 준비가 분주해졌다. 길일이 다가오자 류취향과 연영아를 데려오고, 진상문에게도 알렸다. 진상문은 부모에게 알리지 않고 혼례 준비에 집중했다. 별장을 수리하고 기물을 채워 넣은 뒤, 연영아를 데려다 조용히 즐길 계획으로 마음이 들떠 몹시 분주했다. 진상문의 부모는 무심했으나, 호 씨는 포악한 성격이라 진상문의 요즘 행동을 수상히 여기고 있었다. 하루는 류취향이 모친이 한가한 틈을 타 정색하고 말했다.

"아버지가 근본적인 혼사를 제가 아닌 영아에게 주시니, 전 좀 이해가 안 돼요. 일전에 제가 연 씨 집에 갔을 때 가월의 말을 들으니, 더욱 마음이 복잡해졌습니다. 그런데 영아가 이러이러하게 하자고 하니, 제겐 오히려 다행이겠지요."

원 씨가 깜짝 놀라 물었다.

"네 아버지께선 '영아가 진 한림의 희망하는 배필이니, 그 기쁨에 힘입어 벼슬까지 얻고자 한다'라고 하셨는데. 네가 함부로 누설하면 어쩌려고? 애초에 진 한림이 영아를 구했지, 너를 구한 건 아니니 일을 그르칠까 걱정이다."

류취향이 웃으며 대답했다.

"어머니, 염려 마세요. 제 외모가 영아만 못하다고 해도 크게 뒤지진 않을 텐데, 진 한림이 싫어하진 않을 거예요. 제가 영아 이름을 빌려 혼례를 치르면, 진 한림은 영아 얼굴을 모르잖아요? 결혼해 버리면, 서로 정들고 나서 제가 영아가 아닌 걸 알게 되더라도, 부부의 인연이 깊으면 어찌 내쫓겠어요? 다만 아버지께 괜히 들키면 꾸중 받고 허락 안 하실까 걱정이니, 어머니도 괜히 알리지 말아 주세요."

원 씨도 기뻐했지만, 한편으로는 염려하는 기색을 감추지 못했다.

길일이 가까워지자, 류일은 집 안팎으로 분주하게 움직이며 혼례 준비에 한창이었다. 그러던 중, 연영아가 일부러 류일에게 다가가 조용히 물었다.

"왜 이렇게 집안이 시끄럽습니까?"

"내 딸이 내일 혼인하거든."

"그럼 저는 괜히 불편하니 우리 집으로 돌아가겠습니다."

류일은 서둘러 말렸다.

"네 외숙모가 이런 일에 어둡다. 또 나이 많아 사리를 잘 모를 수도 있으니, 네가 남아 예식을 좀 빛내 주렴."

연영아는 속으로 외삼촌의 무모함이 우스웠지만, 겉으론 태연히 말했다.

"신부는 화려하게 꾸미고, 일생일대의 큰 날을 빛내야죠. 하지만 제가 뭘 안다고 도움이 되겠습니까."

그리고 태연한 기색으로 의심하지 않는 척하니, 류일은 그것만으로도 안심해 곧 진상문에게 전했다.

"영아는 이 혼인을 전혀 모르오. 갑자기 말하면 틀림없이 거부할 테니, '취향의 혼사'라고 속였소. 결혼 당일 그대를 거부하면, 시녀들로 하여금 재빨리 겁박해 가마에 태워 데려가시오."

진상문은 크게 기뻐하며 별장에 힘센 시녀들을 모아 화려한 의상을 준비하고, 이리이리 하라고 했다.

다음 날 아침, 류취향이 연영아와 함께 한껏 단장한 뒤 침소로 돌아갔다. 류일은 부인에게 말했다.

"딸을 이렇게 해서 보내고, 모든 걸 비밀로 하시오."

부인이 응했다. 진상문은 십여 명의 시녀를 류일 집으로 보내고, 이들이 채루(彩樓)에 이르니, 가월 등 시녀들이 문전에서 막으며 꾸짖었다.

"너희들은 누구기에 감히 소저 침소에 함부로 들어가려 하느냐?"

진씨 집 시녀들은 가월 등의 단호함에 기가 꺾여 물러섰고, 류일이 그들을 데리고 들어가 원 씨에게 말했다.

"부인은 변고가 일어나지 않게 조심하시오."

원 씨는 시녀를 데리고 안으로 들어가며 사방 문을 굳게 닫고는 "빈틈없이 진행해서 낭패 보지 마라"고 했다. 가월이 응수했다.

"부인께서도 수상하게 굴지 마시고, 저희에게 맡겨 두시면 됩니다."

원 씨가 밖을 살피니, 이미 연영아는 보이지 않고, 류취향이 온갖 화려한 단장을 해 광채가 눈부실 만큼 아름답게 꾸며져 있었다. "참으로 미인이구나" 생각하여 마음에 기뻐하며 말했다.

"진씨 집 시녀들이 왔으니, 너희가 알아서 하거라."

그리고 천천히 물러났다. 그러자 가월이 문을 열어 진씨 집 시녀들을 맞아들이니, 이들은 신부를 보고 눈이 황홀해져서 연신 칭찬을 쏟아냈다.

이윽고 진상문이 잘 차려입은 혼례복을 입고 하인들을 거느려 전안례(奠雁禮)[56]를 마치더니, 신부를 모셔 가마에 태웠다. 류일은 혹시나 연영아가 자결해 대사를 그르칠까봐 초조했지만, 앞에 나서서 재촉하진 못했다. 진상문은 외당에서 신부가 가마에 오르기를 기다렸다.

그때 진씨 시녀들은 미리 진상문의 지시를 받아, 풍악이 울리자 일제히 달려들어 신부를 에워쌌다. 원 씨가 헐레벌떡 들어오며 말했다.

"신랑이 이미 전안례를 마쳤으니, 너는 가마에 들어가라."

---

56 전안례(奠鴈禮): 전통혼례에서 결혼 당일 신랑이 대례를 치르러 신부집에 갈 때 기러기를 가지고 가서 초례상(醮禮床) 위에 놓고 절을 하는 절차.

신부가 순간 얼굴빛이 변하며 일어서는데, 가월 편의 시녀들이 소리 질렀다.

"부인께서 어찌 이런 불의를 행하십니까?"

하지만 진씨 집 시녀들은 거칠게 달려들어 신부를 붙잡아 가마에 욱여넣었다. 진상문은 급히 달려와 가마 문을 잠그고, 하인들에게 명해 자기 집으로 떠났다. 류일은 내심 혹 무슨 불상사가 생길까 노심초사했으나, 대체로 무사히 성혼(成婚)이 이루어졌다고 여겨 자리를 정리했다. 안으로 들어가 보니 원 씨가 분주히 돌아다니며 별다른 말이 없었다. 류일이 웃으며 말했다.

"영아가 강단이 있어서 못 데려갈까 걱정했더니, 결국 여자는 여자구먼. 우리 계책에 빠져 진씨 집에 신부로 가니 공연히 우려만 했소."

그러면서 수염을 만지며 기뻐했다. 마침 연영아가 다가와 말했다.

"외삼촌께서 큰 혼사를 치르셨으니 축하드립니다."

류일이 그 말을 듣고 얼굴이 잿빛으로 변해 아무 말도 못 하고, 눈만 굴리며 연영아를 살폈다. 연영아가 은근히 미소 지으며 말했다.

"외삼촌께서 어진 사위를 얻으셨으니 축하해야죠. 진 한림은 부귀와 명성이 온 세상에 자자하니, 언니가 정말 유복하겠고, 외삼촌과 숙모님께서도 크게 영화로우실 텐데, 어찌 그렇게 불편해 보이세요? 혹 마음에 안 드세요?"

류일은 말문이 막혀 우두커니 앉아 있었고, 가월이 와서 말했다.

"따님의 혼례가 끝났으니, 저희 소저는 이제 본가로 돌아가야겠습니다. 이미 마중 나온 하인이 대기 중이에요."

연영아도 몸을 일으켜 류일 부부에게 태연히 작별을 고했고, 류일이 말 한마디 못 하는 사이 돌아갔다. 방 씨와 유모가 맞아들이며, 화를 면하고 무사히 귀환한 일을 축하했다. 연영아가 침소로 돌아오니, 정연양이 이미 여복으로 갈아입고 반기며 말했다.

"동생이 진상문의 마수를 피하고 무사히 돌아오다니 기쁘네."

연영아가 길게 탄식했다.

"저도 밤낮으로 '어떻게 진상문의 흉계에서 벗어날까' 번민했는데, 언니의 강단과 가월의 기발한 지모 덕분에 무사했어요. 은혜를 어찌 다 말하겠습니까. 그렇지만 생각해 보면, 규수인 제가 하마터면 위험에 빠질 뻔하니, 참 부끄러운 일이죠."

정연양이 거들었다.

"진상문이 훗날 신부가 류 소저였다는 걸 알게 되면 어찌 분노하지 않겠는가. 또 다른 악행을 저지를까 걱정이네."

연영아는 언니의 말에 고개를 끄덕이며,

"언니 식견은 예전의 장량과 진평에 비길 만해요. 이번엔 겨우 화를 피했지만, 이제 류 언니 쪽이 걱정스러워요. 어쨌든 제 사촌 언니이기도 하니, 어찌하면 좋겠어요."

그러자 정연양과 가월이 백 번 위로하며 어쨌든 화를 모면했으니 다행이라 했다.

한편 류일은 이번 사태를 겪고 크게 겁을 먹어 기운이 꺾였다. 곧 원 씨를 탓하며 말했다.

"영아가 꾀를 써 자기 몸을 빼돌린 덕분에 딸이 어떻게 됐는지 모르겠소. 진 한림이 사실을 알면 벼슬은커녕 큰 화를 면하지 못할 것이오. 첫째 부인이 호 상국의 조카딸이라 총애가 대단하다는데, 우리 딸은 형세가 한미(寒微)해 그 집에 가 편히 살긴 어려울 거요. 남편의 사랑을 듬뿍 받으면 모를까, 싫증이라도 내면 단 하루도 못 버티고 쫓겨날 테니…. 결론적으론 당신 탓 아니오?"

그리고 분개하며 탄식하자, 원 씨는 이 말을 듣고 얼굴이 창백해지고 크게 당황하여, 마치 넋이 나간 사람처럼 멍하니 서 있었다. 그러다 손에 들고 있던 것을 홱 던지며 크게 꾸짖었다.

"딸아이가 결국 영아의 꾀에 빠져 큰일을 그르쳤구나!"

그러고는 남편을 원망하며 말했다.

"이 모든 게 다 당신 탓이에요. 이제 와서 누구를 원망하고 누구를 탓하겠어요?"

그녀는 도리어 연영아를 거듭 꾸짖으며 분을 삭이지 못했다. 그러자 류일이 씁쓸한 얼굴로 말했다.

"애초에 이 일을 영아에게 철저히 숨겼는데, 도대체 어떻게 그 애가 알게 된 것이오?"

원 씨는 딸이 한 말을 차근차근 들려주었고, 류일은 이를 듣고 깊은 탄식을 내뱉었다.

"결국 딸아이가 스스로 부귀를 탐낸 것이고, 또 영아의 그 빛나는 말솜씨에 현혹된 것이로군. 좋든 그르든 이제는 어쩔 수 없지만, 문제는 진 한림이 속았다는 사실을 분하게 여겨 보복하려 한다면, 우리 운명은 차치하고라도, 진 한림의 부인이 바로 호 상국의 양녀라 하니, 우리 딸이 편안히 살 수 있을 리가 없소. 이런 비참한 일이 또 어디 있겠소? 우리가 모두 어리석어, 요망한 사람의 꾀에 빠지고, 어린아이 같은 속임수에 넘어갔으니, 정말 한심한 일이오."

그날 밤, 부부는 밤새 한숨을 내쉬며 끝없는 번뇌에 시달렸다.

그 무렵 진상문은 신부를 맞아 집으로 돌아가, 마음에 흡족함이 넘쳐났다.

"마치 범려(范蠡)가 서시를 데리고 오호(五湖)로 떠나는 기분이군."[57]

---

57 범려(范蠡)가 … 기분이군: 월왕 구천이 오왕 부차에게 중국 4대 미인의 첫 손가락에 꼽히는 서

진상문은 신부를 데리고 별장으로 돌아갔다. 동화문 밖 별장에 도착하니, 곧 동각이었다. 이곳은 나라에서 진상문에게 하사한 장원으로, 건물이 매우 화려했다. 그러나 이번 혼사는 부모와 친척이 전혀 알지 못한 채 이루어진 일이었으므로, 별장에는 초대된 손님이 단 한 명도 없었다. 진상문은 스스로 시녀들을 지휘하여 신부를 대청으로 이끌어 내었고, 그곳에서 교배례(交拜禮)[58]를 행했다. 진상문은 조심스럽게 눈을 들어 신부의 얼굴을 살폈다. 그녀의 용모는 분명 아름다웠고 빛이 나는 듯했으나, 그저 예사로운 미모일 뿐 절세미녀라고 할 정도는 아니었다. 신부는 이 씨와 비슷한 수준의 미모였기에, 진상문은 내심 크게 실망하며 생각했다.

'연 씨의 이름을 동경하며 그토록 많은 마음과 노력을 쏟아 결국 이렇게 손에 넣었는데, 겨우 이 정도의 미모라니! 일찍이 알았더라면, 그렇게까지 애타게 갈망하고 번민하지 않았을 텐데….'

그는 속으로 후회하고 또 생각했다.

'더 의심되는 건 연영아가 외삼촌의 속임수에 못 이겨 끌려왔을 텐데, 전혀 불쾌해하지 않고 묵묵히 예를 따르는 게 이상해. 혹시 류일이 진짜 연영아가 아니라 자기 딸을 대신 보낸 거 아닐까? 아니면 다른 여자를 보낸 건가?'

이리저리 의심이 일었지만, 뾰족한 수가 없어 잠자코 있을 수밖에 없었다.

그 신부는 가만히 고개를 들어 진상문을 보았다. 옥같이 아름다운 얼굴에 반해 마음이 흐뭇해졌다. 해가 지고 침실에 촛불이 밝혀지자, 두 사람은 마주 앉아 이야기를 시작했다.

시를 보냈는데, 전설에 따르면 범려가 월나라를 떠날 때 그녀를 데리고 갔다고 한다.
58 교배례(交拜禮): 전통혼례에서 신랑과 신부가 절을 주고받는 절차.

第二十二回 제이십이회

진상문이 새 사랑을 맺고 날로 깊어가니, 호 씨가 류취향을 때려 중상을 입히다

류취향이 은근히 눈길을 주며 진상문을 보니, 그의 옥 같은 외모가 정말 뛰어나 마음이 한없이 기뻤다. 날이 저물자 침실에 촛불을 밝히고, 두 사람은 서로 대면했다. 진상문이 먼저 입을 열었다.

"제가 소저의 꽃다운 이름을 오래 흠모해 여러 차례 청혼했으나, 대인께서 허락지 않으셔서 부득이 외삼촌을 통해 혼사를 진행했습니다. 혹 언짢더라도 부디 용서해 주십시오. 그래도 이건 하늘이 정해 주신 인연 아니겠습니까. 제 무례함을 용서하시고 백년해로를 허락해 주시길 바랍니다."

류취향은 진상문의 수려한 모습과 다정한 말을 듣자 얼굴이 화사해졌다. 자세를 고쳐 앉아 말했다.

"아버지가 혼인을 반대하셨던 건, 제가 모자라 군자의 배필이 되기 어렵다 여겨서입니다. 그러다 군자께서 굳은 마음으로 결국 백 년 인연을 맺어 주셨지요. 제 일생이 군자께 달렸으니, 어찌 불순한 생각을 하겠습니까."

진상문은 신부의 말이 너무 가볍고 천박하게 느껴졌지만, 호색(好色)하는 소인배라 당장 그 진위를 따질 겨를이 없었다. 어려 보이면서도 예쁜 신부를 마주하자, 진짜든 가짜든 굳이 가릴 생각이 사라졌다. 이에 촛불을 물리고 비단 이불로 함께 들어가니, 피차 은근한 정이 피어났다.

다음 날, 진상문은 조정에 들어가 조회(朝會)를 마친 뒤 부모님을 뵈었다. 진담이 물었다.

"어젯밤 어디서 묵었느냐?"

"친구 집에서 밤새 이야기 나누다 왔습니다."

진담은 잠자코 있었지만, 호 씨는 낯빛이 변해 큰 소리로 말했다.

"요즘 당신 눈이 어딘가 미쳐 있는 듯한데, 뭔가 이유가 있겠지. 분명 바깥에 여자를 두고 빠져 있는 거 아니야?"

진상문은 흔연히 웃으며 답했다.

"부인은 괜히 남편을 구속 마시오. 나에게 이미 부인이 둘이나 있는데, 굳이 밖에 첩을 둘 까닭이 있겠소. 공연히 의심이 과하오."

호 씨는 노해 퍼붓는다.

"당신은 겉으론 정중한 체하지만, 나를 박대하고 이 씨를 편애하더니, 요샌 이 씨도 안 찾고 넋 잃은 사람처럼 군단 말이에요. 이유 없이 이러겠어요? 아무튼 두고 봅시다."

진상문은 대꾸하지 않다가 한참 뒤에 말문을 열었다.

"억측(臆測)하는 건 마음대로지만, 난 거리낄 게 없으니 두렵지 않소."

진상문은 자리에서 일어나 이 씨의 침실로 향했다. 그 모습을 지켜보던 호 씨는 크게 분노하며 그의 행동을 살폈다. 진상문은 이 씨를 부드러운 말로 달래며 위로했다. 이 씨는 무슨 사연인지 정확히 알지 못했지만, 남편이 다정하게 대해 주자 아득한 기분 속에서도 기뻐했다.

그날 밤, 진상문은 호 씨를 두려워한 나머지 동각에 가지 못하고 본가에서 잠을 잤다. 다음 날 아침이 되어 진상문은 비로소 동각으로 가서 류취향을 만났다. 류취향은 전날 밤 진상문이 찾아오지 않은 것에 실망하여 밤새 뒤척이며 잠을 이루지 못했다. 그러나 아침이 되어 그가 들어오는 것을 보자 반색하며 급히 일어나 공손히 맞이했다. 그러자 진상문은 환히 웃으며 앞으로 나아가 말했다.

"어제는 사정이 있어 못 왔소. 그래도 새로 맺은 정이 간절해 오늘 곧장 달려왔는데, 그대가 내 오지 않음을 원망했을 듯하구려."

류취향이 부드럽게 웃으며 대답했다.

"낭군께는 이미 화려한 집과 아름다운 부인 두 분이 계시니, 저 같은 사람을 굳이 신경 쓸 여유가 있으시겠어요? 저는 갑자기 집을 떠나 이곳에 와, 시부모님도 뵙지 못한 채 혼자 지내니 외로운 마음이 큽니다. 낭군께서는 그 심정을 알아주실까요."

진상문은 신부의 행동거지가 조금도 정숙하지 않음을 이상하게 여기던 차에, 그녀의 말투까지 천박한 것을 보고 내심 더욱 의심스러웠다. 그러나 겉으로는 태연한 척하며 손을 잡고 환한 얼굴로 말했다.

"나의 두 부인도 뛰어난 미색을 지녔으나, 나는 여전히 만족하지 못하고 있었소. 그런데 그대의 명성이 널리 퍼져 있어 오래전부터 흠모하지 않을 수 없었소. 그래서 여러 차례 장인께 청혼했으나 허락을 얻지 못했고, 결국 장인어른을 어사로 먼 곳으로 떠나시게 한 후, 그대의 외삼촌을 설득하는 데 온갖 노력을 기울여 이 인연을 이루게 되었소. 그러니 이 모든 과정이 헛되지 않음을 생각하면 진실로 다행한 일이오.

하지만 어젯밤 그대를 두고 떠났던 것은 결코 원해서가 아니었소. 첫째 부인 호 씨는 성격이 강하고 질투심이 지나쳐 의심이 많기에 쉽게 떠나올 수 없었소. 또 둘째 부인 이 씨는 본래 내가 깊이 사랑하는 사람이니, 그녀와의 정을 쉽게 끊을 수 없었던 것이오. 결국 이 일로 인해 그대를 불안하게 만들었으니 부끄럽기 그지없소. 그러나 반드시 때가 되면 우리 부모님을 뵙는 날이 올 것이니, 안심하고 이 괴로움을 참아주길 바라오. 그리고 내가 현실적으로 종일 그대와 함께할 수 없는 형편이니, 부디 이를 괴이하게 여기지 마시오."

류취향은 이 말을 듣고도 진상문이 자신을 시험하는 것임을 깨닫지 못했다. 그저 그가 호 씨를 두려워하고, 이 씨를 총애하는 줄로만 여기며 내심 슬퍼했다. 순간적으로 억울한 감정이 치밀어 오르자, 그녀는 발끈하여 얼굴빛이 변했다. 하지만 신혼 삼 일째 되는 마당에 대놓고 불만을 터뜨릴 수도 없어, 고개 숙이고 묵묵했다. 진상문이 좀 불쾌해하며 물었다.

"왜 내 말에 반응이 없소? 혹 어젯밤 내가 못 온 걸로 화가 난 건가?"

류취향은 한참 만에 눈물 흘리며 말했다.

"낭군께서 이미 근사한 부인을 두 분이나 두셨다면, 왜 저를 여러모로 끌어오시고선, 이렇게 외따로 숨기시는 건가요? 아버지가 돌아오시면 저를 바로 데려가실 테니, 차라리 하루라도 빨리 저를 돌려보내세요. 결국 남의 아래에서 서럽게 지내야 하잖아요. 낭군께서 대체 무슨 생각으로 제 일생을 망치려 하시는 건지, 정말 답답합니다."

말을 마치자 왈칵 눈물을 쏟았다. 그러자 진상문도 신혼 초라 그녀의 투정을 달갑게 여겼다. 무슨 말이든 달래고자 했다.

"우리의 만남 또한 하늘이 맺어 준 인연이고, 팔자라 할 수 있소. 이제 비록 원망한들 무슨 소용이 있겠소? 장인어른께서 돌아오신다 해도 이미 엎질러진 물인데, 출가한 딸을 다시 되찾아가실 수 있겠소? 내게 이미 두 아내가 있지만, 장부가 여색을 탐하는 것은 예로부터 흔한 일이니, 결코 그대를 소홀히 여기지는 않을 것이오. 게다가 내가 들으니 그대는 부인의 덕을 지녔다고 하여, 질투심이 없는 줄 알았는데, 어찌 이렇게 불안한 기색을 짓고 있는 것이오? 나는 그대를 숙녀라 여겼는데, 실로 숙녀가 되기는 어려운 것이군. 그러나 내 마음이 두 아내보다 더욱 그대를 향할 것이니, 부디 번뇌하지 말고 안심하시오."

진상문은 류취향의 손을 잡고 다정하게 달랬다. 그러자 류취향은 그의 은근한 태도에 기뻐하며 눈물을 거두고 깊이 탄식했다.

"낭군께서 이미 사랑하는 두 부인을 두고 계시니, 하찮은 제가 감히 총애를 다투려 하겠습니까? 저는 차라리 죽을 때까지 부모님 곁에 머물며, 귀댁의 문을 넘지 않겠습니다."

진상문은 웃으며 그녀를 다독이고 위로했지만, 여전히 어딘가 아득한 기분이 들었다. 마치 안개 속에서 헤매는 듯, 류취향과 연영아의 진실을 명확히 깨닫지 못한 채 의심만 깊어졌다. 그러나 류취향의 말이 흐릿하고 애매하여 확실한 증거를 잡을 수 없었으므로, 의심은 완전히 해소되지 않았으나 크게 문제 삼지는 않았다. 진상문은 그녀를 향한 애정을 아끼지 않았지만, 호 씨를 두려워하여 매일 함께 지내지 못하고 며칠에 한 번씩 동각을 찾았다. 그로 인해 류취향은 늘 적막함 속에서 지내며, 점점 마음이 울적해졌다.

류일은 연영아의 꾀에 빠져 딸을 대신 시집보냈다는 사실에 밤낮으로 고민했으나, 다음날 아침 시녀를 동각에 보내 알아보니 다행히 별 문제 없이 신혼 생활이 이어진다 하여 잠시 안심하기도 했다. 그래도 진상문이 혹 찾아올까 부끄러워, 집안 하인들에게 "진 한림이 오면 이러이러하라"고 분부했다.

며칠이 지나자, 진상문이 드디어 류일 집에 찾아가 "혼사 때 수고하셨다"라며 사례하고자 했으나, 하인이 전하기를, "우리 노야께서 혼례 뒤로 병을 얻어 나오지 못하십니다. 자녀도 없어 돌볼 이가 없으니, 내당에서 조리하시며 손님을 일절 사절하십니다"라고 했다. 진상문은 하인을 통해 문안만 전하고 돌아오면서, 곧 류취향에게 말했다.

"그대 외삼촌께서도 혼사 때문에 많이 애쓰셔서인지 병이 가볍지 않다더군. 내가 문병 가 보려 했지만 내당에 계시다 하여 못 뵙고 돌아왔소."

류취향은 놀라 "집안이 멀리 있어 잘 몰랐다"라며 즉시 시녀를 보내 부친의 안부를 물었다. 류일은 딸이 못마땅해 자기 잘못을 인정하지 못하고, 내당에 틀어박혀 슬퍼했다. 그러던 중 진씨 댁 시녀가 와 편지를 전해 주니, 그제야 "병이 생각만큼 대단치 않다"라는 말로 답장을 보냈다.

류취향은 그날 밤도 진상문이 오지 않을까 애타 하다가, 오지 않으면 서러운 마음을 토로하고 울었다. 진상문은 간간이 별장에 와서 류취향의 외로운 태도를 보며 측은히 여겨 손을 잡고 위로하니, 점차 둘의 정이 깊어졌다. 류취향은 남편의 사랑에 안심하며 기뻐했으나, 호사다마(好事多魔)[59]라는 말처럼 변이 일어났다.

호 씨는 남편의 최근 동정을 지켜보았는데, 마침 호 상국의 조카 호 한림(胡翰林)이 찾아와 말하다가 "진상문이 이 한림에게 한림원 숙직을 대신해 달라고 요청하던데, 대체 어찌 된 일이냐"라고 물었다. 호 씨가 듣고 놀라며 욕설하듯 말했다.

"그 필부가 요즘 하는 짓이 수상쩍어 의심했더니, 역시 바깥에 여자를 숨겨 놓고 나를 속인 게 분명하구나. 십여 일이나 숙직한다며 나한테 밥을 부쳐 오라 하더니, 분명 무슨 곡절이 있었어!"

호 한림이 웃으며 달랬다.

---

59 호사다마(好事多魔): 좋은 일에는 흔히 방해되는 일이 많음. 또는 그런 일이 많이 생김.

"젊은 남자가 여색에 마음을 두는 건 흔한 일이지. 매제가 누이를 무서워해 집안에 여자를 못 들이니까 이런 식으로 외부에서 지낸 듯한데, 안쓰럽기도 하군. 누이는 모른 척해."

그러나 호 씨는 냉소했다.

"진상문이 방자하게 행동하며 이 씨만을 총애하고, 나를 마치 지푸라기처럼 하찮게 여기는 것을 늘 원통하게 여겼어요. 그래도 이 씨는 나보다 먼저 정한 부인이니, 참아야 할 부분이 많다고 생각했지요. 하지만 그 나머지 요망한 여자는 어찌 일시라도 용납할 수 있겠어요?"

그녀는 말을 마치며 분노로 가득 찼고, 그 기세는 마치 거대한 고래가 사람을 삼킬 듯했다. 호 한림이 그녀를 거듭 타이르려 했으나, 더 이상 어찌할 수 없어 결국 발길을 돌려 돌아갔다. 호 씨는 곧바로 정당으로 나아가 목소리를 높이며 분연히 외쳤다.

"한림은 대체 무슨 이유로 다른 사람에게 숙직을 대신 맡기고 어디로 사라졌습니까?"

이 말을 듣고 진담 부부는 크게 놀라 당혹스러워하며 답했다.

"아들은 궁에서 입직(入直)하여 며칠째 식사를 보내고 있는데, 며느리는 무슨 말을 하는 것이냐?"

호 씨는 차가운 웃음을 지으며 단호하게 말했다.

"제가 분명 들었는데, 한림이 동료에게 숙직을 대신해 달라고 했고, 조회에도 제대로 참석하지 않았다고 합니다. 시부모님까지 저를 속이십니까?"

진담이 당혹해 물었다.

"우리는 정말 아는 바가 없다. 며느리는 그 말을 어디서 들었느냐?"

호 씨가 분개해 말했다.

"대인께서 정말 모르신다면, 며칠째 아침저녁으로 밥을 갖다주던 시녀와 서동(書童)을 불러 호되게 물어보십시오. 그러면 한림의 행방을 분명히 알 수 있을 겁니다."

진담 부부는 호 씨가 몹시 화난 것을 보고 겁이 나, 즉시 서동 '교운(喬雲)'과 시녀 '수매(守梅)'를 불러 추궁했다.

"너희는 매일 한림께 식사를 가져가는데, 어디에 두고 오느냐?"

교운과 수매가 대답했다.

"당연히 궐 안으로 가져가 근무처에 드립니다. 딴 곳으로 갈 리가 있겠습니까."

호 씨가 큰 소리로 질책했다.

"이놈들이 몹쓸 한림과 한통속이 돼 잘도 속였구나! 조용히 물어선 대답 안 하겠지. 혹형(酷刑)을 써야 솔직히 말하겠군."

그리고 시종을 불러 "큰 매를 가져오너라" 하며 진담에게 말했다.

"이놈들이 주인을 우습게 보고 농락했으니, 한림이 부모를 기만한 죄와 같이 엄벌해야 합니다."

진담은 난처했지만 어쩔 수 없이 두 사람을 끌어올려 몹시 매질했다. 교운과 수매는 비록 한림의 명령이 두려웠지만 호 씨의 위세와 매의 아픔을 견디지 못해 울며 말했다.

"한림 노야께서 '아침저녁 식사를 날마다 동각으로 가져오되, 집안에 알리지 마라. 누설하면 죽여 버린다'라고 하셔서, 저희는 그저 시키는 대로 했을 뿐, 더는 모릅니다."

진담 부부가 크게 놀라 "한림이 동각에서 무슨 일을 하며, 누가 있는지는 아느냐"라고 묻자, 교운과 수매는 "우린 식사만 올리고 물러났기에, 다른 사정은 모릅니다"라고 했다. 호 씨가 목청을 높여 욕설을 퍼부었다.

"이놈들이 끝까지 숨기니, 너희 목숨을 매질로 끊어버릴 것이다!"

그러고는 사내종들을 시켜 더욱 심하게 매질하니, 둘은 혼비백산하여 결국 털어놓았다.

"동각에 어떤 새 부인을 맞아 두신 것 같습니다. 대노야(大老爺)를 속이고 집안 아무도 모르게 은밀히 장만하셨는데, 그 부인이 엄청난 미인이라 한림이 몹시 사랑하시고, 다만 호 부인을 두려워해 본가에 들이지 못하는 듯합니다. 숙직 핑계로 그리 자주 가는 거라 합니다."

진담 부부는 얼굴빛이 새파래져 말을 잇지 못했고, 호 씨는 분노가 하늘을 찌를 듯 치솟아 얼굴이 남빛으로 변했다. 호 씨가 눈이 뒤집힌 채 난간을 치며 크게 욕설을 퍼부었다.

"저놈이 감히 은밀히 여자를 들여놓고 부모를 속이며 음탕하게 날뛰다니, 어찌 분하지 않겠습니까!"

그녀는 그 기세를 거두지 않고 곧바로 시부모를 향해 격렬히 퍼부었다.

"한림이 비록 버릇없다 하나, 부모님께는 분명 아뢰었을 것입니다. 결국, 시부모님께서도 한림과 한통속이 되어 저를 속이신 것이 아니겠습니까! 이 일이 어찌 원통하지 않겠습니까!"

진담 부부가 급히 해명했다.

"우리도 정말 몰랐다. 어찌 며느리를 속이겠나. 오늘 처음 듣는 말이니, 며느리는 의심 말거라."

하지만 호 씨는 노여움을 풀지 않았다.

"시부모님이 정말 모르셨다면, 한림의 패륜은 짐승과 다를 바 없군요! 혼사는 부모가 돌아가셨다 해도 사당에 고하고 치르는 법인데, 한림은 부모가 살아 계신데도 제멋대로 아내를 얻었으니 부모를 지푸라기처럼 본 겁니다. 천하에 이런 패악(悖惡)한 자가 어디 있겠습니까. 부모님께선 아들을 감싸시겠지만, 전 결코 두고 보지 않겠습니다. 당장 동각에 가 그 요물(妖物)을 잡아다 육장(肉醬)[60]으로 만들겠어요. 한림이 감히 날 어찌하겠습니까. 시부모님께서는 위엄이 없으시니, 감히 그 방자한 아들을 다스릴 엄한 명령을 내릴 수 있겠습니까?"

그녀는 말을 마치자마자 서동과 시녀들을 세차게 몰아내며 더욱 거칠게 분노를 표출했다. 그 광경에 진담 부부는 넋을 잃고 어찌할 바를 몰랐다. 이어 호 씨는 분연히 몸을 일으켜, 당장 동각으로 가려 했다. 그러자 진담이 다급히 그녀를 만류하며 말했다.

"아들이 이미 두 아내를 두고도 부모와 며느리를 속여 또다시 아내를 취한 것은 실로 통탄할 일이다. 하지만 이미 엎질러진 물을 어찌하겠나? 며느리의 분노가 크겠지만, 저곳으로 직접 찾아가는 것은 체면상 옳지 않다. 내가 직접 아들을 불러들여 엄히 다스릴 것이니, 며느리는 우선 분을 가라앉히고 사태를 지켜보며 처리하는 것이 옳다."

그러나 호 씨는 차가운 웃음을 지으며 단호히 말했다.

"한림을 다스리는 것은 시부모님의 체면이니, 제가 관여하지 않겠습니다. 하지만 저 요녀는 제 손안에 들어온 물건입니다. 제가 이 분함을 잠시나마 참을 것 같습니까? 한림이 장부라 하면서도 체면을 모르는 판에, 규방에서 자란 무식한 여자가 무슨 체면을 알겠습니까? 차라리 죽을지언정, 이 일을 가만두지 않겠습니다!"

그녀는 말을 마치자마자 즉시 가마를 준비하게 하고, 유모와 시녀들을 거느려 동각으로 향했다. 진담 부부는 감히 그녀를 막지 못하고, 다급히 동각으로 사람을 보내 호 씨가 가고 있다는 사실을 알렸다. 그리고 진담은 서둘러 그녀를 따라 동각으로 향했다.

이때 진상문은 류취향과 함께 밤낮으로 즐기며 지냈다. 류취향도 점

---

60 육장(肉醬): 고기를 잘게 썰어서 간장에 넣고 조린 음식.

차 마음을 열었고, 남자의 호탕한 기질을 기꺼이 받아들였다. 진상문은 마치 소년처럼 욕망에 사로잡혀, 노류장화(路柳墻花)[61]와도 같이 아무 거리낌 없이 그녀와 함께 시간을 보냈다. 대낮에도 거리낌 없이 환락을 즐겼으며, 밤낮을 가리지 않고 방에서 문을 걸어 잠근 채 한 베개를 베고 몸을 나누며 끊임없이 음란한 행태를 이어갔다. 류취향은 조금의 부끄러움도 느끼지 않는 듯 보였고, 진상문의 뜻에 따라 한없이 방탕한 행동을 하였다. 그들의 행태가 점점 지나쳐지자, 시녀들은 감히 그 방 근처에도 다가가지 못했다. 다만 멀리서 서로 머리를 맞대고 "저분은 기생보다 더 한 행동을 보인다"라고 속삭이며 웃음을 참지 못했다.

그 무렵, 호 씨는 가마꾼들을 재촉하며 불같이 서둘러 길을 나섰다. 그러다 도중에 진씨 집안의 하인을 만나게 되었는데, 이로 인해 시부모가 이미 한림에게 기별을 보냈음을 알게 되자, 호 씨는 더욱 격노했다. 그녀는 곧 하인을 꾸짖고 결박해 길가에 꿇어앉히게 했다. 그리고 발길을 재촉하여 순식간에 동각에 도착했다.

호 씨는 주저 없이 곧장 내당으로 걸어 들어갔다. 그곳에 있던 모든 노복들은 갑작스러운 그녀의 방문에 당황하여, 어디서 왔는지도 모르고 서로 얼굴만 마주 볼 뿐이었다. 호 씨는 가마에서 내려와 단숨에 당 위로 올라갔다. 그녀가 주변을 둘러보니, 창문은 단단히 닫혀 있었고, 시녀 한 명이 창밖에 서 있었다. 호 씨는 눈을 번득이며 그녀에게 다그치듯 물었다.

"한림은 어디 있느냐?"

시녀가 그녀의 무서운 기세에 겁이 나 재빠르게 대답했다.

---

61 노류장화(路柳墻花): 아무나 쉽게 꺾을 수 있는 길가의 버들과 담 밑의 꽃이라는 뜻으로, 창녀나 기생을 비유적으로 이르는 말.

"저 방 안에 계십니다."

"방 안에 또 누가 있느냐?"

"새 부인과 함께 있습니다."

호 씨는 '새 부인'이라는 말에 더욱 울분이 치솟아, 돌입하려고 하다가 우선 밖에서 어떤 꼴인가 엿보고자 창 아래로 다가갔다. 정말 진상문이 한 미인과 나란히 앉아 손을 잡고 온갖 희롱을 즐기는 모습이 보였다. 그 여인은 화려한 장식을 하고 웃으며 아양을 떨고 있었는데, 머리카락은 어지러웠고 눈매는 흐릿했으며, 용모가 상당히 빼어났다. 진상문이 지나치게 사랑하는 기색도 역력했다.

호 씨는 그 장면에 분노가 머리끝까지 치솟아 이성을 잃고, 체면도 잊은 채 쾅 하고 창을 박차고 뛰어들었다. 류취향은 달콤한 장난에 빠져 바깥 사정을 전혀 몰랐기에, 날벼락 같은 소리에 소스라치게 놀랐다. 마치 맑은 하늘에 벼락이 치는 듯했다. 복색(服色)으로 보아 부인인 듯했고, 진상문도 호 씨가 들이닥쳤음을 직감해 겁에 질려 우물쭈물했다. 류취향은 진상문을 밀고 일어섰고, 진상문도 허둥지둥 일어섰다. 호 씨는 말 한마디 않다가 달려들어 진상문의 관(冠)을 확 벗기고 머리카락을 거칠게 잡아 엎어뜨렸다. 그리고 목소리를 높여 욕설했다.

"무책임한 도적 같은 놈! 너는 글을 읽어 임금과 부모를 섬기는 도리를 배웠다면서, 부모를 속이고 요망한 계집을 데려다 열흘째나 혹해 있으니, 이게 무슨 이치냐!"

호 씨는 분노가 극에 달해, 입에 담기 힘든 욕설이 끝이 없었다.

호 씨는 호유용의 권세에 기대는 포악한 여자였다. 류취향은 그와 달리 원래 기운이 약하고 몸도 허약했다. 이런 상황에서 호 씨의 강한 손길에 전혀 대항할 힘이 없어, 손발 한번 제대로 쓰지 못하고 여러 차례 얻어맞았다. 머리는 깨지고 여린 피부가 찢겨 피투성이가 되었으며, 정신까지 잃었다. 호 씨는 이를 아랑곳하지 않고 류취향을 거꾸로 붙잡아 시녀들에게 "측간(厠間)에 처박아라!"라며 명령했다. 진상문이 달려들어 시녀들을 뿌리치고 류취향을 구해 보니. 이미 온몸에 상처투성이로 기절해 있었다. 진상문은 눈물을 흘리며 호 씨를 질책했다.

"그대가 아무리 추해도, 사람을 이렇게 때려 죽이려고까지 하오? 이 분은 본래 사대부 집안 규수로, 어쩔 수 없이 나에게 시집온 것뿐이오. 그 아버지가 조정의 대신이자 언관(言官)[62]이라, 만약 그대가 무고한 사람을 죽였다 하면 나라에 고할 것이고, 법대로 죄를 피하지 못할 거요. 부인의 투기는 예부터 칠거지악(七去之惡)[63]의 으뜸이고, 살인은 국가법에 따라 중죄로 다스려지니, 내게 잘못이 있긴 해도 그녀는 무슨 죄가 있소?"

호 씨는 진상문이 류취향을 감싸는 모습에 오히려 더 격분해, 철로 된 방망이를 들고 류취향을 치려 달려들었다. 진상문이 몸으로 막아서고, 시녀들을 지휘해 류취향을 방 안으로 옮겼다. 호 씨는 분을 못 이겨 류취향을 다시 잡으려 했지만, 진상문이 그녀의 팔을 꽉 붙들어 더는 움직이지 못하게 했다. 호 씨는 발을 구르며 악을 썼다.

"너희들, 빨리 저년을 끌어내라!"

그 목소리는 벼락같았으나, 시녀들은 진상문을 두려워해 감히 나서지 못했다. 호 씨는 울분을 이기지 못해 진상문을 붙들고 고함쳤다.

"믿음 없는 놈 같으니! 저 천한 년을 지키겠다고, 정실부인인 날 무시하겠다는 거냐? 저년이 뭔 놈의 사대부 집안이겠어. 아버지가 무슨 언관이니 뭐니, 제왕(帝王)이라 해도 난 겁낼 것 없다. 당장 그년을 죽이고 내가 죽어도 한이 없을 거야. 내가 목숨을 무서워할 거 같으냐? 네가 애

---

62 언관(言官): 사간원과 사헌부에 속하여 임금의 잘못을 간(諫)하고 백관(百官)의 비행을 감찰하던 벼슬아치.

63 칠거지악(七去之惡): 예전에 아내를 내쫓을 수 있는 이유가 되었던 일곱 가지 허물.

써 즐기려 했겠지만, 두고 봐라! 네 부모가 무식해, 자식이 이렇게까지 방자하게 군 건 내 그냥 못 본다. 거짓으로 입직 운운하며 부모와 아내를 속였으니, 짐승이나 다름없어. 법을 들먹이다니, 웃기지 마! 너는 원래 이 씨를 총애하더니, 이제 또 요망한 년에게 빠져 네 집을 망치고, 네 몸을 망칠 거다. 당장 화근을 없애려는데, 계집 때문에 눈물짓다니, 이런 용렬한 놈이 임금의 벼슬을 더럽히는구나. 임금도 모르고 아버지도 모르고, 계집만 중히 여기는 네 꼴을, 당장 상국께 아뢰어 너를 변방에 귀양 보내버릴 테다!"

진상문도 화가 치밀어 크게 외쳤다.

"이 못난 부인이 예법도 알지 못한 채, 한갓 질투로 모든 일을 망치며 남편을 능욕하고 시부모를 경시하는 것이냐! 남자는 일곱 부인을 두고 백 명의 첩을 거느려도 죄가 되지 않는다. 그러나 계집이 남편을 욕보이고 시부모를 능멸하며, 다른 부인을 해치는 죄는 곧 목을 베어 죽여야 할 중죄야. 네가 큰 가문에서 태어났음에도 이런 법도 알지 못한 채, 거리낌 없이 남편을 욕보이다니, 반드시 천자께 아뢰어 너를 내쳐 변방으로 귀양 보내게 할 것이다! 호 상국의 권세가 아무리 크다 한들, 내 가솔의 일을 어찌 막을 수 있겠느냐? 더구나 이 여자의 부친 연 어사는 호 상국을 지푸라기처럼 여기고 있는데, 과연 자신의 딸이 억울하게 죽어가는 것을 가만히 보고만 있을 것 같으냐? 네가 이대로 살인죄를 피할 수 없을 터인데, 이제 어찌할 작정이냐!"

호 씨는 광분해 욕설을 퍼부었다.

"니가 뭔데 나를 훈계해? 정실부인을 저버리고, 천한 계집을 위해 눈물 흘리는 주제에!"

그러고는 몸을 날려 진상문을 붙잡으려 했다. 때마침 진담이 허둥지둥 달려와, 두 사람이 난투극을 벌이는 광경을 보고, 호 씨를 말리고 아들을 꾸짖었다.

"네가 이렇게 불초하여, 부모도 모르게 몰래 아내를 취하다니! 만일 이 일이 조정에 알려진다면, 네가 무슨 낯으로 관직에 서겠느냐? 다시는 이처럼 행실 없는 짓을 하지 말거라!"

진상문이 이를 듣고 분개한 상태로 대꾸했다.

"아버지, 제 잘못이 크긴 해도, 다만 저는 호 씨의 성격이 너무 지독해, 부인 노릇을 전혀 못한다 여겨 밥도 안 넘어갈 정도였고, 결국 착하고 어진 아내를 얻으려 한 것입니다. 그런데 호 씨가 이렇게 난리를 칠까 두려워 부모님께 말씀드리지 못하고 몰래 연 씨를 취해 이곳에 두었을 뿐입니다. 그런데 지금 이 난리를 피워 저를 치고 연 씨를 죽이려 하다니, 무슨 말로도 되지 않는 패악입니다. 나라에 고해 호 씨의 죄를 물어야 해요!"

호 씨가 듣고, 더 큰 소리로 진상문을 욕했다.

"진상문, 이 못된 놈아! 지금 네가 천한 계집을 감싸고, 정실부인을 멸시한다? 좋아, 나라에 가서 고해 봐라. 나도 할 말이 많다. 이젠 무슨 부부의 정이 남았겠어? 이미 넌 원수야. 저년을 죽이고 나도 죽을 거다!"

그리고 연달아 발악하는 모습이 지독했다. 진담이 어이없어 아들을 끌고 나갔다. 그러자 호 씨가 죽기를 불사하는 것처럼 날뛰니, 누구도 말리기 어려웠다. 호 씨는 내당으로 들어가 류취향을 죽이려 했으나, 진상문이 미리 류취향을 방 안에 넣어 시녀들로 하여금 지키게 하며 문을 잠가 뒀다.

호 씨는 더욱 노발대발해 창문을 발로 차 부수며 욕설을 뱉었고, 심지어 난간에 머리를 부딪혀 피가 흐르고 옷깃을 뜯어 자결하려 들었다. 하인들이 모두 당황하고, 진담은 정신이 없어 한 구석에 서서 눈썹만 찡그리고 한마디도 못 했다. 진상문은 호 씨가 이러다가 실제로 다칠까 겁이 났고, 무엇보다 호 씨가 다치면 호유용의 노여움을 살까 무서워, 속으로 분노를 참으면서 시녀들에게 "붙잡아 진정시켜라" 명령했다. 그러나 시녀들도 호 씨의 광기를 두려워해 감히 나서지 못했고, 호 씨는 이리저리 몸을 부딪쳐 온몸이 상처투성이가 되고 머리엔 피가 흘렀다. 어찌할 도리가 없었던 진상문은 직접 호 씨를 붙잡고 달랬다.

"당신이야 옛날부터 똑똑하고 예법을 아는 사람이었는데, 어찌 이다지 자해(自害)하려 드시오. 내가 비록 잘못이 있어도 옛날 부부의 정을 생각해 용서해 주시면 안 되겠소? 연 씨를 내쫓으라고 하면 내가 부끄럽지만 거절하지 못할 것이오. 뭣 때문에 이토록 격분해서 스스로 몸을 상하게 하는 거요. 설령 연 씨가 서시만큼 예쁘다 해도, 어찌 당신의 자리를 위협하겠소. 내가 그대와 부모님을 속여 연 씨를 이곳에 숨긴 건 당신을 무서워했기 때문이오. 찬찬히 생각하면 가련한 일 아니오. 부디 생각해 보고, 이제라도 화를 거두시오. 그 뒤로는 내가 연 씨를 거절해 당신 뜻을 어기지 않겠소."

그리고 다정하게 머리카락을 정리해 주며 여러 말로 타일렀다. 호 씨는 비록 성격이 강하였으나, 결국 여인의 마음을 지니고 있었기에 진상문의 말을 받아들이기 시작했다. 진상문의 말을 듣고 난 후, 호 씨는 제법 화가 풀린 듯 발악을 멈추고 말했다.

"그대가 정말로 저 요망한 여인을 버린다면, 내가 더 이상 무슨 말을 하겠어요? 하지만 진정 그렇게 하려면, 반드시 굳은 맹세를 해야 해요. 맹세만 한다면, 나는 곧 돌아가겠어요."

그러자 진상문은 차분한 목소리로 대답했다.

"내가 비록 부족한 사람이지만, 서투르게 처신하지는 않을 것이오. 오늘 일이 어찌 그대를 모욕하려는 뜻에서 비롯되었겠소? 걱정하지 마시오. 대장부가 한 번 결심하면 마음을 굳게 하는 법이오. 연 씨가 지금 심한 매를 맞고 있어 자칫하면 목숨을 잃을 수도 있으니, 만일 그녀가 죽게 되면 이 일을 저지른 자는 살인죄로 사형에 처해질 것이오. 그러니 오늘 연 씨를 돌려보내 치료하게 하고, 이후에는 완전히 관계를 끊을 것이니 그대는 의심하지 말고 돌아가시오. 만일 이 일이 살인으로 번지면, 그대와 나 모두 곤란한 상황에 처하게 될 것이오. 비록 상국께서 권세가 있으시나, 살인이라는 중죄까지 덮을 수는 없을 것이고, 더구나 상국께서는 여인의 질투를 혐오하는 분이시니, 만약 그대의 행동을 아신다면 결코 용납하지 않고 크게 꾸짖으실 것이오. 만일 일이 커진다면, 그대도 어찌할 도리가 없을 것이오."

호 씨는 그의 말을 듣고 화가 점차 사그라들었다. 차분히 사리를 따져 보니, 자신의 행동이 여인의 도리에서 크게 벗어난 것임을 깨닫게 되었다. 더욱이 호유용이 늘 여인의 질투를 경계하고 금지하던 터라, 만약 이 일이 그의 귀에 들어가면, 무거운 책망을 피할 수 없을 것이었다. 게다가 류취향은 이미 약한 몸으로 심한 매를 맞아 정신을 제대로 차리지 못하고 있었으니, 혹여 그녀가 죽기라도 한다면 그 또한 큰 문제가 될 터였다. 방 안에서 "소저가 거의 숨을 못 쉰다. 살기 힘들 듯하다"라는 말이 들려오니, 혹 죽기라도 하면 자신에게도 해가 클 거라 여겨, 독기가 서서히 식었다. 그럼에도 여전히 적의가 풀리지 않아, 진상문의 설득을 차갑게 받아쳤다.

"내가 어찌 당신 말을 듣고 물러날까 싶어요! 살아 있는 한 요녀들을 그냥 둘 것 같아요? 두 번 다시 기분 나쁜 꼴 못 보게 만들겠어요!"

진상문은 꾹 참고 몸을 낮추어 거듭 간청하며 빌었다. 진담도 호 씨의 기세가 한층 누그러진 것을 보고서야 비로소 안도하며 조심스럽게 그녀를 위로했다. 호 씨는 끝까지 사죄할 뜻을 보이지 않았고, 여전히 분노를 가득 안고 있었다. 그러나 이곳에 머무르는 것이 더 이상 의미가 없다고 판단하여, 분연히 일어나 가마꾼들을 호령하며 돌아갔다. 그녀가 떠나자, 진담은 곧바로 아들을 향해 노기를 띠며 엄하게 꾸짖었다.

"네가 이미 부인이 두 명이나 있는데, 부모도 모르게 또 아내를 데려오고 별장에 숨겨 두다 이런 사단을 만들었으니, 뭣 하는 짓이냐! 그 여자는 어디 집 딸이고, 누구와 몰래 혼인했느냐. 네가 이렇게 함부로 행동하니, 세상 사람들 입에 오르내린다면 우리 집 체면도 끝나지 않겠느냐. 게다가 호 상국의 노여움을 사면, 우리도 더러운 욕을 먹을 텐데 어쩔 작정이냐."

진상문이 사죄하며 답했다.

"부모님께 아뢰지 않고 멋대로 결혼한 건 제 잘못입니다. 원래 저는 정연양의 절개와 정숙함에 반했다가 이전에 부끄러운 봉변을 여러 번 겪은 탓에, 호 씨와 이 씨가 마음에 차지 않았습니다. 그러던 중, '어사 연권의 딸이 절세미인'이라 들어 구혼하려 했지만, 거절당했습니다. 그래도 포기하지 못해 어사가 임지로 나간 틈을 타 겨우 연 씨를 모셔 왔는데, 호 씨의 투기가 워낙 심해 부모님께 못 알린 겁니다. 그런데 뜻밖에 호 씨가 들이닥쳐, 연 씨를 때려 죽을 지경이라…. 만약 죽으면, 어사 연권이 본디 저를 안 좋아하는데, 딸까지 잃으면 가만둘까요. 분명 큰 사달이 날 거라 두렵습니다."

진담은 얼굴이 하얗게 질렸다.

"연권은 성격이 굳세고 고집이 세다더라. 그 딸을 네가 속여 데려왔다가 죽기라도 하면, 무슨 일이 날지…. 너는 이제 어쩌려고 그러냐? 이미 저지른 일이니 우선 연 씨 상처부터 살피고 빨리 치료해라."

진상문은 호 씨를 원망하며 소리쳤다.

"저 투기하는 부인과는 더 이상 함께 못 살겠습니다."

진담이 반기지 않고 말했다.

"네가 호 씨를 내쫓으면 집안이 크게 요란해지고, 이 씨마저 편히 못 지낼 게다. 호 씨에게 잘해 줘야 모두 무사할 것이다."

진상문은 잠자코 한숨을 쉬었다. 그리고 시녀를 불러 연 씨의 안부를 물으니 시녀가 "정신을 못 차리고 상처가 깊다"라고 전했다. 진상문과 진담은 잔뜩 놀라 급히 방으로 들어갔다. 보니, 류취향이 숨을 제대로 못 쉬고 머리가 깨져 피가 엉기고, 몸 곳곳에 심하게 부어올라 거의 피투성이였다. 그 바깥 추운 겨울바람도 한몫해, 옷이 다 찢긴 채 이리저리 끌려다녀 상처가 더 악화된 것이었다. 분함과 공포 때문에 충격이 더해 정신을 잃은 상태였다.

진상문은 몹시 당황해 시녀들에게 "따뜻한 물을 가져오라" 하며 직접 몸에 묻은 피를 닦고, 상체를 일으켜 침상 위에 눕히고, 피 묻은 옷을 갈아입혔다. 그래도 류취향은 깨어나지 못했다. 진담은 발을 동동 구르며 안절부절못하고, 진상문은 눈물을 흘리며, 그녀를 주무르며 애타게 불렀다.

"이 모든 게 내 죄 때문이다. 가엾은 아이가 이렇게 죽게 된다니…."

그러며 크게 애통해했다. 류취향의 시녀는 눈물만 흘리다, 급히 류 씨 집으로 소식을 전하러 갔다. 한편, 진담은 즉시 의원을 불러 약을 준비하게 했고, 진상문 역시 극진히 보살피며 류취향을 돌보았다. 이럭저럭 날이 저물어 어둑해질 무렵, 류취향이 잠시 정신을 차렸다. 그러나 그녀는 곧 눈물을 흘리며 흑흑 흐느꼈다. 진담은 그녀의 처지가 너무도 딱하여 은근히 다독이며 위로했고, 진상문은 무슨 말을 해야 할지 몰라, 다만 그녀를 어루만지며 가엾어했다.

밤이 깊어지자, 진상문은 부친을 권하여 집으로 돌아가게 했다. 진담은 더 머물 곳이 마땅치 않아 결국 자리를 떠났다. 그날 밤, 진상문은 홀로 남아 낮에 벌어진 일을 곱씹으며 새삼스럽게 원통한 마음이 치밀어

올랐다. 그는 류취향이 심하게 다친 모습을 안타깝게 여겨, 그녀의 손을 잡고 간절히 위로했다. 그러나 류취향은 더욱 죽어가는 듯한 기색을 보이며, 끝내 아무 말도 하지 않았다.

이때 류취향의 시녀가 급히 류 씨 집으로 달려가 "소저가 호 씨에게 심하게 맞아 목숨이 위태롭다"라고 알렸다. 소식을 듣고 원 씨는 얼굴이 새파래졌고, 류일은 멍한 표정으로 오래 앉아 있다가 입을 열었다.

"호 씨가 호유용의 양녀라 권세가 막강하니, 이번 난리는 오히려 작은 일이고 앞으로가 더 큰 일이다. 이를 어쩐단 말이냐. 그나저나 진 한림이 우리 딸을 연영아인 줄로 속였다고 하더니, 어쩌다 일이 이토록 빨리 터졌단 말이냐."

시녀가 대답했다.

"한림이 '입직한다'라며 매일 동각에서 지냈는데, 본가에서 의심을 품고 시녀들을 심문해 모든 걸 들켰답니다. 첫째 부인 호 씨가 거느린 시녀들과 함께 와서 우리 소저를 마구 때려, 온몸이 부어 피가 흐르고 정신을 잃었습니다. 그리고 소저를 측간에 거꾸로 박으려는 것을, 그나마 한림이 말려 간신히 목숨은 건졌습니다. 호 부인은 남편 옷도 찢고 발악하니, 진담 노야가 달려가 겨우 싸움을 말렸습니다. 그런데 호 부인이 다시 소저를 찾아 죽이려 했고, 한림이 자기 몸으로 막아 못 들어가게 했습니다. 호 부인은 날뛰며 죽으려고까지 해서 한림이 애걸했습니다. '소저를 영영 내치겠다'라고…. 그제야 물러갔는데, 소저가 곧 숨이 넘어갈 것 같아, 오늘 밤도 위태로워 급히 전합니다."

류일 부부는 딸의 상황을 전해 듣고 슬픔을 참지 못해 눈물을 흘렸다. 그들은 가슴을 치며 애통해하다가 급히 동각으로 향했다. 가는 길에, 류일이 시녀에게 다그치듯 물었다.

"진상문이 과연 우리 딸의 본래 신분을 알고 있는가?"

시녀가 조심스럽게 대답했다.

"아직은 모르는 듯합니다. 대상공께 보고할 때도 '연 어사의 딸'이라고만 했으며, 호 씨와 싸울 때도 '연 어사의 딸이니 죽으면 큰일 난다'라고 말했습니다"

이 말을 들은 류일은 원 씨를 돌아보며 말했다.

"진 한림이 아직 딸의 정체를 모른다고 하니, 부디 그대는 딸인 척하지 말고 조카딸인 척 행동하시오. 만약 우리 딸임을 알게 되면, 호 씨가 거리낌 없이 더 강하게 나설 것이고, 진 한림도 두려워하지 않을 것이오. 그러니 각별히 조심하시오."

원 씨는 남편의 말에 조용히 고개를 끄덕였다. 부부가 동각에 도착하니, 이미 밤 7시에서 9시 사이였다. 그때, 진담은 이미 돌아간 후였고, 진상문만 남아 있었다. 진상문은 류일 부부가 찾아온 것을 보고 부끄러움을 느꼈으나, 마지못해 예를 갖추어 맞이했다. 특히 원 씨와는 초면이라, 그녀에게 공손하게 인사를 올렸다. 그러자 류일이 따지듯 물었다.

"시녀에게서 들으니 우리 조카딸이 호 씨의 폭행으로 위태롭다 하여 이렇게 달려왔소. 대체 어찌 된 일이오? 그대가 왜 일처리를 조심스럽게 못 해 이 지경이 되었소?"

진상문은 깊이 머리를 숙이며 사죄했다.

"소저를 친영하여 이곳에 모셨으나, 제 부모님께서 이 사실을 모르시는 까닭에 마음대로 드나들지 못했습니다. 그래서 동료에게 대신 근무를 맡기고 이곳에 머물렀더니, 못된 아내가 함부로 행동하여 세상에 유례없는 질투로 소저의 천금 같은 몸을 다치게 했습니다. 약한 몸이 위태로운 지경이니, 실로 대인 앞에 설 면목이 없습니다. 아내가 이토록 사나운 성정을 가졌기에 소저를 구차하게나마 모셔왔건만, 채 몇 달도 지나지 않아 이런 모욕을 겪게 하였으니, 모든 것이 제 불찰입니다."

류일은 말을 잇지 못한 채, 원 씨와 함께 방으로 들어갔다. 그곳에는 비단 이불에 싸인 딸이 누워 있었고, 부모를 보자마자 슬픔을 이기지 못하고 눈물을 흘렸다. 류일 부부는 가슴이 무너지는 듯한 고통을 느꼈으나, 간신히 감정을 억누르며 다가가 이불을 들추어 보았다. 그러나 눈앞에 펼쳐진 광경은 차마 믿을 수 없는 참상이었다. 옥처럼 고왔던 피부는 멍들고 상처투성이가 되어 핏덩이로 변해 있었으며, 얼굴은 심하게 부어 원래의 모습을 알아볼 수도 없을 정도였다. 이를 본 원 씨는 참지 못하고 그 자리에서 눈물을 쏟아냈고, 말조차 잇지 못한 채 흐느껴 울었다. 류일도 눈물이 수염을 적시며, 흐느끼는 목소리로 말했다.

"이 모든 것이 다 나의 죄다. 머지않아 연공이 도착할 텐데, 너는 평안히 있어도 그의 뜻이 어떨지 염려스러운 상황인데, 더욱이 이렇게 심한 상처를 입어 목숨까지 위태롭다니, 이를 어찌하면 좋단 말이냐. 연공의 성정과 고집이 남다른 터라, 반드시 큰 화를 일으킬 것이고, 결국 나와 진 한림도 무사하지 못할 것이다. 노부가 어리석어 끝내 너의 목숨까지 위태롭게 만들었으니, 이제 내가 죽어 지하로 간다 해도 돌아가신 누님을 어찌 뵐 수 있겠느냐…."

그는 말을 마치고 하염없이 눈물을 흘렸다. 원 씨는 류취향의 손을 꼭 붙잡고 흐느끼며 울음을 멈추지 못했다.

第二十三回
제이십삼회

연영아에게 장가든다는 게 류취향을 잘못 맞아, 천금을 허비해 집안이 큰 소란에 빠지다

원 씨는 딸의 손을 잡고 눈물을 주룩주룩 흘렸다. 류일이 말했다.

"딸아, 네가 크게 다쳤으니 더 할 말은 없지만, 결국 이건 전부 천명이니 남 탓할 것도 없다. 남을 함정에 빠뜨려 부귀를 꾀하다가 오히려 자기에게 해가 됐으니, 누구를 원망하겠니."

그 무렵, 호 씨는 진상문에게 확실한 약속을 받고 돌아갔으나, 시부모에게 인사도 하지 않고 곧장 자기 침실로 들어가 난간을 치며 목 놓아 통곡했다.

"상국께 고해 두 계집을 몽땅 없애 버리겠다!"

시녀가 다급히 만류했다.

"상국 노야께서는 부인의 투기를 크게 싫어하시잖아요. 이런 일 아시면 부인도 큰 책망을 면치 못하십니다. 또 연 씨가 크게 다쳐 이미 살아날지조차 알 수 없으니, 서두르면 일이 어그러질 겁니다. 일단 잠잠히 계시다가, 혹 낭군께서 정말 그 여인을 놓지 못한다면 그때 조용히 도모하셔도 늦지 않습니다."

호 씨도 이 말이 옳다고 여겨 일단 그쳤다. 한편 진담은 집으로 돌아와 부인 조 씨에게 말했다.

"호 씨가 난동을 부려, 연 어사의 딸을 심하게 때려 목숨이 위태롭다오. 이 일이 어찌 두렵지 않겠소?"

조 씨가 놀라 물었다.

"진상문이 예전부터 연 씨를 사모한다더니, 정말 데려온 건가요? 그런데 그 여자가 혹 죽기라도 하면 큰일 아닙니까."

"지금 연 어사는 팔도를 도는 순무어사로 떠났는데, 우리 아들은 그 외삼촌 류 시중에게 애원해 조카딸을 속여 혼인을 치른 거요. 정작 연 어사는 모른 채이니, 설마 죽기라도 하면, 다른 사람의 부탁을 듣지 않는 그 성품으로 가만있겠소? 분명 상문이 사대부가의 여자를 마음대로 취해 죽인 죄로 크게 소송하고 황제 폐하께도 아뢸 텐데, 그럼 상문도 무사치 못하고, 나도 아들 못 가르친 죄로 곤욕을 당할 게 뻔하오. 게다가 호 씨는 상국의 세를 믿어 투기가 심한 사람이니, 정말 어찌해야 좋단 말이오."

그때 시녀 하나가 들어와서 보고했다.

"이 소저께서 한림 상공을 원망하며, 스스로 목숨을 끊으려 합니다."

진담 부부가 어이가 없어 다만 탄식했다.

다음 날, 진담의 누이동생 진 씨와 이 씨의 남매 이생이 찾아와 진담에게 물었다.

"소문에 조카가 형을 속이고 새 아내를 들여, 동각에 숨겼다가 큰 소란이 일어났다고 하던데 사실인가요?"

진담이 이번 사건의 전말을 이야기하자, 진 씨는 말없이 듣고, 이생은 크게 웃으며 "진상문의 풍류"라며 농을 쳤다. 그러자 진 씨가 탄식했다.

"우리 조카가 책을 읽어 식견이 있다고 했는데, 어찌 이렇게 방약무인(傍若無人)합니까. 이러다 집이 전쟁터가 될까 겁나네요. 형과 형수님은 걱정이 크시겠어요."

이생이 웃으며 말했다.

"참, 진 형도 영웅호걸이군요. 마치 삼국(三國) 시절 전쟁 같은데요. 누가 천하를 얻으려나?"

진담이 한숨을 쉬었다.

"농담할 때가 아니다. 정말 큰 근심이야."

그리고 다시 연 씨가 얻어맞은 일과, 만약 연 어사가 돌아와 알게 되면 큰 화를 불러올 것을 말하니, 진 씨가 위로했다. 그리고 진 씨와 이생이 이 씨를 보니 이 씨는 진 씨를 보자마자 참았던 슬픔이 폭발하듯 크게 울며 말했다.

"진랑의 무정함이 너무도 깊어 저를 속이고 새로운 미인을 맞아 빠져버렸으니, 이제 다시는 낭군의 사랑을 기대할 수 없겠지요. 제 젊음이 이렇게 허망하게 흩어지니, 어찌 슬프지 않겠습니까. 아, 무정하구나, 진랑이여! 이제 다시는 그 옥 같은 낭군의 자취를 볼 수 없고, 원앙 장롱 앞에서 옛사랑을 떠올리며 홀로 그리워해야 하니, 차마 어찌 살아간단 말입니까. 진랑아, 진랑아! 예전에는 내게 백 년을 함께하자고 맹세하지 않았던가. 그런데 겨우 몇 년 만에 이렇게 잊어버릴 줄이야."

그녀는 말을 마치자마자 머리를 부딪치며 통곡했다. 진 씨는 이 씨의 모습이 한심했지만, 달리 어찌할 방도가 없어 조용히 그녀를 붙들고 위로했다.

"조카가 비록 호탕한 기질로 새 미인을 맞이했으나, 평소 낭자를 우대하던 정이 어찌 하루아침에 사라졌겠어요? 그러니 너무 깊이 괴로워하지 말고, 질투심을 키우지 마요. 남자는 본디 질투하는 여인을 싫어하는 법이니, 이런 일에 개의치 않고 태연히 지내면 오히려 더욱 공경받을 거에요. 조심하고 괜한 분노로 스스로 신세를 망치지 말아요."

그러나 이 씨는 흐느끼며 진 씨의 말을 들으려 하지 않고, 원망의 말만 끝없이 되풀이할 뿐이었다. 결국, 진 씨는 더 이상 말을 하지 않고 조용히 자리를 떠났다. 이 소식을 들은 이 씨의 모친 김 씨가 몹시 화를 내며 진 씨를 꾸짖자, 진 씨는 더욱 민망한 기색을 감추지 못했다.

그 뒤 류일 부부와 진상문이 지극정성으로 간호하자, 류취향은 며칠 뒤 겨우 목숨을 건져 조금씩 일어나게 되었다. 세 사람이 기뻐했고, 원 씨는 가정일 때문에 집으로 돌아갔다. 진상문은 류취향의 병을 돌보느라 집에 가지 못했으므로, 호 씨는 한층 더 미워하며 또 심복 하인을 보내 알아보게 하고는 "연 씨의 상처가 좀 나았다"라는 소식을 듣고 이를 갈았다.

그해가 이럭저럭 지나고 새해가 밝았다. 진상문은 신년 인사를 드리기 위해 부모님을 찾아뵈었다. 진담 부부는 연 씨의 병세가 호전된 것을 기뻐하며 안도했다. 그러나 진상문은 한숨을 내쉬며 말했다.

"비록 대강 회복되었으나, 아직 상처가 완전히 아문 것은 아니고 통증도 여전합니다. 더구나 연 어사께서 조만간 도착하신다고 하니, 문제가 크겠지요. 연 어사께서는 성품이 과격하시니, 딸의 모습을 보게 되면 결코 우리를 가만두지 않을 것입니다. 이 일을 어떻게 처리해야 합니까?"

진담은 가슴이 덜컥 내려앉으며 깊은 근심에 빠졌다. 부부는 연 씨로 인해 아들의 앞길이 위태로워질까 걱정하던 차에, 두 며느리가 이렇듯 집안을 어지럽히고 있으니, 마음이 한시도 편할 수 없었다.

한편, 며칠이 지나며 류취향의 상처가 점차 나아졌고, 음식도 어느 정도 먹을 수 있게 되었다. 진상문의 극진한 보살핌과 다정함을 보며, 그녀도 차츰 마음이 풀려갔다. 그러나 이 씨는 끊임없이 진상문을 붙잡고 배신했다고 원망하며 보챘고, 진상문은 그저 쓴웃음만 지을 뿐이었다.

다음 날은 설날 아침이었다. 진상문은 조정에 들어가 의례를 마쳤고, 호 씨와 이 씨는 시부모께 세배를 드린 후 아직 각자의 방으로 돌아가지 못한 상태였다. 그때, 조정에서 나온 진상문은 우연히 호유용을 만났다. 호유용은 그를 붙잡고 술을 내오며 환대를 베풀었다. 진상문은 궁에서 황제가 내린 술을 마신 뒤, 다시 호유용이 권하는 술을 네다섯 잔 마시고 말았다. 결국, 그는 만취한 채 집으로 돌아왔다. 부모님께 인사를 올리니, 그의 선명한 관복이 빛을 발하고, 술기운이 오른 옥 같은 얼굴이 한층 화사해 보였다. 진담 부부는 아들의 늠름한 모습에 흐뭇해하며 기뻐했다. 그러나 이 모습을 지켜보던 호 씨는 점점 분노가 치밀어 올랐다. 노기가 가슴에 가득 차 얼굴이 창백해졌고, 두 눈을 번득이며 진상문을 매섭게 노려보았다. 그러나 진상문은 그녀를 의식하지 않은 채, 이 씨를 향해 말했다.

"내 하사받은 술을 세 잔 마시고, 오는 길에 상국을 뵈었는데, 그분께서 붙잡고 거듭 술을 권하시니, 여러 잔을 마시게 되어 취함을 감당하기 어려워졌소. 부인, 한 그릇 맑은 차를 가져다주시오."

이 씨가 시녀에게 차를 가져오라 하자, 호 씨는 더 이상 분노를 억누르지 못하고 벌떡 일어나 그 차를 낚아채 진상문에게 던지며 고함쳤다.

"진상문, 갈수록 날 우습게 보는구나! 무슨 염치로 우리 상국께 새해 인사를 간 거냐?"

곧 이 씨를 향해서까지 소리 높여 욕을 했다.

"온 집안이 차례를 지키는 이때, 음탕한 년이 감히 내 앞에서 남편에게 차를 내면서 날 제치고 으스대다니? 당장 너희 두 요물을 잡아 인체

(人彘)[64]로 만들 테다!"

이 씨가 격분해 소리쳤다.

"어떻게 네가 첫째 부인 노릇을 하겠냐? 나야말로 한림에게 예물을 먼저 받고 혼례를 치르려 했는데, 네가 남의 인연을 빼앗아 위세로 같은 날 혼례를 강행해 첫째 자리를 차지했지. 사실상 난 너보다 윗서열이란 말이다! 네가 왜 첫째 부인인 척 무시하냐?"

호 씨는 그 말을 듣고 더욱 분노해 큰 싸움을 벌이려는 참에, 진담이 엄숙한 기색으로 나서며 꾸짖었다.

"오늘이 무슨 날인데 내 앞에서 이 난리냐?"

진상문은 이미 술에 취해 눈을 부릅뜨고 팔을 뻗어 뭔가 말하려 했지만, 진담이 "나가 있어라"라고 엄중히 말하자, 꾹 참으며 차가 옷에 튀어 젖은 탓에 이 씨의 방으로 들어갔다. 이 씨도 따라가면서 분노를 내비쳤다.

"제가 낭군의 예물을 제일 먼저 받고, 거의 혼례 치를 뻔했는데도, 호가(胡家)의 늙은 도적 같은 년이 위세로 빼앗고선 첫째 부인이랍시고 날 업신여기니, 실은 제가 첫째 부인입니다. 저를 둘째라 하니 분해서 견딜 수가 없어요."

"호 씨는 승냥이 같은 사람이오. 그리고 호 상국은 나라에서 가장 권세 많은 대신 중 하나요. 그 세도에 우리가 휘말릴까 두려워 내가 참는 것이오. 당신은 호 씨와 맞서지 마오. 솔직히 말해, 난 호 씨만 없어지면 당신과 연 씨와만 살 텐데…. 아직 상국이 살아 있으니, 그를 무서워 쫓아내지 못하는 거요. 만일 상국이 사라지면, 당신과 연 씨와만 함께

---

64 인체(人彘): 사람돼지. 한 고조(漢高祖)의 황후 여씨(呂氏)는 한 고조가 죽자 평소 미워하던 한 고조의 후궁 척부인(戚夫人)의 손과 발을 자르고 돼지우리에 넣어 '사람돼지'라고 불렀다.

살고 당장이라도 호 씨를 내쫓을 거요."

이 씨는 크게 기뻐하며, 진상문이 술기운에 웃는 얼굴로 다정히 굴자, 서로 은근한 정을 나눴다. 그런데 마침 호 씨가 밖에서 몰래 엿듣고 있다가 이 말에 더더욱 분노해, 문을 박차고 들어와 이 씨의 머리채를 움켜잡고 마구 때렸다. 진상문이 소스라쳐 호 씨를 떼어내며 이 씨를 보호하니, 호 씨는 더욱 분노해 다시 책상을 들어 진상문을 내려치고, 방 안의 물건을 닥치는 대로 부수며 난동을 부렸다. 진담 부부가 달려와 크게 꾸짖었다.

"오늘이 신년 하례일인데, 대체 무슨 일로 이토록 치고받고 난리냐! 우리를 우습게 아느냐?"

호 씨는 분연히 대답했다.

"시부모님도 살펴보세요. 이 씨가 음탕한 년이라 이러이러하며, 한림은 나를 저주하고, 내가 죽으면 날 내쫓는다 하니, 제가 어찌 가만히 있겠습니까. 시부모님께서는 나나 이 씨나 다 자식이니 편들지 말고 공정히 말해 주십시오. 한림이 날 원수로 지목하는 이상, 내 몸이 편치 못한데 어찌 잠잠하겠어요. 살아서 원수이니 죽어도 함께 죽어, 저들이 혼자 즐겁진 못하게 할 거예요. 집안이 화평할 줄 아십니까?"

그러고서 진상문에게 소리쳤다.

"지금은 연 씨를 사랑하고 이 씨랑 좋게 지내지만, 하루도 편할 날 없을 거야. 동각에서 나에게 뭐라고 했어? 장부의 한마디는 천 년이 지나도 변하지 않는다고 하지 않았어? 그런데 이제 한 달도 지나지 않아 배신하니, 짐승만도 못한 거 아냐! 그때 분명 요녀를 내쫓겠다고 하지 않았어? 그런데 왜 아직까지 내쫓지 않았단 말야? 내가 다시 동각에 가게 된다면, 그 요망한 여인을 단칼에 죽여 염라대왕 앞에 송사할 거야. 당신이 나를 내쫓고 두 요녀와 함께 오래도록 즐길 수 있을 것 같아?"

그녀는 분노를 참지 못하고 소매를 거칠게 휘날리며 의기양양하게 돌아가 버렸다. 진담 부부는 아무 말도 할 수 없었고, 진상문은 어이없어 묵묵히 서 있을 뿐이었다. 한편, 이 씨는 호 씨에게 머리채를 잡히고 난타당해 분한 눈물을 줄줄 흘리며, 원망과 욕설을 퍼부었다. 그러나 분이 풀리지 않았는지, 성을 이기지 못하고 방 안에 남아 있던 물건들을 마구 집어 던지고 부수며 난리를 쳤다. 진상문은 술기운이 채 가시지 않은 채 정신이 혼미해져, 앞뒤를 분간하지 못하고 팔자를 한탄하며 외당으로 나갔다.

호 씨와 이 씨는 이후에도 계속 다투며 서로 난리를 피웠고, 각자 고집을 부리며 진상문을 괴롭혔다. 진상문은 이를 도저히 감당할 수 없었고, 결국 동각으로 가서 잠시나마 피하고자 했으나, 호 씨가 따라와 또 다시 소란을 벌일까 두려워 이를 참고 그녀를 달래며 후하게 대하려 했다. 그러나 호 씨는 결코 이 씨와 같은 부류가 아니었다. 조금도 진상문을 용서하지 않았고, 오히려 날이 갈수록 진상문의 삶을 더 힘들게 만들었다. 이 씨 또한 호 씨의 호령을 두려워하여 함부로 행동하지 못했으나, 그럼에도 불구하고 진상문을 볼 때마다 보채며 원망을 쏟아냈다. 진상문의 괴로움이야말로 이루 말할 수 없었다. 그는 매일 같이 자신의 신세를 한탄하며, 고통스러운 나날을 보내고 있을 뿐이었다.

그해 초봄 그믐날 즈음, "연권이 수도로 곧 돌아온다"라는 소식이 돌자, 진상문은 서둘러 동각으로 갔다. 이때 진상문은 며칠간 동각에 오지 않았었는데, 그 사이 호 씨가 날마다 심복 노비와 시녀를 보내 별장에 머물던 류취향에게 "빨리 나가라"거나, "진 한림을 방해해 꼼짝 못 하게 할 것", "호 상국이 노해서 잡아가 욕보이려고 한다" 등 온갖 협박을 했었다. 겁을 먹은 류취향이 이를 류가에 알리자, 류일이 그녀를 데려갔고, 동각은 텅 비었다. 진상문은 그제야 사태를 알았고, 호 씨의 행동에 분노했으나 어쩔 수 없어 곧 도성으로 돌아가 류씨 집을 찾았다.

이때 류일은 딸을 집으로 데려다 보호했으나, 아직 상처가 덜 나았고 호 씨의 협박으로 속이 상해 초췌한 상태라, 원 씨가 곁에서 달래 주고 있었다.

"이건 전부 내 탓이구나. 영아의 말에 혹해 딸의 신세를 망쳐 버렸으니, 누구를 원망하겠느냐."

류취향이 한숨 섞인 목소리로 말했다.

"아버지가 진 한림의 달콤한 구슬림에 빠져 영아를 팔아 부귀를 얻으려 하시니, 제가 영아 노주의 계교에 걸려들어 이런 꼴이 됐습니다. 어찌 안 애달프겠어요?"

류일이 역정 섞인 목소리로 꾸짖었다.

"난 애초에 호 씨가 고약하단 걸 알아, 네 얘긴 하지 않고 바로 영아를 결혼시키려 했을 뿐이다. 그런데 네가 진 한림의 예물이 많단 데 혹해 욕심이 생겼고, 그의 용모에 홀려 내 계교를 누설해 모든 걸 그르쳤잖냐. 그래 네 평생을 망쳐 놓았구나. 네가 진 한림이 어디에 있는 줄 알았더냐? 너희 모녀가 부귀를 탐해 음모를 짠 탓이지!"

원 씨가 발끈했다.

"당신이 애초부터 요령 없어서 딸 인생을 망친 거예요. 죄 없는 영아까지 저런 지옥 구덩이로 떠밀어 보내려 했고, 또 그녀 아버지 몰래 혼인시켜 남의 집안을 어지럽히려 했잖아요. 하늘이 벌을 내린 거예요. 누구 원망할 것도 없어요."

부부가 서로 탓하며 다투는 가운데, "연 어사가 순무 임무를 마치고 곧 돌아온다"라는 소문이 들렸다. 류일은 내심 놀라면서도, 그래도 영아 노주는 무사하니 다행이라 생각했다. 하지만 그를 뵐 낯이 없어 근심하던 차에, 문득 진상문이 집을 찾아와 인사를 마치고 물었다.

"연 씨가 동각을 떠나 여기 오셨다던데, 혹 병이 나았습니까?"

"그 댁 시녀들이 시도 때도 없이 내쫓으니, 내가 데려왔소만 완쾌는 커녕 아직 고생이 많소."

"연공이 곧 돌아온다고들 합니다. 십여 일 후엔 댁으로 오실 텐데…. 그 전에 연 씨 병이 좀 나으면 참 좋으련만. 그런데 왜 자기 본가로 가지 않고, 여기에 있는 겁니까?"

류일은 이 질문에 속으로 당황했다.

'영아가 무사히 있긴 해도, 진 한림은 딸을 연영아로 안단 말이야. 연공이 돌아오면 사위라 할 텐데, 그럼 연 공이 분개해서, 진 한림도 진실을 알게 되면 어쩐다….'

염려가 끝이 없어 눈살만 찌푸리고 있으니, 진상문이 웃으며 덧붙였다.

"연공이 설령 이 혼사를 불쾌히 여겨도, 이미 부부의 인연인데 어쩌겠습니까. 제 신분이 한림이고, 생김새도 나쁘지 않으니, 분명 감사히 여길 걸요. 대인도 너무 걱정 마십시오."

"연공은 성격이 아주 괴팍하오. 혹 사위로 인정 안 하고 내쫓으려 한다면 어떡하겠소?"

진상문은 웃으며 말했다.

"사위를 내쫓고 나서 딸의 신세는 어찌한단 말입니까? 아무리 성격이 괴팍하다 해도, 인정을 저버리는 일을 할 수는 없습니다. 전 두렵지 않아요."

류일은 아무런 대답도 하지 않은 채 묵묵히 침묵을 지켰다. 그러자 진상문은 부드러운 말로 위로하며, 조심스럽게 연 씨 만나기를 청했다. 류일은 마침내 진상문을 데리고 류취향의 침소로 향했다. 그곳에서 류취향은 비단 이불에 싸인 채, 진상문을 원망하며 호 씨를 향한 분노로 이를 갈고 있었다. 진상문은 그녀에게 다가가 부드럽게 최근 병세를 물었다. 그러나 류취향은 노기를 머금은 채, 눈물을 흘리며 차갑게 대답했다.

"처음부터 우리 부모가 당신을 구한 적 없는데, 당신이 백 가지 방도를 써서 절 데려가더니 이 꼴이 됐죠? 그런데도 호 씨가 질투를 부리니 당신은 전혀 날 돌보지 않았잖아요. 애초부터 그 부인이 사납다는 걸 알았다면 어째서 절 끌어들였나요? 호 씨가 매일 노복을 보내서 '나가라, 호 상국의 힘으로 잡겠다'라고 협박하길래 무서워 여기 왔어요. 이젠 또 무슨 음탕한 마음으로 절 보러 왔나요. 전 죽을 때까지 부모 곁에 있을 거예요. 당장 돌아가서 호 씨나 사랑하시고 다신 절 찾지 말아요."

진상문이 그 말을 듣고 속으로 생각했다.

'장부에게 처첩이 여럿 있는 건 흔한 풍류라지만, 아내가 셋이 되었는데 다들 마음에 들지 않고, 서로 다투기만 하니 미칠 지경이군. 끝내 이렇게 시달리다 죽을까 싶다. 처음부터 연 씨가 없었으면 좋았을 텐데, 잘못 절세미녀라는 소문을 듣고 결혼했더니 외모는 호 씨와 비슷하고 성질은 호 씨에 못지않게 드세다. 이걸 어쩌나. 연 씨를 버리자니 그도 가엾고, 게다가 아버지 연 어사가 돌아오면 날 가만두겠나. 그래도 함께 살려니 호 씨가 사납고, 연 씨도 고집 센데, 백 년을 어찌 견디나? 아, 내가 정연양 같은 숙녀를 못 얻어 이런 수치만 당하는구나….'

이렇게 한탄하며 두 눈썹을 찌푸리고 말이 없으니, 류일이 진상문의 언짢은 기색을 보고 딸을 타일렀다.

"한림이 너를 아끼다 이런 화를 입은 건데, 저 부인 질투가 세서 네가 당했지, 이게 다 한림 탓만은 아니다. 오늘 이렇게 직접 와서 안부 물어주니 고마워해야지, 왜 또 이렇게 험한 말을 하는 거냐. 더는 한림을 곤란케 하지 마라."

그러고 한림에게 다시 정중히 사과했다. 진상문이 말했다.

"소저가 원망하는 게 틀린 건 없으니, 뭐라 꾸짖진 못하겠습니다. 다만 연공이 머지않아 돌아오실 터라 제가 사위로서 예를 갖추지 않을 수 없네요. 먼저 찾아가 잘못을 빌고, 이렇게 된 사정을 말씀드리려 합니다."

류일은 이 말을 듣고 크게 당황했으나, 차마 즉시 대답하지 못했다. 그렇다고 그저 침묵을 지키자니, 연권이 크게 분노하면 진상문이 심한 곤욕을 치를 것이 분명했으므로, 지금의 형세는 진퇴양난이었다. 그는 가슴이 두근거리고 불안에 휩싸여 자연스럽게 위축되었고, 마치 장승처럼 굳어져 머리만 숙인 채 아무 말도 하지 못했다. 한편, 진상문은 류일의 기색을 살피고, 정확한 이유를 알지 못한 채, 다만 연권이 조카딸을 속여 시집보낸 일을 알게 되면 노여워할까 염려하는 것이라 여겼다. 이에 그는 가볍게 웃으며 말했다.

"너무 걱정 마십시오. 제가 장인어른을 뵐 때, 빛나는 말솜씨로 대인께는 죄가 없다고 변호해 드리겠습니다. 그리고 연 씨 또한 외삼촌을 위해 좋게 말해주지 않겠습니까?"

류일이 한숨을 쉬었다.

"내가 어리석어 일을 그르쳤으니, 연공 앞에 얼굴을 들 낯이 없소. 한림에게도 죄가 무궁하오. 이미 어찌할 수도 없고, 죽고 싶어도 그럴 수 없으니 한스럽소."

진상문은 무슨 말인지 잘 모르겠다고 속으로 생각하며 그저 위로했다. 류일은 우울해 밖으로 나가자, 진상문이 류취향에게 물었다.

"그대 부친이 오시는데 어째서 이 집에 있소?"

"그건 낭군이 알 바 아니고, 여긴 내 부모 집이니 저도 편합니다."

"그대는 연 어사의 딸이고 류 시중의 조카라면서, 여기를 왜 자기 집이라 하오?"

류취향이 냉소했다.

"연영아는 나의 사촌이에요. 비록 우리 부친과 외삼촌이 각별한 사이였지만, 내 아버지가 알지 못하는 혼사를 어떻게 함부로 결정해 인륜을 어지럽힐 수 있겠어요? 그대가 정말 연영아를 원했다면, 광명정대하게 구혼했어야지요. 그런데 비리를 저질러 억지로 취하려다 속았으니, 이제 와서 누구를 탓한단 말인가요? 혼례를 치르는 날, 어째서 연영아의 집이 아니라 우리 집으로 왔나요? 연영아는 절세미녀일 뿐만 아니라, 연 어사의 딸로 절개와 행실이 높은 여자예요. 그런데 그대에게 속아 부모님의 명령도 없이 시집가겠어요?

그대는 글을 읽어 사리를 알고, 벼슬까지 했으니 국법도 알 것이며, 부모를 모셨으니 사람의 도리 또한 알 것인데, 어떻게 이렇게 무지하고 몰상식한 짓을 저지를 수 있나요? 예물이 아깝다면 당장 거두어 가세요. 그리고 만약 우리 부친이 그대를 속여 혼인시켰다고 생각한다면, 나라에 고하고 송사를 진행하세요. 과연 그 죄가 누구에게 돌아가는지 지켜보도록 하죠!"

류취향의 단호하고 당당한 태도에 진상문은 더욱 격분했다. 그는 눈을 부릅뜨며 분노를 억누르지 못하고 거칠게 꾸짖었다.

"너 같은 하찮은 걸 취하려면, 첩으로도 어렵지 않았어! 그런데 금은보화를 낭비하고, 부모도 속이고, 호 씨의 질투까지 감수하며 고생했는데, 이런 꼴을 보라고? 네 아버지 류일이 거짓말로 연영아를 준다고 하고, 실제론 널 들여보냈으니, 난 속은 피해자다. 반드시 이 분함을 씻겠어!"

류취향도 똑같이 목소리를 높였다.

"그대가 우리 아버지를 헐뜯다니! 당신 부모 생각은 안 하나? 예물을 아깝게 여겨서 가져가고 싶으면, 재판을 해 보자고요. 누가 죄가 큰

지 한 번 보죠?"

진상문이 벌떡 일어나 목침(木枕)을 들고 류취향을 향해 던지며 말했다.

"너 같은 걸 얻으려고 수천 금을 썼겠냐? 소송을 안 한다고 내 예물을 찾지 못할 것 같아? 널 다시 보러 오지도 않을 거다!"

류취향도 발끈해 외쳤다.

"재상가의 여인을 흉계로 취하려 한 죄는 어쩔 거야! 그런데도 무슨 낯짝으로 큰소리를 치고 있어? 그리고 내가 어찌 네가 버린 첩이 될 수 있겠어? 내가 당당히 등문고를 울려 천자께 이 억울한 사정을 모두 고할 거야!"

진상문은 류취향의 거센 반발에 더욱 격분하여 소리쳤다.

"류일 그 도적놈과 너 같은 음탕한 년이 나의 많은 예물을 탐내어 나를 속인 것이 아니냐! 나는 연영아를 구하려 했지, 너 같은 요망한 계집을 원한 것이 아니다!"

그러자 류취향은 눈을 번뜩이며 즉각 반박했다.

"정말로 연영아를 흠모해 구하려 했다면, 왜 연씨 집에 직접 구혼하지 않고, 우리 부친에게 청했지? 왜 혼서에 우리 부친의 이름을 써서 딸을 취한다고 했지? 왜 혼례를 치르는 날, 연씨 집으로 가지 않고 우리 집으로 왔지? 네 앞뒤가 맞지 않는 간악한 죄를 따져 보면, 과연 네가 목숨을 부지할 수 있을 것 같아? 자신의 죄는 돌아보지도 않고, 어찌 우리 부친만 욕할 수 있어?"

진상문은 류취향이 이렇게 조목조목 반박하자 대꾸할 말이 막혀, 속만 끓였다. 그때 류일이 부끄러워 정신이 날아가는 듯했지만 마지못해 안으로 들어오니, 사위와 딸이 서로 소리 지르며 으르렁대고 있었다. 류일이 진상문을 붙잡고 사죄했다.

“한림, 나는 처음부터 자네를 속일 생각은 없었네. 오히려 영아의 계책에 빠져 내 딸이 바뀌어 시집가게 된 것이네. 그 후 당황했으나 어찌할 방법이 없었고, 그로 인해 스스로 분함을 이기지 못했네. 하지만 딸이 결국 이 일을 숨기지 못할 것을 알고, 마침내 속마음을 털어놓았나 보네. 한림의 분노가 얼마나 크고, 그 심정을 어찌 다 헤아릴 수 있겠는가. 비록 내가 처음부터 알고 꾸민 일은 아니지만, 이 부끄러움은 이루 말할 수 없네. 차라리 죽고 싶은 심정일 뿐이네. 부디, 사위께서는 너그러이 용서해 주시기를 바라네.”

그는 말을 마친 뒤, 자신이 연영아를 유인해 혼사를 도모하던 과정과, 어렵게 데려왔더니 그녀가 병을 핑계로 거부했던 일, 그리고 류취향이 직접 유인하러 갔다가 무슨 계략에 빠진 과정까지 모두 상세히 털어놓았다. 진상문이 조금 마음이 풀어지면서 말했다.

“대인께서 사정이 있었으니, 뭐라 하긴 어렵습니다. 그런데도 연 씨가 뭘 눈치챘는지, 따님을 달랜 일은 따님이 알 것이니, 이제 못 속일 겁니다. 자초지종을 듣고 싶습니다.”

류일이 고개 숙여 말했다.

“못난 딸이 한림의 은총을 믿고 무례히 굴어, 결국 일을 이 지경으로 만들었구려. 한림이 그래도 부부의 정을 생각해 준다면, 내 딸도 은혜를 잊지 않을 걸세. 취향아…. 이제 너도 모든 걸 솔직히 말해 보지 그러냐?”

류취향은 여전히 분한 기색으로 말했다.

“진상문이 아버지를 욕보이고, 저를 천대해 씻을 수 없는 치욕을 주며 버리려 하는데, 뭣 하러 말을 보탤 이유가 있겠어요. 이제 제가 알아서 처리할 테니 아버지께선 너무 굽히지 마세요. 저희가 부부의 도리를 다할 여지는 이젠 없을 겁니다.”

사실 류취향이 이렇게 격렬하게 대응하는 데는, 예전에 가월이 “연 어사가 돌아오면, 진 한림이 자기 사위라며 못 숨길 것이니 이렇게 해 진상문의 발언을 막아야 한다"라는 식으로 조언했던 영향이 컸다. 그래서 류취향의 말이 더욱 세고 냉혹했다.

진상문이 그 말을 듣고, 그녀의 당돌함에 더욱 화가 나서 눈썹을 치켜세우며 소리치려 했다. 그러나 애초에 류취향과의 혼사가 뒤틀린 원인을 거슬러 올라가면, 자기 허물도 만만치 않았고, 만약 큰일을 터뜨리면 정말 문제가 될까 두렵기도 했다. 그래서 결국 화를 누르며, 어색하게 웃어 보였다.

"그대도 아내라면 부부간 예절이란 걸 알아야지. 남편을 형조에 고발한다면, 나도 잘못이 있겠지만 그대 역시 남편을 모함한 죄에서 자유롭지 않을 거요. 아무리 아녀자라 해도 어떻게 이렇게 무모한 말을 할 수 있소."

류취향이 냉소했다.

"여자가 헛되이 남편을 해치면 윤리를 어기는 큰 죄가 되겠죠. 하지만 남편이라는 작자가 재상가의 규수를 음흉한 방법으로 취하려던 죄라면요? 그러고도 안 됐다가 분풀이로 무고한 부인을 내쫓고 장인을 욕보이니, 고발 안 하겠어요? 나도 죄가 있겠지만 당신 죄가 더 크니, 연 어사가 상소를 올리면 당신이 아무리 말주변이 좋대도 죄를 피하긴 어려울 것 같네요."

진상문은 그녀의 말이 갈수록 험악해지는 것을 분히 여겼으나 대꾸할 말이 궁해, 얼굴만 달아오르고 속으로 화만 치밀었다. 류일은 진상문의 기세가 꺾인 것을 보고 속으로 안도하며 기뻐했으나, 겉으로는 짐짓 딸을 크게 꾸짖었다. 그리고 진상문을 향해 말했다.

"딸아이가 무례하였으니, 부디 허물 삼지 말아 주게. 나는 본래 큰일을 성사시키기 위해 진심을 다했으나, 뜻밖에도 일이 그릇되었으니, 이는 결국 연영아와 그대가 인연이 없었기 때문이네. 그러니 부디 죄를 너그러이 용서해 주기를 바라네. 다만 내가 염려하는 것은, 연 어사의 성격이 워낙 괴벽하고 고집이 강하다는 점이네. 이 사실을 알게 되면, 그가 결코 가만히 있지는 않을 터이니, 혹여 그의 분노를 사게 되면 우리 모두 낭패를 면치 못할까 걱정이네."

이에 진상문은 한숨을 내쉬며 말했다.

"이렇게 큰일을 그르치고, 류 씨의 행동이 거침없어 나를 욕보이니, 결국 내가 사람을 믿어 스스로 화를 자초한 것이겠지요. 이제 와서 누구를 탓하겠습니까? 연 어사가 아무리 성격이 괴이하다 한들, 내가 그의 친딸을 침범한 것은 아니니, 어찌할 수 있겠습니까? 결국 내 팔자가 기구하여 아내 복이 없고, 일마다 속임을 당해 스스로 괴로움을 겪고 있으니, 누구를 원망할 수 있겠습니까? 하지만 호 씨의 질투가 지나쳐, 그가 살아 있는 한 따님을 이 집에 용납하지 않을 것입니다. 그러니 부디 따님을 이곳에 두십시오. 제가 조용히 처리한 뒤, 따님을 다시 데려갈 방법을 찾겠습니다."

그는 말을 마치고 자리를 떠났다. 류일은 온갖 근심과 걱정에 휩싸여 마음을 놓을 수 없었다.

한편, 류취향은 가월의 말을 믿고 진상문을 공격했다가, 오히려 그가 분노를 품고 돌아가 버리자 집안이 걱정에 빠졌다. 류일은 이 모든 상황이 억울하고도 안타까워, 슬픔을 이기지 못하고 음식을 끊었다. 부부는 밤새 한숨을 쉬며 마음 편히 잠들지 못한 채, '연영아가 대체 어찌하여 우리 딸을 진상문에게 보냈던가?' 하고 깊이 고민했다. 결국, 류일은 딸에게 직접 물었다. 그러자 류취향은 마침내 가월 등이 진상문을 칭찬하며 속였던 일을 세세히 털어놓았다. 류일 부부는 딸의 말을 듣고 깊은 한숨을 내쉬며 탄식했다.

"영아는 진실로 제갈량과 같은 지혜를 가졌구나. 이미 지나간 일을 후회한들 무슨 소용이 있겠느냐. 문제는 이제 연 어사가 돌아오면, 영아가 반드시 모든 사연을 말할 것이라는 점이로다."

이렇게 말하며 세 사람은 더욱 깊은 고민에 빠졌다. 그때, 곁에서 듣고 있던 원 씨가 입을 열었다.

"영아가 성정이 인자하니, 당신이 직접 가서 '연 어사에게 이 일을 말하지 말아 달라'고 부탁하면, 영아가 외삼촌 체면을 봐서 무사하게 넘길 거예요."

"그 말이 이롭긴 하지. 근데 무슨 낯으로 또 찾아간단 말이오."

"작은 부끄러움을 돌아볼 때예요? 지금 상황이 얼마나 급한데요."

류취향도 영아를 찾아가라 권했다. 류일은 할 수 없이 연 씨 집으로 향했다.

한편 연영아와 정연양 두 소저는 규방에서 조용히 지내며 우애를 나누고 있었다. 각자 부친을 그리는 마음이 사무치는 와중, 새해 소식에 "연권이 곧 돌아온다" 하니 온 집안이 기뻐했다. 그런데 류취향이 진상문의 첫째 부인에게 크게 욕을 보고 집으로 돌아왔다 하니, 두 소저는 탄식했다. 반면, 가월 등 시녀들은 "류가 부녀가 부귀를 탐하다 스스로 화를 불렀다"라며 "결국 악인은 벌받는 법입니다. 류 노야가 불의하게 조카딸을 속여 팔려다 딸 인생도 그르쳐 놓았으니, 하늘이 공정한 거죠. 잘못된 탐욕 때문에 규수의 몸으로 혼사에 관여하다가 우리 계교에 빠져 욕을 보고 결국 버림받았으니, 어떻게 무사하겠습니까. 하마터면 우리 소저가 큰 화를 당할 뻔했으니 얼마나 다행입니까" 하며 종알댔다. 정연양이 말했다.

"너희들이 교활해서 사람을 속인 거 아니냐. 올바른 일이 아닌데 왜 이렇게 좋아하냐?"

가월이 변명했다.

“저희가 뭘 속였겠습니까. 어쩔 수 없는 형세에서, 주인 목숨 지키려 잠깐 꾀를 썼을 뿐이죠. 그러나 자연스럽게 일이 흘러가다 보니, 계책이 진 한림을 두 번 속이는 결과를 낳았고, 그로 인해 류 소저의 신세가 그릇되게 되었습니다. 하지만 결국, 그들은 스스로 이러한 괴로움을 자초한 것이 아닙니까? 우릴 탓할 순 없잖아요.”

두 소저가 탄식하며 쓴웃음 짓는 순간, 하인이 와 “류 노야께서 오셨습니다”라고 전했다. 연영아가 급히 연춘경에게 알리고, 자신도 중당으로 나아갔다. 마침 연춘경이 벌써 류일을 맞이해 절하고 있었다. 연영아도 인사하니, 류일이 반색하며 말했다.

“내가 계속 일에 바빠 돌아가신 누님 사당에도 못 들렀고, 너희 남매도 못 봤으니 서운해 와 봤다.”

연춘경과 연영아가 답했다.

“원래 저희가 외삼촌 댁에 가 새해 인사를 드려야 했는데, 오히려 먼저 찾아주셔서 감사합니다.”

류일이 고개를 끄덕이며 말했다.

“연 형이 나랏일을 잘 보고 돌아온다 하니 반갑기 그지없구나. 혹 언제쯤 도착하신다니?”

두 남매가 “염려해 주신 덕분에 곧 돌아오신다 들었으나, 구체적 날짜는 모릅니다”라고 응대했다. 류일이 한참 망설이더니 말했다.

“사실… 내가 너희에게 커다란 죄를 지었고, 연 형을 뵐 낯이 없다. 하지만 오늘 이렇게 찾아온 건, 영아에게 사죄하고 몇 가지 부탁할 게 있어서다. 제발 들어주렴.”

연영아가 몸을 살짝 비켜 공손히 대답했다.

“어찌 이리 황송한 말씀을 하세요. 무슨 말씀인지 듣겠습니다.”

류일은 깊이 탄식했다.

"내가 정말 부끄럽지만, 솔직히 털어놓겠다. 예전에 내가 진상문의 달콤한 말에 혹해, 널 그의 아내로 만들려 했고, 연 형이 거절했는데도 무리하게 시도했지. 널 데려오려는 사이, 네가 영리해 '병' 운운하며 떠나고, 결국 그 과정에서 딸을 대신 시집보냈다. 지난 일은 말해 무엇하겠느냐. 그런데 이젠 연 형이 돌아와 내가 한 일을 알게 되면 분명 나를 형조에 고발하실 것 같아 두렵구나. 그래서 이렇게 낯 두껍게 찾아와, 네 관대한 마음으로 조금 덮어 줄 수 없을까, 하고 부탁하러 온 거야."

연영아는 자리를 옮겨 몸을 숙여 답했다.

"언니가 불편한 가운데 있지만, 남편과 신의로 맞추면 언젠가 회복되겠지요. 외삼촌께서는 너무 근심하지 마세요. 어쨌든 이게 뭐 좋은 일이라고 아버지께 말씀드리겠어요. 외삼촌께서 이 문제에 대해 따로 말씀하시지 않더라도, 저는 이미 다 생각했습니다. 그러니 부디 걱정 마세요."

류일은 안도하며, 연달아 감사 인사를 했다.

"너의 인정이 고맙구나. 너희가 어찌 내 친자식과 다르겠느냐."

연영아와 연춘경이 은근히 사양하니, 류일이 번번이 부탁하고 돌아갔다.

연영아가 방으로 들어와 말없이 있으니, 정연양이 "외삼촌이 무슨 용건이었느냐?" 묻고, 연영아가 쭉 설명하자 정연양은 헛웃음으로 대답을 대신했다. 가월이 듣고 "류 노야는 참으로 뻔뻔한 분이군요. 무슨 낯짝으로 와서 부탁한단 말인가요" 하고 타박하니, 정연양이 "그래도 어른 체면이 있으니 입조심하라"고 했다. 연영아가 덧붙였다.

"바른말이야 못 하겠어요. 그렇지만 내 친척이기도 하니, 너희들은 함부로 말 마라. 아버지가 아시면 큰일 나고, 결국 외삼촌도 곤란해질 게야."

가월이 "명심하겠습니다"라고 답했다.

그 시각, 진상문은 혼란스러운 기분으로 집에 돌아와 부모를 뵈었는데, 거기 호 씨와 이 씨도 있었다. 호 씨는 그를 보자마자 버럭 소리쳤다.

"당신 또 어디 갔다 왔죠?"

진상문이 웃었다.

"아니, 내 일거수일투족을 왜 캐묻소? 곧 연 어사가 오면 당신은 살인 미수로 벌받을 텐데, 나 역시 남편이란 이유로 함께 곤혹스러울까 두렵구먼. 그런데도 이렇게 거만하오? 그리고 장부인 내가 어딜 가든, 왜 아내에게 허락을 구해야 하지?"

호 씨도 크게 화내며 말했다.

"당신이 요녀에게 빠져서 날 내쫓으려 해도, 난 두렵지 않아요. 연권이든 뭐든, 날 건드리려 하면 내가 그쪽을 오히려 죽게 만들 거예요. 누가 겁낸대?"

진상문도 격분해 막말하려는데, 진담이 불호령을 내렸다.

"오늘이 또 무슨 날이라고, 너희가 부모 앞에서 이 난리냐! 다 나가라."

진상문은 말문을 닫고 물러났다. 호 씨는 자기 침실로 들어가 생각했다.

'연권이 돌아와 딸을 부추겨 내 악행을 폭로하면, 내 입장이 곤란할 테지. 선수를 쳐야겠군.'

그리고 곧장 승상부로 가 상국을 알현했다. 호유용이 반가워하며 물었다.

"어찌 요즘 안 왔느냐? 또 얼굴이 살짝 수척한데, 혹 진상문이 너를 소홀히 대하거나 시부모가 사랑 안 해 주느냐? 너는 그저 부녀자로서의 덕을 닦고, 효도를 극진히 하면 된다. 그러면 진상문도 자연스럽게 먼저 너를 존중하고 대접하게 될 것이다."

호 씨가 울먹이며 답했다.

"제가 진씨 집에 들어간 지 삼 년인데, 하루도 편히 못 살아요. 이 씨의 간악함은 이루 말할 수 없으며, 그녀는 남편을 완전히 손아귀에 넣고 저를 마치 지푸라기처럼 하찮게 여깁니다. 진랑이 그녀를 극진히 총애하여, 그녀가 하는 말이라면 무엇이든 그대로 따르니, 결국 저는 박대를 받을 수밖에 없습니다. 시부모님께서도 아들의 얼굴을 보고, 오직 이 씨만을 특별히 대접하시니, 저는 그저 슬픔을 참고 세월을 보낼 뿐입니다. 더구나 진랑은 여색을 탐하는 성정이 심하여, 부모님을 속이고 또다시 어사 연권의 딸을 취하여 동각에 두고 빠져 지내고 있습니다. 그로 인해 저를 더욱 외면하니, 저는 날마다 깊은 슬픔에 잠겨 살아가고 있습니다.

진랑의 이 행동을 발각했음에도, 시부모님께서는 자식의 행동을 책망하기는커녕, 오히려 연 어사의 세력을 두려워하여 연 씨를 더욱 후대하고 있습니다. 제가 도저히 분을 참지 못하고 진랑의 허물을 꾸짖었더니, 그는 오히려 저를 구타하고, 대인을 비방하기까지 했습니다. 그뿐만 아니라 연 씨는 자신의 아버지를 믿고 의기양양해하며, '한 장의 상소만 올리면 호 상국도 제압할 수 있다'라고 호언장담하고 있습니다. 저는 다른 모욕은 참을 수 있어도, 대인에게까지 무례한 말을 하며 업신여기는 것은 절대로 용납할 수 없었어요. 그래서 저도 그만 격분하여 불손한 말을 하게 되었습니다. 그러자 연 씨는 스스로 몸을 부딪쳐 맞았다고 소문을 퍼뜨리며, '아버지가 돌아오면, 황상께 글을 올려 나의 죄상과 대인의 허물을 형조에 고하여 죄를 다스리겠다'라고 협박하고 있습니다. 진랑도 연 씨와 함께 계략을 꾸며 저를 더욱 욕보이려 하니, 저는 더 이상 분을 참을 수 없습니다. 부디 대인께서 제 원통함을 풀어주세요."

그리고 진상문과 연 씨가 '호유용은 나라를 그르친 간사한 소인배이니, 반드시 중하게 다스려야 한다'라고 했다는 말을 전하며 눈물을 흘리자, 곁에서 듣던 사람들 모두 분을 참지 못했다. 호유용도 크게 화를 내며 말했다.

"진상문이라는 도적놈이 시골 출신 주제에, 황상의 은혜가 깊어 내가 특별히 조카딸과 짝지어 줬다. 그 와중에 이 씨가 원래 약혼한 건 온전히 놔뒀음에도, 은혜는 잊고 이토록 건방지게 행동한다니! 원래 간사해서 친척까지 헐뜯어 항상 억울해하더니, 본성이 사나운 자이니 처자에게도 신의가 없고, 날 공경하긴커녕 해치려 드는구나. 이런 놈이 조정에 남아 있으면 분명 나를 해칠 것이니, 내가 분명히 벼슬 못 하게 만들어야겠다."

그러면서 냉소를 지으며 덧붙였다.

"연권이 비록 간관(諫官)[65]이라는 벼슬에 있으나, 그가 감히 날 어쩌겠나. 내가 따로 손써 두면 그만이지. 너는 마음 편히 집에 돌아가 있어라. 연 씨와 이 씨, 그 두 년을 용납 못 하게 하고 진상문을 제압해 내 위엄을 알게 하겠다. 난 연권 같은 사람 따윈 두렵지 않다. 다만, 난 네가 성격이 너무 사나워 다른 부인에게 질투를 함부로 부려 남편을 능멸한 건 아닌가 의심스럽구나."

호 씨가 답했다.

"대인의 가르침을 받들어, 전 이미 분노를 삼갔습니다. 제가 제멋대로 질투 부려 남편을 업신여길 리 있겠습니까. 전 잘못이 조금도 없어요."

호유용은 아무 대꾸 없이 가만히 있자, 그의 처첩들이 호 씨를 가엾

---

65 간관(諫官): 언관. 사간원과 사헌부에 속하여 임금의 잘못을 간(諫)하고 백관(百官)의 비행을 감찰하던 벼슬아치.

게 여겨 "진상문 부자가 못된 짓을 많이 했다"라고 거들었다. 하지만 호유용은 진상문이나 연권을 굳이 해칠 생각까진 없었다.

다음 날, 호 씨가 다시 시집으로 돌아가려 하자, 호유용이 일러 말했다.

"너는 남편 집으로 돌아가 표정을 온순히 하며 화를 참고 지내라. 내가 알아서 진상문을 다스리고, 연권도 처치해 네 울분을 풀어 주겠다."

호 씨는 감사 인사를 하고 떠났다.

한편 진상문은 조용히 물러나 생각에 잠겼다.

'내 아내 복이 너무나 박해서, 정연양을 잃고 류취향에게 속고, 결국 호 씨의 독살스러운 질투까지 만나니, 생각할수록 분하다. 아무튼 정현 부자와 임규를 제거해 화근을 없앤 뒤, 다시 정연양을 되찾아 백 년을 함께 즐겨야겠다.'

그즈음, 연권이 팔도를 순무하며 나랏일을 훌륭히 다스리고, 관리들의 부정을 밝힌 뒤 절월을 반납하고 초봄 그믐날에 수도에 다다랐다. 그는 곧 황제를 알현해 업무 보고를 올렸다. 황상은 그를 만나보며 위로하고, 그의 충성에 보답하듯 관직과 상을 높여 내렸다. 연권은 머리를 숙여 여러 읍과 군현의 잘잘못을 보고했다.

第二十四回
제이십사회

연권은 조정에 돌아와 옥에 갇히고, 진상문은 특별히 순무어사로 임명되다

연권이 팔도를 순무하고 돌아와 황제께 보고하니, 황상께서는 그의 충성을 높이 평가하시고, 벼슬을 한층 더 올려 주며 후한 상까지 내리셨다. 연권은 머리를 조아려 깊이 감사를 표한 뒤, 사은하고 물러나 집으로 돌아왔다. 집에 와 보니, 연춘경과 연영아가 중문에서 절하며 아버지를 맞았다. 연권도 기뻐서 자녀의 손을 잡고, 정연양이 함께 상경했음을 축하하니, 정연양이 조심스럽게 감사 인사를 했다. 연권은 방 씨를 향해 "자녀들을 무사히 보살펴 줘서 고맙소"라며 위로했다. 그 후 외당에서 모여 있던 손님들이 돌아가고 밤이 깊어지자, 연권은 화빙아와 이창백의 사건을 자녀들에게 들려주었다. 곁에서 듣던 이들은 화빙아가 써낸 묘책을 대단히 칭찬했고, 정연양은 "그녀가 겪은 곤경은 안타깝지만 그래도 무사하니 다행"이라며 기뻐했다. 연영아도 화빙아의 기특함에 감탄하며 물었다.

"화빙아 소저는 정말 예사롭지 않은 사람이군요. 아버지가 직접 만나 보셨나요? 얼굴과 재주가 어떻던가요?"

연권이 답했다.

"용모가 정말 꽃처럼 빼어나, 너나 정연양에 비길 만큼 아름답더라. 세상에 이렇게 놀라운 숙녀가 많구나 싶었지."

연영아가 또 물었다.

"그럼 화빙아가 약조했다는 신랑은 누군가요?"

연권이 말했다.

"정 공자라던데, 내가 직접 그 얼굴은 못 봐서 성품은 모르겠고, 묘한 점이 있더구나. 화빙아는 어릴 적부터 '정운'이란 사람과 혼약했다는데, 그 정운이 곧 소흥부 정현의 아들이라고 했다. 하지만 정현은 정연양의 부친 말고 또 누가 있겠나. 근데 내가 알기로 정현 댁 자녀들 중에 그런 사람은 없으니 의아했지. 그래서 절강에 가서 정현 집안을 수소문했더니, 진 부인도 무사하시고 정연경을 불러 보았더니, 옥 같은 얼굴에 아주 영특한 기운이 있어서 과연 정현의 아들이며, 정연양과 한 핏줄이 틀림없더라.

내가 며칠 머무르며 살펴보니, 정연경은 학문과 언행이 매우 성숙했고, 비록 어린 나이지만 언변과 응대가 늙은 선비도 따르지 못할 정도였다. 누나를 떠올릴 때는 슬픔을 주체 못해 가엾었으나, 나 역시 혹시 몰라서 정연양 네 소식을 말하지 않고 왔다. 정연경에게 물어보니 '정운'이란 소년은 집안에 없다고 했다. 그래서 정 공자의 근본을 결국 알지 못하고 돌아왔다."

그리고 이어서 정연경과의 문답을 들려주고 말했다.

"진 부인도 평안하시고, 온 가족이 잘 지낸다니 이보다 더 기쁠 수 없다. 돌아오는 길에 옛 지인이 창주에 다녀오면서 정현의 근황을 물으니, 거긴 무척 평온하댄다. 약간 먼 곳이라도 근처 명사들과 교제하며 시와 술로 세월을 보내니, 마치 고향에서 머무는 것과 다름없이 지내신다더라. 이렇게나 좋은 일이라니, 연양이는 이 집에서 걱정할 건 전혀 없다. 이 집에 편히 있다가, 너희 부친이 돌아오시는 날 네 집으로 보내 주마."

정연양은 자기 집 소식을 듣자 반갑고 기뻐서 눈에 눈물이 그렁그렁한 채 감사의 뜻을 표했다.

"대인의 은덕으로 이렇게 규중에서 편히 지낼 수 있었습니다. 부모와 동생의 안부를 몰라 밤낮으로 가슴 졸였는데, 이제 자세히 듣고 나니 지금 당장 죽는다 해도 더 바랄 게 없겠습니다. 다만 부모와 동생은 제가 살아 있는 줄 모르니, 살아 있다고 한 번 알려 주시면 어떨까요?"

연권이 답했다.

"내 어찌 그 생각을 안 했겠나. 하지만 네가 내 집에 머무는 걸 진 부인이 알면 뜻밖의 흉계를 당할 수도 있지 않겠느냐. 이미 네가 무사히 있으니, 부모 형제가 다시 만날 날도 머지않을 거다. 진상문이 가까이 있으니 방심은 금물이지. 그나저나 이번에 임규를 찾아보니 영웅의 기상을 갖추고 천하를 다스릴 재능이 있어, 옛날 위상(魏相)·병길(丙吉)[66]보다도 뛰어나 보이더라. 언젠가 천하를 평정하고 오랑캐를 복종시켜 역사가 기억할 인물이 될 게다. 내가 한 번 만나보고 몹시 감탄했지. 평생 돌아다니며 별사람을 다 봤어도, 그런 인물은 못 봤다. 네 운명이 한없이 좋으리라 확신하니 마음 놓아도 된다.

그런데 보니, 임규의 관상은 결코 한 명의 아내만 두고 살 남자는 아니더라. 장차 일곱 부인에 열두 첩을 두겠지만, 그래도 함부로 여색에 빠지는 경박한 사람은 아니었어. 너의 고운 성품과 우리 딸의 현숙함이 합쳐지면 임규에게 정말 좋은 배필이 될 듯하다. 아황·여영 고사를 본받아, 나도 내 두 딸을 그의 아내로 주고 싶거든. 정현은 밝은 군자이니 나

---

66 위상(魏相)·병길(丙吉): 전한(前漢) 때의 이름난 관료.

를 망령되었다고 말 안 하겠지만, 진 부인이 반대할까 염려스럽고, 또 너희 마음도 들어 봐야겠다. 오늘 이 자리에 다른 사람도 없으니, 너희는 솔직히 말해 봐라."

정연양이 옷깃을 단정히 하고 대답했다.

"대인께서 저를 친딸처럼 아껴 주시니, 그 은덕이 하늘 같습니다. 제가 어찌 마음을 숨기겠습니까. 대인께서 저를 구해 주시고, 동생의 자매 같은 애정도 깊어, 함께 일생을 도모하자고 하셨으니, 저는 다만 마음과 같게 하지 못할까가 걱정입니다. 모친께서도 크게 불안할 일은 없겠지요. 다만 한 가지 드릴 말씀은, 예전에 제가 길바닥을 떠돌다 화씨 집에 도착한 적 있습니다. 배고픔을 못 이겨 신분을 밝혔더니, 화 상서 부인 주씨가 옛날 주 어사의 사촌이라, 저를 정 상서의 아들이라고 듣고는 '친척이요, 화 상서가 정현 노야와 옛 벗이다'라며 따뜻이 대접해 줬습니다. 또 화원이라는 분도 나이 어린 소년이었는데, 매우 총명하고 후덕해 서당에 머무르게 하고, 덕분에 갈 곳 없던 제가 열흘쯤 지낼 수 있었어요.

그런데, 그 지현이 화빙아에게 계속 구혼해 집 안이 걱정이던 중, 부인이 '정 상서 자제와 화 상서가 일찍 혼인을 정했으니, 정 공자가 여기 와 있다'라고 일부러 소문내어 가짜로 꾸몄습니다. 그리고 제게 급박한 사정을 털어놓으며 구혼을 간절히 청했습니다. 제가 비록 남자라 할지라도, 윗자리에 부모님이 계시니 혼사를 임의로 결정할 수는 없는데, 하물며 저는 여자 몸이니 애초에 허락할 수 없는 노릇이었죠. 그런데도 지현의 권세를 믿는 이현경의 강요가 있었고, 여인 혼자 외롭게 큰 화를 피할 길이 없어 보였습니다. 화빙아의 절박한 처지가 제 상황과 비슷해 안타깝고, 이창백의 악랄함이 몹시 미워서, '일단 임시방편으로 혼사를 수락해 걱정을 덜고, 화빙아의 급한 위기를 구해 주자. 이후 나중에 잘 수습하자'라고 마음먹고 허락했던 겁니다.

그런데 혼례 날짜가 사흘 남았을 때, 이창백이 그 사실을 알아채고 흉계를 내어, 저를 죽이고 화빙아를 납치하려 했습니다. 화씨 집에서 그 낌새를 알아채서 '어서 도망가라'고 해, 저는 황급히 떠났습니다. 주 부인은 저에게 여러 차례 간절히 부탁했고, 저도 그 사정을 짐작해 슬픈 마음에 간곡히 말하고 맹세하는 시까지 써줬습니다. 화빙아가 답해 쓴 시도 있어, 서로 금석 같은 약속을 한 셈이지요. 화빙아는 제 진짜 근본을 모른 채, 절개만 믿고 덩그러니 빈방에서 절 기다릴 터이니, 결국 화씨 집 은혜를 입고도 오히려 그 처자를 망쳐 놓은 것 같아 가슴이 아픕니다. 처음 약혼할 때 '임랑'에게 받은 걸 화빙아에게 준 건, 나중에 그 물건을 화빙아가 임랑에게 돌려보내도록 하려던 의도였습니다. 그런데 대인께서는 지금 임랑을 너무 높이 평가하시고, 영아와 함께 임랑에게 시집보내겠다고 하시니, 그러면 화빙아는 대체 어떻게 해야 좋겠습니까?"

연권은 그 얘기를 듣고 크게 웃으며 말했다.

"내 아이가 어린 여자인데, 저렇게 대담한 일을 해 세속의 질투 같은 건 전혀 고려하지 않고, 사람의 위급한 사정을 구해 주려 꾀를 낸 거군. 규방의 여인이지만 그 마음이 정녕 대단하다! 사연이 그런 줄은 까맣게 몰랐기에, 나는 한동안 '정운'의 정체를 알기 위해 애만 썼었다. 내가 보니 화빙아가 절세의 미모와 재주를 겸비했고, 거기에 이창백 부자의 목숨까지 구하니 도량마저 크고 현숙하더라. 그 '정운'을 만나게 된다면 정말 큰 복이겠다 생각했는데, 그게 우리 딸이 중간에서 도와준 일이었구나! 이건 천고의 기묘한 이야기다. 임규가 화빙아 같은 아리따운 숙녀를 얻을 수 있다니 참으로 놀라운 일이다.

네가 이런 식으로 도와줬으니, 화빙아가 다른 집으로 시집간다거나 할 걱정은 없을 거야. 또 네 어머니도 더는 염려하지 않으셔도 될 듯하다. 우리 딸은 너와 친해서 잠시도 떨어지지 않겠다고 하니, 정, 연, 화

세 명이 아황·여영 고사를 본떠 우애롭게 지내면, 이처럼 아름다운 일이 어디 있겠느냐. 전부 네 어진 마음 덕에 일이 이 지경에 이른 거니, 후세에 길이 전해질 기묘한 이야기가 될 것이야."

정연양이 감사를 주체 못해 오랜 시간 연권 곁을 지키며, 길 위에서 겪은 풍경과 시골 인물 이야기를 밤늦도록 나눴다. 그리고 각자 침실로 돌아갔다.

그 무렵 진상문은 자기 불의로 류일과 결탁해 연영아를 빼앗으려 했다가 실패해, 허다한 심력만 허비하고 사람들 조롱이나 받는 신세가 된 게 억울해 견딜 수 없었다.

'내 재주와 외모가 결코 남보다 못하지 않은데, 아내 복이 없으니 어찌 한탄스럽지 않겠는가. 처음에는 정연양을 아내로 맞이하려 했으나, 요망한 자들의 계략에 빠져 크게 속았고, 그로 인해 봉귀형의 이야기가 가흥 지방에서 화제가 되었다. 그 후 이 씨와 호 씨를 취했는데, 이 씨는 용모가 빼어나고 성품이 온순하여 사랑받을 만했으나, 호 씨는 성격이 사납고 질투가 심하여 집안을 전쟁터로 만들었다. 그리하여 나는 늘 마음속으로 다시 한번 숙녀를 맞이할 생각을 하였고, 결국 연영아에게 기대를 걸었으나, 또다시 속고 말았으니, 이 어찌 분하고 애달프지 않겠는가.'

그렇게 시름하다 연권이 돌아왔단 소문을 듣고는 '연영아가 분명 이 모든 내막을 말했을 것'이라 짐작해, 연권이 분노해 뭔가 일을 벌일까 두려워 일단 기색을 살피기로 했다. 며칠 뒤, 연권의 집을 찾아가 면담을 청하자, 연권은 별로 반기지 않으며 말했다.

"이 사람이 굳이 날 찾아올 이유가 없는데 왔으니, 또 혼사를 구하려는 게 아닌가 싶군. 같은 조정에서 근무해도, 저런 젊은이와 별로 교류한 적이 없는데 갑자기 보자고 하니 분명 무슨 속셈이 있을 거야. 봐도

득 될 일 없으니, 만날 필요가 없겠다."

그러면서 하인에게 당부했다.

"이러이러하게 말해 돌려보내라."

하인이 나가 진상문에게 말했다.

"우리 대인께서는 어젯밤 술을 많이 드셔서 지금도 침상에 누워 계십니다. 깨우고자 했으나, 술기운이 아직 풀리지 않아 알아듣지 못하십니다. 춘경 공자님도 '귀한 손님이 오셨다 해도 대인께서 깨어 계시지 않으니 오늘은 면담이 불가능합니다. 돌아가 계시다가 다시 날짜를 잡으시죠'라고 하셨습니다."

진상문은 속으로 '연권이 핑계 대는구나'라고 짐작해 불쾌했지만, 겉으론 짐짓 물었다.

"그럼 공자라도 나와 볼 수 없겠느냐?"

하인은 고개를 흔들며 말했다.

"대인께서 몹시 취하셔서, 공자께서 곁을 떠나지 못하고 계십니다."

진상문은 분한 마음에 소매를 털고 돌아갔고, 하인은 그가 화난 기색으로 돌아간 것을 연권에게 보고했다. 연권은 냉소하며 말했다.

"간사한 자가 노한다고 무슨 소용이 있겠나."

진상문은 연권이 만나 주지 않은 것을 크게 한스러워했으나, 어떻게 해칠 방도도 없으니 밤낮으로 앙심만 키웠다. 그러던 어느 날, 곁에 있던 문하의 식객이 우연히 '연권이 화빙아 사건을 처리했을 때 있었던 일'과, '길에서 정연양을 만나 먼저 보냈던 사연'을 자세히 들려주며 감탄했다. 진상문이 그것을 듣고 불끈 분노가 타올랐다.

'좋아, 이제야 연권에게 복수할 계교가 떠올랐군!'

이튿날, 그는 승상부에 가 상국을 찾아갔다. 호유용이 즉시 그를 불러들이니, 진상문이 들어와 두 번 절하고 말석에 앉아 있다가, 호유용이 그에게 자리를 주자 앉아 한담을 나눴다. 원래 호유용은 며느리 호 씨의 말도 들어 진상문에게 불만이 있었지만, 그래도 진상문이 수려한 외모와 재주를 가진 점이 마음에 들어 따뜻이 대해 주었다. 진상문은 조심스레 다가서서 아뢰었다.

"요즘 조정의 중신 가운데 해괴한 일이 있어, 대인께 보고드리고자 합니다."

호유용이 이유를 묻자, 진상문이 공교로운 표정으로 말했다.

"연권이 팔도를 순무하며 나랏일을 챙기긴커녕, 중간에 귀양 간 정현의 딸이 미모가 절세라 해서 유혹하며 먼저 수도로 보내는 등, 자못 이상한 짓을 했다고 합니다. 또 가흥에 있는 화경윤의 집안이 귀양 가며, 그 집 딸이 또한 절세미인이라 지현 이현경이 여러 번 구혼했는데, 화빙아라는 여자가 '다른 집 약혼이 이미 있다'라고 거절하자, 이현경이 불쾌해 했답니다. 그런데 소문에 따르면 그 화빙아가 자기 약혼자를 죽이고, 약혼자의 친구와 간통했다 하여 떠들썩해진 거죠. 지부와 지현이 화씨 집 노비를 잡아다 문초했는데, 그때 마침 연권이 나타나 옥사를 맡게 됩니다. 그런데 연권이 전부터 화씨 집과 아는 사이였는지, 뇌물을 받고 화빙아를 '아무 죄도 없다'라며 풀어 주고, 도리어 이현경 부자에게 죄를 씌워 조정에 고발하려 했다는 겁니다. 그러자 화빙아가 형조의 조사를 받을까 두려워 거짓으로 어진 척 이현경 부자를 구해 주니, 연권이 용서해 고향으로 내쫓았다 합니다.

사실이라면, 이현경이 설령 고을을 잘못 다스려 민심을 잃었다 해도, 적법한 보고 절차를 밟아야 하는데, 연권은 부탁을 듣고 거짓으로 포학한 관원이라면서 조정을 속이니, 완전 난신적자(亂臣賊子)라 할 만합니다. 이런 자가 벼슬에 남아 있으면 국가 체면을 어지럽히니, 차마 신하의 도리가 아니지요. 그런데 대인께서 이를 다스리시지 않고 방관하신다 하여,

세상 사람들이 '호 상국이 예전처럼 밝지 못하다'며 비난하고 있습니다. 소인이 특별히 찾아와 고하오니, 부디 명철하게 살피소서."

호유용이 이 말을 듣고 울컥 화를 내며 말했다.

"연권이 감히 제멋대로 날뛰며 나라를 저버리고, 함부로 황상을 속이며 조정까지 우롱하다니! 애초에 '직언을 잘한다'라면서 스스로를 급암(汲黯)[67]에 빗대어 자랑하더니 결국 거짓말이나 일삼나 보군! 좋아, 내가 그를 단단히 다스려야겠네. 그런데 듣자 하니, 연권이 자네 장인이라는데도 이렇게 잘못을 폭로하는 걸 보면, 자네도 참 인정이 아닌가 싶네."

진상문은 기분 상한 듯 대답했다.

"제가 언제 연권의 사위가 됐다고들 하던가요?"

호유용이 이어서 말했다.

"자네가 연권의 딸을 몰래 데려다 동각에 숨기고선 잠시도 떨어지지 않는다더군. 심지어 본처까지 때리고 무시한다 하고, 또 그 연 씨가 제법 방자하고 간사해서, 본처를 욕하고 나마저 욕한다는데, 자네는 조금도 말리지 않고 함께 나를 욕했다는 소문도 있네. 부부 사이 일이라 그냥 참고 있었는데, 자네가 간사하게 날 속이려 하니, 그 속내가 뭔지 도무지 모르겠네."

진상문은 호 씨가 호유용에게 하소연한 것임을 짐작하고 서둘러 답변했다.

"대인께선 누구한테 그런 말씀을 들으셨습니까? 저는 오히려 대인께서 저를 아껴 주셔서 금옥 같은 따님을 배우자로 주셨고, 또 이 씨와의 인연도 허락하신 은혜가 참 각골난망(刻骨難忘)[68]입니다. 그런데 제가 감히

---

67 급암(汲黯): 중국 전한(前漢) 때의 신하. 성정이 엄격하고 직언을 잘했다.
68 각골난망(刻骨難忘): 남에게 입은 은혜가 뼈에 새길 만큼 커서 잊히지 아니함.

본처를 천대하고 대인을 헐뜯을 리 있겠습니까. 다만 호 씨가 질투가 워낙 심해 집안이 전혀 편하지 않고, 제게도 차갑게 굴어 제 마음이 울적할 뿐, '아내가 순하지 못하다'라는 게 한스러웠습니다.

다만 제가 미련하게도, 말 잘하는 사람들에게 잘못 속아서, 전직 시중 류일의 딸에게 혹했습니다. 그 딸이 '서시나 장강(莊姜)[69] 같은 덕과 미모가 있다'라는 말에 어린 마음이 혹해, 결국 그녀를 데려왔지만, 사실 제겐 이미 두 아내가 있으니, 그 아이는 그냥 첩쯤일 뿐입니다. 부모님께 말씀드리기 어려워 슬쩍 동각에 들여놨는데, 막상 보니 소문만큼 예쁘지도 않아서, 저도 딱히 소중히 여기지 않았습니다.

그런데 호 씨가 그걸 알고 동각에 쳐들어와 그 류 씨를 참혹하게 구타해 거의 죽음에 이르게 했습니다. 원래 부인의 질투가 칠거지악 중에도 으뜸인데, 자칫 살인까지 날 뻔 했으니 그 죄가 어떠합니까. 물론 저도 집안을 제대로 다스리지 못한 죄가 있습니다. 그래서 싸움을 겨우 말려 그 여인을 친정으로 보내고는, 그 뒤 따로 찾지 않았습니다."

호유용은 잠자코 대답하지 않았다.

다음날 아침, 호유용이 조회에서 연권의 문제를 진상문 말대로 황상께 아뢰니, 황상이 말씀하셨다.

"연권은 어릴 때부터 충성스럽다 여겼는데, 이번 순행에서 과연 그렇게까지 무도한 짓을 했을까. 화빙아와 이현경 부자 얘기는 수천 리 밖에서 떠도는 소문이라 진위를 알 수 없으니, 먼저 자세히 조사해 사실 여부부터 밝혀야 하겠다. 우선 연권을 불러 물어보도록 하라."

그리하여 즉시 연권을 부르셨다. 마침 연권은 먼 길을 다녀온 뒤 몸

---

69 장강(莊姜): 제 장공(齊莊公)의 딸로 성이 강(姜) 씨였고, 위 장공(衛莊公)에게 시집갔으므로 '장강'이라고 불렸다. 미모가 뛰어났고 시를 잘 지었다.

에 병이 있어 조회에 참석 못 했다가, 황명을 받고 궁에 들어가 계단 아래 엎드렸다. 황상이 물으셨다.

"경(卿)은 무슨 이유로 오늘 조회에 나오지 않았는가?"

연권이 머리를 조아려 아뢰었다.

"신(臣)이 먼 길을 다녀와, 미천한 몸이 좀 아파 조회에 불참하였습니다. 불경함이 극심하니 죽어 마땅합니다."

황상이 말씀하셨다.

"짐에게 경에게 물을 일이 있어 부른 것이다."

연권이 다시 머리를 숙여 '무슨 말씀이신지 알고 싶다' 하니, 황상이 호유용이 전한 말들을 이야기하고 나서 말씀하셨다.

"경이 황명의 책임자로 여러 고을을 순무하면서, 백성의 어려움을 살피고 원망이 없게 하며, 옥사를 공정히 처리해 국법을 빛내고 짐의 교화를 빛내 충성을 다하는 임무를 맡았는데, 웬일로 뇌물을 받아 억울한 옥사를 만들고, 동료 관리를 마음껏 내쫓으며, 주색을 일삼아 미녀를 거느려 와 방탕하게 굴고, 게다가 감히 짐을 속여 조정을 우롱한다고들 하니, 이는 무슨 일인가? 짐이 분노를 참기 어려우나 우선 경에게 직접 묻겠노니, 자세히 말해 보라."

연권은 이 말을 듣고 크게 놀라 마음속으로 '분명 누군가 나를 제거하려는 간사한 짓'이라 여겼다. 비록 사실을 아뢴다고 해도 무사할지 알 수 없었다. 당황했으나 죄지은 일이 없으니 동요하지 않고 침착히 엎드려 아뢰었다.

"신이 폐하의 은혜로 분수 넘치는 벼슬을 누리고 있으나, 결코 나랏일을 소홀히 하여 황상을 저버리지 않았습니다. 백성에게 피해를 주며 뇌물을 받는다는 건 터무니없습니다. 또한 신은 본래 여색을 밝히는 성정이 아닌데, 멀리 나가 미녀를 데려왔다는 것도 말이 안 됩니다. 그러나 이런 말이 생긴 데에는 분명한 사정이 있으니, 그 내막을 낱낱이 말씀드리겠습니다."

그러면서 왕 과부 모녀를 어떻게 데려왔는지, 화빙아의 지모와 담력, 그리고 그가 얼마나 기특한 인물인지 구체적으로 설명했다. 또 주머니에서 화빙아의 편지를 꺼내 올리며 말했다.

"신은 원래 이현경 부자를 형조에 넘겨 처벌할 생각이었습니다. 그러나 화빙아가 간청을 해서, 그 간절한 뜻이 너무 기특해 가만두었을 뿐입니다. 다만 이현경은 본디 백성에게 학정을 부리고 재물만 탐하던 자라, 폐하께서 '순무어사에게 관원의 출척(黜陟)[70]을 위임한다' 하신 명에 따라, 그를 파직시키고 고향으로 내보낸 겁니다. 그런데 어찌 누군가가 신을 모함해 폐하의 총명까지 흐리려 하는지 모르겠습니다. 바라건대, 폐하께선 이 일을 밝히 보아 주시옵소서."

황상은 화빙아가 쓴 편지를 직접 보시고 말씀하셨다.

"경의 해명과 이 편지를 보니, 만약 사실 그대로라면 화빙아란 여인은 참으로 지혜롭고, 이현경 부자는 극악무도한 역적이겠구나."

호유용이 정색하며 아뢰었다.

"폐하, 연권의 말에는 분명한 증거가 없으며, 화빙아가 올린 글 또한 더욱 믿기 어렵습니다. 이현경 부자의 죄가 이토록 명백하다면, 이는 곧 풍속을 문란하게 하고 폐하의 다스림을 어지럽히는 난신적자입니다. 그러므로 당당히 법을 바로 세워 다스리는 것이 마땅하옵니다. 폐하께서는 연권을 중용하여 중요한 직책을 맡기시며, 그를 폐하의 눈과 귀로 삼아 이러한 난신적자를 감찰하게 하셨습니다. 그런데 어찌 일개 아녀자의 말을 따라 임금을 기만하고 국법을 느슨하게 하실 수 있겠습니까?

---

70 출척(黜陟): 못된 사람을 내쫓고 착한 사람을 올리어 씀.

이로 미루어 짐작건대, 연권이 직접 청탁을 받은 것이 분명하며, 화빙아는 그저 한낱 어린 소녀로서 그 행실이 방자하옵고, 이현경 부자의 죄악 또한 실로 믿기 어려운 것이옵니다. 그러므로 마땅히 사람을 소흥부로 보내어 이현경 부자와 화빙아의 사건을 철저히 조사하여 죄를 엄히 다스려 국법을 바로잡으셔야 합니다. 또한, 연권 또한 감옥에 내려 죄를 밝히소서!"

황제는 호유용의 주장을 여러 번 거스르기 어려웠고, 또한 그의 말이 일리가 있어 보였다. 이에 하교하여 말씀하셨다.

"우선 연권을 옥에 가두고 자세히 조사한 뒤, 진실을 가려라."

주변 사람들은 호유용의 기세가 좋지 않은 것을 보고, 화를 참으며 침묵할 수밖에 없었다. 이윽고 황제가 다시 말씀하셨다.

"연권의 음란한 죄와, 화빙아 및 이현경의 사건을 짐이 직접 철저히 조사할 것이다. 그러니, 즉시 사람을 선발하여 절강에 파견하라!"

연권은 분노를 참으며 옥에 갇히게 되었다. 그러자 황제가 다시 신하들을 둘러보며 물었다.

"누가 절강으로 가서 이 사건을 자세히 조사해 올 수 있겠는가?"

호유용이 다시 아뢰었다.

"한림 진상문이 재주와 공정함을 겸비했으니, 저를 절강에 보내 간인들의 사정도 알고, 연권의 시비도 분명히 조사하게 하소서."

황상은 허락하고, 즉시 진상문을 별도로 순무어사로 임명해 이튿날 출발하라 했다. 진상문은 속으로 기뻐 어쩔 줄 몰랐고, 궁에서 사은하며 짐을 준비했다. 부모에게 하직하자 부친 진담은 말했다.

"네가 황명을 받아 고향 근방을 지나게 되겠구나. 고모와 형을 만나 안부 전하고 오너라."

진상문이 호유용에게도 작별 인사를 하자, 호유용은 그를 서당으로 불러 말했다.

"이번 일이 자네로부터 비롯되어, 내가 특별히 자네를 천거해 임무를 맡긴 거네. 철저히 살펴서, 우리 둘이 평소 말했던 대로 나라에 도움이 되도록 하게. 만약 조금이라도 실수하면, 황상이 우릴 불신하고 간관들이 벌떼처럼 치받아 난처해질 거네."

진상문은 몸을 낮춰 절하며 답했다.

"대인의 말씀, 가슴 깊이 새겨 두겠습니다."

호유용은 술로 이별하고, 진상문은 절월을 차려 영광스럽게 떠났다. 마음속으론 여러 가지 희망과 흑심이 섞여 다행함을 이기지 못했다. 애석하게도 화빙아의 액운이 다 떨어지지 않았고, 연권의 때가 안 좋아 이리 된 것이었다. 결국 간사한 인물이 득의했으니, 세상사가 한심하기 그지없고, 조물주가 어진 사람을 시험하듯이 얼마나 잔혹한가.

이 시점에, 연권 집에서는 '연권이 옥에 갇혔다'라는 소식을 듣고 영문을 몰라 연영아와 연춘경이 크게 당황했다. 연춘경은 달려가 아버지 옥사의 경위를 알아보려 했는데, 시녀가 돌아와 편지를 전했다. 그 편지엔 대략 이렇게 쓰여 있었다.

> 누군가 헛소문을 날조해 황상의 총명을 가리고 나를 모함하니, 내 지금 죄도 없이 옥에 갇혔으나, 머지않아 밝혀지면 풀려나리라. 너희는 함부로 움직이지 말고, 집안을 잘 지키거라. 근본은 날 무너뜨리려는 자가 있으니, 내가 비록 죽을죄는 면하겠지만, 무사치 않게 될 수도 있다. 너희들은 집안일을 돌보고 있거라. 형편 봐서 도리를 찾으마.

또 덧붙여 '호유용이 화빙아 문제를 황상께 아뢴 바람에 이렇게 됐다'라고 했다. 이에 식솔들이 충격을 받아 말했다.

"누군가 거짓 정보를 만들어 아버지를 끌어내리려는 거야. 호유용이 아버지와 원한이 있으니 이걸 핑계 삼나 봐. 아버지 충성은 헛고생이 되어 소인배에게 당해 욕 보는 형국이네. 어쩌면 좋지?"

그들은 눈물을 흘리며 어쩔 줄을 몰랐다. 연춘경이 말했다.

"원래 아버지가 호유용과 사이가 안 좋으셨는데, 진상문이 누나 혼인 문제를 한풀이라도 하려 했던 거 같아요. 이 일을 들어 호유용을 충동질했나 봅니다. 호유용도 속았을 거고요."

두 소저가 고개를 끄덕였다.

"그 말이 맞네. 진상문이 호유용과 합심한 거야. 그럼 아버지는 곤란해지겠지. 어쩌면 좋을까…."

이렇듯 상황이 급박하게 돌아가자, 당황한 식솔들은 즉시 하인 정충을 시켜 옥리에게 뇌물을 주고 '사건의 내막을 알아 오라'고 지시했다. 정충은 은화를 가져가 옥리와 친분을 쌓으며 은밀히 사실을 탐문했다. 마침 내부 사정을 잘 아는 자를 만나게 되어 그에게서 중요한 정보를 들을 수 있었다.

"호유용은 이 소문을 전혀 알지 못했으나, 진상문이 직접 승상께 아뢰어 이 사건이 황제의 귀에 들어가게 되었소. 결국 황제께서는 진상문을 절강으로 보내어 이 사건을 직접 조사하도록 명하셨다오."

정충은 들은 내용을 빠짐없이 보고했고, 이 소식을 들은 두 소저와 연춘경은 크게 충격을 받아 발을 구르며 탄식했다.

"진상문이 이 일을 조사하러 오다니, 이는 하늘이 우리를 죽게 하려는 것이 아니겠는가! 이제 화빙아의 앞길은 크게 어지러워졌고, 머지않아 큰 화가 닥칠 것이다. 진상문이 어찌 진실을 바르게 보고할 리가 있겠는가!"

그들은 몹시 당황하며 불안에 떨었고, 정연양은 화빙아가 이대로 구렁텅이에 빠지게 될까 근심하며 진상문을 한없이 원망했다. 그때 가월이 나와 말했다.

"진상문이 화빙아 소저가 절세미인이라 들었으니, 어떤 지독한 수단을 써서 해치려 들지 모릅니다. 이창백의 죄는 그대로 올리겠지만, 연권 노야께 죄를 뒤집어씌워 무사치 못하게 만들 겁니다. 노야는 아마 귀양 정도 받겠지만, 화 소저는 이번에도 큰 위기에 빠질 공산이 큽니다. 진상문이 독살스럽게 몰아갈 겁니다. 또 화 소저의 정혼자 근본을 물으면 정연양 소저를 떠올릴 거고, 그럼 자연히 우리 소저의 근본도 드러나 소란이 커질 겁니다. 그래서 결국 세 분 소저가 저 못된 진상문한테 빌미 잡히는 셈이니, 참으로 한심하고 안타까운 일이에요. 이렇게 되면 몇 집에 화가 닥칠지…. 진 한림이 하늘의 뜻을 받아 우리 세 소저를 곤란하게 만들려는 듯하지만, 과연 진 한림 본인은 무사할 수 있겠습니까?

어쨌든 화 소저가 그저 모르고 있다가 뜻밖에 급한 화를 만나면 어찌합니까. 부질없는 예물을 지키다가 목숨이 위험해질 수 있습니다. 섬월과 난난이 소저를 보호하면 되니, 제가 남장으로 갈아입고 직접 가흥부에 가서 화 소저 동정을 살펴봐야겠습니다. 혹시 큰 일이 터지면 구출해, 임랑의 귀한 배필을 잃지 않게 해야죠."

정연양은 이 말을 듣고 기쁨을 감추지 못하며 가월에게 감사의 뜻을 전했다.

"네가 남의 위급한 상황을 구해 주니, 그 성의와 충성은 만고의 으뜸이 될 것이다!"

연영아 또한 기뻐하며 여러 차례 감사의 인사를 표했다. 그러나 가월은 겸손하게 사양하며, 곧 정충에게 다급히 물었다.

"진 한림이 어느 날 출발한다고 합니까? 알아봐 주세요."

정충은 즉시 답했다.

"천자께서 직접 출발을 재촉하셨으므로, 진 한림은 내일 떠난다고 합니다."

가월이 정연양에게 아뢰었다.

"그럼 저도 내일 바로 길을 나서겠습니다. 화원 공자에게 전할 편지를 두 통 써 주십시오. 한 통은 이런 식으로, 다른 통은 또 이런 식으로 해서. 상황 봐서 적절히 쓰겠습니다."

난난이 물었다.

"왜 두 통씩이나 써?"

가월이 웃었다.

"거기 가서 지켜봐서, 진상문이 화 소저를 억지로 혼인해 괴롭히는 형편이라면, 화 소저를 데리고 주 어사 있는 곳으로 피하는 게 나을 거야. 그게 아니라 별 탈 없다면, 그냥 안부 전하고 '정 공자도 주 어사 임소(任所)에 있으니 서로 연락하자'라고 전하는 정도로 끝내려 해."

난난이 수긍했다. 두 소저가 모두 "가월이 지모가 훌륭하다."라며 칭찬했다. 그래서 짐을 싸 남장한 뒤 다음 날 출발하기로 했다. 연영아가 나이 든 하인과 준마를 갖추어 주었다. 떠나기 전, 가월은 두 소저와 이별했다. 정연양은 깊은 탄식을 내뱉으며 슬프게 말했다.

"네가 이제 떠나니, 비록 진 한림의 화가 미친다 하더라도, 화 소저는 무사할 수 있을 것이니, 나는 다시 염려하지 않겠구나. 다만 가는 길에 조심하고, 어서 무사히 돌아와 나의 근심을 덜어다오."

그녀는 잠시 말을 멈추고, 다시 애통한 표정으로 덧붙였다.

"부친께서 귀양 가신 것이 모두 나 때문이며, 화 소저가 위기에 처하게 된 것 또한 나로 말미암은 것이니, 비록 내가 직접 화 소저를 해치지는 않았더라도, 결국 나로 인해 그녀가 이 고난을 겪게 되었구나. 참으로 안타깝고 가슴이 미어지지만, 내 힘이 미약하여 돕지 못하니 더욱 한스러울 뿐이다. 그러나 네가 이렇게 의기를 세우고, 어진 마음으로 행동하니, 하늘도 반드시 감격하실 것이다. 부디 숙녀가 화를 당하는 일이 없도록 힘써 주거라."

가월은 공손히 머리를 조아리며 사례하고, 난난 등에게 "소저를 잘 위로해 드려라"라고 당부했다. 그 후, 방 씨에게 하직을 고하고, 경아와도 작별을 나누었다. 경아는 눈물을 흘리며 말했다.

"이 일은 우리 때문에 간사한 자들이 모함한 것이니, 어찌 이토록 원통하지 않겠어요? 낭자의 이번 길은 천고의 의로운 일이에요. 부디 대사를 이루시고, 어서 무사히 돌아오세요."

가월은 고개를 끄덕이며 말했다.

"두 소저가 지나치게 걱정하지 않도록 위로해 주세요."

경아가 응낙하자, 가월은 두루 이별을 나누고, 말을 타고 절강으로 향했다. 가월은 여러 계략을 궁리하며, 진상문이 가는 길을 면밀히 쫓아갔다.

한편 진상문은 황명을 받들어 절강으로 가며 혼잣말로 생각했다.

'가흥에 가면 화빙아를 얻게 될지 모르지!'

밤낮으로 화빙아를 얻을 궁리하며 열흘 넘게 달린 어느 날, 순무어사 절월과 패문(牌文)[71]을 앞세워 행차하니, 양쪽에서 백성들을 몰아 길을 열었다. 앞장선 붉은 곤장을 든 하인들이 "어사 대인 지나가신다!"라며 소리치는데, 길 왼편에서 말 탄 소년이 하인 한 명을 거느린 채 내려올 기색이 없었다. 진상문이 격노해 "저놈 붙잡아 와라!" 하니, 하인들이 냅다 달려가 큰 소리로 외쳤다.

"말 탄 소년, 어사 행차 앞에서 어찌 이리 무례하냐! 당장 내려라!"

---

71 패문(牌文): 높은 관리가 행차할 때에 관련 사항을 기록하여 보내던 통지문.

그 소년은 깜짝 놀라 말에서 내리려 했지만 이미 하인이 덮쳐 잡으려 했다. 그러자 소년이 벌며 말했다.

"고개 숙여 사죄드리겠습니다. 제가 시골 선비라 이런 예절을 몰랐어요. 감히 도망치거나 하진 않겠습니다. 직접 가서 죄를 청할 테니, 제발 함부로 업신여기지 말아 주세요."

그리고는 스스로 걸어서 어사 가마 앞으로 가 엎드려 고개를 조아렸다.

"저 같은 시골 뜨내기가, 모르고 실수하여 대인께 불경을 범했습니다. 큰 죄를 용서해 주신다면, 정말 황공하겠습니다."

진상문은 이 소년을 보니 빼어난 외모가 시골 선비 같지 않았다. 속으로 의아해하며 말했다.

"그대를 보니, 참으로 뛰어난 선비로다. 그런데도 어찌 체면도 모르는가? 분명 나의 벼슬을 업신여겨 감히 이같이 행동하는 것이겠지. 길 위에서 왁자하게 논할 일은 아니니, 차라리 처소로 가서 이야기하도록 하자. 그러니 나를 따라오라."

좌우의 사람들이 진상문의 뒤를 바짝 따랐고, 그 소년은 순순히 따르며 처소로 향했다. 지현은 별관에 진상문을 극진히 모시고 음식과 술을 공손히 차려 올렸다. 진상문이 지현과 함께 술을 마친 뒤, "길에서 붙들린 소년을 데려오라" 하고 명했다. 잠시 뒤 소년이 다시 앞에 나와 두 번 절을 했다. 진상문이 자리를 주며 물었다.

"나는 조정의 대신이자 순무어사다. 지현이며 온 고을 관리들이 다 나와 내 행차를 받드는데, 그대만 홀로 말에서 안 내리고 이렇게 방자히 구니, 원칙이면 중형에 처해야 마땅하다. 다만 그대가 나이 어려 풍채가 유별난 게 아까워 용서하는 것이다. 어디 출신이며, 여기 무슨 일로 지나가는가?"

그 소년이 나지막이 답했다.

"제가 어찌 대인의 위엄을 업신여기겠습니까. 정말 무지해서 죄를 지었는데, 다행히 대인께서 용서해 주시니 그 은혜가 하늘 같습니다. 비록 미천하지만, 말고삐라도 잡아 대인 은혜에 보답하고 싶습니다."

사성기봉 임화정연 이 권 끝

원문 임화정연

第三編

四姓奇逢 林花鄭延 卷之二
림화졍연 권지이

뎨십삼회 第十三回

리 지현이 관령을 베푸러 화가를 어지러이고 연 어사가 졍낭을 맛나 의녀를 맷다
李知縣施官令亂花家 延御使逢鄭娘結誼女

차셜. 화 상셔 부인이 연긔를 불너오라 하니 이때 연긔 인졍을 다 쓰고 쇼식을 알여 하야 아문 압헤 잇더니 문득 부인의 명을 듯고 연망이 도라왓거늘 부인이 양자의 보호함을 이른대 연긔 고두 쳥령 왈,

"쇼복이 양 공자를 반셕갓치 보호하오리니 부인은 렴려치 마르쇼셔."

부인이 이에 깃거 양자를 연긔에게 맛겨 보내일 새 쇼져ㅣ 공자의 옷을 밧고와 쳥의동자 복색을 하이여 간인의 잇슴을 방비하며 경계 왈,

"혜뎨 이에 잇슴이 유익함이 업술 뿐 아니라 쳔금지신이 위태하리니 모친은 렴려 말고 십분 조심하쇼셔."

부인이 쏘한 당부하니 양 공자ㅣ 울며 하직하고 연긔를 졷차 가니 부인이 심사불호하야 식음을 젼폐하는지라. 쇼져ㅣ 자약히 위로 왈,

"태태는 렴려 마르쇼셔. 쇼녀ㅣ 졍한 계교 잇나이다."

하고 마음이 태연하야 일호 구겁하는 모양이 업고 가인으로 하야금 문 밧게 가 사긔를 탐지케 하니 연파 장부의 잡혀감을 놀나이나 필경은 무사할 쥴 짐작하고 부인을 관위하며 내외를 엄숙히 하야 범사를 누셜치 못하게 하

니 화 쇼져의 작용이 엇더하며 리가 부자의 사생이 엇지 된고.

차시 리 지현이 좌긔를 배셜하고 위엄을 엄슉하야 기다리더니 이윽고 관채 등이 화부 노복 이삼인을 잡아 옴을 고하니 지현이 잡아 드리라 분부하는지라. 관채 즉시 삼인을 잡아 드려 업지르<2>니 지현이 좌우를 명하야 연츙을 올여 즁형하라 하는지라. 연츙이 쇼래를 질너 왈,

"역젹 즁죄라도 몬져 원뎡을 바든 후 형벌을 나오거늘 이제 로야는 유죄 무죄를 뭇지 아니시고 몬져 혹형을 더하시니 쇼인은 비록 일개 쳔인이나 쥭어도 감슈치 아니하노이다."

지현이 대로 질 왈,

"무지 업츅이 감히 날을 밝지 못한 공사한다 비방하나냐? 쾌히 매를 더하라."

하리 등이 고 왈,

"무릇 죄인을 봉초 후 시형함은 국법의 썻썻한 일이오며 이제 이놈은 그 상젼의 대신 왓사오니 몬져 그 상젼의 악사를 드러 쇼유를 아압신 후 츄문하와 복초를 바드심이 가할 듯하오니 아즉 형벌을 머무시고 져의 말삼을 듯자온 후 다사리심이 올흘가 하노이다."

지현이 하리의 말을 듯고 이에 화부 노복을 대하야 고셩 문 왈,

"네 말이 원졍을 말한 후 형벌을 당하야지라 하니 네 원졍이 무엇인고? 자셔히 알외라."

연츙이 쑤러 고 왈,

"쇼인 등이 내당사는 자셔히 아지 못하오나 대강 아는 바를 고하나니 져젹의 과객으로 온 졍 공자의 근파를 자셔히 아온즉 졍 상셔의 아자이온대 일즉 졍 상셔와 화 로야로 더부러 혼사를 뇌졍한 고로 졍 공자ㅣ 신근이 차자 이르심에 쇼인의 댁에셔 혼구를 차리시고 장찻 셩혼하랴 하는 고로 져젹에 지현쎄셔 누차 통혼하시되 졍 공자의 맹약을 어긔지 못할 것이요 화 쇼

져ㅣ ᄯᅩ한 부명을 직히사 졍가의 신의를 일치 아니하랴 하는지라. 졍 공자ㅣ 레를 일우려 부즁에 이르시니 쥬모ㅣ 택일하사 길긔가 사오일을 격하엿더니 홀연 강도 사오인이 반야 심경에 졍 공자를 질너 쥭이고 쇼져ㅣ ᄯᅩ 간 곳이 업슴에 일가ㅣ 황황망극 하오나 쇼져의 거쳐를 알 길이 업삽고 졍 공자를 질너 쥭인 자를 아지 못하오니 부인이 홀노 계시와 아모리 할 쥴 모로시고 쇼 공자 역 나히 어린 즁 맛참 ᄯᅩ 댁에 계시지 아니하오며 강근지친이 별로이 업삽고 졍 공자의 본댁이 머오니 통치 못하압고 한갓 두리고 망극할 ᄯᆞ름이라. 쇼인 등은 이 밧게 아는 배 업삽고 백생 등 사인은 젹환을 당하기 젼에 다 고향으로 갓사오니 밧게 잇는 노복 등이 내당 사졍을 엇지 알이잇고?"

분향 등이 ᄯᅩ 알외되,

"연츙의 말삼이 쇼인과 다<3>름이 업사오니 쇼인은 다시 알외올 배 업삽고 백생 등은 몬져 갓삽고 쇼져는 후에 일헛사오나 그 사졍의 허실은 시비 등도 아지 못하압거든 당하 노복이 엇지 알이잇고? 쇼인 등은 도모지 ᄭᆡ지 못하고 한갓 졍 공자ㅣ 타향에 와셔 참사함을 잔잉이 녁일 ᄲᅮᆫ이로쇼이다."

지현이 삼인의 말이 분명치 못함을 도리여 심리에 깃거 왈,

"너의 말을 족히 취신치 못하리니 졍생의 거쳐와 백가의 소식을 탐지하야 쇼상이 사실한 후에 법으로 쳐치하리니 아즉 가도와 상부 명령을 기다리라."

하리 등이 쳥령하고 삼인을 하옥하니 지현이 삼인의 쵸사를 드러 지부에 고한대 지부ㅣ 삼인의 원졍을 보고 발연 변색 왈,

"리 지현이 용렬한 사람이로다. 이 원졍이 이갓치 모호한대 다시 뭇지 아니코 하옥하다 하니 반닷이 기간에 혐의가 잇거나 그럿치 아니하면 인졍에 거리씨여 즐겨 사실치 아니함이로다. 내 당당이 라문 사핵하리라."

하고 지현에게 젼령하야 죄인을 상부로 올이라 하니 지현이 대경하야 생각하되,

'차인 등을 지부로 보내여 크게 엄문하면 우리 작얼이 누셜할 것이니 엇지 두렵지 아니하리요. 내 맛당이 담당하야 사실하고 다른 아문에는 결코 보내지 아니하리라.'

하야 이에 회보하되,

"연츙 등 노복은 규즁 사실을 아지 못함이 맛당한지라. 당연이 그 아달을 잡아 물어야 간졍이 낫타나리니 엇지 상사에셔 번거로이 다사리게 하리요."

하니 지부ㅣ 그러이 녁여 '명졍쳐결하라.' 하엿거늘 지현이 이에 다시 발채하야 '화 공자를 잡아 오라' 하고 심하에 생각하되,

'화자ㅣ 어리다 하니 내 맛당이 위엄으로 져쥬면 져 약한 아자ㅣ 놀나 부복하리니 옥즁에 가도와 가마니 쥭이면 결제하는 묘책이라.'

하더라.

이때 화부에셔 연츙이 매를 맛지 아니하고 다만 갓쳣슴을 젹이 방심하더니 문득 관채 나아와 공자를 라래코져 하는지라. 부인이 문을 닷고 왈,

"가즁에 흉젹이 드러 졍 공자를 살해하고 쏘 녀아ㅣ 간 곳이 업스니 젹유의 겁탈한 듯한지라. 내 형세 외로와 능히 원슈를 갑지 못하고 쏘 무삼 일이 잇슬가 두리워 아자를 져의 부친 젹쇼인 됴쥬로 보내인 지 지금 달이 지낫거늘 관채 반닷이 공자를 <4> 잡으려 할진대 내 친히 지현 분부를 응하야 관부에 이르러 사실을 고하리니 관채 등은 이 뜻을 고하라."

관채 왈,

"부인이 이갓치 말삼하시오나 지현 로야ㅣ 밋지 아니시러니 공자ㅣ 잇셔도 무삼 관계치 아니하온즉 쇽이지 말고 쌀이 내여 보내쇼셔. 지현 로야ㅣ 촉로하시면 더욱 좃치 아니하리이다."

부인이 로하야 고셩 대매 왈,

"무릇 지현 로야ㅣ 일방의 부모ㅣ 되여 공명졍대한 공사를 베푸사 사부

가를 침노하야 사람을 죽이며 규슈를 겁탈한 강도는 차자 사핵지 아니시고 무죄한 우리를 침노하니 무삼 경치가 이럿틋 하뇨? 아자는 나희 십세도 차지 못하고 조금도 작죄한 일이 업거늘 무엇이 두리여 업다 하리요? 내 비록 일개 부인이나 담략이 용이치 아니하고 상공이 비록 젹거하엿스나 됴졍 명관이어늘 지현이 엇지 모함하야 사부가 녀자를 능히 욕하리요? 내 당당이 등시녀의 일을 효칙하리니 다시는 이 고혈한 사부가를 업슈히 녁이지 말나. 아녀의 종젹과 졍생의 죽인 자를 차자 보슈할 날이 잇스리라."

언파에 쇼래 맹열하야 가인을 꾸지져 좃차 내치라 하니 차사ㅣ 부인의 언사ㅣ 엄숙함을 보고 감히 무례치 못하야 도라와 지현게 이 뜻을 고하니 지현이 대로 왈,

"패륜난상하는 음녀의 어미 감히 큰 말을 하며 국톄를 문허치는 탐남젹자의 계집이 무삼 낫으로 명부 자세를 하리요. 저의 가부ㅣ 황상의 은덕으로 죄즁벌경하야 면사츙군하니 제 불과 셔민의 계집이어늘 엇지 감히 지현을 업슈히 녁이리요. 내 맛당히 늘근 년을 잡아다가 오형으로 져쥬면 기녀의 죄상이 현로하리라."

이럿틋 분부하나 오히려 두리는 의사ㅣ 잇셔 큰 말은 할지언졍 감히 잡지 못하고 침사유유하더니 맛참 위생이 왓거늘 지현이 좌우를 물이치고 연츙 등의 원졍과 화 부인의 관채 꾸짓든 말을 이르고 '제 져럿틋 방자하니 장찻 엇지 하리요' 하며 의론하더라.

차셜. 리부시랑 연권은 졀강인이니 위인이 강렬현숙하며 명찰사리하야 일즉 청운에 올나 벼살이 리부시랑에 이르러 직분을 진심하야 졍사를 도을새 졍공으로 더부러 죽마고우로 한가지 국사를 보익하더니 국운이 불행하야 호유<5>용의 교헤능변으로 상의를 잘 맛쵸매 상이 과히 사랑하사 총우하시니 이에 유용이 됴졍의 권세를 쳔자함에 간당이 이러나고 현량졍직지신이 마니 물너가니 츙의지사ㅣ 탄식하는 고로 연공이 유용의 당과 뜻이 불합

함에 벼살이 시랑에 지나지 못하고 션셰부터 빈한한 션배이라. 가세가 냉락하고 친쳑이 희소하니 일신이 영졍고혈하야 다만 부부 양인이 상의하야 세월을 보내더니 부인 유 시 늣게야 일자 일녀를 생산하고 인하야 기세하니 공이 반백에 상우함에 아시결발로 됴강간고를 한가지 하엿슴을 생각하야 다시 취쳐치 아니하고 쇼쳡 방 시로 가사를 맛기고 친이 자녀를 무휼하야 사랑이 만금에 지나더라. 녀아 녕아는 십사세요 아자 츈셩은 십이세이니 양아ㅣ다 위인이 특이하야 비상한 션풍옥골이요, 쇼져는 더욱 긔이하야 유한졍졍하고 쇄락슈려하야 인물은 셔자를 모시하고 재조는 쇼사를 압두하며 셩도ㅣ단일침졍하고 겸근온슌하야 셩녀슉완에 미진함이 업스니 공이 사랑함을 장즁보옥갓치 하는 즁 일즉 자모를 여의고 남매 셔로 부친을 의지하야 잠시 겻을 떠나지 아니하야 셩효ㅣ 특츌하고 셔모 방 시는 색덕이 구비함에 부인이 항상 사랑하더니 늣도록 자식이 업슴에 부인이 권하야 공의 쳡을 삼으니 부인이 늣게 생산한지라. 방 시 대희하야 쇼져 남매 사랑함이 쇼생과 다름이 업고 쇼져 남매 또한 졍의 둣텁더니 밋 부인이 상사함에 방 시 슬품을 이긔지 못하야 쇼져 남매를 더욱 무양하는 즁 쇼져의 비범함을 희열하야 매양 공으로 더부러 또한 재덕이 구비한 사회를 구하더라.

이때 연 쇼져의 향명이 원근에 자자함에 구혼하는 매파ㅣ 문이 메여 당시 권문대족의 귀공자ㅣ 만흐나 공이 다 물이치더니 때에 진 한림이 황상의 춍우하심과 호 상국의 질셔로 권세 당당하되 부인 호 시의 위인은 싀랑 갓흐니 권셰에 잇글여 강잉 후대하고 부인 리 시는 셩졍이 한림의 뜻과 갓흐니 자못 견권하나 그 용모ㅣ 항상 마음에 부족한 즁 매양 두 안해 쟁투하야 가내요란하니 심즁에 써 하되 졍 쇼져 갓흔 유한졍졍한 녀자를 어더 평생을 쾌락고자 <6> 생각하야 왈,

"내 팔자ㅣ 슌치 못하도다."

하더니 연 쇼져의 향명이 자자하야 쇼년재사드리 연가 동상됨을 쇠한다

하니 한림이 또한 연 쇼져를 불견무언 즁에 사모ㅣ 간졀하야 가마니 말 잘하는 매파를 어더 연부에 보내여 진 한림의 재명과 부귀를 찬양하야 자공의 빗난 말과 쇼진의 구변으로 연공을 달내이되 연공은 현명군자이라. 져 진상문이 츄세 쇼인을 익히 알고 더욱 호 상국의 질셔됨을 아는지라. 쥰졀한 말로 물니쳐 왈,

"나는 본대 한문궁유로 녀아ㅣ 유츙불미하니 사회도 또한 한미한 유생을 어더 종요롭기를 원하나니 엇지 감히 한원 명사로 사회를 삼으며 부귀 권세를 우러러 당하리요. 허물며 진 한림이 양쳐ㅣ 잇다 하니 녀아ㅣ 조실자모하고 배혼 배 별로이 업스니 젹국 츙즁에 엇지 용납하리요. 한림의 이갓치 구혼함은 감사하나 결연이 허치 못하리로다."

하고 매파의 감언미어로 구혼함을 맛참내 물니치니 매파ㅣ 할 일 업셔 도라가 공환함을 고한대 진생이 불열하야 다시 동관 리 한림을 보내여 구혼하니 공이 허치 아니하니 진생이 앙앙졀치하야 그 매친 한이 연 쇼져의 셩화를 드를 젹마다 심혼이 표탕하더니 됴졍에셔 인재를 갈히여 졀강 등쳐에 슌무어사로 보내려 할 새 진 한림이 연공을 업새이고 연 쇼져를 도모코자 하야 텬자게 연공을 쳔거하니 상이 연공의 정직함을 아르시는 고로 연권으로 졀강 안찰사를 하이사 급히 발행하라 하시니 연공이 사은하고 밧비 발행할 새 자녀와 방 시 아연하야 공의 옷을 붓들고 원로에 보즁함을 당부하니 공이 또한 떠나는 마암이 창연하야 위로 왈,

"텬은이 즁하사 로부로써 즁임을 맛기시니 대장부ㅣ 군명을 밧잡고 졀월을 거나려 가사를 생각함이 용렬하나 자녀의 정사ㅣ 남에 다름을 잇지 못하나니 셔로 의지하야 조히 잇셔 아비를 생각지 말고 츈경의 학업을 권장하라. 진상문이 여러 번 구친하나 허치 아니하엿스나 제 심졍에 극히 유감할지라. 로부 업슨 동안에 셜혹 위세로 구친함이 잇더라도 경동치 말고 내외를 엄히 하야 로부의 도라옴을 기다리라."

양아ㅣ 절하고 명을 밧드니 또 방 시를 경계하야,

"량<7>아를 조심 보호하고 문졍을 신칙하야 잡인을 엿보게 말나."

재삼 당부하니 방 시 슈명하더라. 공이 이에 집을 써나 졀강 등쳐로 슌무할 새 몬져 미복으로 인민과 아젼의 션악을 살피고 백셩의 원상을 업게 하여 도젹을 귀화하고 창름을 여러 빈민을 구제하며 농업을 권장하고 토쥬 지현의 불치함을 명찰하야 졍치 거울 갓고 광명 쥰엄하니 도쳐 백셩의 숑셩이 자자하고 쥬현 관원이 다 낙담상혼하야 감히 미쥬 미녀로써 대졉지 못하고 어즌 졍사로 죄를 면하더라.

이때는 계츄 구월이라. 금풍이 쳐량하고 경물이 가려하야 만산 단풍은 금슈장을 드리온 듯 텬긔가 냉담하야 남으로 도라가는 쎄기럭이 쇼래 쇼래 쳐량하야 원객의 회포를 돕는지라. 어사ㅣ 미복으로 산음지계에 이르러 시동 일인을 다리고 길가 쥬졈으로부터 그윽한 촌가에 왕래하더니 일일은 몸이 곤하고 허핍하야 다과를 사셔 먹고자 하되 쥬졈이 요란한지라. 종용한 쥬졈을 차자 한 곳에 이르니 마을이 드물고 산곡이 심슈한지라. 동자로 문을 두다리니 한 로고ㅣ 나아와 이르되,

"이러한 깁흔 산곡에 엇더한 됸객이 와 계시니잇고?"

공이 읍하고 왈,

"나는 본대 원방인이러니 날이 차고 긔갈이 심한지라. 다과를 사 먹고자 하야 이에 이르럿나니 쥬파는 허하쇼셔."

로고ㅣ 공의 의표 싸혀나며 나희 만음을 공경하야 초사에 마자 쥬과를 대졉하니 공이 문 왈,

"쥬인의 장부는 무삼 사업을 하며 슬하의 자녀ㅣ 몃치나 하뇨?"

로고ㅣ 탄식 왈,

"로신의 지아비 셩은 왕이니 본대 농업으로 자생하더니 불행히 장부ㅣ 쥭고 다만 일녀가 잇셔 나희 십오세로대 츌가치 못하압고 로신이 홀노 잇슴

에 부르기를 왕 과부라 하나이다."

공이 차탄 왈,

"이런 하방에도 졀부ㅣ 잇도다. 그대 가부ㅣ 업스니 일정 간난하리로다."

로고ㅣ 대 왈,

"유시로부터 간난하오며 가부 쥭은 후 더욱 자생활 계교가 업셔 쇼녀가 베 짜고 슈 노아 자생하오며 자식의 텬셩이 효슌함에 츌가함을 원치 아니하야 종신토록 로모를 ᄯᅥ나지 못할 쥴로 결심함에 로모ㅣ ᄯᅩ 강박지 못하나이다."

어사ㅣ 대찬 왈,

"이러한 촌즁에 졀부와 효녀ㅣ 잇슴을 ᄯᅳᆺ하지 아니한 배라. 지<8>현은 귀와 눈이 업셔 이런 긔특한 사람을 엇지 포장치 아니하나뇨?"

로고ㅣ 대 왈,

"계집의 슈졀함과 자식의 부모 사랑함은 고금의 ᄯᅥᆺᄯᅥᆺ한 바어늘 무삼 포장이 잇사올잇가마는 다만 강포한 무리가 항상 당을 모아 자식을 강탈코자 하오니 민망하여이다."

어사ㅣ 왈,

"이는 어렵지 아니하도다. 내 어사 로야와 친분이 잇스니 특별히 그대 모녀를 관부에 보호하야 강포한 무뢰배가 그대 모녀를 감히 침노치 못하게 하리라."

로고ㅣ 대희하야 고두 사례하고 다과를 내여 관대하더니 어사ㅣ 한가히 안자 본현 인심과 지부, 현관의 정치를 무른대 문득 겻벽에셔 은은히 신음하는 쇼래가 잇고 겻해셔 슬피 탄식하는 쇼래 들이거늘 공이 왈,

"겻벽에 알는 쇼래는 엇던 사람이뇨?"

로고ㅣ 대 왈,

"금월 초에 다삿 미쇼년이 황혼에 이르러 드새가기를 쳥하매 로신은 자

식이 잇기로 혐의로와 구지 밀막으되 그 쇼년이 애걸하고 용모와 풍신이 츌유비범하압기 참아 물니치 못하야 객실에 머무르고 셩명을 무르오니 로신의 동셩 졍가어늘 귀히 녁여 대졉할 쁜이 아니라 그 쇼년들의 용모ㅣ 비상하니 하나흘 갈희여 사위를 삼으려 하는 바 그 즁 졍 공자라 하느 니 더욱 아람다음으로 유의하엿더니 홀연 유질하야 우금 십여일에 졈졈 침즁하니 향여 쥭을가 렴려이오며 그 동행 사인이 쥬야로 황황망조하야 식음을 젼폐하고 눈물로 세월을 보내오니 보기에 불상할 쁜 아니라 원방 사람이 만일 쥭으면 신톄를 엇지할고. 그도 쏘한 민망하니이다.”

어사ㅣ 왈,

“어느 곳 사람이며 무삼 일로 유락하셔 동행 사인은 그 노복이더냐?”

로고ㅣ 왈,

“병든 졍 공자는 경상셔의 공자라 하고 동행 사인은 백생 형뎨와 셕 형뎨 이 다 표종 형뎨로 일가의 화를 맛나 유락한다 하더이다.”

어사ㅣ 경 왈,

“졍 상셔의 아자라 하니 졍자산의 아달인가? 내 졍공으로 막약지교이라. 즁도에 리별하고 항상 잇지 못하더니 제 졍 상셔의 아자ㅣ라 하니 한 번 보아 그 래력을 뭇고 년쇼원객이 신병이 고항에 잇다 하니 내 젹이 의슐을 아는지라. 져의 병을 구하리니 이 쁫을 즐겨 젼할쇼냐?”

로고ㅣ 대희하야 칭사 왈,

“상공의 자비지심은 심상한 사람<9>의 밋칠 배 아니로쇼이다. 로신이 드러가 통할지니 상공은 잠간 기다리쇼셔.”

하고 몸을 이러 즉시 드러가니 원래 연공이 졍 공자의 출유함을 듯고 유의하야 한 번 보고자 함은 젼혀 택셔의 쁫이러라.

션시에 졍 쇼져ㅣ 리가의 화를 피하야 화부를 하직하고 사개 시녀로 더부러 문을 나매 사방에 의신할 배 업는지라. 도로 집으로 가고자 하나 모친의 심정이 유약하시니 다시 쇠에 빠질가 두려워 감히 고향에 가지 못하고 사면에 알 니 업스니 텬디 망망한지라. 쇼져ㅣ 앙텬 탄 왈,

"가운 신액이 엇지 이 갓트뇨?"

사인이 백단 개유하야 촌촌 젼진하야 긔쥬 쥬 어사 임쇼로 가랴 하나 경쇼져의 약한 몸이 쳔리 발셥이 망연하야 도로에 셔셜하며 리가의 화를 두리여 셩명을 감초고 노쥬 셔로 붓드러 산음 쥭계촌에 니르니 몸에 씻친 것이 약간 잇스나 여러 사람의 의뢰함이 실로 어렵고 쇼져ㅣ 슈일을 행하매 긔력이 쇠진하야 다리와 발이 부엇스니 종용한 집을 어더 조리코자 하나 촌가ㅣ 다 협루하고 요란하야 머물 곳이 업는지라. 로상인다려 고요한 집을 무르니 왕 과부 집을 가랏치는지라. 졔인이 가장 깃거 문 압헤 다다르니 두 짝 문을 구지 닷고 누른 개아지 사람을 보고 급히 지즘에 안으로서 로고 일인이 나오며 왈,

"엇던 아해드리 남의 개를 짓게 하나뇨?"

문을 열고 개를 부르거늘 가월이 당젼하야 공숀이 절하고 왈,

"원방 사람이 산곡 촌로에 쥬인할 곳이 업셔 귀택에 이르럿사오니 바라건대 어진 쥬인은 하로밤 드새감을 허하쇼셔."

원래 이 로고는 왕 과부이니 아비 쥭으매 절을 직혀 다만 쇼녀 경아를 다리고 젹막한 세월을 보낼 새 쇼녀 경아ㅣ는 비록 농인의 쌀이나 용모ㅣ 화려하고 셩품이 현철하야 재덕이 겸비하니 사람마다 며나리를 삼고자 하나 경아의 뜻이 록록지 아니하야 대인군자와 풍류장부에게 결친함을 원하고 불연하면 종신토록 츌가함을 원치 아니하며 겸하야 어미 나희 늘고 외롭고 간란한지라. 참아 바리고 츌가할 뜻이 업서 침션 방젹으로 의식을 이여 어미를 봉양하고 쳐신함을 금옥쇼져갓치 하야 잡인을 보지 아니하니 무지 촌민이 인사범백을 아지 못하<10>고 다만 왕시녀의 미색만 탐하야 부랑패류의 악의로 겁탈코자 하나 경아 모녀 담약이 과인하야 엄절 방어하더니 이날 문

밧게 홀연 개 지즘을 듯고 로고ㅣ 나아와 문을 열고 보니 여러 쇼년이 일야 드샘을 청하는지라. 로고ㅣ 써 하되 '이 쏘한 녀아를 도젹코져 하는 악쇼년인가' 의심하야 왈,

"촌가ㅣ 협착하야 응졉실이 업사오니 다른 곳으로 가라."

하는지라. 가월이 비러 왈,

"로쥬인은 엇지 이다지 박졀하시뇨? 아등이 원방인으로 죵용한 곳에 일야를 지내이고 명일 가고자 하나니 바라건대 대자대비 하쇼셔."

왕 과부ㅣ 더욱 슈상히 녁여 눈을 드러 익히 보니 오인의 풍채가 초월하야 션배의 건복을 입고 셩음이 온슌하야 흉악한 무리 아니어늘 놀난 마음을 진정하나 녀아ㅣ 혼자 잇는대 여러 남자를 허입함이 쏘한 불안하야 구지 거졀할 새 날이 임에 어둡고 사면이 젹젹한지라. 가월 등이 마음에 착급하야 재삼 애걸하야 왈,

"우리 본대 미쳔한 사람이 아니요, 졀강 쇼흥부 쥬 어사 부인이 숙모가 되심애 뵈오려 가더니 로즁에서 젹화를 맛나 행리를 다 일코 몸이 곤하매 죵용한 곳을 어더 쉬고자 하나니 만일 하로밤 드샘을 허할진대 즁히 사례하리라."

로고ㅣ 쳥파에 졍 상셔의 아자ㅣ라 함에 비로쇼 허하니 졔인이 사례하고 로고를 좃차 객실에 이르니 로고ㅣ 즉시 촉을 밝키고 졍한 자리를 싸라 안친 후 촉하에 자셔히 보매 오인이 다 션풍옥골이요 용모ㅣ 졀승하고 기즁 일인이 더욱 쌔혀나 안색이 조요한지라. 왕 과부ㅣ 불승칭찬하고 사랑함이 칙양업셔 밧비 안에 드러가 쌀을 불어 왈,

"너는 밧비 밥을 지여 숀을 대졉하라."

경아ㅣ 놀나 왈,

"모친이 엇더한 사람을 근지도 아지 못하시고 이갓치 대졉하라 하시나잇가?"

로고ㅣ 숀을 져어 왈,

“너는 져 신션을 의심치 말나. 나도 쳐음은 슈상히 녁여 용납지 아니려 하엿더니 제 이르되 ‘정 상셔의 아자와 질자이라’ 하고 셩음이 낭낭함에 무뢰한은 아님으로 쳥하야 객실에 드리고 본즉 왕고내금에 져런 사람이 어대 다시 잇스리요. 반닷이 신션이 하강하엿거나 부쳐가 변화하엿거나 한 바이요, 셰상 사람이 그다지 고흐리요. 내 너의 용모를 <11> 희한한가 하엿더니 정 공자에게는 만분 밋지 못하고 기여 네낫 쇼년도 다 별 갓흔 눈이 어질고 일호 경박한 자ㅣ 아니니 너는 쌀이 셕반을 차려 대졉하라.”

경아ㅣ 그 모친의 황홀한 흐들감을 보고 마음에 ‘엇던 과객을 이다지 하시는고.’ 하며 약간 찬물을 갓초와 셕반을 차려 노흐니 로고ㅣ 상을 갓다가 객을 불너 왈,

“불시에 찬물이 박약하오니 허물치 마르쇼셔.”

제인이 칭사 왈,

“원방 과객을 편히 머물게 함도 감격하거늘 근로하야 셕반을 갓초와 먹이니 이 은혜를 엇지 다 갑흐리요.”

드듸여 상을 나와 먹기를 파함에 로고ㅣ 상을 물이치고 다시 나와 말삼할 새 정 공자는 침연 단좌하야 별로 말을 하지 아니하니 그림 가온대 관음 갓고 백생, 셕생은 상랑한 말삼과 온근한 거동이 화려하니 로고ㅣ 정 공자의 용모를 칭찬하나 그 냉담함을 어려이 녁이고 셤월의 낭낭한 말삼과 인자함을 더욱 사랑하야 녀아를 위하야 깁흔 쓧이 잇더라. 인하야 야심하매 편이 자고 명일 로고ㅣ 됴반 등졀을 경셩으로 하야 쥬니 경아ㅣ 생각하되, ‘밧게 온 손이 엇더하관대 모친이 져갓치 전력 졉대하시니 내 맛당이 여어볼 것이라’ 하고 벽 사이로 여어보니 과연 다셧 쇼년이 옥안화모ㅣ 비상하고 정 공자ㅣ 더욱 츌류하야 향촌 무된 눈을 놀나는지라. 심하에 칭찬함을 마지 아니하더라. 정 쇼져ㅣ 구츄상풍을 당하야 약질이 행력에 곤뢰함에 각력이 핍

진하야 다시 행할 길이 업슬 쑨 아니라 쥬인 로고ㅣ 유식하고 집이 종용함을 보고 왈,

"아등이 행력에 곤핍함을 이긔지 못하는 즁 정 공자ㅣ 발이 상하야 행보를 능히 못 하니 바라건대 됴리함을 용납하라."

로고ㅣ 흔연 왈,

"폐사ㅣ 루츄ㅣ하나 계시고자 하거든 머무쇼셔."

제인이 대희하야 사례하고 머물 새 로고의 대졉이 극진하고 거쳐ㅣ 안정하니 정 쇼져의 일행이 방심하고 쉬나 이때 가을이 깁고 금풍이 맹열하야 백노ㅣ 나리이니 더온 방에 금요를 갓초와도 냉긔를 깨닷거든 허물며 셤셤약질이 액경을 자로 지내이고 병이 나고자 함에 더욱 한긔를 이긔지 못하니 백병이 겸발하야 정 쇼져의 병세가 침즁하니 셤월 등이 황황하야 지셩 구호하나 보호<12>할 길이 업고 즁병 즁 비회 층가하야 부모를 보지 못하고 타향 객리 원사할가 슬픈 눈물이 비 오듯 하니 정 쇼져ㅣ 이러틋 심려를 겸하야 날로 위급하거늘 사개 시녀ㅣ 망극하야 쇽슈무책이요, 쥬인 로고ㅣ 참혹히 역여 지셩 구호하니 쇼져ㅣ 상요에 혼혼한 즁 혹 정신이 나는 째는 로고의 감격함을 치하하며 매양 부모를 그려 통도함에 심사를 풀어 스사로 조호코자 하나 심즁에 맷친 바를 임의치 못하야 병셰 일호 가감이 업셔 협슌에 밋쳐는 더욱 극즁함에 사개 시녀ㅣ 창황망조하야 엇지 할 쥴 모로고 다만 탄읍할 싸름이러니 홀연 왕 과부 드러오며 왈,

"밧게 한 샹공이 왓스니 그 위인이 인후장자이요 말삼이 슌후하야 다과를 쳥하거늘 내 마지 못하야 약간 다과를 대졉하더니 믄득 정 공자의 신음하는 쇼래 벽을 쑤러 이름을 듯고 날다려 '뉘 알나냐?' 뭇기로 공자의 내력과 병증의 근원을 여차여차 대답하엿더니 그 상공이 이 말삼을 듯고 경아 왈, 정 상셔는 나의 막약 친구이라. 그 아달이 로즁에셔 알난다 하니 한 번 보기를 쳥하는 고로 다려왓노라."

하고 언파에 일위 로장부ㅣ 드러오거늘 그 백생 등이 급히 마자 례를 파하매 기인 왈,

"나는 텬하의 한유하는 무용 필부ㅣ러니 맛참 이곳에 이르러 제객의 외로온 사세를 드름에 츄연함을 이긔지 못하야 병든 공자 혹 곳칠 도리가 잇슬가 이르러나니 원컨대 현계의 놉흔 셩명을 듯고자 하노라."

사인이 일시에 몸을 굽혀 대 왈,

"쇼생 백념, 백생은 동복 형뎨이요, 쇼생 셕진, 셕난이 쏘한 형뎨이오며 져 병든 자는 이셩 형뎨 정운이니 가내에 불평한 일이 잇셔 집을 써나 가흥부 쥬 어사 집을 차자 가오니 어사ㅣ 벼살로 외방에 가고 잇지 아니한지라. 허행하고 긔쥬로 가고자 하다가 중로에 젹화를 맛나 행리와 나귀를 다 일코 젼젼 걸식하더니 정운의 긔질이 약하야 행리에 병을 어더 날로 침즁하나 타향 걸객이 의약을 감히 바라지 못하고 쇽슈무책이러니 쳔만 의외에 로대인이 임하사 잔명을 구제코자 하시니 진실로 은덕이 태산 갓튼지라. 감히 존셩대명을 듯고자 하나이다. 쥬인의 말을 드르매 정 상셔의 고우라 하시니 과연 올흐니<13>잇가?"

연공이 사인의 옥셩이 낭낭하고 말삼이 법도 잇스되 다만 남자의 셩음이 아님을 의아하야 왈,

"만생 연정슉은 정 상셔 자산 형의 친우러니 즁도에 자산 형이 고향에 도라가고 로부는 무용 필부이라. 사방에 운유하기로 셔로 써난 지 슈십 년에 이르나 매양 고인의 정을 잇지 못하더니 드르니 정 형이 젹거하다 함에 차셕함을 마지 아니하든 차 쏘 그 아자 병 드다 하매 보고자 하는 즁 현계 모다 정공의 질자ㅣ라 하니 과연 반갑도다."

사인이 칭사 왈,

"합하ㅣ 정대인의 친우라 하시니 쇼생 등이 정부 사긔를 고하압나니 정슉이 젹거하신 후 져 정 형이 가즁에 연고를 인하와 문 밧게 피화하다가 병

이 깁허 정사ㅣ 위급하온대 쥬인 로고ㅣ 지극 보호하든 차 로션생이 누디에 임하시니 하날이 경낭의 정사를 살피오사 대인을 인도함인가 희행하나이다."

연공 왈,

"병이 즁하면 쌀이 보아 곳치고자 하노라."

가월이 사례하고 쇼져를 보니 인사를 아지 못하고 호흡이 쳔촉하야 긔색이 엄엄한지라. 슬품을 이긔지 못하야 금요를 헛쳐 쇼져의 숀을 잡고 나작이 가라대,

"형은 정신을 차리쇼셔. 하날이 도으사 현인 장자ㅣ 이에 이르러 형의 병을 보려 하시니 맥을 보이고 병세를 이르쇼셔."

쇼져ㅣ 혼혼하야 연공의 왓슴을 아지 못하다가 가월의 쇼래를 듯고 놀나 눈을 써 보니 일위 장자ㅣ 겻해 안잣스되 풍위 비상하고 모발이 반백이어늘 이에 정신을 차려 왈,

"내 병이 심상치 아니하야 하날이 병을 나리와 계시니 의슐로써 엇지 회생함을 바라지 못하리니 번거로이 진맥함을 의론하리요. 부졀업시 대인을 슈고로이 하지 말고 도로 뫼셔 나아가라."

하며 도라누어 즐겨 숀을 내지 아니하니 이는 비상 홍졈을 보아 본색이 탄로할가 두림이라. 가월 등의 쇼활함을 한하나 가월 등은 다만 쇼져의 병이 나흠을 바라고 이런 일은 개렴치 아니하엿더니 쇼제 거절함에 쏘한 강권치 못하거늘 연공 왈,

"로부ㅣ 비록 편작의 의슐은 업스나 이만 병은 곳치리니 쳥컨대 의심치 말고 맥을 뵈이라."

정 쇼져ㅣ 맛참내 즐겨 팔을 내지 아니하니 연공이 크게 의아하야 생각하되, 제 즁병 즁에 맥 뵈이기를 즐기지 아<14>니하니 반닷이 그 즁에 묘책이 잇슴이라. 이에 사인을 향하야 왈,

"졍낭이 로부의 용열함을 의심하야 맥 보이기를 허치 아니하니 간쳥치 못하거니와 다만 그 면모를 보아 병의 경즁을 알고자 하나니 붓드러 안게 하라."

사인이 이에 쇼져를 권하야 이로혀 안치니 공이 자셔히 보매 병의 경즁은 고사하고 용모ㅣ 긔특하되 다만 즁병에 침곤하엿스니 밝은 눈셥과 츄파 셩질은 효셩이 츄하에 빗취인듯 백태쳔상이 진션진미하야 입으로 능히 형언치 못할지라. 의연이 자긔 녀아와 방불하니 공이 견파에 쾌히 남자 아닌 쥴 알고 좌를 물여 공경 왈,

"내 사광의 총이 업스나 거의 사람의 심폐를 아나니 졍낭의 병이 심폐을 결하야 사람을 두리고 괴로온 심회가 병을 일우고자 할 새 한긔에 촉상하야 쳠감한 즁 심려를 동하고 비회 교극하야 백병이 교침할 쑨 아니라 반닷이 타인이 아지 못하는 회포가 잇스니 원컨대 심회를 은익지 말면 로부ㅣ 당당히 의거를 말하야 졔낭의 위란를 구하야 쇼원을 일으고 몸을 안심하게 하리라."

제인이 공의 명감을 탄복하야 상고묵묵이어늘 쇼져ㅣ 연공의 긔우ㅣ 씩씩하고 식견이 비상함을 탄복하야 졍신을 슈습하고 눈물을 흘여 칭사 왈,

"쇼생 졍운이 팔자ㅣ 긔구하야 가엄을 원별하고 자모ㅣ 당에 계시사 비회 간졀하거늘 봉양치 못하고 일신이 타향에 유락하야 맛참내 객디에 병을 엇사오니 불효를 슬허 병회를 도으니 대인의 이르신 배 츄호도 헛되지 아니하되 별반 회포는 향인하야 이르지 못하는 고로 감히 고치 못하압나니 바라건대 대인은 쇼자의 일명을 구하사 부모를 다시 보게 하시면 재생지은을 종신불망 하리이다."

공이 우어 왈,

"로부ㅣ 무삼 의슐노 사자를 부생케 하리요? 그러나 그대 로부의 망영됨을 용셔하고 심사를 자셔히 이르면 로부ㅣ 맛당이 진심하야 구호하리니 남

녀의 병근이 다르고 건곤의 됴화ㅣ 갓지 아니하니 의심컨대 규슈로셔 곤경을 맛나 로상에 유락함이라. 비록 남복으로 사람의 이목을 가리오나 종시 엄젹지 못하리니 불행의 강포의 욕을 맛나면 일신이 쥭고자 하야도 엇지 못하고 살고자 하야도 엇지 못하<15>야 나종에 뉘웃침이 잇스리니 로부ㅣ 영존으로 동지고우이요 나희 ᄯᅩ한 영존에 우이니 자잔의 자녀는 곳 나의 자녀이라. 위태함을 당함에 내 엇지 진심 구호치 아니하며 일호나 져바리리요. 그대 로부로 더부러 자질과 갓흐니 다행이 심사를 은휘치 말면 로부 맛당이 힘을 다하리라."

쇼제 쳥파에 모골이 송연하나 연공이 나히 놉고 언사ㅣ 당당하야 인의군자라. 쾌히 회포를 고하야 유익함이 잇슬 쥴 알고 병을 강잉하야 이러 사례 왈,

"백부 대인의 일월명감을 맛나오니 이매의 변화를 엇지 감초오릿가. 쇼질 경운희는 과연 경 상셔의 일녀로 부모의 애휼하심을 씌여 세상의 우환질고를 모로압더니 시운이 불리하야 가엄이 원억히 슈쳔리에 젹거하시고 다만 어린 제남으로 더부러 외로이 자모를 뫼셔 세월을 보내일 새 간악한 사람이 잇셔 비례로 친사를 강박하니 자모ㅣ 능히 방어치 못하시고 욕이 밋게 됨에 사세 마지 못하야 음양을 밧고오고 숙모를 차자 의탁고자 하더니 쳡의 분슈ㅣ 가거록 긔구하와 쥬슉이 외방으로 나아가시고 ᄯᅩ 즁로 젹화에 나귀와 행리를 일코 낭패한 가온대 일신이 의지할 곳이 업거늘 쳔행으로 쥬인 왕마의 자비지덕을 입어 편히 머무더니 재앙이 미진하야 우연 득병에 고항을 침노하니 쥭음은 원통치 아니하오나 부모의 슬허하실 바와 규즁 자최 도로에 유리하압다가 맛참내 객디에 원사하야 유톄를 도로에 바릴가 슬허하압나니 원컨대 대인의 놉흔 재조로 잔명을 구하시면 당당히 슬하에 졍셩을 다하야 일생을 가엄과 갓치 셤기리이다."

셜파에 옥셩이 애원하야 쥬루ㅣ 욱면에 젹시이니 연공이 면색을 곳치고

왈,

"쇼져ㅣ 로부의 망령됨을 책지 아니하고 회포를 써 쥬니 진실로 유종의 지음이라. 로부 비록 용우하나 고인의 의협을 사모하나니 허물며 자산의 교아를 져바리리요. 로부는 시운이 불행하야 금슬이 즁을 일코 슬하에 일녀 일남이 잇스니 녀아는 십사세이요 아자는 십이세이라. 무모함을 츄연하야 자모의 사랑은 일즉 일헛스나 그 위인이 요행 용열치 아니하야 녀아ㅣ 림하의 풍채가 잇스니 택셔의 쓰이 간절하나 지<16>금까지 정치 못함으로 매양 아람다온 쇼년을 유의하더니 앗가 쥬인 로고ㅣ 객관의 긔특한 자질을 만심 갈채하거늘 깁흔 쓰이 잇셔 보고자 함이러니 쳔행으로 고인의 쳔금 교아를 맛나니 엇지 다행치 아니하리요. 쇼져는 의심치 말고 로부 보기를 평존갓치 하라. 또 뭇나니 져 사위 쇼년은 엇던 사람이뇨?"

쇼져ㅣ 칭사 왈,

"로대인 구활지은이 여텬하니 쇼쳡의 만행이라. 생아자는 부모시고 지아자는 백부시니 셰셰생생에 부모갓치 하기를 바라나이다. 이 사인은 쳡의 비자이니 화란에 상보하야 오날까지 잔명을 보젼함이 사개 시녀의 공이온대 행로에 혐의로와 가칭 표종이라 하니 가월, 셤월 형뎨와 진진, 난난 형뎨는 쳔인 즁 지식이 유여하야 뢰력함이 가쟝 만흐니이다."

사녀ㅣ 황황히 고두 왈,

"쇼비 등이 당돌함을 아지 못하는 배 아니로되 사세 부득이 쇼져를 형뎨라 칭하고 로야 안하에 셜만함이 지극하오니 욕사무디로쇼이다."

공이 칭지 왈,

"고어에 운하되, '장슈ㅣ 엄하면 군사ㅣ 렬하다' 하니 짐짓 차인 등을 이름이라. 여등이 년쇼 녀자로 디모ㅣ 유여하고 츙의 관일하야 쥬인으로 더부러 동고하니 무삼 허물이 잇스리요. 내 여등의 츙의를 공경하나니 쇼져로 더부러 로상 간고의 감심함을 긔특이 녁이노라."

이렷 은근함이 극진하되 쇼져는 혼혼히 업대여 인사를 모로는지라. 공이 우려하야 낭즁에 잇는 회생단을 내여 먹이고 사인이 슈족 쥬무르매 반향 후 인사를 차리니 공이 가라대,

"로부 쇼져를 치료코져 하되 촌가에 약이 업스니 고을에 통긔하야 치료코자 하나 타인이 알더래도 일홈 업는 사람을 병 곳침이 맛당치 아니하니 로부 족하를 차자 양자하랴 하더니 병이 드러 치료한다 한즉 지부, 현관이라도 경동하야 젼력 진심하리니 쇼져의 뜻이 엇더하뇨?"

가월 등이 불승희렬하야 맛당함을 칭지하고 쇼져를 권하니 쇼져 왈,

"대인의 사랑하심이 여차하시니 쳡이 엇지 사양하리잇고. 맛당이 존명대로 하려니와 다만 대인의 내력을 이르지 아니하시니 바람이 어긜가 하나이다."

어사ㅣ 왈,

"로부는 과연 유생이 아니라. 리부시랑으로 졀강 안찰 즁임을 맛탓스니 졀<17>월이 뒤에 잇고 미복으로 인심을 살피다가 쇼져를 만낫스니 쇼져ㅣ 나의 한미함을 의심하야 슬하 되기를 미흡히 녁일가 하야 바로 이르노라."

쇼져ㅣ 배사 왈,

"쇼녀ㅣ 엇지 대인을 한미히 녁이릿가. 다만 대인의 상모ㅣ 귀인 골격이어늘 행사ㅣ 초초하시기로 알외나이다."

공이 그 명달함을 탄복하더라. 쇼져ㅣ 시녀에게 븟들여 행례하려 하니 공이 깃거 다려온 종자로 연갑에 향을 퓌우고 돗을 졍히 하야 쇼져ㅣ 강질하고 의관을 졍제하야 좌우로 븟들여 사배 행례할 새 약질이 진력하매 구슬쌈이 옥면에 쇼사나니 공이 붓드러 왈,

"원컨대 례를 드러 병을 더하게 말나."

인하야 구호하기를 친녀갓치 하더라. 연공이 쥬인 로고를 향하야 왈,

"금일 그대의 덕으로 아람다온 쌀을 어드니 감격하거니와 그대의 모녀ㅣ

졀효 아람다옴을 공경하고 강도들의 침노함이 잇다 하니 네 ᄯᆞᆯ을 불너 날을 뵈이여 졍 쇼져와 한가지 경사에 가 일대 군자를 어더 일생을 빗내고자 하노라.”

로고ㅣ 황공 감은하야 생각하되 제 ᄯᅩ한 안찰사ㅣ라 하니 위세 당당한지라. 더욱 깃거 고두 왈,

“로물이 눈이 잇사오나 보지 못하와 셜만함이 만삽거늘 죄를 뭇지 아니하시고 도로여 쳔쳡 모녀를 고렴하사 안신지책을 이르시니 그 산 갓흔 은혜와 바다 갓흔 덕택은 비록 분골쇄신하오나 갑지 못하리로쇼이다. 로야ㅣ 졍 쇼져로 더부러 부녀지의를 매즈시니 쳔쳔만고의 아람다온 일이라.”

하더라.

第十四回 뎨십사회

의약으로써 정져의 병을 구원하고 옥사를 인하야 가흥부에 이르다

以醫藥救鄭姐之病 因獄事到嘉興之府

어시 로고ㅣ 고두 왈,

"로신이 민쳡지 못하야 로야 대인게 셜만함이 만사온대 로야ㅣ 도로혀 안신지책을 가랏치시니 감은각골 하오며 로야ㅣ 져로 부녀를 매즈시니 로신은 쳔녀를 드려 경 쇼져의 시비를 삼으리이다."

하고 안으로 드러<18>가 경아를 보고 어사의 하날 갓흔 의협심을 이르며 밧게 나아가 어사게 뵈오라 하니 경낭 왈,

"쇼녀ㅣ 졍 공자를 보오니 연연하야 남자 갓지 아니함을 의심하엿더니 과연 쇼져로쇼이다. 연 로야ㅣ 의긔 여차하시니 쇼녀ㅣ 역시 나아가 뵈오리이다."

하고 의복을 경돈하야 어미를 좃차 나아와 공을 향하야 배례하니 공이 눈을 들어 보매 나희 십사오 하고 의상이 무색하나 옥안 화태가 일호도 향촌 의사ㅣ 잇지 아니하야 가월 등과 일반이나 오히려 이삼분 나음이 잇스니 공이 크게 긔특이 녁여 왈,

"세상의 졀색 슉녀ㅣ 희한한가 하엿더니 금일 보니 졀세 슉완이 이갓치

만으뇨. 남자의 이러한 군자ㅣ 업거늘 녀자는 이러한 슉녀ㅣ 만흐니 아지 못게라, 각각 그 배필이 어려오리라. 만일 옥인군자ㅣ 업슬진대 가히 민망한 일이로다."

하고 쥬인 로고다려 왈,

"차녀ㅣ 향촌 부유의 배필됨이 가셕하고 제 쇼원이 놉다 하니 내 일개 쳔실이 잇셔 일즉 자녀를 두지 못하엿스니 차녀로 또 내 양녀를 삼아 다려다가 아람다온 배필을 어더 슬하에 자미를 보고자 하니 왕마의 뜻이 엇더하뇨?"

로고ㅣ 황망하야 고두사례 하고 경낭이 불열하야 왈,

"로야ㅣ 쳔녀를 보시고 이럿틋 분부를 나리오시니 그 은혜 백골난망이라. 엇지 감히 녁명하리잇고마는 로모ㅣ 다른 자식이 업고 외로온지라. 쳔쳡이 방젹으로 쇽미를 어더 어미를 기르더니 로야ㅣ 만일 거나려 가시면 쇼녀는 셔간에 오르난 것 갓거니와 로모는 긔아를 면치 못하리니 참아 가지 못하겟노이다."

어사ㅣ 칭찬 왈,

"너의 긔특한 마음은 내 공경하나니 네 임에 로모를 써나지 못할진대 내 집이 비록 간난하나 모녀를 한데 거나려 감이 엇더하뇨?"

경아ㅣ 대희 과망하야 백배 사례하고 가월 등과 졍 쇼져ㅣ 경낭의 초월한 용모와 현혜한 긔질로 효셩이 여차함을 칭션하고 경아ㅣ 또한 사인의 긔질을 탄복하야 피차 애경하고 쇼져는 경낭의 어미 써나지 못하는 셩효를 보매 자긔 모친을 쇽이고 이럿틋 유락하니 자긔의 효도ㅣ 경낭을 밋지 못함을 차탄하더라. 인하야 로고와 경애 드러와 셕반을 셩비하야 어사와 제인을 대졉하고 시야에 한가지 <19> 모여 종야토록 말삼할 새 연공이 십분 득의하야 쇼져를 어르만져 사랑하고 경낭을 사랑함이 또한 친아갓치 하고 사인을 또한 애대하더니 공이 쇼져의 변복 피화하던 곡졀을 무른대 쇼져ㅣ 참아 바른대로 못 하야 유유탄식이어늘 가월이 쇼져의 환란을 말할 새 비록 부인의 실톄함을 감초나 자연 언근이 웃듬이 되고 진상문의 간악함과 림낭의 용모 미려치 못하야 일이 이럿틋 되여 계교로 진생을 속이고 탈신하던 사항을 고하니 말이 길고 번거함을 혐의하야 화가사는 일컷지 아니하더라. 공 왈,

"림생의 외모ㅣ 엇더하관대 진 부인의 미워함이 이럿틋 하야 경 쇼져의 신세를 어즈러인고. 이번에 내 당당히 림 쳐사를 차자 림랑을 보면 그 인물을 알녀니와 상문의 무행함과 무례한 행사ㅣ 인면슈심이니 져러한 자ㅣ 쇼인을 붓좃차 나라 정사를 그릇하고 위세를 빙자하야 사람을 침노하니 엇지 가한치 아니하리요. 상문이 경사에 가 한림원에 잇셔 물망이 놉고 호 상국, 리 시랑의 사위 되엿스되 욕심이 무렴하야 나의 녀아를 구혼하되 로부ㅣ 져의 양친이 불양할 쑨 아니라 상문의 위인을 가증하야 구지 거절함에 상문이 앙앙하야 쓧이 좃치 못하야 로부를 조졍에 쳔거하야 안찰사로 멀니 가게 하니 그 부졍한 졍태가 반닷이 위세로 강박할지나 녀아의 식견이 용이히 굴치 아니할지나 가내가 평안치는 아니할지니 방심치 못하나 만사ㅣ 다 쳔명이니 제 엇지 능히 사람을 살해하리요. 연이나 진생이 쇼져의 생존함을 드르면 다시 간사한 쇠를 내여 침노함이 잇스리니 모롬이 셩명을 곳쳐 연 시라 하면 조흐리로다."

하니 제인이 칭복하나 쇼져는 모친의 과실을 참괴하야 묵연이 눈물을 흘이이니 공이 위로 왈,

"영당 부인의 만년에 교아 사랑하심이 과도하사 림낭의 츄태를 슬여하시고 진생의 외모 빗남을 취하시니 당연하고 겸하야 슉질의 편애지정이 간절하신 바인즉 고이치 아니시니 오아는 불안함을 두지 말나."

쇼져ㅣ 더욱 감사하야 사례하더라.

이러구러 날이 밝으매 어사ㅣ 왈,

"내 하쳐에 가 위의를 거나려 찰원에 도임하려 하나니 오아는 병회를 조호하라. 내 즉<20>시 의약을 보내리라."

쇼져ㅣ 사례하니 인하야 어사ㅣ 하쳐에 도라오매 위의와 졀월이 임에 대후하엿거늘 즉시 관복을 정제하고 졀월을 거나려 방포 세 번 하고 불시에 찰원 아문에 달녀드니 지부, 지현이 창황하야 연망이 관대를 정제하고 아문에 이르러 현알하거늘 어사ㅣ 좌긔를 버려 공사를 명경히 하야 백셩의 원언이 업게 하니 인민이 송덕하야 젹자가 자모를 맛남 갓더라. 어사ㅣ 공사를 파하매 지부ㅣ 대연을 배셜하야 가장 관대할 새 어사ㅣ,

"로부의 질자ㅣ 이 짜에셔 유학하더니 객즁에 병이 즁타 하니 청컨대 지부는 의약을 공급하라."

지부, 지현이 연셩 응대하고 파연 후 물너가니 어사ㅣ 편안한 교자를 갓초와 초계촌 왕 과부 초옥에 이르러 경 쇼져를 다려갈 새 로고와 경낭을 한가지로 다려 부즁에 이르러 안둔하고 젼언하되 '연 슌무의 질자라' 하니 군관 쇼속이 다 고지듯더라. 지부ㅣ 의약과 병즁에 쓸 것을 보내여 슌무의 깃거옴을 요구하니 자연 병인의 마음 편안하고 두림이 업스니 병세 차도ㅣ 잇슬 뿐 아니라 슌무ㅣ 됴셕으로 보호 위로하니 쇼져ㅣ 감은각골하야 백 가지 비회를 썰쳐 십여일에 침질이 쇼셩하니 슌무와 사시녀ㅣ 대열하고 경낭 모녀ㅣ 쥬야로 뫼셔 정셩이 지극하니 쇼져ㅣ 경낭을 사례하며 사인이 경낭을 친애하야 골육 동긔 갓더라. 쇼져ㅣ 신병이 쾌차하야 경낭이 한 벌 동의를 갓초와 오니 바야흐로 쇼세를 나오고 새 의건을 정히 하니 빗난 풍채 긔이하고 아람다온지라. 왕시 모녀ㅣ 암암 칭찬하고 즁당에 나아와 슌무게 뵈오니 슌무ㅣ 깃거 즉시 셔간을 닥가 녀아와 방 시에게 보내여 도즁에셔 경 상셔 녀아를 맛나 결의부녀함을 긔별하고 또 '경아를 의녀하엿스니 친녀갓치 사랑하라' 하야 봉하야 경 쇼져를 쥬고 연공은 타군으로 가고 쇼져의 일행은 경사를 향하야 각각 발행할 새 쇼져ㅣ 연공게 졀하야 행노에 보즁하샤 슈히 환경함을 원하야 말삼이 간졀하고 누슈ㅣ 여우하니 그 쇄락한 태도ㅣ 새로운지라. 어사ㅣ 연애하야 어루만져 왈,

"오아는 행노에 보즁하야 로부의 도라감을 기다리라. 나의 양아ㅣ 다 현명하고 쇼쳡 방희 <21> 양슌하야 조금도 셔어함이 업스리니 안심할지요, 내 이번에 림랑의 소식을 아라 갈 것이니 아모조록 행리에 조심하라."

쇼져ㅣ 사례하고 인하야 분슈하야 쇼져를 경사로 보내고 어사는 위의를 거나려 슌무하야 가흥 지경에 이르러 여러 날 머물며 인심을 살필 새 리 지현의 람남학정이 귀에 들니고 정 공자의 참사와 화 쇼져의 음분한 쇼식이 잇는지라. 심하에 통한하야 쌜이 고을에 드러 찰원에 도임하고 방포하니 지부, 지현이 황망이 관복을 맛초고 아문에 현알하며 하리 등이 문셔를 안아 좌우에 싸으니 어사ㅣ 일일히 살펴 젹톄 원숑을 결단할 새 제민이 안찰 로야의 일월 갓흔 정치를 칭송하고 원정을 고하러 분분여류하니 귀로 드르며 입으로 결쳐하매 지부, 지현이 상혼낙백하고 리민이 함복하더라. 날이 맛지 못하야 허다 공사를 결쳐하고 지부, 지현을 도라보아 정색 왈,

"리현경이 탐남학정하야 백셩을 보채이고 쇽현에 강상 죄인이 잇스되 뭇지 아니하니 이 무삼 정치이뇨?"

지현이 황공하야 수러 대 왈,

"쇼관이 국은을 입사와 일현에 임재됨애 숙야 공구하야 명찰치 못할가 두리압더니 대인의 초책하심이 여차하시니 욕사무디오며 강상 죄인이 어대 잇관대 하관이 아지 못하나잇가?"

어사 왈,

"화 상셔의 녀아ㅣ 정친한 장부를 간부와 도모하야 죽이고 간부로 더부러 도쥬하다 쇼문이 디방에 헌자하되 지현이 풍화를 정치 아니하고 탐재하기만 위업하니 그대 쥬야 다사리는 배 무엇이뇨?"

지현이 낫을 붉히고 슈히 대답지 못하거늘 마 지부ㅣ 공수 왈,

"하관이 불미하야 쥬현을 상찰치 못하고 풍화를 어즈러이오니 엇지 한갓 현경의 죄뿐이리요. 대인의 말삼하시는 바 화가의 죄상은 하관이 몬져 알

고 지현을 신칙하야 화가 비복을 잡아 힐문하오니 초사ㅣ 분명치 못하고 화녀와 간부를 아즉 잡지 못하엿스니 경가의 쥭음이 중참이 업기로 쾌히 결치 못하고 간부 음녀를 구색하나이다."

어사ㅣ 불승통한하야 왈,

"화경윤은 츙의 군자ㅣ러니 이런 무상한 자식을 두어 가문을 흐리는도다. 그대 화가 비복을 엄문하다 하니 몃 도를 쳣나뇨?"

지부ㅣ 대 왈,

"하관은 아즉 힐문<22>함이 업고 지현이 잡아다가 뭇기만 하고 형벌은 아즉 더하지 아니하다 하더이다."

어사ㅣ 변색 왈,

"관가에 형벌을 마련함은 이런 죄를 다사리게 함이요 무죄한 사람을 혹형하라 함이 아니어늘 현경은 학졍이 무쌍하야 애매한 백셩을 잔학할 쥴만 알고 이러한 강상 죄인은 다사림이 업서 위엄이 푸러지게 하니 필연 납뢰를 밧고 국톄를 숀상함이라. 텬하에 저러한 관원이 어대 잇스리요. 명일 내 친이 엄문하리니 화가 비복을 다 잡아 대령하라."

언파에 쥰졀한 긔운이 북풍 한셜 갓흐니 지부ㅣ 낙담상혼하야 감히 말을 이루지 못하고 지현은 더욱 경황하야 안색이 여토하되 십분 담력을 크게 하고 다시 말하고자 하니 어사ㅣ 작색 왈,

"명일에 내 당당이 그 간경을 사핵하리니 그대 등은 다시 잔말 말고 도라가 령을 어김이 업게 하라."

지현이 다시 입을 놀니지 못하고 도라가다. 이에 어사ㅣ 좌긔를 파하고 아역이 문을 다드려 하니 일개 로고ㅣ 숀에 원졍을 들고 물너가지 아니커늘 아역이 꾸지져 내치랴 하매 그 로파ㅣ 웨여 왈,

"안찰 로야님아, 이 로파가 지원극통한 일이 잇스니 바라건대 살피쇼셔."

순무ㅣ 눈을 들어 보매 나희 사십은 한 로파ㅣ 긔질이 유화경결하고 의복이 향촌 로고ㅣ 아니어늘 문 왈,

"네 엇더한 계집으로 무삼 원졍이 잇관대 일즉 고치 아니하고 홀로 ᄯᅥ러졋나뇨?"

그 로파ㅣ 원졍을 올이며 왈,

"이 가온대 비상지원이 잇사오니 일월 갓트신 로야는 젹자의 원억함을 통촉하사 만고 강상지변을 졍히 하쇼셔."

어사ㅣ 로파의 비상지원이 잇다 함을 듯고 그 원졍을 바다 자셔이 보니 필법이 긔이하야 지상에 쥬옥을 흣트럿스매 어사ㅣ 놀나고 긔특이 녁여 나려 보니 그 글에 왈,

> 례부상셔 화경윤의 쇼녀 빙아는 지원극통을 무릅쓰고 고할 곳이 업사와 항상 슬어하더니 텬행으로 안찰 대인이 일방에 부임하시메 일월 갓트신 졍치가 거울 빗침 갓고 애민지덕이 날이 못 하야 규즁 쇼녀의 귀에 우뢰 갓치 들이는지라. 쳔쳡이 숀을 들어 눈물을 씻고 규즁 원졍을 고하압나니 복원 로야는 명찰하쇼셔.
>
> 쳔쳡 화 시 빙아는 세상에 <23> 난 지 십삼 츈츄이온 바 슉맥을 겨우 분변하오나 쳔쳡이 유시로부터 가엄의 교훈을 들어 효절명행으로써 몸을 가자 비록 고인을 효칙지 못하오나 계집의 졍졍행실을 일치 아니할가 하압더니 엇지 만대의 씻지 못할 누명을 일신에 시를 쥴 알앗사올잇가. 쳔쳡의 혼사를 쇼녀 유시에 가엄이 졍 상셔의 아자와 결친하엿삽난 바 시운이 불행하와 가엄이 남의 음해를 입사와 만 리에 원젹하시고 졍 상셔ㅣ 또한 원젹하시니 일마다 신세를 자탄하압더니 홀연 지현이 구혼하는지라. 쇼녀 가엄이 젹거하실 ᄲᅮᆫ 아니라 졍가에 일즉 졍친함으로 지현의 구혼함을 물이쳣삽더니 지현이 밋지 아니하고 혼인을 강박하오니 이는 지현의 위세를 자랑함이오나 임에 졍약한 혼사를 엇지 배반하리잇가. 구지 밀막으매 지현이 종시 고지듯지 아니하고 무슈 강박할 즈음에 맛참 졍 상셔의 아자ㅣ 쳡의

집에 이르매 자모ㅣ 바야흐로 리가의 핍박함을 근심하다가 경생의 이름을 깃거 즉시 택일 셩례할 새 길일이 슈일이 격하엿삽더니 지현 부자ㅣ 쇼문을 듯고 흉계를 내여 경낭을 죽이고 쳡을 겁탈코자 하야 도젹을 모와 흉모를 쇠할 새 텬디신명이 불인한 사람을 돕지 아니시고 경낭이 죽지 아니할 때이라.

숑파라 하는 녀자는 인가에 츌입하야 매파 노릇도 하고 흥리도 하야 아즁에 츌입하야 쳡의 집을 다니더니 숑파가 리가의 눈치를 알고 비록 쳔인의 쇼견이나 불승경해하야 리가 쇼문으로써 가마니 누통하압난지라. 자모ㅣ 경낭을 권하야 멀리 피케 하고 초인을 맨다라 경생의 잇든 곳에 금금으로 낫을 가리고 자는 모양을 한 후 또 시비 홍연으로 쳡의 장쇽을 하야 쳡의 침실에 두고 쳡은 피신하엿삽더니 과연 도젹이 가즁 돌입하야 경생을 죽이고 홍연을 겁탈하야 가니 쳡은 사화를 면하엿사오나 리가ㅣ 쇽은 쥴 알면 다시 작변할가 하야 경생이 짐짓 죽은 양으로 초인을 입관하고 가즁 쇼문을 젼파하되 쳡은 남복하고 거쳐 업시 도망하다 하엿사오니 리가ㅣ 젹이 인심이 잇스면 젼과를 뉘웃고 차사를 업젹함이 올커늘 가지록 흉언을 <24> 지어 쳡을 음분하다 하고 비복을 잡아 가도오니 이 엇지 사람의 참이할 바리잇고. 제 만일 그만하야 붓그러온 쥴 알고 흉모를 긋칠진대 굿태여 사람의 과악을 창셜하리잇가만은 쳡이 애매히 더러온 일흠을 일신에 시러 가문을 욕되게 하오니 신원을 못 한즉 쳡의 백일 갓흠을 뉘 능히 알이잇고.

쇽졀업시 쳔고에 죄인이 되여 동해슈를 기우리되 씻지 못하오리니 하날과 귀신은 죄 업슴을 아오나 일현 사람은 쳡의 일을 더러히 녁이리니 쳡이 비록 황구 쇼아로 규즁 녀자오나 죽기를 한하고 황셩에 올나가 등문고를 울여 셩텬자의 명치하심을 입사와 옥셕을 가리시는 때에 일신을 백옥갓치 신셜하야 죽어도 조흔 귀신이 되고자 하엿삽더니 문득 대인이 디방에 임하사 명쳘하신 경치가 일월 갓흐심을 듯자오니 궁텬의 회포를 그록하야 대인게오셔 아문에 이르심을 기다려 유모 취랑으로 원경을 알외압나니 복원 로야는 명백히 쳐분하사 옥셕을 가리시난 즁 쳡의 일이 일분이나 의미하올진대 숑파를 잡히시고 지현의 쇼쇽을 엄문하시면 쳡의 시녀ㅣ 지금 지현 아즁에 잇사오니 잡아 무르시면 자셔이 알이이다. 경생을 진실로 죽은 쥴 알고 타일 본상이 탈노할가 렴려하야 쳡으로써 간부와 동심하와 살인 도쥬하다 창셜하니 텬하의 이렇틋 흉한 간특하고 이풍역쇽하는 젹신이 ᄯᅩ 어대 잇사올잇가. 차는 쳡을 모함할 쑨 아니라 임군을 반하고 됴정을 욕함이니 안찰 대로야는 풍화를 밝히사 쇼녀로 하야금 원억함이 업게 하쇼셔.

하엿더라.

어사 견파에 문의가 격절 강개하야 원억함이 명명하니 지현의 탐학 불인함을 분히 녁이고 화 쇼져의 담약 재긔를 만구 칭션하야 셔안을 쳐 왈,

"리헌경 부자는 인면슈심이니 돈견지행이라. 이러한 자ㅣ 작녹을 먹어 국법을 문란케 하며 풍화를 문허바리니 가히 큰 률을 씀즉 하도다. 화 쇼져의 지모 재략은 쳔고에 희한하니 효절명행이 만고 유젼하염즉 하도다."

인하야 류랑을 불너 좌를 쥬고 자초지죵을 힐문하니 연취 드듸여 지현과 리 공자의 과악과 화부에 졍생이 백<25>생 등 사인을 다리고 왓던 바와 쇼져의 지모를 일일히 고하니 어사 젼두 탄상하고 왈,

"명일 풍화를 졍히 하리니 네 도라가 쇼져게 '연졍슉이 공경하야 ᄯᅳᆺ을 고하나니 옥셕을 분간할 ᄣᅢ에 비록 혐의롭사오나 쇼져ㅣ 친히 이르셔야 간졍을 밝히리니 욕됨을 헤지 마쇼셔. 이렇틋 하여야 대옥을 졍이 하리이다' 하라."

연취 고두 백배하고 물너나니라. 어사ㅣ 리헌경의 흉험불인함을 분로하야 셕반을 물이치고 촉하에 단좌하야 생각하되,

'화 쇼져와 졍친한 졍생은 뉘 집 자식인고. 아니 졍자산의 아달인가? 졍 쇼져의 시녀 등이 셕생, 백생이라 하고 칭 왈 '표종 형뎨라' 하엿스니 졍생의 즁표도 백생, 셕생이 잇더라 하니 아니 화가에 두류함이 잇던가?'

다시 헤오대,

'화공과 졍공이 유시에 면약허치함이 잇셔 졍생이 셩친하러 왓더라 하니

졍생은 아닐시 분명한지라. 일졍 졍아의 오라비 생질 백생 등이 잇스니 짐짓 졍생은 화가에 갓다가 화를 맛나고 졍아는 가칭 셕생, 백생 하엿다가 만일 졍생이 녀아의 뎨남이면 보지 아니하야도 아람다온 선배리니 화 쇼져의 아람다온 배필이 되리로다.'

이렷틋 달하야 계셩이 약약하매 세 번 북쇼래에 개문함을 고하고 허다 군관 쇼쇽이 사관을 알외니 공이 분부 왈,

"내 오날 대옥을 결쳐하랴 하니 인읍 군현에 통문하야 모든 관원을 모희게 하고 좌긔 졀차를 각별 엄슉히 하라."

관쇽이 쳥령하고 즉시 각관 현읍에 지휘하고 모든 관원을 일인도 쎠러짐이 업시 다 모히되 쇼쇽을 다 거나리고 만일 쎠러지고 오지 아니하는 자 잇스면 죄를 쥬리라 하니 제 군현이 고이히 녁여 관리 쇼쇽이 다 모혀 안찰원에 대후하니 지현, 지부는 어사ㅣ 화가 옥사를 다사리려 함을 알고 리 지현이 연츙, 분향을 칼 씌워 입셩하고 지현은 교자 타고 아문 밧게 하쳐하야 어사의 명을 기다리더니 명됴에 어사ㅣ 관복을 졍히 하고 위의를 엄슉히 하야 교의에 졍좌하고 어사ㅣ 금패를 가온대 걸고 북을 세 번 울이매 졔현 지부, 지현, 판관, 만호 등이 차례로 드러와 행례하고 공슈시립하니 어사ㅣ 지현을 향하야 왈,

"오날 옥셔을 결하리니 화가 비복을 대령하엿나뇨?"

지현이 대 왈,

"노비 즁 <26> 죄인은 대령하엿스되 다른 노복은 밋쳐 잡지 못하엿스니 지금 발채하리이다."

어사ㅣ 왈,

"몬져 그대다려 무를 말이 잇스니 원간 화가 녀자의 음분함과 졍생 죽인 쥴은 엇던 사람이 고하더뇨?"

지현이 흠신 왈,

"하관은 아지 못하엿더니 마 지부ㅣ 몬져 듯고 하관을 불너 다사리지 아님을 책하니 화가 비복을 불너 힐문하되 명백한 말을 이르지 아니하매 증참을 엇고 원범을 잡은 후 옥사ㅣ 되올지라. 아즉 비복을 가두엇나이다."

어사ㅣ 마 지부다려 문 왈,

"족하는 엇지하야 화녀의 사젹을 아나뇨?"

지부ㅣ 대 왈,

"쇼관도 일일이 모로압더니 하리 댱쳥이 민간으로 좃차 듯고 와 이르기 쇼관이 놀나 지현에게 다사리지 아니함을 책하엿삽더니 지현이 비로쇼 화가 비복을 잡아 무르매 여차여차하다 하거늘 또 그 옥숑이 명백지 못함을 책하고 또 자세히 무르라 하엿삽더니 국사ㅣ 다사하야 졍지하엿나이다."

어사ㅣ 쳥파에 냉쇼 작색하고 쇼래를 엄히 하야 댱쳥을 부르니 쳥이 계하에셔 사후하다가 쳥령복디하니 어사ㅣ 일견에 댱쳥의 위인이 츙근함을 알고 문 왈,

"화가 사실을 뉘게 드럿나뇨? 명백히 알외이라."

쳥이 어사의 위풍을 보고 엄문을 당하니 혼불부톄하야 고두 왈,

"쇼인은 쇼임이 다사하와 외간 츌입이 업삽더니 일일은 위 거인이란 양반이 쇼인을 차자와 이르되, '맛참 일이 잇서 부하에 왓더니 지나가는 길일 쑨 아니라 내 요사이 쇼문을 드르매 이배 즁 너의 위인이 츙근하다 하니 양반이 굿타여 리쇽을 심방함이 조흔 일이 아니요 남이 드르면 고이한 듯하나 나는 셩품이 순실한 자를 경대하는 고로 특별이 사교려 왓노라' 하고 가장 은근한 태도를 지으며 쥬찬를 셩비하야 셔로 권하야 이윽히 슈작하다가 이르되, '촌즁의 큰 변이 난다' 하며 가장 분노하야 졀치하압거늘 '무삼 변이 잇셔 져다지 졀통하시나뇨?' 뭇자온즉 '화 상셔 집에 여차여차한 변이 잇셔 졍공자ㅣ라 하는 자ㅣ 원억히 쥭고 화 쇼져ㅣ 음분하다 하니 그런 분한한 일이 업더라' 하고 '져런 일은 관장이 밋쳐 듯지 못하엿슬지라도 리쇽된 도리에 자

시 고하야 원억함이 업게 할지요 풍쇽을 슉쳥케 함이 올흐니라' 하<27>고 분탄하오매 쇼인의 쳔견에도 분한하야 로야게 고할 뿐이옵고 달니는 구타여 소문이 업사오니 더 알욀 말삼이 업나이다."

어사ㅣ 생각컨대 쳥의 말이 간사치 안코 위생자의 말을 드름에 가쟝 슈상하고 지현의 긔색이 당황한지라. 지현을 도라보아 왈,

"위후진은 지현이 응당 아난가 십으니 어늬 촌에 잇스며 엇더한 사람이뇨?"

지현이 심신이 황난하고 모골이 송연하되 담을 크게 하고 무릅을 쓰러 왈,

"하관은 더욱 위후진의 성명도 모르나이다."

어사ㅣ 지현의 긔색을 보고 심하에 통해하되 사색지 안코 차사를 발하야 '위후진을 잡으라' 하고 하령 왈,

"드르니 졍가를 쥭이고 화 시의 것쳐를 송파란 계집이 안다 하니 쌀니 잡아 드리라."

좌우ㅣ 일시에 응대 왈,

"송파는 자셔이 아지 못하나이다."

어사ㅣ 왈,

"일홈은 칠낭이라 하고 즁매 노릇하야 사난대 사는 곳은 자서이 모르니 아나 니 잇거든 다시 일으라."

아젼이 대 왈,

"송 파랑이 차현촌에 사나이다."

차인이 즉시 송파를 잡으러 가매 지현이 더욱 황겁하야 일신이 침상에 안즌 듯하나 송파ㅣ 발셔 아즁 심옥에 갓치엿스니 젹이 방심하나 엇지 긔색을 잘 감쵸리요. 머리를 슉여 안색이 자로 변하니 어사는 투목으로 긔색을 관찰하고 마 지부 등은 고이히 녁이더니 오래지 안어 차인이 도라와 고하되,

"송파를 잡으러 가온즉 슈간 모옥이 부ㅣ엿고 어린 아해 하나이 잇스되 왼 집이 황낙하고 송파 간 곳을 모르니 나간 지 오래되 도라오지 아니니 빈 집에 잇셔 굴먹 쥭겟더니 마을 사람이 불상이 녀여 밥을 먹여 살엇노라 하니 아해 말이 미형하와 인민을 잡어 무른즉 이웃 사람 왈, '져젹에 고을에셔 잡아 간 후 쇼식을 모른다' 하더이다."

어사ㅣ 쳥파에 지현을 향하야 엄졍이 무르되,

"무삼 일노 송파를 가두웟더뇨? 쌜니 노아 대령하라."

디현이 황망 대 왈,

"져 즈음에 송파란 녀자이 아즁에 츌입하며 '물화를 파라 드리마' 하고 가져간 지 오래되 차져 드리지 안는 고로 잡아 오니 보물을 남에게 두고 찻지 못하야 애써 단니다가 겨우 차졋다 하고 드리거늘 쥬식을 먹여 즉시 보내엿스니 엇지 가둠이 잇스리잇고. 필연 연고를 모르고 찰원에게 잡힐가 두려 <28> 다라난가 하나이다."

어사ㅣ 변색 왈,

"차언을 내가 밋지 안나니 좌우는 지현의 부즁에 가 송파를 잡아오되 슌히 쥬지 안커든 옥즁을 슈엄하야 차져 오라."

졔인이 쳥령하니 디현이 착급하야 쇼래 질너 왈,

"슌무 대인이 비록 위톄 존즁하시나 한가지로 벼살을 바다 일현을 다사리니 동시일톄라. 사문에 톄면이 잇거늘 간대로 부즁을 소요하야 작난하리요. 송파를 가두엇슬진대 쾌히 불너 오리니 무삼 연고로 숨겨 두고 내지 아니리요. 역젹의 집이라도 나라이 뒤여 잡고 살인에 집이라도 뒤지 못하거든 대인이 엇지 소관의 집을 슈엄하시리요."

어사ㅣ 쳥파에 노긔 츙텬하야 진목 대셩 왈,

"리현경 젹자 감히 이럿틋 강악하리요! 네 이 싸의 쥬관이 되여 법을 문허바리고 흉녕한 쇠 무궁하야 만민을 잔학하며 자득방자하나 일월을 속이지 못하리니 내 황지를 밧자와 구쥬를 슌무하매 어사ㅣ 금패 잇셔 무례 패악한 관장을 임의로 다사려 션참후계하라신 칙지를 밧자와 절월이 압헤 잇나니 죠고마한 지현의 부즁을 슈엄치 못하리요. 됴졍에셔 나의 난잡한 죄를 다사린즉 밧자오리니 대장부ㅣ 졍치를 살피매 엇지 일신의 이해를 구애하리요. 송녀가 그대 부즁에 잇슴을 내가 임의 짐작하노니 숑파를 쌀니 잡아내여 엄률을 졍히 하리라."

언파에 이십 명 차관과 화음 통사관을 명하야 '리 지현 부즁에 가 엄히 구색하라' 하니 좌우ㅣ 쳥령하고 나는다시 단난지라. 지현이 녁시 비월하야 안색이 흙 갓고 눈이 뒤박히니 다만 쌈이 흘너 옷에 사못치고 경색이 황황실죠 하는지라. 좌우 십분 경해하더니 이윽고 위생을 잡으러 갓던 차사ㅣ 와 '죄인을 잡아 왓나이다' 하거늘 어사ㅣ 분부하되 '잡아 드리라' 하니 아역이 위생을 잡어 셤 아래 쑬니는지라. 어사 대셩 호령하니 위생이 혼비백산하야 고두 왈,

"소생이 일작 안찰 로야게 득죄한 일이 업거날 무삼 연고로 잡히시니잇고?"

어사 위생을 보니 신톄 용우하고 거지 부뎡하야 션배의 쳥슈한 거동이 업고 벌에 눈이요 배암의 머리 탐재 불인하고 무식 간험한 소이러라. 이에 무러 왈,

"네 화가 가변을 자셔이 안다 하니 그 쇼실 진가를 자셔이 알고져 하<29>노니 모롬이 자셔이 이르라."

위생이 경겁하야 담을 크게 하고 가쟝 뎡대한 쳬 하야 흔연이 웃고,

"원내 대인이 이 일을 위하야 쇼생을 잡히시도소이다. 소생은 화가로 더부러 친쳑 고붕이 아니니 그 사젹을 엇지 알니잇고마는 옛 말에 '아름다운 일은 문 밧게 나지 안코 사오나온 일은 하로 쳔리를 간다' 하오니 화 시의 무상한 행실이 일현에 헌다하야 경생 죽음이 화 시의 작얼이라. 일현에 자자함

에 쇼생이 운운을 좃차 드름이로소이다."

어사ㅣ 왈,

"연즉 그대 특별이 댱쳥다려 일너 지부게 고하게 함은 엇지 함이뇨?"

생이 대 왈,

"소생이 성경이 과격하와 상풍패속한 일을 밝히려 발셜함이로소이다."

어사ㅣ 소 왈,

"그대 말이 가장 뎡대하나 슈연이나 한 말이라도 그름이 잇슬진대 각별 도리 잇스리니 아직 물너 잇스라."

위생이 심즁에 다행하야 사례하고 의긔 쟈약하야 물너나니 어사ㅣ 좌우를 명하야 위생을 다러나지 못하게 직히니 지현이 위생의 무사함을 다행이 녁여 잠간 마음을 졍하더라. 어사ㅣ 맛참내 화부의 비복을 뭇지 안커늘 마 디부 품 왈,

"화가 노자 연츈이 대령하얏스니 대인은 쌜니 엄문하소셔."

어사ㅣ 왈,

"물을 째 잇스리니 그대는 나의 다시림만 보라."

지부 심하의 어사가 이 일을 미리 알미 잇는가 의심하더라. 송파를 잡으러 간 차인이 급히 달녀 부즁에 이르러 송파을 내여 달나 하니 모든 노자ㅣ 냉소 왈,

"송파란 것은 쑴에도 모르는 것이니 누ㅣ라셔 우리 부즁에 잇다 하더뇨?"

차관이 노 왈,

"어사ㅣ 큰 일노 송파가 부즁에 잇슴을 알으시고 잡혀 계시니 엇지 감히 업다 하리요."

인하야 다시 뭇지 안코 바로 달녀드러 어사의 명령을 이르고 옥즁을 다 상고하야 송칠낭을 차지니 자연 쇼요한지라. 경 시와 홍년이 대경하야 아모

리 할 쥴 모로고 리 공자 창황하나 말를 잘 하려 내다라 크게 소래하여 왈,

“네 엇던 놈이완대 감히 우리 현즁에 돌입하야 어지러이 구나뇨. 빨니 물너가지 아느면 큰 매로 대골을 헷쳐 쥭이리라.”

군관이 대로 왈,

“미친 자식은 감히 안젼 로야의 차관을 욕하나뇨. 이것이 흠사하신 집이 아니요, 지현이 개국원훈이어늘 감히 이런 말을 하나뇨.”

언파에 좌우를 지<30>휘하야 방방곡곡이 뒤여 내원에 일으니 죠고만 사옥 즁에셔 웨여 왈,

“송칠낭이 여긔 잇스니 쾌히 문을 열나.”

하거날 즁인이 대희하야 일시에 문을 열치니 일개 로파가 여러 날 쥬리며 치위에 견대지 못하다가 문 열믈 보고 황망이 나오니 머리 쑥 갓고 얼골이 귀신 갓더라. 차관이 문 왈,

“네가 송칠낭인다?”

송파ㅣ 울며 왈,

“소녀ㅣ 과연 송칠낭이러니 무죄한 닐노 지현이 잡아다 가둔 지 달이 넘으되 물슐도 차져 쥬 리 업셔 명재죠셕이러니 열위 귀인은 무삼 연고로 차져 내시나잇고?”

차관이 이로대,

“슌무어사 로야ㅣ 너를 차져 드리라 하시되 지현이 긔이고 이르지 안커늘 어사 로야 노하사 우리 등으로 아즁을 뒤여 차져 오라 하시기 궁극히 차저 왓거니와 혹 자네 원을 신셜할가 하노라.”

하고 이에 한 그릇 더운 국을 먹여 긔운을 차리게 한 후 다리고 가니 공자의 삼혼칠백이 흣허져 움작이지 못하고 셔셔,

“애다를사, 승파를 발셔 쥭엿더면 이 화를 면할 것을.”

하며 일신을 떠러 송장이 되는지라. 유랑과 모든 차환이 드러와 송파의

잡혀감을 내당에 고하니 경 시의 놀난 가삼이 씨여지는 듯 대청으로 헤다니며 '이를 엇지할고' 하며 통곡하니 일가ㅣ 황황 송률하고 공자ㅣ 겨우 정신을 정하나 쵸죠착급하야 엄동셜한에 어름을 년하야 먹으니 본대 허약한 복즁이라. 찬 물이 드러감에 일쟝을 썰더니 복통이 급하야 즉각에 셜사를 여러 번 하고 복통으로 견대지 못하니 경 시 갓득한대 쳡쳡한 시름을 맛나 약을 쓰며 더운 데 뉘여 구원하더라. 차관이 송파를 잡아 대령함을 고하니 어사ㅣ 대희 왈,

"이졔 칠낭을 잡아 왓스니 그대 오히려 아지 못하나냐?"

지현이 머리를 슉이고 송구하야 입을 여지 못하거늘 어사ㅣ 송파 올녀 갓가이 술니고 문 왈,

"네 무삼 일노 지현에게 잡혀 갓쳣나냐?"

파ㅣ 울며 왈,

"로신은 흥니도 하고 즁매 노릇도 하 사부가 택상에 무상 왕내하옵더니 일일은 맛참 화 상셔 택에 가 뵈옵고 오는 길에 지현 로야 아즁에 소인의 사쵼이 잇삽기로 차져 보려 아즁에 드러가 인하야 로야 부인게 배알하고 뫼셔 말삼하온 바 우연이 셩내 량반의 댁 규슈를 말삼하압다가 화 상셔 댁 쇼져의 용<31>화를 젼하오니 지현 부인이 드르시고 경희 왈 '아해 잇셔 미부를 택고져 하되 맛당한 곳이 업셔 민우하더니 파자의 말을 드르니 희행하다' 하시고 지현게 고하여 쳥혼코져 한즉 로야ㅣ 이르시되 '우연한 젼셜을 듯고 경솔이 못 하리라' 하시고 그 시비 경 유랑을 명하와 쇼인과 한가지 가셔 '소져의 현부를 자셔이 알고 오라' 하시니 쇼인이 쏘한 거절치 못하와 유랑을 다리고 '노리개 파는 자라' 하야 화부에 갓삽더니 맛참 소져ㅣ 뎨 남매의 글을 가르치노라고 부인 침소에 계시기로 자시 보고 지현게 젼하오니 디현 부부ㅣ 그 소져의 요죠슉녀 되심을 쾌히 알고 공자를 위하야 본쥬 위 거인과 고 어사를 쳥하야 구친하심애 화 부인이 상셔 로야 셔울 계실 때 정친한 곳이 잇

셔 배약을 못 함으로 츄사하시니 지현 로야ㅣ 노하사 쇼인을 가르쳐 여차 여차 격동하라 하옵거날 쇼인이 마지 못하야 쇼져와 부인게 시험하온즉 소져ㅣ 죠금도 두리지 아니사 말삼이 격녈하야 여차여차 이르시니 다시 져희치 못하고 도라와 그대로 고하오니 로야ㅣ 크게 노하샤 셜치하기를 생각하실 새 화 소져의 정친하엿던 정 공자ㅣ 셩례하러 왓다 하고 혼구를 차리며 길긔 슈삼일이 격하얏는지라. 지현 로야ㅣ 이 소문을 듯고 대로 졀치하난 즁 리공자ㅣ 화 소져를 과도히 흠모하와 사생을 결한다 하고 꾀를 내여 정 공자를 쥭이고 소져를 겁탈하려 함을 쇼인이 듯고 놀나옴은 쇼인의 말노 비로셔 할졔 대화를 당하고 졍 공자 타향에 와 원통이 쥭게 되니 하날이 노하사 앙화를 나리오실가 두리고 화 소져의 긔화 갓흔 품질노 옥이 바아지난 환이 잇슴을 앗겨 화부에 긔미를 통하와 죄를 속코져 하야 여차여차하얏삽더니 화 부인과 쇼져ㅣ 쇼인의 말을 밋지 아니하고 방비함이 업셔 졍 공자ㅣ 젹화에 쥭고 쇼져ㅣ 혹 도망하다 하며 리 공자ㅣ 혹 겁탈하야 왓다 하오나 도모지 진적함은 아지 못하압고 쇼인이 다 두 곳에 간셥함이 잇는 고로 두리옴이 잇셔 화부에도 가지 못하고 아즁에도 드러가지 못하엿삽더니 월젼에 홀연 현즁 차관이 쇼인의 집에 이르러 불문곡직하고 쇼인을 잡아온 지 월여에 금<32> 일에 로야ㅣ 비로쇼 차자 내시와 화 쇼져의 사생을 무르시니 쇼인은 이 밧게 다른 일은 젼혀 아지 못하나이다."

어사ㅣ 쳥파에 지현의 흉악 무상함을 불승분로하고 좌우 데인이 골경신해 하더니 어사ㅣ 좌우를 꾸지져 지현의 사모와 의관을 벗기고 미러 나리라 하니 지현이 황황경구하야 담을 크게 하고 쇼래를 질너 발악하니 어사ㅣ 익로 왈,

"그대 이제도 불복하니 내 맛당히 명백한 증거를 내여 뵈이리라."

하더라.

第十五回
뎨십오회

화 시 살옥을 사실하야 회실하니 지현이 자복하고 허물을 뉘웃치다
花氏殺獄査覈 知縣自服悔過

차셜. 어사ㅣ 지현다려 왈,

"그대 가지록 무상하고 염치 상진하야 죄목이 현져하거늘 오히려 항복지 아니하니 내 당연히 명백한 징거를 들어 증참하리라."

하고 언파에 셔안 우흐로좃차 화 시의 원졍한 글을 내여 마 지부로 하야금 읽게 하니 지부ㅣ 쇼래를 놉혀 읽으매 사의가 격졀하고 문채가 쇄락하야 리 지현의 간악 패려함이 쇼연한지라. 좌우의 가득한 사람이 다 화 쇼져의 지모를 책책 칭션하고 지현이 원졍 사의를 드르매 아홉 입과 구리 혀를 가졋슨들 엇지 발명할 말이 잇스리요. 그러하나 어즈러이 발악하야 외여 왈,

"졍생이 일졍 죽엇고 화 쇼져ㅣ 도쥬하엿거늘 어이 졍쇼할 사람이 잇셔 원졍을 고하엿스리요. 이 반닷이 화공 부인이 그 딸의 음행을 감초와 죄를 은익코자 하야 거즛 화 시의 글을 맨다라 대인을 쇽임이어늘 대인이 깨닷지 못하고 쇼생만 해하려 하시나뇨. 만일 참 화 시이면 바야으로 항복하리이다."

어사ㅣ 지현의 게교 져럿틋 함을 밋지 아니하고 '당당히 진가를 서셔히

판단하리라' 하고 드대여 차관을 쳥하야 화부에 가 쇼져를 쳥하야 오고 경공자의 관을 메여 오며 리 공자를 잡아 홍연으로 대면케 할 새 차관이 일시에 쳥령하고 흣터져 가니 오래지 아니하야 사오 개 아역이 관을 메여다가 뜰에 노코 져즘쎄 원졍하던 로파ㅣ 압을 인도하고 뒤에 일<33>위 녀자ㅣ 쇼교를 타고 이르니 일읍에 쇼문이 자자하고 '어사ㅣ 대옥을 결하랴 함에 졍생의 관을 여러 보고 다라낫던 쇼져ㅣ 왓다' 하니 화 쇼져ㅣ 단졍히 서서 손을 꼿고 만복을 칭하니 어사ㅣ 읍양 왈,

"원컨대 쇼져는 원통하신 쇼회를 이르시면 만생이 맛당히 법대로 쳐치하리이다."

쇼져ㅣ 왈,

"쇼쳡의 쇼회는 작일 고한 원졍에 다 잇사오니 바라건대 대인은 명찰 쳐결하옵쇼셔."

옥셩이 쳥아하고 동지가 법도ㅣ 잇스니 어사ㅣ와 모든 관원이 탄복하야 살피매 과연 만고무상한 숙여가인니라. 추텬명월이 운무에 싸인 듯 매화 납셜을 씌여난듯 남텬의 백벽이 틔끌에 씻겻난듯 쌔혀난 눈셥과 말은 눈은 츄슈의 무졍함을 남으라고 유한졍졍한 풍채 숙녀의 기질이니 엇지 시쇽 녀자에게 비기리오. 진실로 명쥬ㅣ 갑이 업고 옥의 틔 업슴 갓흐니 단장이 무색하고 운환이 흣흐러졋스나 그 엄숙한 거동이 셩현군자를 대한듯 공경하는 마음이 져절로 이러나매 대쇼 관원이 다 얼골 고치고 공경하야 암암 칭지하니 지현은 눈이 아득하고 심신이 살난하야 쳥텬백일에 벽역을 맛난듯 화 쇼져의 긔이한 용광을 보매 다만 져의 대악이 현져함을 망극하야 입도 버리지 못하고 몸도 옴작이지 못하니 졔인이 불승분연하더라. 송파ㅣ 쇼져를 보고 왈,

"로신이 쇼져를 앗기다가 월여를 고쵸하고 사생이 슈유에 잇더니 어사로야의 일월지명으로 화를 벗고 쇼져ㅣ 반셕 가흐시니 하날의 명명하심을 알이이다."

쇼져ㅣ 왈,

"그대 나를 위하다가 무망 즁 고쵸를 당하야 위태할 번 하얏스니 다사다감하도다."

하고 인하야 어사를 향하야 왈,

"쇼쳡이 백셰 누명을 무릅쓰고 신백할 싸이 업삽더니 텬행으로 대인의 일월 갓흐신 덕택을 입사와 쳡의 누명을 신셜케 하시니 하날이 얏고 싸이 좁사온 대은을 갑흘 곳이 업나이다. 쳡이 엄친을 졀역에 이별하고 자모로 더부러 외로이 쳐하야 강도에 침노함을 맛나 셰상의 업난 액운을 당하옵고 쳡의 옥 갓흔 몸이 누셜 즁에 싸졋다가 대인에 셩덕으로 보젼하오나 또 일변 생각컨대 대인이 도라가신 후 강악한 인심이 다시 침노하야 원슈를 갑고자 다시 화를 <34> 지어내면 후환은 젼화보다 더하리니 바라건대 대인은 고혈한 녀자를 어엿비 녁이사 맛참내 보젼할 도리을 됴쳐하압시기 바라오며 쳡이 임에 도쥬하지 아니함이 즁목쇼시에 분명하오니 물너가게 하압쇼셔."

어사ㅣ 공경 왈,

"흉인의 무상함이 국볍을 모르고 명교를 어지러이 하니 차는 텬하의 죄인이라. 만생이 모쳠하야 외람이 슌무 쇼임을 밧자와 사방의 인심이 쇼요하야 비례 불법하는 관원을 다사림은 만생의 쇼임이라. 엇지 굿하야 쇼져를 위함이리오. 슈연니나 쇼져의 원려하심이 고명하시니 만생이 당당히 선쳐하려니와 아직 모든 죄인의 쵸사를 밧지 못하얏고 옥사ㅣ 결과 나지 안이 하얏스니 쇼져는 잠간 욕됨을 견대여 만생에 쳐결함을 기다리쇼셔."

인하야 지현을 향하야 왈,

"그대 이졔도 애매함을 발명하랴? 그대 일방 부모ㅣ 되야 이럿틋 패려무상하야 자식을 교도치 못하고 불의로 사람을 모함 탈취하니 명교의 죄인이오 죠경의 반신이라. 일시나 은년이 당상에 잇셔 관면을 욕하리오."

이의 하리을 명하야 장하에 나리오니 지현니 붓그러워 치신무지라. 어사ㅣ 위생을 잡아드려 엄형을 가쵸오고 화 쇼져 모함한 쥬의를 물르니 위생이 비록 간악한 위인이나 쉬밀 의사 나지 안니하야 리 공자로 더부러 간모한 사실을 복쵸하고 져의 무상함을 면코자 하야 젼후 말삼이 명백지 못하니 좌우 통해하고 어사ㅣ 대로하야 위생을 가라쳐 대질 왈,

"네 몸이 션배 되야 머리에 유관을 쓰고 입으로 셩현셔를 외이며 참아 이러한 불의 행사를 하고 관리를 사교여 톄면을 욕먹이며 사문 규슈를 모해하니 텬하의 이러한 무상한 놈이 어대 잇스리요. 리현경은 오사자포를 입고 대악부도를 행하야 쏘 다시 누언을 지여 화 시를 갱참에 느흐려 하야 이런 흉사를 예사로 행하니 무삼 일을 행하리요. 미구에 반신 력젹이 되리니 내 당당히 텬폐에 쥬달하고 법률을 즁이 하리라. 마 지부ㅣ 쏘한 불명함이 심하야 간인의 쇠를 생각지 못하고 맹낭한 젼셜을 취신하야 비상지원을 이르니 관원이 되여 몽롱함이 엇지 이갓흐리요."

셜파에 노긔 츙텬하고 긔위 북풍 갓흐며 좌우ㅣ 한<35>츌쳠배하고 마 지부ㅣ 황공 청죄 왈,

"하관이 불명하야 간인의 쇠에 싸져스니 욕사무디라. 연니나 간모ㅣ 괴휼하야 일시 쌔닷지 못함이니 대인은 용셔하쇼셔."

어사ㅣ 왈,

"그대 아지 못함은 불명하나 흉인으로 더부러 동심함이 업는 고로 과이 책지 아니하나니 상심 명찰하야 행하라."

하니 지부ㅣ 만만 층사하더라. 어사ㅣ 리 공자와 홍연을 잡을 새 부즁내외 혼백이 비월하고 공자ㅣ 복통이 심하야 어린 듯 밋친 거동이 해연하더니 곡셩이 진동하며 쇼래 흉악한지라. 경 부인은 황황 경율하야 공자의 우음 쇼래를 듯고 엇질하야 망지쇼죠하고 홍년은 비록 자피여시나 작죄함이 업스니 별노 경겁함은 업스나 공자의 우음 쇼래를 드르매 우습고 쏘한 인졍이 업지 안니하야 즉기 근심하난 빗이 잇더라. 차사ㅣ 홍년을 잡고 공자는 결박하야

구박하니 어름 냉슈 먹고 배 알튼 위인니 놀나 피를 흘이니 구린내 코를 거사리며 두 눈에 눈물이 가득하니 보기에 슈통한지라. 찰원 아문에 다다라 나졸이 쇼래 질너 자바 대령함을 고하고 어사 안젼에 업지으니 공자ㅣ 씩경함을 마지 안니하야 부지불각에 통곡함에 그 쇼래 흉영한지라. 이 광색을 보는 재 불승경헤하야 겻해 잇던 군관이 붉은 곤장으로 엽을 치며 왈,

"여긔가 어대관대 감이 곡셩을 임이로 하리요. 슈이 그치라."

공자ㅣ 쇼래를 못 하고 눈물이 자로 흐르니 좌우ㅣ 가르쳐 함쇼하고 지현은 붓그럽고 분하야 머리을 수기고 숑파 쥭이지 못함을 한하더라. 어사ㅣ 리생을 보매 위인이 용열하야 누르고 검은 살빗과 느러진 눈망울에 눈셥이 거칠고 귀밋치 셕기여 신톄 요악하고 눌물을 어지러이 흘니는 거동은,

"과연 무상한 필부로다. 져런 돈견 갓흔 자식을 두고 화 시 갓흔 뎡고슉완을 유의하얏스니 하날이 노텬이 되얏슨들 화 시 갓흔 슉녀ㅣ 져런 귀물로 배필이 되리요. 당쵸에 못 될 일을 생의하야 명교에 죄를 지엿도다."

하니 좌우 졔인이 일시에 어사의 분부을 올히 녁이더라. 어사ㅣ 리생더러 왈,

"너의 죄상은 임에 아랏거니와 져런 신톄를 가지고 슉녀가인을 구할 마음이 감히 어대셔 낫스며 혼인은 일륜대사이요 오륜의 근<36>원이라. 네 비록 용열하나 쏘한 사문일맥이어늘 비례 불법으로 재상가 규슈를 도젹하고 졍가 신랑을 살해하야 신명을 두리지 아니하고 흉언을 지여 무죄한 사람을 강상 즁률에 돌여보내고 일가를 멸망케 하니 그 죄 하나히요, 션배의 몸으로 간모를 비져 살인하기를 긔탄치 아니하니 그 죄 둘이요, 위세를 빙자하야 혼인을 강박하다가 필경은 흉젹을 모와 재상가 규슈를 도젹하려 하엿스니 그 죄 셋이요, 스사로 흉특한 죄를 지여 뉘웃칠 쥴을 모로고 누언을 지여 화 시를 해하엿스니 그 죄 넷이요, 무죄한 숑파를 가도며 나의 차관을 욕하니 그 죄 다셧이니 률을 의론하면 머리를 버히고 눈을 쌔혀도 족지 못할지라. 나라

이 법을 두시매 너의 부자 갓흔 것을 다사리심이니 네 부자 엇지 죽기를 도망하랴.”

리생이 이 말을 듯고 더욱 망극하야 다만 눈물을 흘이고 아모말도 못 하난지라. 어사ㅣ 좌우로 졍 공자의 관을 갓가이 노코 텬개를 써히니 과연 쵸인을 빙염하얏스니 념한 것을 푸러 보매 쇽을 궁글게 하고 가죡 쥬먼니에 피를 담아 칼을 질인 궁기 잇고 피 쇼사 초인의 몸에 엉긔엿스니 좌우 대쇼하고 관원이 화 쇼져의 신기한 지모를 졔셩 칭찬하야 쵸인을 가져 셔로 보며 긔특타 하는 쇼래 부졀하니 어사ㅣ 차탄 왈,

“화 시의 지모는 세상에 무쌍하야 짐짓 규방의 긔상이요 녀즁 영웅이로다.”

하야 칭복 탄상함을 마지 아니하더니 화 시 다시 도라감을 고한대 어사ㅣ 왈,

“쇼져의 아람다온 행사를 다시 헤아리매 쳔고의 희한하신지라. 로부ㅣ 깁히 공경하나니 안심하야 도라가쇼셔. 만생이 다시 쳐치함이 잇스리이다.”

쇼져ㅣ 사례하고 물너날 새 리생이 망극한 즁 화 쇼져의 말을 듯고 정신을 슈습하야 이러 안자 바라보니 그 황홀한 풍채 꿈에도 더 보지 못하던 경국지색이라. 졍신이 다 흣터져 도로혀 사람이 아닌가 의심하는 즁 져는 백계로 꾀하야 허다 심력을 허비하다가 한 일도 일우지 못하고 다셧 가지 죄를 무릅써 사디에 빠져 계하에 써러지고 져 화 쇼져는 만인의 츄앙함을 밧고 어사의 포장함을 입어 빗나게 도라감을 보니 마음을 스사로 억졔치 못하야 머리를 짜에 박<37>고 쇼래를 삼켜 우다가 복통이 잇셔 셜사하던 차에 찬 곳에 업대엿스니 똥이 급하야 이러나려 하매 아역이 쇼래 질너 꾸지즈니 리생이 불시에 나오는 똥을 참지 못하야 똥을 싸니 구린내 진동하는지라. 좌우 제인이 코를 싸고 멀이 피해 셔며 어사로부터 제 관원이 관대 사매를 드러 낫을 가리오고 급히 끄러내라 하니 모든 노자ㅣ 일시에 끄러내매 화 쇼져ㅣ

져 경상을 보고 해연히 녁이나 오히려 인생 즁에 츙슈함을 잔잉히 녁이더라. 쇼져ㅣ 교자에 오르매 허다 아역과 차환이 옹위하고 송파와 홍년이 다 노히여 쇼져를 좃차 가매 만셩인이 구름갓치 모혀 셔셔 칭찬 왈,

"나희 어린 쇼져의 신긔묘산이 져다지 신긔한고."

하야 칭송이 훤뎐하더라.

어사ㅣ 리, 위 양생을 칼 씨워 가도오고 리 지현은 아즉 아즁으로 보내니 제 관원이 각각 고을에 가지 아니하고 하쳐에 머물며 지현은 감히 관복을 갓초지 못하고 평복으로 아즁에 도라오매 경 시 마조 나아와 아자의 죄목이 즁하야 슈계함을 듯고 지현의 형상이 쏘한 죄인임을 보고 통흉호곡하며 어사를 원망하고 송파를 졀치하야 좌불안셕하니 지현이 탄식 왈,

"아자ㅣ 아등의 말을 듯지 아니하고 사생으로써 화 시를 구하야 허다 은자를 일코 벼살을 보젼치 못하야 부자ㅣ 함긔 붓그러음을 무릅스고 사지에 빠지니 사람을 해하고 엇지 무사하기를 바라리요마는 우리 계교 신밀하야 징참이 업고 화 시의 형세 외로왓스니 원슈 연젹이 어사로 오지 아니하여더면 자연 무사하엿슬 것을 연로의 밝은 졍사가 우리 부자의 죄를 찰찰이 잡아내고 화녀ㅣ 능휼하야 사긔를 쥬밀히 하고 잇다가 이러한 작용을 행하니 이는 녀자를 업슈히 녁이다가 일녀자로 하야 젼졍을 맛치이니 엇지 애닯지 아니하리요. 연로ㅣ 과연 고집하니 화가 친쳑이 업더라도 제 스사로 힘써 돕고자 하고 나는 제 아비 죽인 원슈ㅣ 아니언마는 결코 해코자 하니 졔 비록 어사의 위권이 잇스나 나를 쥭이든 못 하리니 목숨이 남거든 내 반닷이 져를 해하야 오날날 원슈를 갑흐리라."

하고 부부 양인이 가지록 이럿틋 불의를 꾀하며 식음을 젼폐하고 초사번민하더라. <38>

이때 화 부인이 어사의 쇼져 부름을 듯고 대경 왈,

"녀아는 규즁 쳐자이라. 참아 엇지 찰원에 나아가 욕을 보리요. 내 나히

만코 혐의 업스니 내 가리라."

하니 쇼져 왈,

"불가하니이다. 태태게오셔 팔자의 명부로 지위 존즁하시거늘 이제 어사 대하에 나아가 욕됨을 보시고 대인의 톄면을 상해오시면 더욱 간인의 흉언이 무상하와 필연 쇼져ㅣ 도쥬한 것을 태태 거즛 쇼녀의 죄를 엄익한다 하와 즐겨 항복지 아니하오리니 사세 마지 못하와 쇼녀ㅣ 가올지라. 무삼 일로 태태좃차 욕을 당하시리요. 복원 모친은 스사로 존즁하시고 녀아ㅣ 비록 규즁 쳐녀이오나 제 죄에 나아감이 맛당하온지라. 녀아ㅣ 팔자ㅣ 무상하와 이런 시졀을 맛낫사오나 혈마 엇더하오리잇가."

부인이 쇼져의 말을 올히 녁이나 슬푸고 앗김을 측양치 못할너라. 쇼져ㅣ 아문에 나아간 후 부인이 오히려 방심치 못하야 시녀, 차화을 연쇽히 노와 소식을 탐청하고 종일토록 번민하더니 날이 느지매 쇼져ㅣ 도라오거늘 부인이 급히 마자 연고를 무르니 쇼져ㅣ 찰원에 가 하던 쇼유를 일일히 고하며 유모ㅣ 안면 희색으로 리가 부자의 형상이며 쇼져의 빗난 행사를 젼할 새 말단에 리생의 똥 싸던 경상을 옴기니 부인이 한심한 즁이나 이 말을 듯고 우음을 이긔지 못하매 이에 좌우 사람이 크게 우스니 쇼져ㅣ 왈,

"리가 츅생이 그 사오나온 죄상은 쳔살무셕이나 그 해참한 거동과 반생반사한 거동이 도로혀 잔잉하고 리 지현이 무상하야 일방 부모로 일됴에 죄인이 되여 계하에 셧난 거동은 불안하온지라. 차인 등이 슈신하기를 아람답게 못 하야 도로혀 져런 욕을 밧고 젼경올 맛치오니 엇지 아람답지 아니하리잇가. 져 부자ㅣ 다시 궁흉한 계교를 생각하오나 쇼녀에게 무해할 쑨 아니라 졍낭이 쥭지 아니하고 쇼녀의 일신이 반셕 갓사오니 일즉 리가의 쇼녀를 해하던 악심은 통해하오나 쏘한 녀아의 운액이요 져의 부자ㅣ 쇼녀를 말매암아 죄률에 빠지오니 원망이 깁흘 것이요 쏘한 그 인생이 불상하오니 녀아의 쯧은 져를 사디에 구하야 목숨을 구코자 하나이다."

부인이 녀아의 션심을 긔특히 녁여 칭찬 왈,

"어<39>지다, 쇼녀여. 이런 대현지심이 잇스니 하날이 응당 복을 나리오실지라. 너의 ᄯᅳᆺ대로 하려니와 다만 져의 부자ㅣ 명교에 죄를 어더 법대로 다사리려 하니 너의 힘이 능히 져를 구치 못할가 하노라."

쇼져ㅣ 왈,

"어사ㅣ 셜사 져를 통해하야 즁치코자 하오나 녀아ㅣ 한 장 글로 어사를 해유하오면 연공은 장자이라 거연이 좃츠리이다."

로파 취경이 불열 왈,

"리가 츅생이 위세를 밋고 우리를 업슈히 녁여 백단으로 경박하다가 필경 흉한의 의사로 졍 공자를 해하려 하며 쇼져게 악명을 드리오니 비록 일시 허언이오나 불승통악하더니 금일 셜치함이 상쾌하고 사나온 자ㅣ 앙벌을 바듬이 맛당하거늘 무삼 일로 쇼져ㅣ 져를 구하려 하시나잇고?"

쇼져ㅣ,

"어미 말은 다만 그 일을 통해함이니 ᄯᅩ한 올흐나 오히려 하류의 쳔견이로다. 차인의 사오나옴이 스사로 졔 몸을 해롭게 함이라. 우리게는 일시 욕됨이 참분하나 원슈를 반닷이 갑흐려 함은 좁은 사람의 일이라. 제 비록 대간대악이나 인심이 나의 구함을 항복하야 다시 악사를 생각지 아니할 것이요 죄명이 즁하나 국가의 간셥함이 업거늘 사람을 사디에 보내고 엇지 깃거하리요. 내 맛당히 고인의 어즌 일을 행하야 부친의 슈히 환됴하심을 바라노라."

연파 등이 셕연이 칭복하고 숑파ㅣ 그 자비 현심을 불승탄복하더라.

어시에 연 어사ㅣ 좌긔를 파하고 한 쟝 표문을 지여 현경 등 죄인을 경사로 보내기로 결단한 후 셔안에 의지하야 생각하되,

'나의 녀아가 이 세상에 무쌍한가 하엿더니 이번 행로에 양개 슉녀를 만나니 지모와 령광이 녀아에 나흔지라. 텬하의 긔특한 녀자는 여럿이 잇스되

긔특한 군자는 보지 못하니 됴물이 부졀업는 녀자는 비상히 품슈하고 국가를 보장할 남자는 나이지 아니시니 가히 차흡도다. 졍, 화 양인으로 하야금 남자가 되엿던들 엇지 국가 동양이 되지 아니하리요. 나의 쇼녀와 졍, 화 이인은 짐짓 요됴슉녀이니 이른 바 삼졀화이라. 아지 못게라, 어느 곳에 옥인군자ㅣ 잇셔 차 삼인의 배필이 될고.'

차탄함을 마지 아니하더라.

명됴에 어사ㅣ 쇼세하고 대쳥에 나아오매 허다 관원이 차례로 드러와 현알하<40>니 어사ㅣ 왈,

"리현경의 부자와 위후진을 다 경사로 보내려 하나니 내 가흥을 검찰하고 다시 오기를 기다리라."

마 지부ㅣ 쳥령하니 어사ㅣ 즉시 지현의 관면과 인수를 거두고 차관을 명하야 표문을 가져 경사로 가게 할 새 지현이 망극 초됴하나 할 일 업셔 가사를 슈습하야 여렴으로 음기니 마 지부ㅣ 이르러 창고를 봉하고 문셔를 거두며 관리 쇼속을 졈고하야 어사게 복명하니 어사ㅣ 차관을 하령하야 경도로 향할 새 홀연 화 쇼져의 한 장 글을 밧치는 자 잇스니 어사ㅣ 바다보니 하엿스되,

> 리 지현의 부자 죄상은 당당히 국법을 도망치 못할 것이로대 쇼녀의 미쳔한 몸을 말매암아 사람의 무상한 일홈이 국즁에 풍동하고 젼졍이 장찻 아못 곳에 밋칠 쥴 아지 못하나니 로야의 관홍혜택으로 그 죄범이 국가에 간셥지 아니함을 관사하시고 차후 불의를 경계하신즉 혹자 깨다름이 잇셔 어지지 못한 자ㅣ 도로혀 착한 사람이 되고 셩교를 범밧아 아람다옴이 잇게 하쇼셔.

하엿더라.

어사ㅣ 크게 깨다라 탄지 칭션 왈,

"리가 츅생의 불인무상함과 쳔흉만악을 헤아리매 아녀자의 조협한 쇼견은 고사하고 셩현군자를 효칙하야 활달대도한 유자라도 결단코 용셔치 아니할 것이어늘 화 쇼져는 쳔고의 희한한 용광긔질로 겸하야 자비현심이 츌군초범하야 원슈를 은혜로 베풀고자 하니 그 졀개를 의론할진대 고지녈녀에 비겨 붓그럽지 아니할 것이요, 그 지모를 취한즉 황셕공과 병구할 것이요, 그 인덕을 비한즉 고지현배에 나리지 아니할지라."

탄지 흠션하야 긔특함을 열복하고 쇼져의 말을 좃차 리가 부자를 관셔코자 생각하더라.

이때 리 지현의 부자와 위생이 텬하의 궁흉극악한 죄를 만인 총즁에 무릅쓰고 난연괴연함은 고사하고 만리 젼졍을 아조 맛차 망신패가에 이른 쥴 알고 망극비졀하야 통도애상함을 마지 아니하며 가쇽을 향하야도 망극괴연하야 유구무언이러라.

이때 차관이 어사<41>의 행리를 졍돈한 후 세 낫 죄슈를 쇽쇄하야 목에 큰 칼을 더하고 말을 가져 타기를 재촉하니 차행이 영결이라. 오렬유톄하야 면면 상고하더니 홀연 어사ㅣ 사인을 불너 계하에 꿀이고 화 쇼져의 글을 읽어 들이니 삼인이 깃부고 즐김을 이긔지 못하야 텬문에 은사를 입은 듯 쳑연히 감복하고 황연히 붓그러음을 먹음으니 화 쇼져의 놉흔 쯧과 어즌 마음이며 통달함이 쇼인의 간교한 흉사를 열어쥬고 사특한 심장이 뒤놉난 듯 리 공자는 한갓 인사불셩이니 의론할 배 업고 지현과 위생은 고사를 통달하야 젹이 사람의 염치가 잇는 고로 져의 행사를 츄회하야 눈물을 흘이며 화 쇼져의 은혜를 명심각골하나 다만 어사의 용사하는 말이 업스니 그 쯧을 오히려 아지 못하야 깃분 즁 의아ㅣ 간졀하야 머리를 슉여 읍톄여우하니 제인이 젼일 통관의 의를 생각하고 참연하더니 어사ㅣ 여셩 왈,

"그대 부자ㅣ 화 쇼져를 집탈하며 졍생을 쥭이고자 일방 관원의 직분으로 젹도를 부동하니 차는 명교의 대죄이라. 졍 공자ㅣ 만일 쥭엇스면 살인죄

는 한 고조의 관홍대도로도 용사치 아니하야 약법삼장의 웃듬이니 너의 부자를 대살함이 법률에 당연한즉 엇지 다시 살기를 바라리요마는 요행으로 쥭지 아니하엿스니 대살은 용사하려니와 흉사를 행한 후 두리옴을 깨닷지 못하고 가지록 간계를 내여 무죄한 사람을 모해하야 내 죄를 남에게 씨우려 하고 무죄한 숑파를 잡아 가도왓스니 그 죄를 의론할진대 머리를 버혀도 쇽지 못할 것이오, 쏘 죄상이 현져하되 눌나온 쥴 아지 못하고 방자이 나를 쇽여 가지록 긔망하니 텬폐에 쥬달하야 삼쳑지률로써 후일을 징계하려 하엿더니 의외에 화 쇼져의 애인지심이 하날 갓흐여 원슈를 제긔치 아니하고 진졍으로 구함이 진실로 탄복하염즉한 고로 그대 부자의 죄를 사하야 쥬청하기를 긋치거니와 만일 회과함이 업셔 다시 악사를 지을진대 두 죄를 아올나 다사려 머리 업는 귀신이 될 것이니 모롬이 개과쳔션하야 어진 사람이 될지나 그 악함으로써 사람을 달내여 해인함이 극히 통해하되 리현경 부자를 특히 사하매 한갓 죄를 더하<42>지 아니 하나 그져 두지는 못 할지라. 고로 장 일백을 치고 학증에 일홈을 제하야 사류에 용납지 못하게 하고 그 아달의 무상함이 부자ㅣ 동유이니 쏘한 장 일백을 치고 션배 일홈을 졔하야 바리나니 현경은 몸을 닥고 마음을 곳친 후 다시 셔용함을 기다리라."

하고 언파에 좌우로써 삼인의 칼을 벗기고 의관을 쥬어 지현을 입히니 지현이 불승참괴하나 면죄함을 다행히 녁이여 고두 사례 왈,

"쇼생의 젼후 죄악이 태과하야 당당히 쥭음을 면치 못할 것이어늘 대인의 활명대은을 입삽고 화 쇼져의 셩심으로 사디를 버셔 부자ㅣ 잔명을 보젼케 하시니 대은이 여텬한지라. 쇼생이 비록 무상하오나 후회 자책하오며 엇지 감은하옴이 업사오릿가. 맛당히 젼과를 바리고 개심슈덕하와 대인과 쇼져의 은혜를 명심각골하야 갑기를 긔약하리이다."

언파에 붓그리는 눈물이 흘너 옷깃을 젹시는지라. 어사ㅣ 면유 왈,

"셩인이 운하사대 '뉘 허물이 업스리요마는 곳침이 귀하다' 하시니 그대

아모조록 왕사를 츄회하고 새로히 어진 일을 행할진대 더욱 아람다온 일이라. 로부ㅣ 당당히 금일사를 잇지 아니하리니 그대 또한 즁심에 긔록하야 셥신독경하라."

지현이 다시 어사의 관유함을 감사하야 감히 머리를 드지 못하니 마 지부 등 모든 관원이 져의 무사함과 회과함을 깃거 각각 위로하며 치하하니 지현이 비록 담이 크나 감히 머리를 드지 못하는지라. 이에 어사ㅣ 명하야 '당상에 오르라' 한대 지현이 재삼 사양하다가 당에 올나 업대여 평신치 못하더라. 어사ㅣ 아역을 꾸지져 몬져 위생을 결박한 후 붉은 곤장으로 살살이 헛치고 건장한 사예 드러 치니 오십 장에 이르매 피육이 후란하고 션혈이 임리한지라. 위생이 요두하며 '사라지라' 부르지즈니 창백이 져 거동을 보고 져도 또한 져러 하리로다 하매 미리 창자가 끈어지는 듯하야 일신이 쇼고라지는지라. 목에 늣기는 쇼례 복밧치고 눈물은 오륙월 장마에 비 오듯 하더라. 사예 힘을 다하야 임에 팔십장에 밋치니 살이 써러지고 긔운이 끈쳐져 다시 매를 더하면 곳 죽을지라. 좌우를 명하야 끄러 냇치니 위 시의 가인이 대령하엿다가 <43> 반 송장을 시러 도라가더라. 또 나졸을 호령하야 '리창백을 잡아 드리라' 하니 범 갓흔 나졸이 다라드러 잡아 업지르랴 하매 창백이 망지쇼조하야 쳥상을 치여다 보고 저의 아비를 부르며 져 어미를 불너,

"애고애고, 이를 장찻 엇지할고. 져 단단한 위생도 맛고 거위 죽엇거늘 날 갓흔 허약한 사람이 져 독한 매를 맛고 엇지 살며 엇지 견대리요."

하고 방셩대곡하니 좌우의 벌떼 갓흔 나졸이 곤장으로 입을 쥬지르며 겻가리를 쑤시며,

"이놈, 아모 쇼래 말나. 뉘 압히라 감히 큰 쇼래를 하야 우는다."

하고 업지르니 한 개도 아즉 맛지 아니하야 두 숀으로 쌍을 파며 져의 모든 조상을 불너 우니 좌우 제인이 도로혀 대쇼하더라. 당상에셔 군관이 아역을 호령하야 '밧비 거행하라' 하니 사예 쳥령하고 곤장을 놉히 드러 나리치

니 리생이 난생 쳐음이라. 부모의 사랑 쇽에 길이여 태벌도 입음이 업다가 오날날 엄위지하에 곤장을 마지니 엇지 견대리요. 지현은 마조 보지 못하고 외면하며 군관은 연하야 엄히 고찰하니 임에 이십 장에 이른지라. 리생이 두 숀을 묵거 연 어사께 비러 왈,

"하날 갓흐신 로야님아, 제발 덕분에 살여쥬압쇼셔. 쇼생이 이제야 법을 아랏사오니 만일 다시 그러한 불의 행사하압거든 쥭여 쥬압쇼셔. 쇼생이 남의 독자로 귀히 자라 션생에게도 태벌 입음도 업삽고 부모게 한 마대 꾸지람도 듯지 못하오매 어미 품 쇽에셔 이래하와 바날에도 찔여 보지 못하엿삽더니 불의에 안찰 로야게 여러 매를 마즈오니 압품을 참아 못 견대겟사오니 차라리 목을 버혀 쥭이시고 매는 긋치시압쇼셔. 참아 압하 쥭겟사오니 좌상에 게신 모든 야야님은 잔잉한 인생을 구하야 쥬쇼셔."

이럿틋 어즈러이 부르지지니 좌에 가득한 사람이 모다 그 인사ㅣ 방탕함을 대쇼하더라. 어사ㅣ 쏘 어이 업셔 함쇼하니 마 지부ㅣ 나아와 권하야 왈,

"리자는 일홈이 사람이나 도로혀 영리한 짐생만 갓지 못하오니 져런 인물을 엇지 족히 가책하리잇가. 평일 악사는 다 위가의 가랏침이오니 져는 비록 십생구사하오나 능치 못하엿사오리니 져런 것을 치죄함이 목셕을 두다림과 다르지 아니한지라. 리자ㅣ 더욱 <44> 허약함이 심하야 매를 더한즉 반닷이 쥭을 것이니 복원 대인은 잔잉한 인생을 사하사 목숨을 건져 도라가게 하시면 그 일문이 대인의 호생지덕을 셩심감은 하리이다."

어사ㅣ 쏘한 져를 쇽슈하야 다시림이 부졀 업고 향여 쥭을가 하야 마 지부의 간함을 좃차 리생을 사할 새 맨 것을 그르고 분부 왈,

"너를 맛당히 일백 장을 칠 것이로대 화 시의 쳥과 마 지부의 낫을 보아 사하노니 차후는 화 시 문을 직혀 너갓치 사오나은 놈이 작변치 못하게 하고 쏘 아모 놈이라도 방자함이 잇거든 쌜이 지부 아문에 고하라. 만일 일호나 태만한즉 젼후 죄를 함께 입으리라."

리 공자ㅣ 사하는 말을 듯고 불승다행하야 엇지 화부 문직이 된 것을 붓그러이며 어사ㅣ 짐짓 희롱한 줄 알이요. 여셩 대 왈,

"용사하시는 은덕이 감격하오니 맛당히 화부 문을 엄히 직히여 쇼인 갓튼 놈이 잇삽거든 잡아 지부게 고하리이다."

제인이 대쇼하고 어사ㅣ 역쇼하더라. 이에 리생을 그 가인이 업어가니 지현이 일신에 붓그러음을 무릅쓰고 재생지덕을 백배 사례하며 불너가니 연파ㅣ 리생의 허다 가쇼로옴을 보고 생각하되,

'져런 것이 엇지 쇼져를 흠모할 줄 알앗스며 어미를 부르지져 똥 싸는 위인이 녀자를 흠모할 쥴 알앗던고.'

우습고 일변 가련히 녁이더라. 모든 관원과 마 지부ㅣ 좌에 잇더니 어사ㅣ 마 지부다려 왈,

"현경 부자의 죄상은 맛당히 사치 못할 것이로대 화 시의 현심을 항복하야 용셔함이라."

하더라.

第十六回 뎨십륙회

홍연을 지현부에 보내여 종사케 하고 어사가 림 공자를 차자 뜻을 베푸다

紅蓮送知縣府從事 御使訪林公子陳情

차셜. 어사ㅣ 마 지부다려 왈,

"일후에 리생이 혹 함원함이 잇셔 화 시를 다시 해할가 하나니 족하ㅣ 명심하야 보살펴 환이 밋지 아니케 하면 타일 화공이 도라와 그대의 은혜를 불망하리니 모롬이 상심할지어다."

지부ㅣ 응대하매 어사ㅣ 또 한 장 글을 지여 화 쇼져 집 문에 붓쳐 호방한 자ㅣ 감히 범치 못하게 하니 연파ㅣ 고두사례하거늘 어사ㅣ 연파를 갓<45>가히 불너 왈,

"쇼져와 경친하엿던 경 공자ㅣ 쇼흥부 경 상셔의 아자ㅣ라 하니 나히 몃치나 하며 명자는 무엇이며 용모재학이 엇더 하더뇨?"

연파ㅣ 왈,

"경 공자의 일홈은 운이시고 년긔 십오는 하사대 옥안이 긔묘함은 우리 쇼져보다 나흔 듯하압고 셩질은 온순하야 정정씩씩하시고 언어동용이 례도에 어김이 업고 말삼이 겸손공근하야 진실로 하날이 각별 유의하야 우리 쇼져의 쌍을 정하야 계시거늘 조물이 시긔하야 조혼 길긔를 허송하고 도라오

실 긔약을 정치 아니하시고 총총히 써나시니 애연한 경상을 엇지 이긔리잇가."

어사ㅣ 왈,

"필연 고향 본부로 갓슬 것이니 가인을 보내여 일이 무사함을 고하고 쳥하야 도라오면 엇지 셩혼치 못할가 근심하리요."

파ㅣ 대 왈,

"졍 공자ㅣ 가내에 무삼 불평한 일이 잇셔 화를 피하야 나오신 길이매 본부로 가지 아니하시고 긔쥬 쥬 어사를 차자 가시거나 혹 편안한 곳이 잇스면 머물겟다 하셧사오니 간 곳을 분명이 아지 못하와 긔쥬 쥬 어사 댁으로 보내게 하엿나이다."

어사ㅣ 크게 의혹하야 우문 왈,

"졍 공자의 친사를 이번에 졍함이 아니라 너의 로야ㅣ 계실 때에 졍하엿나냐?"

연파ㅣ 어사의 자셔 무름을 보고 즁인의 의심을 막으려 하야 대 왈,

"졍 상셔 로야와 우리 로야ㅣ 쇼져 십세 젼에 졍하신 친사로 두 집 뜻이 금셕 갓고 우리 로야ㅣ 림행에 쇼져를 경계하사 '부명을 직히여 절부의 일을 효칙하라' 하야 계시거늘 리 지현의 망영되이 핍박함을 만나 이럿틋 어즈러이 되엿나이다."

어사ㅣ 쳥파에 생각하되,

'내 쳐음에 의심하기는 졍아ㅣ 남복으로 화부에 와 반닷이 피화하매 친사를 졍함인가 하고 일홈이 이 갓고 백생 등이 잇더라 함을 의아하엿더니 유시졍맹이라 하니 졍 시는 아니어니와 일홈은 어이 갓흐며 셜생 백생이 또 잇스리요. 일졍 그 오라비 일홈을 가탁함이요 종족에 백생 등이 잇스매 사인이 명호를 비럿거니와 졍자는 무삼 피란한 일이 잇던고.'

능히 깨닷지 못하야 다시 갈아대,

"경 공자의 형뎨 몃치나 하며 무삼 화를 피하엿스며 그 모부인은 어대 잇다 하더뇨?"

파ㅣ 대 왈,

"피화한 연고는 이르지 아니시니 아지 못하압고 동<46>생은 다만 매자 하나히요 모부인은 본부에 게시다 하오나 로신이 백생 등의 눈치를 보오니 공자의 외사촌 진 한림이 무삼 혐극으로 쥭이려 하매 일로 인하야 집을 써난 것 갓더이다."

어사ㅣ 생각하되,

'진가ㅣ 경아를 일코 경생을 침노하매 화를 피하도다.'

하야 다시 의심치 아니하고 심하에 칭찬하되,

'경공은 진실로 자녀를 긔특이 두엇스니 비록 두 낫 긔츌이나 남의 십인 자를 압두할지라. 자산은 과연 가셩을 보젼할 자식을 두엇다 하리로다.'

하고 탄복하더라. 이에 연파다려 왈,

"네 도라가 쇼져게 알외라. '리가의 죄악이 비록 사사 일이오나 풍화에 관계한 고로 당당히 극률로 마련하려 하엿더니 쇼져의 셩의 현심을 항복하야 쾌히 사하엿나니 쇼져는 길이 보즁하쇼셔. 학생이 친이 가서 치사할 것이오나 남녀ㅣ 유별한 고로 나아가지 못하나이다' 하라."

파ㅣ 고두 칭사하고 도라가니라. 어사ㅣ 화 쇼져의 얼골과 행사를 흠탄하야 그 집 문을 표하고 마 지부를 재삼 당부한 후 됴졍에 쥬문하야 리현경이 탐남불민하야 일방을 다사리지 못함으로 폄하하엿사오니 다시 명관을 션택하야 보내심을 쳥하고 공사를 맛치매 위의를 거나려 림생을 차자 보고 경부 쇼식을 알고자 하더라.

어시에 연파ㅣ 도라가 어사의 말을 젼하고 리생의 매 마즘을 이르며 그 해괴한 거동을 일일히 젼하니 좌우ㅣ 박장대쇼하고 부인과 쇼져ㅣ 쏘한 우스며 왈,

"리자의 똥 싼 힘이 젹지 아니하도다. 쳐음은 녀아의 마음을 감동하야 불측지심을 내게 하고 오날은 어사의 마음을 감동하야 일백 개 곤장을 면하니 엇지 두 번 똥 쌈이 유익지 아니하리요."

쇼져는 랑랑히 웃고 모든 시녀ㅣ 일시에 대쇼하니 취경이 쏘한 대쇼 왈,

"리생의 사라남이 똥의 덕이라 하니 이 말이 젼파되야 '황분재상'이라 하며 이후에 똥싸는 아해를 보면 반닷이 우어 왈, '너는 똥을 아모리 싸도 감동할 화 쇼져와 연 슌무ㅣ 업다' 하야 일셰에 롱담이 되야 모로 리 업스니."

홍연은 오히려 부부의 졍이 잇던 고로 리생의 매 맛고 똥 쌋다 함을 듯고 슬허하야 슈색이 가득하야 제인의 어즈러이 쑤즈짐을 듯기 슬여하는지라. 숑파ㅣ 쇼져게 고 왈,

"홍<47>낭이 리 공자로 더부러 은졍이 깁흐니 일시 써남이 가셕하고 리 공자의 사실은 모로 리 업사오니 뉘 즐겨 사회 삼으리요. 임에 홍낭으로 인연을 일워 피차에 견권하며 귀즁함이 잇난대 이제 이별케 하면 똥 싸든 시졀에 급작이 우든 눈물이 나리오리니 생각건대 쇼져는 은혜를 드리오사 홍낭으로 리 공자를 아조 마자 일생을 똥이나 치오게 하면 큰 음덕이 될가 하나이다."

쇼져ㅣ,

"홍연이 나의 급화를 대로한 공이 잇스나 리가에 허신하엿스니 가히 신임함이 맛당치 아니한지라. 쇽냥하야 보내고자 하되 제 욕 봄을 분히 녁여 리가ㅣ 밧지 아니하면 홍연의 일신을 쥬착이 어려올지라. 종용이 져와 갓흔 장부를 어더 외간에 보내려 하엿더니 파의 쇼견이 여차한즉 내 엇지 허치 아니하리요. 맛당히 져다려 무러 쓧대로 하리라."

유랑과 숑파ㅣ 홍연을 보고 쇼져의 말대로 힐문한대 연이 탄식 왈,

"내 쇼져의 몸을 바다 져 곳에 가 쇼져 아닌 쥴 알되 짐짓 며나리로 후대하고 리 공자ㅣ 쏘한 부부의 양졍에 구듬이 심상치 아니하나 어사ㅣ 불너 도

라왓스니 엇지 다시 져 곳에 가기를 생각하며 비록 내 쳔인이나 두 장부를 좃츠리요. 부인과 쇼져ㅣ 덕음을 드리오사 리가의 인연을 다시 잇게 하시면 리가에셔 오작히 감덕하리잇가."

송파ㅣ 차언을 쇼져게 고하니 부인과 쇼져ㅣ 쾌히 하야 리가로 보낼 새 쇼져ㅣ 경계 왈,

"지현의 사오나옴이 이번에 긔운이 태반 최찰하엿스니 ᄯᅩ 다시 불의지심이 업스려니와 리가는 목셕으로 생긴 사람이라. 심장이 허탕하야 남의 말에 혹하기 잘하니 사오나이 인도하면 사오납고 어즈리이 인도하면 션량하야 남의 잇그는대로 좃차 할 인물이니 이제 다시 달내는 곳이 잇스면 금번 붓그러온 풍파를 잇고 ᄯᅩ 다시 불의 들 것이니 네 모름이 션도로 가랏쳐 일작 사람의 달내음을 듯지 아니케 하야 네 종용이 됴업이나 직히여 너의 여생을 맛고 리가의 문호를 보젼케 하면 네 당당히 리가의 현부ㅣ 되리니 져런 무상한 자ㅣ 부모의 경계는 쥰봉치 아니하고 불의지사ㅣ 잇슬진대 뉘 능히 금치 못하리니 감별 조심할지니라."

홍연이 비록 츙의 열녀ㅣ 아니나 일단 <48> 총명이 잇고 사오납지 아니한지라. 쇼져의 대덕을 명심각골하야 사례 슈명하니 부인이 ᄯᅩ한 경계하고 의복과 가장을 쥬어 교자를 태와 리가로 보낼 새 차시 리 지현 일가ㅣ 촌가에 하려하야 경히 아자와 구부를 사디에 영결하고 가삼을 두다리며 머리를 부닷쳐 호곡 운절하더니 이윽고 지현을 좃차 가던 가인이 젼도히 드리다르며 왈,

"부인은 우지 마르쇼셔. 하날갓치 깃분 일이 잇나이다."

부인이 대경하야 급문 왈,

"무삼 깃분 일이 잇나뇨?"

가인이 대 왈,

"화 쇼져ㅣ 슌무어사게 글을 올여 로야와 공자를 간졀히 구하매 어사 로

야ㅣ 감동 칭션하야 우리 로야는 머무르고 공자와 위생은 일백 태장을 쳐 내리니 이런 깃분 일도 또 다시 잇나잇가. 공자의 일백 장 태는 도로혀 영광이오니 화 쇼져는 실로 생불이요 바로 녀즁군자이러이다.”

경 시 쳥파에 차경차희하야 눈물을 흘이고 화부를 향하야 손을 묵거 츅슈 왈,

“어즌 쇼져의 하날 갓흔 은헤 백골난망이로다.”

또 문득 발을 굴너 왈,

“아니로다. 화 쇼져ㅣ 우리를 각골통한할 것이어늘 반닷이 무삼 계교 잇셔 어사 도로혀 경히 다시리는가 하야 별로히 쳐치하거나 경사로 보내면 혹시 구하 리 잇슬가 하야 어사 발정한 후 상사에 청쵹하야 즁히 갑히려 함이로다.”

가인 왈,

“부인은 조금도 의심치 마르쇼셔. 화 쇼져의 뜻이 일호 간사함이 업셔 졍대헌츌하오니 이럴 리가 업스리이다.”

경 시 비로쇼 올히 역여 쇼져의 덕을 칭송하나 또한 방심치 못하고 아자의 즁히 태형 맛남을 초조하더니 이윽고 지현이 아자를 업히고 무사이 도라오매 경 시 깃붐을 이긔지 못하야 밧비 마자 보매 아재 즁히 맛든 아니 하엿스되 옷에 똥이 편만하고 신색이 쥭은 듯하야 경 시를 보고 크게 우는지라. 경 시 또한 눈물을 흘이고 옷을 볏겨 상에 안돈하고 미음을 갓초와 구호하며 무사히 도라옴을 무르니 지현이 탄식 테루하며 화 쇼져의 은혜를 입어 사디를 면하고 아자ㅣ 또한 태 일백 장을 마질너니 똥 싸기로 인하야 겨우 슈십을 맛고 도라온 슈말을 이르고 우 왈,

“우리는 화 시를 공연히 모함하야 무궁한 욕을 씻쳣거늘 도로혀 우리를 구하니 도라 생각건대 엇지 붓<49>그럽지 아니 하며 뉘웃지 아니하리요. 예부터 ‘슌텬자는 흥하고 역텬자는 망이라’ 하되 밋지 아니하엿더니 세사를 경

력하매 옛말이 그르지 아니한지라. 아등이 셜사 무사한들 엇지 다시 그른 일을 하며 화 시의 은혜와 연공의 관홍한 덕을 이즈리요. 맛당히 향리에 도라가셔 긔심슈덕 하리라."

경 시 쏘한 악심이 상연하나 화 시를 감격하야 부부 량인이 왕사를 츄회하나 밋지 못하리라. 리생이 상에 누어 알타가 '향리로 가자' 하는 말을 듯고 놀나 이러나 왈,

"어사ㅣ 분부하기를 날로써 화시 부문을 직히여 만일 사오나온 무리 잇거든 지부게 고하라 하엿는대 엇지 고향으로 가리요."

지현 왈,

"제 너의 거동을 보고자 희롱함이니 네 비록 치미하나 져 집 문직이를 삼겟나냐. 다른 렴려 말고 병이나 조호하라."

하니 생이 크게 깃거하더라. 경 시 약물과 진미를 갓초와 아자를 구호하여 행리를 차리더니 홀연 젹은 교자 드려오매 부부 경혹하더니 교자 쇽으로셔 홍연이 나아와 졀하고 져간 거가ㅣ 놀나온 일과 매 마즌 일을 위로하니 지현 부부ㅣ,

"화 쇼져의 텬디 갓흔 은혜를 업어 쥭을 화를 면하고 연 어사의 대덕으로 아자ㅣ 즁장을 면하니 이러한 대은을 세세생생에 엇지 이즈리요. 연이나 그대 쥬인을 좃차 도라가고 우리는 고향으로 가매 다시 보기를 긔약지 못하엿더니 의외에 다시 이르니 아지 못게라, 부인이 허하시난 명을 밧자와 옴이냐? 그대 우리 아자를 유이하야 쥬인을 쇽이고 왓슬진대 우리 결단코 머무르지 아니하리라."

홍연이 대 왈,

"우리 쇼져의 하해지량과 셩심 곳 아니면 상공과 공자의 무궁한 원슈를 갑지 아니하시고 한 장 글을 올여 쳘셕 갓흔 어사의 마음을 감동하야 상공 부자의 갱참에 든 목숨을 구하리잇고. 진실로 우리 쇼져의 관인대덕은 쳔고

에 다시 업스리니 바라건대 상공과 부인은 셕사를 츄회하시고 션도를 힘써 젼졍을 도라보쇼셔. 쳡이 바록 쳔인이오나 공자게 몸을 허하엿사오니 쥭어도 리문의 귀신이 될지라. 우리 쇼져ㅣ 쳐사 졍대하심으로 하쳔을 교유하시기에 이르러 쳡을 경계하야 이리 보내시며 구고와 가부를 현도로 도와 리 시 문호를 보젼하<50>라 하시더이다. 또 부인이 자장을 쥬시고 교자를 갓초와 례로써 보내심으로 왓사오니 엇지 도망하야 구차함을 행하리잇고. 슈연이나 상공과 부인이 쳡의 미쳔함을 혐의하사 용납지 아니하시거든 즉시 도라와 배은망덕하는 불의지인을 세상에 용납지 못하게 하리라 하시니 이제 쳡의 몸 쳐치함이 리문에 잇난지라. 빨이 졍하야 분부하쇼셔."

하니 대져 홍연의 이 말은 지현 부부ㅣ 져의 미쳔함을 혐의하야 머무지 아니 할가 두리여 잠간 져의 긔색을 보려 함이러라. 지현 부부ㅣ 연의 말을 듯고 참괴하야 사례 왈,

"화 쇼져의 대은을 엇지 생젼에 이즈리요. 그대 비록 쳔하나 인연이 즁하야 곡경 가온대 아자로 부부 되엿스니 은인의 보낸 바를 또 엇지 경멸하리요. 쇼져의 경계함이 절절이 감격한지라. 그대는 아자를 어지리 도와 아모조록 문호를 보젼하라."

연이 사례하고 공자의 병상에 나아가 장쳐를 무르니 생이 연을 보고 공연한 셩을 내여 즐 왈,

"널로 하야금 우리 이러한 붓그럼을 보고 내 매를 이갓치 마잣스니 원슈로 치의하거늘 네 다시 와셔 엇지 내 병을 무르리요. 급히 쓰러 내치리라."

하니 지현 부부ㅣ 경계 왈,

"당초 우리가 일을 잘못하여거늘 화 쇼져의 대덕으로 우리 쥭을 것을 면케 하고 그 비자를 허하야 너의 건즐을 조호하라 하고 보냇스니 실로 감격하거늘 네 엇지 과급한 셩미를 내나뇨. 져 녀자ㅣ 셩행이 공숀하고 례의를 직히리니 네 맛당히 부부의 도를 다하야 유자생녀하면 이 쏘한 우리 슬하의 경

사가 야니랴."

공자ㅣ 본대 쥬심이 업는 쇼견이라. 과연 그러한 듯하야 화 쇼져의 은덕을 새로 생각하야 연의 은근히 문병함을 감격히 녁여 부부의 도리를 완젼히 차리더라.

이때 연 어사ㅣ 옥사를 쳐결하매 제읍 관원이 다 홋허진 후 지부 아문을 써나 가흥현에 이르러 미복으로 여렴을 살필 새 내심에 생각하되,

'화 쇼져의 현쳘대덕과 졍 쇼져의 졀의명행이 진실로 세간에 긔특하니 가히 그 배필을 가리매 엇지 범연한 쇽인을 유의하리요. 아녀로써 텬하의 무쌍하리라 하엿더니 가히 이 두 녀자ㅣ 우리 녀아에 몃 배 더 아람답도다. 내 미복으로 여렴을 쥬찰하니 맛당<51>히 림생을 차자 보아 졍 상서의 택셔한 바 신랑이 엇더한가 보아 과연 내 마음에 흡연할진대 녀아로 아황, 녀영의 고사를 효칙하야 졍 시의 버금자리를 졈영케 하리라. 화 시 쏘한 졍 시를 남자로 알고 납채를 밧앗스니 이 쏘한 졍아의 쥬의 잇슴이 아니랴.'

이럿틋 헤아리고 졀강부에 이르러 몬져 림 쳐사부를 무르니 촌인이 답왈,

"림 쳐ㅣ사 빈한하야 차지 리 업스되 쳐사의 아자ㅣ 글이 놉하 용하기로 유식한 사대부ㅣ 차자 이르나니 상공도 글이 용하신잇가? 그 간란한 집에셔 대객하 리 업스되 차즈니 아지 못하리로쇼이다. 글어나 문답 하시랴면 차자 가려니와 양식을 구하러 가시거든 다른 곳으로 가쇼셔."

하고 손가락으로 그 집을 가랏치니 어사ㅣ 왈,

"나는 글도 하는 사람이 아니요, 양식을 비는 걸인도 아니라. 림 쳐사를 보아 상의할 일이 잇노라."

하고 쳐사 부즁에 이르니 동자ㅣ 문 왈,

"로야ㅣ 어대로좃차 오시난 존객이시니잇고? 근일 쳐사 로야ㅣ 불안하신 일이 잇스사 객을 상졉지 못하시나이다."

연공 왈,

"내 원래 너의 공자게 취품할 일이 잇스니 의려치 말고 이 명함을 드리라."

시동이 드러가 이대로 고한대 생이 뭇고자 할 사이에 객이 벌셔 임문하엿난지라. 공자ㅣ 한 번 보매 백의셔생은 아니라. 마음에 불안하나 마지 못하야 이러 마자 렴슬정좌하니 연공이 흔연이 아는 바와 갓치 한헌필에 더부러 말삼할 새 어사ㅣ 생의 응대함을 살피건대 진실로 진세의 범범한 쇽자ㅣ 아니라. 어사ㅣ 불승흠탄하고 만심애경하야 암암칭션하되,

'차인은 세상의 듬은 인물이라. 경자산의 택셔하는 지인지감이 긔특하고 안력이 고명하도다. 경아의 츄상 갓흔 행사와 유한경경함이 짐짓 그 쌍이니 하날이 각별 유의하심이로다. 연이나 림생의 귀격달상이 외모에 잇스나 극히 장대가중하야 단아한 가객은 아니니 부인 녀자의 좁은 마음에는 맛당지 아니함이 잇스리로다.'

이렇틋 차탄하며 짐짓 시셔를 힐문하며 고금 치란을 강론하나 그 고담쥰론이 강하를 터노은 듯하매 연공의 하해 갓튼 국양으로도 밋쳐 수응치 못할지라. 공이 미쇼갈채하야 책책칭션하더니 이에 문 왈,

"그대의 <52> 쌍친이 구경하시다 하니 형뎨는 몃치나 하뇨?"

생이 대 왈,

"불행하야 안행의 번화함이 업셔 쇼생쁜이로쇼이다."

공 왈,

"그대 삼오 쳥춘이나 져다지 슉셩하니 봉황의 쌍을 일우엇스리로다."

생이 대 왈,

"빈한한 집 자숀을 뉘 즐겨 사위로 정하리잇가. 이럼으로 배필이 업나이다."

공이 쇼 왈,

"현졔의 괴이한 풍광과 탈쇽한 긔질이 쳔대의 희한하거늘 딸 잇난 자ㅣ 우러러 사위를 원치 아니하리요. 로부의 뜻은 그대 눈이 놉고 교만하야 슉녀 가인을 택하기로 용렬한 녀자ㅣ 감히 졍치 못하는가 십으니 아지 못게라, 군자의 배우 구하는 쇼견이 엇더한 녀자를 취코져 하나뇨?"

생이 사 왈,

"로션생이 쳐음으로 쇼생을 보시고 이럿틋 애대하시오나 놉흔 셩명을 머무지 아니시고 아해를 됴롱하시니 쇼생이 깁히 경혹하나이다."

공이 흔연 쇼 왈,

"만생이 그대를 대하매 흉금이 쇄락하야 일생의 답답하던 마음이 상쾌함으로 담론에 황홀하야 셩명을 통치 못하얏스니 바라건대 현계는 허물치 말나. 로부의 셩명은 연필이요 남평부 사람이로라."

생이 공경 왈,

"션생의 고향이 남평이실진대 무삼 일을 위하야 여러 쳔리를 발셥하사 상셜을 무릅쓰고 지톄를 근로하야 타향에 이르시니잇가?"

공이 쇼 왈,

"로부ㅣ 일생을 산슈로 집을 삼아 행노 원근을 헤지 아니하고 나귀 행보ㅣ 신쇽하야 일신을 족히 편안케 하나니 내 비록 쇠잔하나 장부ㅣ 되여 상셜을 피하리요. 연이나 곳에 이름은 조고마한 연고ㅣ 잇스니 그대다려 아즉 일으지 아니하거니와 령존 대인게 한 번 뵈옴을 어들쇼냐?"

생이 대 왈,

"가친이 지금 미양이 게시오나 존객이 뵈오려 하시면 쇼생이 드러가 고하리이다."

하고 이러셔 내당에 드러가 연공의 셜화를 고하니 쳐사ㅣ 고이 녁여 의관을 졍제하고 객당에 나아와 연공을 쳥하야 셔로 볼 새 쳐사ㅣ 연공의 의표 비상하고 나희 만음을 공경하야 당에 나려 레필 좌졍에 셩명을 각각 통하고

쳐사ㅣ 몬져 가라대,

"학생은 초야 궁생임으로 재죠 로둔하고 학식이 쳔박하야 가취지사ㅣ 업사오니 종일토록 차질이 업사와 매양 한가하더니 뜻 밧게 션생의 차자 무르심을 당하오니 일변 희행하고 일변 <53> 경흑하나니 아지 못게라, 무삼 가랏치실 말삼이 잇나잇가?"

공이 림 쳐사를 바라봄에 년긔 사십이 넘엇스되 안색이 도화 갓고 미목이 쳥낭하며 의표 탈쇽하니 심하에 경복하야 흔연 대 왈,

"만생 연필은 초야의 무용필부이라. 쇽졀업시 농가에 써러져 그읏이 드르니 션생의 고졀이 상산사호를 싸른다 하심으로 대명을 츄앙하야 맛참 이 싸에 이르럿삽기 몬져 령낭의 고등대재를 보고 흠션함을 마지 아니하던 차 쏘 션생의 바리지 아니함을 입으니 삼생의 행이로쇼이다."

쳐사ㅣ 연공의 옥모풍신과 언사동용이 촌부 아님을 의혹하야 이에 숀사하야 왈,

"존형을 쳐음으로 상봉하오나 반닷이 귀인의 골격이 분명하거늘 미말궁유를 이럿틋 위자하시니 의혹건대 이제 존공이 일홈을 숨기시고 만생을 엿보려 하심이잇가?"

어사ㅣ 쇼 왈,

"학생이 쏘한 림하의 한 션배이라. 션생이 엇지 이갓치 의아하시나잇가. 진실로 션생의 쳥고명쳘하신 졀개를 흠모하야 뵈오려 이름이니다."

쳐사ㅣ 칭사하고 동자를 불너 향다와 쥬과를 올여 대졉하며 셔로 말삼할 새 피차 심복하고 림생은 의관을 정제하야 일언을 참례함이 업스니 어사ㅣ 쳐사를 향하야 왈,

"령윤의 츌범함이 보던 바 쳐음이라."

쳐사ㅣ 겸양 왈,

"돈아의 불초함을 과히 일카르시니 불승감당이온지라. 아자의 용모ㅣ

보암즉지 아니하고 셩질이 로둔하오니 감히 형의 과장함을 당치 못하노라."

어사ㅣ 왈,

"령낭의 외모ㅣ 미려치 아니하나 상모ㅣ 비범하고 문채 탁월하야 귀격달상이 가득하오니 타일 반닷이 룡루에 봉익을 잡아 츙신으로 일홈이 사해에 가득하오리니 남자의 색을 엇지 의론하리요. 한 고됴는 만고인군이로대 용모ㅣ 보기 흉코 위증은 당대 명상이로대 얼골이 츄하다 하니 영웅호걸은 예로부터 얼골을 일컷지 아니하고 문인재자의 용모ㅣ 항샹 미려하나 매양 명박단명하니 족히 의론할 바ㅣ 아니니이다."

쳐사ㅣ 사 왈,

"형이 돈아를 위자함이 과도하시니 불안 자괴하여이다."

어사ㅣ 웃고 십분 샹득하나 쳐사ㅣ 일졀 졍 샹셔의 말은 이르지 아니하고 다만 고금을 의론할 뿐이러니 이에 슐이 반감에 어사ㅣ 왈, <54>

"령낭의 재품이 비샹하니 반닷이 소원이 놉흘지라. 그 배우를 가림이 심샹치 안으리로다."

쳐사ㅣ 왈,

"한미한 집 자식이 쏘 용모ㅣ 불미하오니 엇지 감히 잠영 슉녀를 바라리요마는 일위 재상의 상감함을 힘입어 하낫 슉녀로 졍빙하엿나이다."

공이 짐짓 무러 왈,

"친가ㅣ 엇던 사람이뇨?"

쳐사ㅣ 왈,

"젼 리부상셔 졍자산이 돈아의 불미함을 혐의치 아니하고 납빙한 지 슈년이로대 불행하야 졍공이 격거하고 아자ㅣ 고집하야 조혼함을 원치 아니하는 고로 아즉 례를 일우지 못하엿노라."

어사ㅣ 찬양 왈,

"령낭의 쯧이 시쇽 사람에 뛰여나니 실로 탄복하노라. 졍자산이 아니 졍

현인가?"

쳐사ㅣ 왈,

"경현이 엇더한 사람이뇨?"

연공이 침음양구에 왈,

"쇼뎨 경현을 아지 못하거니와 드르니 '상셔 경현의 일녀ㅣ 부명으로 림가에 경혼하엿거늘 그 자부인이 불긍하야 가군의 멀이 간 틈을 타 배약하고 진가에 다시 허혼하야 강박고자 하니 경 쇼져ㅣ 모야에 도쥬하야 그 사생을 아지 못한다' 하는 고로 경 상셔를 익이 드럿더니 령낭과 경친한 쇼져ㅣ런가 시부거니와 져 녀자ㅣ 슈졀 도쥬하야 쇼식이 업다 하거늘 형이 엇지 이갓치 이르나뇨."

쳐사ㅣ 쳥파에 눈셥을 찡기고 탄식 왈,

"경공이 돈아의 용우함을 혐의치 아니하고 규즁 옥녀를 허하니 실로 감격한지라. 쇼뎨 맛당히 인아의 후경을 매자 백년에 져바림이 업고자 하엿더니 불행하야 경공이 원젹하고 인사가 차타하니 엇지 한심치 아니하리요. 연이나 경부에셔는 일졀 다른 사색이 업스니 쇼문은 비록 경 시 도쥬하다 하나 져 집 긔색이 타연하니 우리 몬져 발셜함이 불가하고 또 경 시의 도망하다 함을 쾌히 밋지 아니하야 평셕갓치 하고 다만 경공이 환됴하야 발셜하기를 기다리더니 쳐쳐에 쇼문이 여차한즉 경 시의 도쥬함이 진젹한가 시분지라. 감상함을 이긔지 못하리로다. 존형은 어대로좃차 이 쇼문을 드르시뇨? 원컨대 명명히 이르심을 앗기지 마르쇼셔."

어사ㅣ 쳥파에 생각하되,

'진 부인이 불의에 쌀을 일코 자참하야 감히 림가에 사색지 못한 듯하거니와 나종을 엇지하랴 하난고. 림가에셔 경 시 슈졀하야 만단 고초를 격고 <55> 유리도로함을 아지 못하나 내 여차여차하야 림낭의 긔색을 살피리라.'

하고 이에 가라대,

"쇼뎨 본대 정가로 연친이 아닌즉 져 집 일을 엇지 알며 정 쇼져의 슈절도쥬함을 혹 쇼문에 드럿슨들 엇지 자셔히 알이요마는 내 사방에 운유하야 내 종젹이 이르지 아니한 곳이 업더니 금년 초츄예 두루 도라 화음현 지계에 이르러 한 암자에 드러가니 다셧 미쇼년이 잇스되 기즁 일인이 용모ㅣ 텬화 갓고 긔운이 츄월 갓흐여 세쇽 사람에 쒸여나거늘 내 심히 애경하야 문답할새 제 스사로 이르기를 '정 상셔 현의 자라' 하거늘 짐짓 남자인가 하야 더부러 문답하니 문장재화ㅣ 쳔고의 무쌍이라. 텬하의 욱인군자 잇슴을 칭찬하고 종일 담화하야 리별하엿더니 이번에 또 이곳에 암자에 이르러 정낭을 차즈매 승이 왈,

'정 공자ㅣ 본대 남아ㅣ 아니라. 녀자로셔 슈절 피화하야 이 암즁에 슈십일을 머무더니 긔쥬 쥬 어사를 차자 가노라 하고 써나 가다가 즁노에셔 젹화를 맛나 낭탁을 몰실하고 또 병을 어더 사생이 슈유에 잇난대 그 시녀 사인이 망극하야 근심하난 즁 쥬인이 객즁에 빈숀오로 병이 잇슴을 슬여하야 구츅함을 급히 하매 할 일 업셔 그 시녀ㅣ 병든 쥬인을 잇글고 망극한 신세 진실로 텬하에 의지할 곳이 업는지라. 정 쇼져ㅣ 팔자를 한탄하고 로상에 욕을 두리여 투강 자살코자 하니 시녀 등이 백단 개유하되 듯지 아니코 강즁에 싸지니 그 시녀 등이 쇼져의 뒤를 좃차 물에 드는 양을 정 쇼져의 친쳑이 보고 불상히 녁여 구하랴 하다가 밋지 못하고 그 근본 곡졀을 아지 못하야 하더니 그 후 드르니 졍 쇼져라 하는지라.'

내 심즁에 참담함을 이긔지 못하고 그 절렬을 탄복하야 아람다온 일홈이 민멸하고 그 부모ㅣ 아지 못함을 앗기고 슬피 녁여 불원쳔리하고 내 정부를 차자 쇼식을 젼하려 이르럿더니 내 정 쇼져의 쥭음을 친히 보지 못하엿고 진 부인이 그 질자의 달냄을 혹하야 녀아의 뜻을 아지 못하고 핍박하다가 사디에 보냄이 극히 통해한지라. 쇼뎨 자셔이 듯고 진 부인의 행사를 분한하야 흉음을 젼치 아니하고 도라가려 하며 생각하니 림낭이 엇던 귀인이완

대 경 쇼져ㅣ 져를 <56> 위하야 부모의 유톄를 가배야이 바린고. 내 차쳑함을 이긔지 못하야 특별히 령윤을 차잣스며 령윤의 긔질이 경 시의 배필이 되염즉 하며 쳐궁이 박하야 슉녀를 보젼치 못할가 내 친히 령낭을 보고자 하야 짐짓 이에 이른 바 이제 령낭을 보오니 경 쇼져와 과연 일대 양필이요 텬경가 우어늘 엇지 인사ㅣ 차오하야 경 쇼져ㅣ 투강 원혼이 되연는고. 차셕함을 이긔지 못하나니 내 친히 경 쇼져를 보지 못하엿스면 엇지 이대도록 앗기는 마음이 잇스며 림낭을 오날날 보매 경 쇼져의 쥭음이 더욱 가셕한 고로 말이 번다함을 면치 못하오니 림형과 림낭은 쇼져의 져 진경을 고마히 녁이고 웃지 말나."

쳐사ㅣ 청파에 실색 참연하야 허희 탄 왈,

"경 시 도쥬하다 하나 젹실한 쥴 모로고 혹 나아갓스나 아모대나 의탁하야 그 부친의 환됴함을 기다려 드러오랴 함인가 하엿더니 엇지 불초 한미한 아자를 위하야 쳔금지신을 맛칠 쥴 아랏스리요. 우리 부자ㅣ 박복하야 현부를 일흐니 엇지 참혹지 아니하리요. 연이나 형이 분명이 알미 잇나냐?"

어사ㅣ 왈,

"쇼뎨 용우하나 거즛말 할 쥴은 모로나니 허물며 사생의 즁한 말을 지여 하며 경 쇼져를 보지 아니하엿스면 그 재긔 인품을 엇지 아라 이대도록 앗기며 비창하리요."

쳐사ㅣ 공의 거동이 분잡지 아니하야 부언망셜을 하지 아니할 장자인 쥴 짐작하야 경 쇼져의 놉흔 졀개와 아람다온 긔질로 림가를 위하야 옥골선풍이 로상에 유락하야 고초를 격고 맛참내 강슈에 써러짐을 면치 못하니 엇지 비창치 아니하리요. 공이 도로혀 위로하며 눈으로 림생을 보니 쳐음 경 쇼져ㅣ 도로에 유락하고 로상에셔 즁병을 어더 망극 초조하던 말에 다다라는 츄연이 안색을 변하거늘 쳐사ㅣ 연공의 허다 비졀한 말에 다다라는 심즁에 자자히 헤아려 조금도 비쳑하며 경동함이 업셔 안색이 타연하니 연공이 심리

에 션탄하나 짐짓 말로써 도도와 왈,

"경 쇼져ㅣ 림가를 위한 졀의는 감격하나 임에 구텬망혼이 되엿스니 져를 위하야 림낭이 슈절치 못할 것이요, 림낭이 또 독자ㅣ라 하니 맛당히 다른 미부를 택하야 쳥츈을 허송치 말지니 한갓 쥭은 사람을 슬허<57>함이 무익하도다."

쳐사ㅣ 왈,

"연형의 가랏침이 감사하나 돈아ㅣ 나희 아직 어리고 경 시의 졀의가 감격하니 다시 슈년을 기다려 그 사생을 자시 안 연후에 의론코자 하노라."

공이 쳐사의 신의를 탄복하되 생은 종시 일언을 녀지 아니하고 묵연 경좌하엿스니 그 무거움이 만금이 즁한지라. 칭애하고 말로 시험하되 종시 그 뜻을 아지 못하야 심리에 탄복하더니 이에 날이 져믈매 연공이 하직한대 쳐사ㅣ 공의 탈쇽함을 공경하야 허심함이 슈십년 교도 갓흐니 셔로 써남을 앗겨 말유 왈 일야를 머물너 남은 경을 폄을 간쳥하니 어사ㅣ 흔연 칭사하고 차야를 지낼 세 쳐사ㅣ 공의 락종함을 대희하야 셕반을 재촉하고 쳥하야 방즁에 이르니 이곳은 쳐사의 한거하는 쳐쇼라. 쇼아경결하야 좌우에 버린 것이 검쇼하고 상탁에 셔책이 가득하야 대로 모은 셔안과 반쥭상에 금침이 다 금박한대 좌편에는 칠현금이요 우편에는 통쇼와 옥져를 가졋스며 쳠하에 고기잡는 세망을 거럿스며 뜰 엽헤 학두룸이 한가한 그 모양은 참쳐사의 거쳐하는 곳이러라. 어사ㅣ 좌우를 고면하야 칭찬 왈,

"쳥결함은 쇼허의 벗이요, 태공의 마음이로다."

쳐사ㅣ 겸양 왈,

"쇼허는 쳔고 고사이요, 강상은 위슈의 외로온 늙은이라. 이제 연형은 일신이 안한하니 날 갓흔 무용필부ㅣ 엇지 앙망할 바리오. 이럿틋 불가한 말을 하야 쇼뎨를 조롱하나뇨."

연공이 역쇼 왈,

"형의 일홈이 비록 후셰에 젼치 못하나 령낭의 재조는 천츄에 유젼하리니 엇지 여상의 팔십 봉후에 비하리요."

쳐사ㅣ 웃고 불감하다 하더라. 이에 빈쥬ㅣ 만반을 파하매 또 이윽고 향다를 드리며 촉을 밝히니 생이 모친게 혼경을 파하고 물너와 야야를 뫼셧다가 침셕을 바로 하고 물너감을 고하니 어사ㅣ 말유 왈,

"로부ㅣ 이에 머물은 령존으로 더부러 교계 깁고자 함이 아니라. 그대를 사랑하야 홀홀히 써남을 앗긴 바이니 쳥컨대 한가지로 야화함을 바라노라."

또 쳐사ㅣ 왈,

"존객이 누사에 머무시난대 물너감은 설만한지라. 모롬이 놉흔 교회를 듯자오라."

하더라. <58>

第十七回
뎨십칠회

어사ㅣ 졍부를 존문하고 숑안을 밝게 쳐결하고 길을 떠나다
御使存問鄭府 明決訟案發程

차셜. 림생이 시좌하니 공이 생의 숀을 잡고 애경 친근하니 생이 그 거동과 골격이 백의한사ㅣ 아닌 쥴 짐작하야 심즁에 불평하나 그 사랑하는 졍을 감사하야 공의 셜화를 간간히 화답하매 생의 언사ㅣ 현명졍대하니 어사ㅣ 더욱 심복하더라. 종용히 담화하야 밤이 반이 넘으니 쳐사ㅣ 좌우로 하야금 쥬과를 나아오라 하야 생으로 슐을 부으라 하고 빈쥬ㅣ 다시 통음하야 쥬지반감에 연공이 잔을 잡고 쳐사를 향하야 쇼 왈,

"쇼뎨 림형의 고명함을 흠모하고 령낭의 웅문대량을 흠앙하야 귀댁을 차자 이름이나 혹 군자를 맛나지 못할가 렴려하고 또 셔로 맛낫스나 상화졉면을 엇지 못할가 두리더니 요행 령낭의 단졍함을 보고 형의 후대하심이 망외이니 엇지 셔유자ㅣ 진번의 탑에 나림을 부러 하리요. 일시지간이나 허심하심을 입어 슈십 년 교붕에 지지 아니하오니 엇지 심즁 쇼회를 고치 아니하리요. 쇼뎨의 심회는 여차하거니와 림형과 령낭의 뜻은 엇더하온지 아지 못하노이다."

쳐사ㅣ 칭사 왈,

"연형의 위자하심이 여차하시니 불승슈괴하도다. 연이나 사해지내 다 형뎨이라. 대져 남자ㅣ 가우를 맛남이 비록 초면이나 지긔지우를 대하야 엇지 심회를 쇽이며 또 쇼뎨의 마음이 엇지 존형으로 더부러 다름이 잇스리요. 청컨대 쇼회를 실진무은하쇼셔."

연공이 답사 왈,

"림형의 사랑함을 힘입으니 엇지 평생 쇼회를 이르지 아니하리요."

하며 왈,

"쇼뎨 불행하야 늣도록 자식이 업스니 오형지쇽이 삼쳔에 무후위대함을 매양 슬허하더니 하날이 어엿비 녁이사 늣게야 자녀 남매를 엇고 인하야 형쳐 쥭으니 두낫 자녀의 무모한 경경이 참통함으로 내 친히 무애하야 양육하니 녀아ㅣ 금년 십삼세에 스사로 위대함이 아<59>니라. 그 용모ㅣ 과히 더럽지 아니하고 셩행이 정졍하니 부대 져와 갓흔 배우를 어더 봉인의 쌍이 가작함을 보고자 하야 사방에 택셔하기를 유의하더니 금츈에 암자에 가 졍 시를 보고 그릇 남자로 아라 그 옥모화풍을 극애하야 결친하기를 구하되 허치 아니하매 도라와 생각함에 짐짓 옥인군자이라. 다시 져를 차자가 지셩으로 구코자 하더니 뉘 녀화위남한 쥴 알앗스리요. 졍 시의 지행과 비원을 드르매 그 긔질을 앗기고 절개를 탄상하야 그 쇼식을 졍부에 통코자 함이 아니라. 졍 시의 위한 바 림낭이 반닷이 범인이 아닐 것이매 젼혀 령낭을 차자보려 이르럿더니 다행히 금일 셔로 맛나 이갓치 친후하오니 엇지 그 연분이 심상타 하리요. 형낭의 긔질이 웅호긔상이요 경윤대재이니 타일 귀함을 칙양치 못할 것이요, 또 형의 독자이니 졍 시를 위하야 오래 환거치 못할지라. 만일 타녀를 구할진대 아녀로써 령낭을 배코자 외람히 의사를 제츌하야 혐의를 도라보지 아니하고 발언하오니 존의가 엇더 하온잇가?"

쳐사ㅣ 흔연 사 왈,

"존형이 불초아를 이럿틋 사랑하야 쳔금 옥녀로 허코자 하시니 엇지 존의를 밧드지 아니리요만은 졍 시의 사생을 아직 진젹히 아지 못하고 미리 배신치 못할 것이요, 졍공의 지우지은이 즁하오니 져 집에셔 셜사 실약하나 졍가 부녀의 의긔렬졀을 져바리지 못하올지라. 슈년을 보아 자셔한 쇼식을 알고 쏘 졍공이 도라와 명백히 결단한 후 타쳐에 구혼하리니 형의 후의는 다사하오나 쇼홀이 허치 못하나니 형은 다행히 용셔하쇼셔."

어사ㅣ 함쇼 왈,

"형의 신의 여차하니 쇼뎨 엇지 강박하리요. 연즉 졍 쇼져의 사생을 젹실히 들은 후 쇼뎨 다시 의론하리니 령낭의 작인이 족히 일쳐로 종신치 아니할지라. 졍 시 요행 생환할지라도 아녀로써 그 버금을 삼음이 가하고 쏘 쇼뎨에게 일개 아녀ㅣ 잇스니 그 졍슉한 태도ㅣ 아녀에 배승하고 져의 쇼원이 아황, 녀영의 옛 일을 사모하는 고로 쇼뎨 그 아람다온 뜻을 좃차 아녀와 한가지로 군자를 배하고자 하며 그럿치 아니하면 몸이 맛도록 각각 써나기를 원치 아니하나니 령낭의 긔상이 반닷이 칠부인과 <60> 십이금차를 갓촐지라. 양녀를 다 령윤에에게 배하고자 하나니 존형은 쇼뎨의 망영된 의사를 허물치 말나."

쳐사 쳥파에 우어 왈,

"차는 형이 망언이라. 쇼뎨는 구차한 한사이요 돈아는 황구쇼아로 한미한 가계오니 상셔 문미에 일개 슉녀도 외람하거늘 엇지 감히 여러 쳐실을 의론하야 숀복함을 두리지 아니하리요. 이는 반닷이 우리 부자를 조롱함이로다."

연공이 흔연 쇼 왈,

"형이 금일 쇼뎨로써 광언망셜이라 하거니와 양아는 텬졍인연이매 사양하야도 엇지 못하올이니 아즉 권유치 아니하되 텬의는 일력으로 막지 못하나이다."

셜파에 생을 도라보니 문답을 유의함이 업고 씩씩한 거동이 츄텬 갓흐

며 늠연 엄숙하야 한일야지의 잇스니 공이 더욱 흠애하야 쇼 왈,

"로부 현계를 사랑하야 동상을 빗내고자 구구히 다쇼 셜화를 허비하되 령존의 응하심을 엇지 못하니 심히 민망한지라. 그대의 뜻을 알고자 하노라."

생이 흠신 공슈 왈,

"로션생이 쇼생을 친애하시는 졍은 다감하오니 뵈압건대 대인 한사ㅣ 아니시로대 일졍 래력을 이르지 아니시고 짐짓 말삼을 치례하사 쇼생 부자를 시험하시니 군자의 졍도ㅣ 아니신 듯하오며 붕우를 대하사 허심한다 하시나 은휘함이 만으시니 장자의 도량이 아닌 듯하온지라. 쇼생이 비록 당돌하오나 고이히 녁이압거늘 더욱 졍 시의 사생을 진젹히 이르지 아니하시고 친녀와 의녀를 다 한 사람에게 배필한다 하시니 의심컨대 졍녀를 거즛 쥭다 하시고 쇼생의 뜻을 시험하사 혼인을 아스랴 하심이요, 그럿치 아니하면 쇼생의 용우함을 조롱하심이라. 쇼생이 비록 황구쇼아이오나 엇지 사람의 조롱함을 감심하리잇가. 대져 혼인은 부모ㅣ 쥬장하실 바요 쇼생이 간예할 바ㅣ 아니오나 졍 시 진실로 쥭엇스면 남자ㅣ 되여 슈절할 배 아니오나 졔 분명 쥭은 쥴 아지 못하고 미리 실신함이 군자의 썻썻한 일이 아니오며 지어 여러 쳐쳡을 두난 것은 몸이 현달한 후 의론하야도 늣지 아니하거늘 황구유생을 대하사 외람한 말삼으로 희롱하시니 쇼생은 존의를 깨닷지 못하야 의아하압나니 원컨대 션생은 쇼생을 졍도로 교도하심을 바라<61>나이다."

하고 언파에 침연하야 언어동지와 총명이 사광 갓고 직절이 분명하야 의리를 론란함에 것칠 것이 업셔 말을 치례함이 업고 또 셜만방자함이 업셔 그 쥰졀함을 황연 친애하나 연공이 변색 왈,

"만생은 현계를 진졍으로 애대하야 두낫 아녀를 허코자 하거늘 도로혀 나의 부허함을 책하고 내력을 은휘한다 하니 슈괴자참함을 이긔지 못하리로다. 슈연이나 그대 타일에 허탄 불의한 로부에게 간구할 일이 잇스리니 다시

닷톰이 부졀업도다."

생이 그 말을 더욱 슈상히 녁이나 다시 셜만히 힐문치 못하고 다만 방자함을 사례하니 쳐사ㅣ 쏘한 은근히 칭사하며 아자의 방자함을 쑤지지매 공이 다시 친사의 말을 아니 하고 쏘한 유감이 업셔 흔연 담화하야 쇼견을 젼할 새 화 쇼져의 셜화를 말하니 쳐사 부자ㅣ 화 쇼져의 긔모비계와 절의를 만구 칭상하며 리 지현 부자의 무상함을 통해하야 션악의 현슈하고 인심의 강악함을 차탄하고 림생은 경 공자ㅣ 화 쇼져를 통혼한다 함을 크게 의아하난 즁 죵용이 말삼하다가 날이 밝기에 이르니 연공이 쳐사 부자를 작별하고 도라가니 생이 연공의 행거를 의려하야 동자를 명하야 '그 뒤를 싸라 동지를 살펴 보고 하쳐를 아라 오라' ᄒᆞ니 동재 반향 후 도라와 밧비 고하되,

"그 상공이 한 객졈에 드러가시더니 오라지 아니하야 허다한 위의 삼엄하야 붉은 양산이며 푸른 일산을 밧치며 압헤는 관원이 잇고 붉은 곤장이며 흰 매 든 아역이 운집한대 그 상공이 금관 금파에 옥대를 씌고 놉흔 교자에 홀을 잡아 안작고 뒤에 금슈 노은 옷 입은 관원이 무슈하야 벽제 쇼래 진동하여 나오거늘 쇼복이 급히 피하야 도라오니이다."

생이 크게 쌔다라 왈,

"내 연공을 보매 촌맹이 아닌 줄 짐작하엿더니 과연 슌무어새 미복으로 왓셧도다."

하고 부친게 고하니 쳐사ㅣ 경 왈,

"우리 아지 못하고 대졉을 셜만히 하야 져를 격노하엿스니 크게 좃치 아닌 일이 잇슬가 하나니 제 일오대 '친사를 아니 하나 나종에 내게 간구함이 잇스리라' 함이 위세를 밋고 격동함이니 져는 봉명어사이요 우리는 궁유한 사이니 무삼 화가 잇슬가 하노라."

생이 이셩 대 왈,

"연공은 대<62>장부이요 공검한 군자이니 어사ㅣ 아니라 군왕의 세를

가졋드라도 사람에게 잔포할 위인이 아니요, 제 산인의 복색을 하엿스나 대인이 지극 공경하시고 쇼자의 말삼이 일호도 촉휘함이 업스니 제 엇지 유감하야 우리 부자를 욕하리잇가. 만승 텬자 압헤셔도 직언을 하거늘 일개 슌무어사리잇가. 연이나 제 온 쓧이 반닷이 친사를 유의함이요, 경 시 쇼문을 듯고 짐짓 쥭다 하야 쇼자를 시험함이라. 제 만일 위엄으로 혼인을 핍박하면 허하기도 불가하고 허치 아니키도 불가하니 대인과 쇼자ㅣ 잠간 집을 써나져의 도라감을 기다리사이다."

쳐사ㅣ 올히 녁여 위 시를 경계하야 찻는 일이 잇거든 여차여차하야 대답하라 하고 아자로 더부러 건려를 잇그러 령운산에 유람하야 한갓 매화를 찻고 셜경을 완상할 새 분분히 젼하는 말을 드르니 '어사 연공의 강명한 덕위 병행하야 애민 무휼함이 신명 갓다' 하거늘 쳐사 부자ㅣ 비로쇼 그 셩명을 밧곰인 쥴 깨닷더라.

차셜. 어사ㅣ 림공 부자를 리별하고 하쳐에 도라와 관복을 갓초고 졀월을 거나려 방포하고 찰원에 도임하니 원근 지부와 대쇼 관원이 실색 젼도하야 문에 와 문안하니 어사ㅣ 각부 문셔를 쳐결하야 백셩의 원망을 업시 하며 져축한 문셔를 다 명백히 결단하니 원근 인민이 다 열복하더라. 공사를 다 파하매 어사 지부다려 왈,

"본현인 상셔 경자산은 로부의 고우로 교계 심후하더니 원젹한 후 그 평부를 듯지 못하니 새외고초에 로력이 일향 무사하다 하며 그 일가 유족이 다 평안하냐?"

지부ㅣ 대 왈,

"경공은 젹거에 무사타 하오나 그 녀아ㅣ 경공 평시에 졍빙함이 잇난 것을 그 부인이 어지지 못하야 그 졍빙한 신랑의 용뫼 곱지 아니하고 집이 빈한함을 염피하야 그 친질 진 한림에게 배우코자 하니 졍가 녀자ㅣ 나희 어리고 질약하나 졀의가 놉고 지혜가 통달하야 셩색을 부동하고 모명을 슌슈

하야 마음을 늣츄고 길일을 기다리더니 친영하는 날에 밋쳐 쇼져ㅣ 계교로 써 시비 즁 일개 눈 멀고 누츄한 시녀를 장쇽하야 진생을 맛게 하고 시녀로 더부러 다라나되 그 모부인게 글을 부쳐 행사ㅣ 광명정대함이 고금 렬부에 <63> 지지 아니하니 그런 긔이한 녀자ㅣ 어대 잇사오며 진생은 요됴슉녀를 구하다가 일개 귀형을 백양으로 마자 슈치가 일향에 진동함에 분한참괴함을 이긔지 못하야 일가를 거나려 경사로 가다 하니 그런 긔관이 어대 잇슬이 잇가. 졍 부인과 공자는 아즉 평안하다 하더이다."

어사ㅣ 쳥파에 웃고 왈,

"진생이 졍 쇼져를 도모함은 금슈지행이 엇지 창두의 배필이 맛당치 아니하리요. 연이나 졍 쇼져의 고졀은 쳔고에 희한하니 짐짓 자산의 녀아ㅣ로다."

제인이 드른 바로써 어사의 우음을 도을 새 봉귀형의 말에 밋쳐셔는 어사 박장대쇼하고 졍 쇼져의 묘한 슈단을 책책 칭예하더라. 슈일 후 아역으로 하야금 졍생을 쳥하니라.

차시 졍 공자ㅣ 본부에 잇셔 유근 등의 말을 의혹하더니 인하야 림부에 나아가니 외당이 다 잠기엿고 쳐사 부자ㅣ 잇지 아니하거늘 동자다려 무르되,

"엇지 집이 잠기고 로야ㅣ 아니 계시뇨?"

동자ㅣ 대 왈,

"상공과 공자ㅣ 매화를 구경코자 외간에 나아가 계시니이다."

공자ㅣ 경의 왈,

"내 집에 도라갈 쌔 림형이 학업에 힘쓰고 방외의 노는 양을 보지 못하엿더니 이런 엄동에 유람함이 고이하도다."

동자ㅣ 대 왈,

"거일에 엇던 로상공이 와셔 야화하고 가시더니 그 로상공을 싸라갓던

시동이 와 고하되 '그 상공이 위의 거록한 관원이 되야 아문으로 가시더라' 하니 우리 상공과 공자ㅣ 놀나 즉시 유람가시더이다."

공자ㅣ 헤오대,

'지금 어사 연공이 림 션생을 차자왓슴으로 다시 보자 할가 피함이로다.'

인하야 본부로 도라오니 유근 등이 도라와 고 왈,

"오날 보니 오일 젼에 졈외에셔 보던 상공이 오날 졀월을 거나리고 찰원에 부임하니 어사 로야ㅣ 미행하시던가 시부더이다."

공자ㅣ 졈두하고 '연 슌무ㅣ 미복으로 림 션생을 차자보앗다' 하고 모친게 고하니 부인 왈,

"네 부친이 쇼시부터 졀친하던 연 한림이 잇더니 즁간에 리부시랑으로 내림한지라. 이제 연 어사ㅣ 곳 연 시랑인이 아닌가. 응당 너의 부친을 생각하야 우리 집에 조문하고 너를 차지리니 혹 쌀이 잇셔 친사를 구하야도 조히 대쳡할지니라."

공자ㅣ 슈명하더라. 슈일 후 찰원 아역이 이르러 어사의 말삼으로 공 <64>자를 쳥하거늘 생이 사양치 아니하고 의대를 졍슉히 한 후 나귀를 모라 아문에 이르니 아역이 몬져 드러가 졍 공자 왓슴을 고하니 어사ㅣ 맛참 홀노 잇다가 쌜이 쳥하야 볼 새 어사ㅣ 밧비 눈을 드러 보니 공자ㅣ 나희 십여세로대 신장이 셕대하고 긔골이 늠연하야 옥안영모와 쥬슌홍협이 형이반악이요 졍 쇼져와 방불하고 졍공의 여풍이 만으니 어사ㅣ 반가옴을 먹음고 연망이 손을 잡아 츄연 탄 왈,

"로부ㅣ 령존을 리별할 쌔에 네 강보유아ㅣ러니 이럿틋 슈히 장셩하엿스니 자산으로 써남이 오람을 감동하게노라. 령존이 츙효염직함으로 쇼인의 참쇼를 입어 새외에 젹거하니 로부ㅣ 항상 차셕하는 바이로대 시세 변혁하고 의론이 상합지 못하야 구치 못하고 금일 너를 상대하니 참괴함을 엇지 금할쇼냐. 너의 션풍옥골을 보매 령존의 후사ㅣ 빗남을 탄복하노라. 영당 존후ㅣ

하여하시며 너의 뎨매 잇더니 쏘한 무사하냐?"

공자ㅣ 피셕 문파에 쳑연 대 왈,

"가친게오셔 평일 대인의 말삼이 종종 계시고 사모하심이 간졀하신 고로 쇼질이 익히 듯자온 바러니 금일 뜻 밧게 대인의 부르심을 입어 존안을 쳠앙하오니 가엄을 뵈온듯 반김을 이긔지 못하오며 쇼질의 운슈ㅣ 불행하와 가엄이 젹거하야 음신이 희쇼하오니 슬픈 졍사ㅣ 됴셕으로 간졀하오되 자당의 외로오심을 위로코자 열안화용으로 지내오나 벌셔 세월이 밧귀오매 영모하는 눈물이 진할 쌘이러니 가지록 운슈ㅣ 긔구하와 져졔 간인의 참화를 입어 타향에 유락하니 엇지 슬푸지 아니리잇가."

셜파에 누슈ㅣ 여우어늘 어사ㅣ 위로 왈,

"령져져는 효졀이 싸혀나니 하날이 살피사 복녹이 두터올지라. 너는 심사를 너모 번뢰한즉 두리건대 신상에 해로올가 하나니 스사로 쳔금지신을 보즁하야 엄당 비회를 쳔만 보즁하라. 나는 져 지음에 션산에 간 사이에 령존게오셔 경사에 와 취옥하는 욕과 젹거하는 화를 당하시되 셔로 반기지 못하고 하교에 숀을 난호지 못하니 지금씻 창연하더니 모름이 오날 너를 보매 자산을 대함 갓도다."

공자ㅣ 우러러 친친함이 쏘한 부형을 뫼신 듯하더라. 어사ㅣ 웃고 왈,

"네 매뎨<65>의 졍친하엿던 림랑의 위인이 엇더하뇨?"

공자ㅣ 대 왈,

"림생은 대인지상이요 장자지풍이니 용모ㅣ 비록 젹이 방누하오나 진실로 금옥 갓흔 군자ㅣ니이다."

어사ㅣ 졈두 칭지하고 우 왈,

"네 종형 진상문은 내 됴졍에셔 자로 보니 과연 옥 갓튼 군자이요 문장학사이니 가장 아람다와 뵈이더라."

공자ㅣ 문득 낫을 붉히고 머리를 숙여 참괴한 쓧을 씌우니 이는 모친 행

사를 슈괴하고 어사ㅣ 진생의 쇼위를 짐작하며 짐짓 문난가 슈괴하야 묵연 양구에 왈,

"진형의 외모ㅣ 아람답고 재품이 용쇽지 아니하오나 한갓 심디 부졍하오니 엇지 군자ㅣ라 하리잇가. 쇼질의 표종이요 일가지의 두터오대 쇼질은 그 불인함을 심복지 아니학거늘 대인은 짐짓 쇼질을 시험하야 무르심인가 하나이다."

어사ㅣ 쇼 왈,

"내 어이 너를 시험하리요. 진생의 외모와 재화ㅣ 아람다오매 진졍한 사람으로 알엇더니 불초한 쥴 어이 알앗스리요."

인하야 다른 셜화를 잇그러 이에 갈아대,

"로부ㅣ 가흥을 지날 째에 여차여차한 곡졀과 긔괴한 쇼유 허다한 즁 경형의 아자 화 시와 유시로부터 경빙하엿다 하니 자산의 아달인가 드렷더니 이제 너를 봄에 셩취하기에 밋지 아니한 바는 아니나 집에 잇스니 그 곡졀을 아지 못하리로다."

공자ㅣ 청파에 괴이히 녁여 헤오대,

'이 아니 져져의 작용인가. 그러하나 유시 경빙이라 하니 실로 깨닷지 못하리로다.'

인하야 차탄 왈,

"화 쇼져의 인자함은 쳔고의 희한하오니 과연 슉녀어니와 경생은 엇던 사람이런고. 경문에는 그런 쇼년이 업나니다."

어사ㅣ 쏘한 그러이 녁이더라. 공자ㅣ 공슈ㅣ 문 왈,

"대인의 츈추ㅣ 반백이 넘어 게시오니 슬하에 장셩한 자숀이 만흐리로쇼이다."

공이 왈,

"로부ㅣ 늣도록 자식이 업다가 늣게야 비로쇼 하낫 자녀를 두고 쇼실로

가사를 직히이며 녀아 금년 십삼이오 아자는 너와 동년이로대 겨우 용렬하기는 면하엿나니라."

이러구러 날이 졈을매 공자ㅣ 하직고 도라와 모친게 슈말을 고하니 부인 왈,

"친사에 관한 말은 이르지 아니하더냐?"

공자ㅣ 왈,

"친사는 이르지 아니하더이다."

부인이 비로소 방심하더라.

차시 연 어사 다시 림생을 보려하야 아역으<66>로 하야금 명쳡을 드리고 '림공을 쳥하야 오라' 하엿더니 아역이 회보하되,

"림 로야와 공자ㅣ 함께 매화 구경 가셧다 하더이다."

어사ㅣ 헤오대,

'나의 쳥함을 불긴히 녁이니 내 친히 가리라.'

하고 위의를 거나려 다시 림가에 이르니 과연 문을 잠으고 인젹이 고요하거늘 쳐사의 간 곳을 무르니 가인이 대 왈,

"상공과 공자ㅣ 셜경을 구경가시니이다."

어사ㅣ 챵연하야 무류히 도라올 새 지필을 내여 한 장 졀구를 지여 가인을 쥬어 왈,

"'안찰어사 로야ㅣ 뵈오러 왓다가 맛나지 못하고 도라가매 후일을 긔약하야 맛남을 바라나이다' 하라."

하고 이에 도라와 헤오대,

'림낭은 신명한 사람이라. 젼일 날다려 여차여차 이르더니 반닷이 나의 내력을 알고 피함이로다. 차인 개세영재이라. 비록 외모ㅣ 불미하나 타일 귀함을 칙량치 못하리니 내 이제 녀아를 위하야 가랑을 광고하나 그런 대인의 긔상을 맛나기 어려오니 져를 노코 어대 가셔 다시 구하리요. 양녀를 한가지

로 쇽현하리라. 나의 양녀는 시쇽에 쒸여난 슉녀이니 엇지 시쇽 례투를 녹녹히 하리요. 당당히 아황, 녀영의 미사를 효칙하리니 내 도라가 양녀의 뜻을 시험하리라.'

하더라.

이러구러 이곳에 머문 지 십여 일이 됨에 공사를 맛고 졀월을 두루힐 새 경생을 쳥하야 작별하니 생이 또한 리졍이 차아하야 은근히 졍회를 고하니 어사ㅣ 연연하야 왈,

"일내에 령져의 쇼식을 드름이 잇나냐?"

공자ㅣ 참색 대 왈,

"져져 한 번 문을 나매 육칠 삭에 사생을 아지 못하오니 쇼질과 자모ㅣ 쥬야 슬허하나이다."

어사ㅣ 잠쇼 왈,

"령져의 쒸여난 렬졀슉덕이 반닷이 하날게 복을 밧으리니 비록 일시 운곤하나 맛당히 의심업시 모히리니 너는 너모 상회치 말나. 로부ㅣ 림낭을 보니 개세영웅이라. 로부ㅣ 깁히 공경하나니 현계는 맛당히 져를 좃차 배호고 미세한 허물을 거리끼지 말나."

공자ㅣ 대 왈,

"대인이 언제 림생을 보시니잇가?"

어사ㅣ 드듸여 미복으로 림생을 차자 본 슈말을 이르고 왈,

"림낭의 령져를 위한 뜻이 금셕 갓흐여 일호의 타의 업고 그 인사동용이 대인군자이라. 로부ㅣ 애경함을 마지 못하야 다시 차자 보러 가매 제 피신하고 보지 아니하니 <67> 창연히 도라가노라."

공자ㅣ 칭사 왈,

"대인의 션배 사랑하심을 여차하시니 진실로 감격하오며 림형은 가위 금옥군자이라. 쇼생이 유시로부터 부명을 밧자와 림 쳐사게 슈학하고 림형

으로 더부러 동쳐하야 골육 갓흔 졍이 깁삽더니 일젼에 쇼생이 근친코져 집에 도라왓다가 어제 다시 나아가오니 션생과 림형이 유람 가고 업는지라. 쇼생도 다시 도라왓사오나 제 엇지 대인을 피함이리잇가."

어사ㅣ 왈,

"네 림낭으로 동학하면 유익함이 젹지 아니하리니 힘써 해만치 말나."

하고 이에 일봉셔를 쥬며 왈,

"후일 창쥬에 갈 길이 잇슬지니 다행히 젼하라."

공자ㅣ 응대하고 바다보니 셔즁사의는 모로나 십분 긴봉하엿더라. 연연한 졍을 긋쳐 셔로 리별하고 발행하야 쥬현을 다 순슈하매 공사를 맛고 연공이 경사를 향하니 집을 떠난 지 칠삭이요 때는 졍히 츈졀이라. 로상에셔 해를 보내고 상셜를 쎄여 구치함을 격고 허다 신명한 졍치 긔특하니 도쳐 백셩이 다 숑덕 츄앙하야 감은함이 수화를 피치 아니할 뜻하야 그 숑덕하는 쇼래 원근에 진동하더라.

차시 진상문이 연 쇼져를 사모하야 백게 쥬츌하는지라. 리 시의 시비 난츈을 불너 가마니 자긔의 회포를 이르고 왈,

"너 동생이 연부 비자이니 너는 난셤을 불너 방 시의 마음을 요등케 하야 셩사하면 즁상하리라."

츈 왈,

"로야ㅣ 쇼비를 어녓비 녁이시니 엇지 사양하리잇고마는 우리 쇼져ㅣ 투기 심하시니 항혀 일을 아르시면 쇼비의 목숨이 일각에 맛칠 것이오, 쏘 쥬인의 젹국을 도모함이 참이 못 할 일인가 하나이다."

진생이 우 왈,

"네 말이 인졍에 올흐나 내 너의 쇼져와 은애 깁흐니 연 시를 어드나 해로옴이 업슬 것이요, 연 시의 색덕이 화셩에 진동하엿스니 내 그 사모하는 마음이 발분망식함에 밋쳣스니 내 져를 취치 못하면 반닷이 병을 일우어 요

사할지라. 내 만일 죽으면 리 시의 박명함이 다시 엇더할가 시부냐. 내 뜻을 좃츠면 네 쥬인에게도 유익할지요, 내 또 장인게 말삼하야 너를 쇽냥하야 가사를 일우어 조히 살게 하리라. 내 당시 한원 명사로 네에게 실언하리요."

하고 원보 두 덩이를 내여 츈을 쥬며 감언이어로 재삼 달내니 츈이 <68> 황공하야 감히 다시 츄사치 못하거늘 생이 대희하야 재삼 당부하더라.

원래 진 어사 부즁과 연부ㅣ 머지 아니한 고로 난츈의 형뎨 빈빈 왕내하더니 츈이 즉시 연부에 가 셤을 보고 여러 가지로 담화하다가 왈,

"내 너와 죵용할 의론이 잇스니 오날 밤에 부대 내 방으로 오라."

셤 왈,

"우리 쥬모ㅣ 홀노 게시니 극히 어렵도다."

츈 왈,

"내 요사이 한 대관의 집을 사교엿스니 너를 쳥하야 부귀를 도모코자 하되 이목이 번다하야 죵용이 말을 하지 못하니 부대 심야에 의론코자 하나니 아모 핑계를 하고 부대 잠간 나오라."

셤이 가쟝 깃거 응락하니 츈이 깃거 도라와 가마니 한림게 고하니 생이 대희 왈,

"네 동생이 오거든 동산 안 졍자로 다려오라."

하고 생이 져녁 밥을 먹은 후 부모게 고 왈,

"황상이 각도에 죠셔를 반포하라 하시니 고요한 곳에 가셔 초를 잡앗다가 군쇽함이 업게 하려 하오니 혹 사람이 와 찻거든 츌외하엿다 하쇼셔."

하고 셔안과 필연이며 보배 너흔 상자를 그윽한 졍자에 옴기고 문을 닷고 난츈을 기다리더라.

이때 츈이 진 한림의 명을 바다 연부에 나가매 셤이 반겨 제 방으로 불너드러가 한가지로 말할 새 츈이 상자를 열고 허다 은자며 능라 의류를 내여 뵈이니 셤이 대경하야 무러 왈,

"이것이 어대셔 난나뇨? 형이 이를 두고 부귀하리라 이르던가."

츈이 이에 진 한림의 쇼원을 말하며 이 보배는 다 진 한림이 쥰 것이요 만일 공을 일우면 쳔금을 즁상한다는 사연을 자셔이 이르니 대져 츈과 셤이 한갓 탐재하는 하쳔인이며 연공의 가세 본대 빈한한 고로 방 시도 항상 의식이 넉넉지 못하니 더욱 그 시녀 차환의 간고함이야 어이 칙양하리요. 셤의 일생의 사랑하는 것이 능라와 은금이어늘 금일 형의 상자에 금은이 가득하고 능라ㅣ 이럿틋 만음을 봄에 문득 마음이 황홀함을 깨닷지 못하는지라. 엇지 밋쳐 사셰를 도라 생각하며 쟝내를 헤아림이 잇스리요. 이에 불승희열하야 흔연이 이르되,

"형아, 진 한림이 이럿틋 재물을 앗기지 아니커든 부대 나를 인도하야 계교를 일우게 하면 어렵지 아니하리니 내 맛당히 사디라도 힘써 셩사케 하리라."

한대 츈이 쳥파에 깃붐을 이긔지 못하야 <69> 밤이 깁도록 말하다가 가쟝 야심 후 인젹이 업셔 고요함을 타 란셤을 다리고 원즁에 가마니 나아가 진 한림을 보고 셤을 가랏쳐 연부 시녀ㅣ라 이르니 생이 이때 츈을 보내고 괴로이 기다리더니 츈의 이 말을 듯고 흔연이 셤을 불너 방즁에 드리고 빗낫 말로써 달내이니 셤이 진생의 옥안영풍과 감언리셜에 황홀하야 고두 칭사하니 생이 웃고 왈,

"란츈이 너더러 일은 말이 이슬이니 만일 셩공하면 쳔금을 상사하리라."

셤이 대 왈,

"우리 쇼져는 용모 재덕이 쳔고의 독보하시리니 엇지 한 입으로 다 형언하리잇가. 로야ㅣ 사랑하심이 장즁보옥 갓흐시니 로야의 두 부인 계심을 혐의하실 뜻하되 로야의 옥안영풍이 짐짓 우리 쇼져의 배필이시니 쇼비 맛당히 극력 주션하려니와 쥬모 방 시는 우리 로야의 편방이요 무자하야 젹막히 지내난 즁 가세가 빈한하야 부족함이 만으니 우리 로야ㅣ 외방에 가셔 슈히 오

시지 못할 것이요, 범사ㅣ 우리 쥬모에게 잇스니 상공의 보배로써 우리 쥬모의 마음을 깃겁게 하면 대사ㅣ 거워 일으리이다."

한림이 대희하야 몬져 능라 다섯 필과 원보 한 덩이를 내여 셤을 쥬고 왈,

"공을 일우면 즁상하리라."

하고 인하야 궤 한 개를 내니 슌금 잠을쇠를 잠갓더라. 열고 보니 긔완보화며 명쥬옥백의 슌금 등물이 불가승슈이요 눈 갓흔 원보ㅣ 다셧 덩이가 드럿스니 이것이 연 쇼져의 화근이 될 자이라. 생 왈,

"이것을 너의 쥬모게 드려 응락함이 잇스면 채단 능라는 내게 무슈하리니 구하는 대로 보낼 것이요 쳔금으로 빙폐하면 또 사욕에 극진하리니 너의 노쥬 일생이 엇지 편치 못할 근심하리요."

난셤이 불승과망하야 당연이 셩사할 뜻이 즐겨 응락하니 생이 쥬과로 관대하고 종야토록 긔계묘책을 가랏치니 셤이 일일히 응락하고 새벽에 도라갈 새 고 왈,

"이 일이 슈히 되지 못하리니 몬져 쥬모의 뜻을 시험한 후 다시 와셔 보배를 가져가리니 아즉 두소셔."

생이 올히 녁여 허락하니 셤이 도라가 방 시를 보매 방 시 문 왈,

"네 동생의 병이 엇더 하더뇨?"

"젹이 낫더이다."

하더라.

차셜. 연 쇼져는 젹루에셔 공자의 글을 가랏치고 방 시는 자긔 사침에셔 방젹을 일삼을 새 <70> 난셤이 압헤셔 조력하다가 문득 고하되,

"쇼비 작야에 형을 보오니 그 집이 진 한림 댁과 격장이라. 한림이 리부에 와 계시거늘 쇼비 한림을 여어보니 얼골 풍채 신션 갓고 부귀 거룩할 쑨 아니라 진가 대로야와 태부인이 관홍하야 로비를 사랑하고 상덕이 무슈하야 말재 시녀의 상자에도 금은지쇽이 만터이다."

방 시 왈,

“우리 로야는 쇼시로부터 청념하시기로 항샹 간고하고 져는 탐남하기로 가사ㅣ 부요하나 흠션할 배 아니로다.”

셤이 대 왈,

“아모커나 번화하오니 보기에 흠션하더이다.”

방 시 묵연 부답한대 셤이 다시 일컷지 못하고 한참 잇다가 쏘 가라대,

“진 한림이 그러한 풍채로 부귀 쌍젼하되 그 부인이 불향하야 다른 부인을 택하더이다.”

방 시 왈,

“한림 부인이 뉘 집 쌸이뇨?”

대 왈,

“리 시랑의 쌸이로대 용모ㅣ 대단치 못하더이다.”

방 시 왈,

“져젹에 진 한림이 우리 쇼져로 극친터라 하더니 기인이 아니냐?”

셤 왈,

“올쇼이다. 진 상공이 우리 쇼져의 향명을 듯고 쳔금 빙폐를 앗기지 아니호대 로야ㅣ 허치 아니시니 부대 도모하려 하고 만일 셩혼 되면 칠보 슈식과 보화 일궤를 드리고 능라 필백은 구하는대로 슈응하려 한다 하니 진 한림의 용모와 행사ㅣ 불미하면 비록 만금으로 빙폐하나 무엇에 쓰리잇고마는 용모ㅣ 싸혀나고 청춘이 삼오는 되옵고 벼살이 옥당이요 물망이 조졍에 제일이니 짐짓 우리 쇼져의 배필이시고 진 한림이 금은을 흙 보듯 하오니 우리 쇼져 진가의 부인이 되시면 부귀 쌍젼하시고 쇼비 즁매 되여 일생 의식이 족하게 상사하시리니 쥬모는 조흔 일을 도모하쇼셔.”

방 시 대질 왈,

“뉘 너다려 간교한 말을 가랏쳐 말하라 하더냐. 쇼져의 친사는 로야ㅣ

쥬장하시며 허물며 진가는 불합하야 임에 물이치고 로야ㅣ 림행에 재삼 당부하엿거늘 네 뉘 쳥을 듯고 란언을 감히 내 압헤 젼셜하는다. 만일 다시 이런 말을 할진대 입쑤리를 지지고 로야 도라오시는 날 쥭이리니 조심하라. 진가의 금은이 구산 갓흔들 무엇이 귀하리요. 생심코 다시 져 곳에 가지 말나."

셤이 황공하야 내심에 실망하고 진생이 쥰 바 능라 금은을 다시 본쳐로 돌여 보내기를 망극히 녁이더니 슈일 후 <71> 츈이 밧게 와 쇼식을 무른대 셤이 숀을 저어 왈,

"일이 만만치 못하리니 복 업는 쥬모ㅣ 고집하야 용납지 아니하고 도로혀 대책하야 쥭일 년 벼르듯 하고 다시는 문 밧게 나지 못하게 하니 이런 망극한 일이 어대 잇스리요. 도라가 한림게 고하고 쥬신 바를 도로 드리라."

츈이 대경하야 즉시 도라와 고하니 진생이 쇼 왈,

"제 조흔 뜻을 굿하야 좃지 아니한즉 내 당당히 계교로 쇽이리니 내 여등에게 쥬엇던 보배를 엇지 도로 차지리요. 타일에 셤을 쓸 곳이 잇시리니 아즉 잠잠하라."

하고 심즁에 방 시를 통한하야 박츅하야 인연을 이루려 쳔사만렴이 백츌하더니 시에 호부시랑 류일은 연공 부인의 이복 뎨남이라. 위인이 우람탐재하고 무식패려하야 연공으로 더부러 불상통하기로 소졔 져의 불인무상함을 슬히 녁여 면목을 자로 보이지 아니하니 셔어함이 타인과 무이하고 류 시즁의 되지 못하게 거오하고 뜻이 우질부질함에 의론이 자연 합지 아니한즉 금슈갓치 보아 외친내소함을 통한하야 셔로 차질 젹이 업더라. 시랑이 부친 생시에 갑과 츌신으로 소읍지현을 지내고 호부낭즁으로 잇더니 오래지 아냐 부모상을 당하야 고향에 갓다 도라오나 됴경에 일캇난 이 업셔 관작을 엇지 못함에 무료하야 집에 잇스니 울울불낙하던 차 맛참 연공이 됴경을 써나 원방에 슌무하러 나간지라. 이 사이를 타 용사하야 관작을 도모하고져 하나 반연할 길이 업셔 하더라.

第十八回 뎨십팔회

샹문이 연 쇼져에게 장가들고자 하야 뇌물을 행하야 류 시즁을 반간노ᄉᆞ타
相文欲娶延小姐 行賂縱間柳侍中

차셜. 진생이 그 긔미를 알고 간특 음사하며 궁흉 극악한 계교 아니 밋칠 곳이 업는지라. 류 시즁을 보고 감언리셜로 그 무상불칙한 심즁을 내여 연공이 밋쳐 도라오지 아닌 사이를 타 행계하려 음흉한 쇠를 품은 지 오래되 자연 공사의 다쳡으로 틈을 엇지 못하니 항상 심신이 착급하나 만일 은밀한 일이 드러나 상국의 귀예 들니게 되면 자긔 행신이 거두<72>치 못할 것이요 가즁에 부모ㅣ 아시면 뎐일 졍 소져의 일을 생각하야 죄책이 나릴지라. 또 양쳐ㅣ 허물며 이런 긔미를 알면 가내 크게 요란하야 젼쟁이 긋치지 아닐지라. 일노 인하야 번민 쥬져하야 자연 여러 날이 되얏더니 악심이 죵시 슌리치 못하야 일일은 긔회를 타 류 시즁 집에 이르러 하리를 불너 분부하되 명쳡을 드리고 '진 한림이 왓다 통하라.' 하니 하리 응명하고 바로 셔헌에 드러가 진 한림 로야의 래림하심을 고한대 이때 류 시즁이 벼살이 한미한 고로 문젼이 냉낙하야 심이 민울하든 차 홀연 일위 명환이 이름을 보고 대희하야 일변 의관을 슈렴하고 좌셕을 경돈하며 밧비 쳥하니 진생이 행보를 경망이 하야 드러오니 시즁이 이러 마자 빈쥬 셔로 좌를 사양하야 예필좌정함에 생이 교언

령색으로 가장 공경하야 왈,

"쇼생의 위인이 용우하고 관사에 다단하와 대인의 위명을 듯자오나 뵈압지 못하얏더니 금일에 맛참 관고 업슴을 인하야 대인게 뵈압고자 하오며 그윽히 듯자오니 대인이 환노를 염피하고 셰리를 배쳑하사 놉흔 뜻이 고인을 압두한다 하야 감히 나아와 대인의 교훈을 밧잡고자 하나이다."

류 시즁이 진생의 허다 아쳠하는 말을 드름애 어린 마음에 만심 환희하야 흔흔이 웃고 갈오대,

"만생은 실노 무용필부이라. 셰상에 바림을 입으니 마음이 괴벽하야 츄셰하는 뉴난 굿태야 보고자 아니 하더니 금일 명공이 왕림하야 이러탓이 위자하시니 우미한 마음에 참괴하도다."

진생이 류공의 우람함을 우으나 달내여 쓸 곳이 잇는 고로 공경 칭사하고 어리셕고 못 생긴 류공을 간교한 말노 롱낙하기를 무슈이 하니 시즁이 대락하야 쥬찬을 내여 관대하고 날이 졈은 후 진생이 대취하야 하직고 도라오니 류 시랑이 큰 형셰를 어든 듯하야 양양자득하더라.

어시에 진생이 류 시즁을 달내여 날마다 져곳에 왕래하야 유슈지언으로 우람한 자를 롱낙하니 류공이 대희하야 봉승하기를 진심하고 벼살을 어들가 그윽이 바라더니 일일은 진생이 류가에 이르러 오래동안 셔로 말삼할 새 홀연 텬디 음음하고 운무 대작하며 대우가 퍼붓듯 하는지라. 모든 하리 다 <73> 집 속에 드러 피우하더니 인하야 대우가 긋치지 아니하고 날이 졈졈 어두음에 하리 등이 민망하야 진 한림게 도라감을 품한대 류공 왈,

"날이 임에 졈을고 우세 여차하니 내 집이 비록 누츄하나 일야 동안을 머물너 명일 도라가심이 맛당하니 모든 하리 등은 몬져 돌여보내쇼셔."

생이 쏘한 종용이 말삼하고자 하야 칭사하고 하리 등을 명됴에 대령하라 분부한 후 드듸여 관복을 벗고 머물여 하니 시즁이 가인을 분부하야 '진로야의 셕반을 쥰비하라' 하니 이윽고 차환이 셕반을 올이거늘 진생이 자셔

히 보니 찬품이 가장 화미한지라. 먹기를 파함에 촉을 밝히고 다시 쥬과를 나아와 말삼할 새 밤이 깁허 종용하니 한림이 문 왈,

"대인의 슬하 자녀ㅣ 몃치나 하뇨?"

시즁이 탄 왈,

"생의 팔자 무상하야 일즉이 생산함을 보지 못하고 즁간에 나흔 딸이 겨우 나희 이칠이요 말재로 나흔 아달이 나희 겨우 오셰로되 질약다병하야 항상 렴려ㅣ 젹지 아니하노라."

진생이 탄 왈,

"대인의 츈츄ㅣ 졈지 아니하시니 이제 또 생산하실진대 필경 자숀이 션션하시리이다."

시즁이 또 다시 탄 왈,

"만생의 나희 사십이 넘을 쁜 아니라 임의 나흔 딸도 기르기 어렵거든 엇지 늣게 나흔 자식을 더욱 기를 쥴 알이요. 다만 녀아ㅣ 극히 아람다오니 생각하기를 아달이나 달음 업게 녁이노라."

이럿틋 한화하더니 진생이 가라대,

"대인의 츈츄ㅣ 쇠치 아니하시고 재덕이 겸비하시거늘 엇지 써 벼살을 구하야 로년 부귀를 안향코져 아니 하시나뇨? 쇼생이 대인의 뜻을 아지 못하기로 의아하나이다."

시즁이 탄 왈,

"로부ㅣ 엇지 벼살을 구코자 생각지 아니하리요마는 문미 쇠잔하고 권세를 의탁할 곳이 업셔 됴졍에 발쳔함을 엇지 못하노라."

진생이 잠쇼 왈,

"연 어사는 대인의 매부시라 하며 또 지금 물망이 놉고 형세가 족족하거늘 연 어사게 벼살을 도모치 아니하고 남의 힘을 빌고자 하시나뇨?"

류공이 문득 변색 왈,

"연공으로 더부러 비록 형뎨지의가 잇스나 제 셩경이 괴벽하고 교만하야 쳐쇽을 능멸하며 쇼홀하야 명슈져부이나 셔로 상졉하기를 드물게 하더니 저져ㅣ 기세하신 지 지금 십유여 년이라. 근래 더욱 왕<74>내가 업셔 냉안멸시하니 제 즐겨 나를 위하야 쥬션하리요."

진생이 더욱 놀나온 사색을 지어 대언 왈,

"시쇽 사람이 져마다 인졍을 짜라 쳐족 대졉이 심후하거늘 연공은 실로 안하무인한 사람이로다. 쇼생은 비록 쳐자 불합하나 쳐족을 박졀이 못 할너이다. 이럼으로 악장 리 시랑이 해포 벼살을 못 하엿더니 쇼생이 쥬션하야 례부시랑을 하엿나이다."

시즁이 탄 왈,

"그대는 후덕군자이라. 이갓치 션심이 잇스니 칭복하노라. 연공은 고집이 박졀하야 인졍이 업는 위인이라. 졀머셔부터 행사 고벽하더니 나희 만은 후 더욱 심하야 인졍이 박할 ᄲᅮᆫ 아니라 자소로 날을 훼방하야 믜워하니 내 항상 통해하는 바이라. 쥬야 일심이 관작을 어더 연로를 셜치코자 하나 벼살이 씃과 갓지 못함을 매양 한탄하노라."

진생이 쇼 왈,

"연공이 됴졍에 쳐함에 행사 교우하고 씃이 괴이하기에 됴졍이 다 져를 불긴히 녁이기로 권리가 별로히 업나니 타인을 위하야 무삼 쥬션할 힘이 잇스리요. 쇼생이 비록 용우하나 황상의 후대하시는 은총을 입사와 아즉 모든 동렬이 외대치 아니하나니 모롬이 대인을 위하야 힘써 도모하리니 요행으로 공을 일우면 사랑하시는 은혜를 갑흘가 하나이다."

시즁이 쳥파에 대희 과망하야 연망이 칭사 왈,

"만생 류일이 그대로 더부러 본대 친함이 업고 졸연이 상대하엿거늘 이럿틋이 후졍을 씨치시니 감은함을 이긔지 못하며 장찻 무엇으로 은혜를 갑흐리요."

생이 연망이 붓드러 왈,

"쇼생이 대인의 재덕으로써 오래동안 침치함을 감탄하고 됴경 어즌 신요를 나아오고자 함이라. 엇지 은혜라 칭하리요."

하니 가히 진상문의 얼골의 쥐가 다름질 하난지라. 엇지 가렵지 아니하리요. 시즁이 백 번 칭사하고 감격하야 진생을 위할 일이 잇스면 슈화라도 사양치 아니할 쓧이 잇더라. 인하야 야심토록 담화함에 상문의 술 갓흔 말과 간교한 의사가 우람한 유일의 쇠를 다 녹이고 정신을 어리니 언언이 감격하고 항복하야 쇽의 진정을 다 거우르니 상문이 이에 져의 심정을 다 념양함에 리를 보고 의를 이즈며 재물을 보고 사생을 이즐 위인이니 가히 더부러 불의를 도모할 사람<75>이라. 심하에 대희하야 생각하되,

'차인의 행사ㅣ 질녀를 앗기지 아니하고 일을 도모할 자이니 여차여차하야 연 쇼져를 취하면 일후에 연공이 비록 노하나 업친 물 갓흐니 어이 하리요. 더욱 쇼져의 친족의 일이니 졔 엇지 하리요.'

궁극한 계교를 정하고 왈,

"연공의 부인이 기셰하신 지 오라다 하니 자녀간 몃치나 하며 후취하엿나잇가?"

시즁이 대 왈,

"우리 져져ㅣ 늣도록 무자하시더니 모년에 남녀 각 일인을 생산하시니 녀아는 십삼세요 아자 춘경은 십일세이니 차아 나흔 지 슈년 안에 기세하시니 연백이 다시 취쳐치 아니하고 다만 자녀를 길너 슬하 자미를 보고 여년을 맛치기로 심맹하니라."

진생 왈,

"그 녀자ㅣ 출가하엿나뇨?"

시즁 왈,

"질녀ㅣ 생세하매 텬하의 짝이 업는 슉녀이니 셔자 태진과 반희 비연이

부생하야도 연질을 밋지 못할지라. 연이나 져의 부친 풍모를 달마 교만 방자하야 내 비록 져의 내구로대 면목을 본 지 오래거니와 연공의 택셔함이 가장 고히하야 군자 영쥰을 구비한 자를 구하기로 지금ᄶᅡ지 구혼치 못하엿스니 그 부녀의 눈이 엇던 사람을 합당하게 녁이난지 생각건대 종신토록 구혼치 못할가 하노라."

진생이 쇼 왈,

"대인의 질녀ㅣ 비록 아람다오나 엇지 재상 문미 즁에 져 배필될 사람이 업스리잇고."

시즁 왈,

"내 엇지 진 한림을 속이리요. 질네 비록 교만하나 절대명염으로 그 용모 재덕은 쳔고에 독보리라."

생이 묵연 침음하거늘 시즁 왈,

"한림이 만생의 말을 허언만 녁여 져럿틋 밋지 아니하니 엇시 우습지 아니하리요."

진생이 홀연 안색이 츄연하거늘 시즁이 마음에 의괴하야 침연묵연이러니 진생이 바야흐로 안색을 졍이 하고 이러 시즁게 ᄶᅮ러 절하여 왈,

"대인아, 생의 목숨을 구하쇼셔."

시즁이 대경하야 븟드러 왈,

"한림이 엇진 연고로 이 거됴를 하나뇨? 원컨대 그 ᄯᅳᆺ을 알고자 하노라."

생 왈,

"쇼생 진상문의 용모 재덕이 비록 고인을 밋지 못하나 재학부귀가 과히 하등이 아니오며 양쳐ㅣ 잇스나 다 불미하와 금슬종고지락이 매몰한지라. 일생 쇼원이 절대가인을 취하야 반생 즐거옴을 엇고자 하되 이 갓흔 색덕 겸비한 미녀를 아지 못하야 유한이 되<76>엿삽더니 그윽히 드르매 령질 연 쇼

져ㅣ 요조현숙하야 향명이 진동함을 흠모하야 여러 차 매파를 보내여 혼사를 청하되 연공이 생의 양쳐 잇슴을 혐의하야 허치 아니하니 생의 쇼원을 일우지 못하고 한갓 사모하는 뜻이 쥬쇼동동하야 향여 가인으로 하야금 타인의 숀에 일흘가 번민하더니 대인은 연 쇼져의 구시라 함을 듯고 사모하는 뜻이 간절하기로 특별이 차자 뵈옴은 요행 인연의 길이 잇슬가 바람이니 행여 대인의 관후인자하신 셩의를 입사와 쇼생의 뜻을 일우게 하쇼셔. 대인이 인연하야 쇼생의 뜻을 이우게 하시면 쇼생이 당당히 사생으로써 그 은혜를 갑고 쳔금 빙폐로 사례하는 례물을 밧드러 대인게 올여 져바림이 업슬 것이니 바라건대 대인은 거록한 쇼견으로 앗기지 마르쇼셔."

시즁이 언파에 한림의 쇼회 간절함을 드러 아랏스나 친사 일관은 극히 즁대한지라. 연공 부녀의 강렬한 고집이 자긔의 말을 용납지 아니하리니 엇지 한림의 뜻을 일우리요. 이에 눈셥을 찡긔고 왈,

"질녀의 용모는 과연 무쌍하나 셩도ㅣ 강렬하야 유순한 숙녀ㅣ 아니니 한림은 사모함이 너모 과하도다. 슈연이나 한림의 용모 재품과 공명 부귀가 족히 쳥빈한 질녀에게 과분하거늘 무삼 연고로 혼인하기를 츄탁하리요마는 연공의 고이한 고집이 타인과 맛지 아니하야 분슈에 넘친 혼사를 물이치니 일로 짐작하야 그 고집을 가히 알이로다. 졔 임에 허치 아니하엿스면 쇼진의 구변이 잇스나 반다시 연로의 고집을 도로혀지 못하리니 허물며 만생이 져로 더부러 비록 숙질지의 잇스나 그 셔어함이 다른 사람과 갓거늘 내 말을 취신할 리 만무하니라. 내 한림의 쇼쳥을 듯고자 하나 져의 부녀의 쇼위 여차하니 존의를 쳥종치 아니함이 아니라. 가위 지도가 업도다. 만일 내 힘으로써 셩사할진대 엇지 진심치 아니하리요."

진생 왈,

"사세 이럿틋 함을 쇼생인들 아지 못하리요만은 연공의 고집이 비상하오니 다만 졍도로는 친사를 일울 길이 업는 고로 잠간 권도로 여차여차 쇽여

셔 취코자 하노라.”

언파에 진생의 입으로 날카운 혀 솟이 이난 곳에 술 갓흔 말이 쳡쳡하야 언언이 리해<77>가 완젼하니 시즁이 드름에 마음이 취한 듯 정신이 황홀하니 엇지 물이칠 마음이 잇스며 일을 시작함에 엇지 셩불셩을 근심하리요. 심즁에 대희 왈,

“한림의 아람다온 말삼이 지극 맛당하나 아지 못게라, 무삼 계교로 질녀를 쇽여 취코자 하나뇨?”

진생 왈,

“연로ㅣ 쇼생을 엄졀하엿스니 다시 구할 길이 업고 대인의 말삼을 제 취신치 아니하면 졍도로 할 길이 업는 고로 이제 연공이 어사의 직분으로 밧게 잇셔 아즉 도라올 긔약이 머럿스니 대인이 비록 연 쇼져와 후졍은 업스나 슉질지의 잇스니 져를 차자 보고 친쳑의 졍분을 펴며 여차여차하시면 져는 의리를 아는 녀자이라. 외슉을 박졀치 아니하리니 가지록 졍을 토하며 달내여 제 몸 나올 길을 여차여차하면 가히 셩사함이 렴려ㅣ 읍스리이다.”

시즁이 쳥파에 크게 쌔다라 계교의 졀묘함을 칭찬하고, ‘져는 혼인을 일워내리니 한림은 벼살을 구하야 달나’ 언약을 굿게 하고 죵야토록 궁극한 계교로 밤을 지내고 날이 새매 진부 하리가 이르럿는지라. 생이 시즁을 하직하고 도라갈 새 다시금 단단히 약죠하더라.

시즁이 진생을 보내고 내당에 드러가니 부인 원 시와 녀아 취향이 이르되,

“엇던 숀이 와셔 자고 가니잇고?”

시즁이 만면 화긔로 답 왈,

“어제 왓던 숀은 한림학사 진상문이니 쇼년 명사로 물망이 거룩하고 텬자ㅣ 극히 총애하시니 그 권세가 됴야에 진동하고 호 상국의 셔랑으로 부귀무궁하며 옥골 션풍이 일셰에 밋칠 이 업셔 인자관홍한 군자이라. 우연이 사

교여 허심함이 친쳑 갓더니 나의 오래동안 침톄함을 가셕하야 발쳔하기를 허락하엿스니 오라지 아니하야 내 놉흔 벼살과 후한 녹을 어들 쑨 아니라 또 크게 깃분 일이 잇스니 진 한림이 연질녀의 향명을 사모하야 발분망식하는 고로 져의 쳔만금을 앗기지 아니하고 부대 인연을 바라난지라. 여차여차한 계교를 가라치니 만일 셩사하면 사례하는 례물이 만을 것이오, 일생을 은인으로 대졉하리니 이것이 만행이로다."

원 시 왈,

"이러하면 가장 깃부거니와 연공이 질녀ㅣ 쇽지 아니할가 두리나니 비록 계교를 일워 친사ㅣ 될지라도 질녀ㅣ 결원하야 금실이 젹어 <78> 화합지 아니하면 진 한림이 쾌치 아니하야 셔로 쟁투하면 상공의 힘 쓴 공이 업슬가 하나이다."

시즁 왈,

"진생은 용모ㅣ 반악 갓고 풍채 젹션 갓흐며 나희 이십이 되지 못하고 공명 부귀를 결우 리 업스니 질녀ㅣ 져의 안해 되는 날에는 당시 명사의 부인이니 엇지 재용이 피차에 젹슈가 아니리요. 질녀ㅣ 박복하야 연공이 져러한 녀셔를 물니치니 짝에 업는 궁샹이로다. 내 조흔 인연을 일우어 가인과 재자의 일생을 완젼히 하리니 만일 우리 져져의 령혼이 잇슬진대 반닷이 감격히 녁일 것이요 질녀ㅣ의 일생이 영화로올 것이니 타일에 연공이 내게 사례하리라."

원 시 웃고 왈,

"그럴진대 가장 조흔 일이니 피차 유익하면 깃부려니와 일이 일우지 못하면 남의 우음을 입고 진가의 사례를 밧지 못하며 헛도히 슈고만 되리니 범사를 부대 쥬밀히 하쇼셔. 연질이 극히 춍명하고 교만하나 경솔히 허치 아니할가 하노라."

시즁 왈,

"연공이 잇스면 과연 생의치 못하려니와 질녀ㅣ 비록 총명하나 년유한 녀자로 식견이 업슨즉 엇지 대장부의 휼계를 버셔나며 제 비록 교만한 뜻이 잇슨들 내 져의 외슉이여든 엇지 감히 멸시하며 또 진 한림의 계교 긔특하니 제 엇지 쇽지 아니하리요."

류 시즁 부쳐ㅣ 이럿틋 셜화할 새 취랑이 겻해 잇셔 진 한림의 허다 아람다옴과 공명 부귀 빗나며 나히 쇼년임을 듯고 심하에 그윽이 사모하야 생각하되,

'부친이 져럿틋 아람다온 사람이 잇슬진대 엇지 쇼녀를 위하야 생각지 아니하시고 도로혀 연 쇼져를 위하야 도모하는고.'

가장 앙앙하니 원래 취랑의 나희 십사에 그 용모ㅣ 극히 미려하나 셩질이 우람하고 경쳔하되 일단 총명과 재덕이 츌즁함으로 부모 긔특이 녁임이 텬하에 독보인 쥴 아는 고로 귀즁함이 비길 대 업더니 금일 취랑이 연 쇼져에 길임을 듯고 심하에 생각하되,

'내 연 시를 보지 못하엿거니와 져의 아람다옴이 엇지 나에 밋치리요. 내 져로 병좌함이 잇슬진대 내 져의 웃자리를 사양치 아니하리라.'

하며 진 한림의 옥모영풍을 심하에 흠모하야 잇지 못하더라.

그 잇튼날 류 시즁이 연부에 이르러 쇼져게 통하니 쇼져ㅣ 외슉의 무식함을 개탄하<79>야 평일에 슉질의 졍은 업스나 제 망모의 동긔이요 외슉이 다만 시즁 하나쁜임을 슬허하야 왈,

"내 팔자ㅣ 갓초 긔험하야 모친을 여히고 외가에 슉당이 령셩한 즁 외슉 일인이 잇스나 위인이 부졍하고 셩졍이 션량치 못하야 슉질의 자별한 졍이 업스니 엇지 애달지 아니하리요."

또 부친이 쇼시로부터 외슉을 부족히 녁여 냉대함으로 남매지의 슨쳐져 셔로 상면이 희쇼한 고로 더욱 슉질 사이에 타인과 다름이 업스매 항상 모친을 생각하는 때마다 일층 더 슬허하더니 이날 차환이 드러와 외슉의 왓슴을

고하니 쇼져ㅣ 반기는 즁 일변 슬허 급히 즁당에 나아와 시녀로 공자를 부르고 외숙을 마지니 이에 시즁이 드러와 슉질지례를 파함에 또 공자ㅣ 셔당으로셔 드러와 례하고 존후를 뭇자오니 류 시즁이 숀을 잡고 쇼져를 향하야 츄연 왈,

"너의 남매 이럿틋 장셩함을 봄에 션져져의 보지 못함을 새로히 슬허하노라. 연형이 원행하신 후 평부나 자로 드럿나냐?"

하며 인하야 공자를 어루마자 애즁함을 친자질갓치 하야 젼일 셔어하던 태도가 뵈이지 아니하니 쇼져ㅣ 남매 슉부의 이럿틋 함을 크게 의아하나 또한 일변 감격하야 츄파에 누슈를 먹음고 왈,

"쇼질 등이 죄악이 태즁하와 자모를 조별하고 다만 엄친을 의지하얏다가 근일 야야ㅣ 원방에 가시고 슉당, 표종이 업스니 더욱 슬허하오나 슉부ㅣ 또한 쇼질을 찻지 아니하시니 시시로 앙모하와 슬허하압더니 금 슉부ㅣ 이르사 무애하심을 입사오니 반갑고 슬품을 이긔지 못하리로쇼이다."

시즁이 흔연 왈,

"우슉은 근래 미량이 잇셔 너희를 일졀 찻지 못하엿스나 질녀는 규즁 쳐자이니 문외에 나지 못하려니와 춘아는 남아이라. 족히 우슉을 차짐이 졍의에 당연하되 일졀 찻지 아니하니 심히 창연하더니라."

공자ㅣ 사 왈,

"쇼질이 나희 어리고 엄훈이 즁하시매 우둔한 긔질로 공부에 결을치 못하와 슉부ㅣ 미량이 게시되 문후치 못하고 슉부ㅣ 친히 이르러 보심을 기다려 뵈오니 쇼질이 황공한 마음을 이긔지 못하거니와 도시 년유 미거한 연고오니 슉부는 용셔하압쇼셔."

시즁이 우스며 무마 왈,

"우슉이 불인하야 친자녀도 <80> 무휼치 못하기로 녀등에게 박졀함이 만토다."

이에 쇼져를 향하야 탄 왈,

"우슉이 션져져와 의지하야 지내더니 불행하야 션져져ㅣ 몬져 긔셰하시고 너의 남매 나희 어린 때에 연형이 나의 용열함을 능모하야 관겹지 아니하니 내 스사로 붓그려 자로 오지 못함으로 너의 남매 셔어함이 션모친의 동생인 쥴 깨닷지 못하니 이러함으로 외대함이 되엿스나 내 나희 절머셔는 연형의 외대 거오함을 한하더니 이제 이르러셔는 그런 일을 졈졈 후회하고 옛날 매져의 외롭던 일을 새로이 붓그러온지라. 이런 고로 너의 남매를 잇지 못하야 오날 보러 왓나니 차후는 슉질의 도를 극진이 하라. 너의 부친은 나를 외대하나 너의는 션모친을 추모한즉 우슉에 대하야 각별 후이 하리니 동셩 일가가 즁하나 외가도 쏘한 혈육이 난호엿나니 엇지 셔어함이 잇스리요. 근래 생각하니 나의 외로옴과 너의 등의 령졍함을 비감히 녁이나니 내게도 자녀ㅣ 외롭고 너의 남매도 고고한즉 피차에 각별 상의함이 올흔지라. 오날날 이름은 나의 쥬의한 바 회포를 이르고 반기고자 함이로다."

쇼져ㅣ 쳥필에 외슉의 은근함이 생후에 쳐음이라. 동셩 슉질지간이라도 이에셔 더 지나지 못할 것이요 무휼함이 이제 쳐음일 쑨 아니라 귀이 녁이는 말삼이며 반가히 하는 쓰이 젼일 헤아리지 못하던 바이라. 의혹이 젹이 잇스나 모친을 일커러 은근함을 보매 자연이 비회 간졀하야 눈물을 나리오며 사례 왈,

"쇼질의 팔재 긔구하와 유시에 자모를 여희고 바라난 배 엄친이요 의지하난 배 슉부시어늘 일호나 엇지 셔히 생각하리잇고마는 슉부ㅣ 자조 오시지 아니시니 자연 셔어한 듯하압고 슉질의 졍분이 박약한 듯하옴은 도모지 모친의 재셰치 아니 한 연고이라. 이럼으로 매양 한탄하압더니 금일 슉부의 애휼하시는 말삼이 이 갓틈을 뵈오니 반닷이 모친 유령이 아르시면 감루ㅣ 종횡하시리니 쇼질 등의 앙모하옴이 엇지 부모나 다르리잇가."

하며 인하야 슬허함을 마지 아니하니 시즁이 가지록 은근 위곡하야 젼

일과 판리한지라. 쇼져와 공자는 원래 텬셩이 인효졍직한 고로 져의 궤휼은 가지록 아지 못<81>하고 뫼셔 실졍으로 말삼함이 째가 오라이매 방 시 생각하되 류 시즁이 션부인 뎨남이요 자긔 쏘한 션부인의 쇼쇽이라. 젼일에 내외치 아니하더니 어사ㅣ 나감으로부터 친친히 보지는 못 하나 바이 다른 사람과 다른지라. 이날 류공이 오래동안 안자 남매를 은근히 무애하야 자로 션부인을 일커러 슬허함을 보니 방 시 쏘한 감오하야 쳑쳑이 눈물을 뿌리며 쥬찬을 갓초와 관대하더라.

이때 류 시즁이 오래동안 회포를 이르다가 작별하고 도라가니 쇼져ㅣ 슉부를 보내고 침쇼로 도라오매 시아 쇼션이 쇼져게 문 왈,

"류 상공게셔 우리 로야 나가실 째에 잠간 다녀가신 후 일졀 오지 아니하시더니 금일 엇지 오셔셔 그다지 오래동안 머무시며 긔색이 은근하심과 말삼이 인후하심이 진실로 젼일에 보지 못한 바이라. 쇼비 가장 의혹하나이다."

쇼져ㅣ 왈,

"슉부ㅣ 비록 박졍하시나 도금하야는 박졍치 아니시니 감격할 싸름이라. 무삼 고이함이 잇스리요."

쇼션이 웃고 대 왈,

"박졍한 셩품은 매양 박졍할 것이어늘 졸연이 다졍하시니 극히 슈상한지라. 쇼비 류 상공의 거동을 봄에 은근함이 텬연치 아니하야 졍영한 가식이시니 무삼 묘맥이 잇는가 하나이다."

쇼져 쌍미를 찡긔여 가라대,

"너는 너모 총명한 톄 말지어다. 엇지 무삼 고이함이 잇스리요. 장래를 보아가며 알 쑌이니 너모 경솔히 란언치 말나."

쇼션이 묵연 사죄하더라. 시즁이 도라가 원 시와 녀아를 대하야 연부에 갓던 슈말을 이르고 질녀의 용모 특츌하야 세상의 무쌍임을 새로이 이르며

칭찬함을 마지 아니하니 취랑 왈,

"연매 그럿틋 싀특다 하시니 엇지하면 셔로 맛나보릿가?"

시즁이 쇼 왈,

"오래지 아니하야 집으로 다려오리니 그때 셔로 보라."

취랑 왈,

"연매 극히 침졍하야 경솔히 셤에 나리지 아니한다 하니 엇지 가배야이 우리 집에 오기를 즐기리잇고. 이제 한 계교 잇스나 연 어사ㅣ 나갓스매 반닷이 가즁이 고요할지라. 녀아ㅣ 몬져 져 곳에 나아가 종용이 졍분을 펴고 도라온 후 연매를 쳥하면 제 마지 못하야 올 듯하오니 만일 오지 아니하거든 회사치 아니함을 견집하면 제 인사를 아는 녀자이라. 아니 오지 못할지니 인<82>하야 잡아 두고 진 한림게 연통하면 계교대로 될 듯하온즉 엇더하니잇고?"

시즁이 숀벽 쳐 칭지 왈,

"나의 녀아는 진실로 지혜 잇는 녀자이로다."

하고 드듸여 슈십 일 후 다시 연부에 이르니 쇼져 남매 마자 반기며 자조 이르심을 사례하니 시즁이 은근히 애대하며 문득 쇼져다려 왈,

"너의 남매 날과 한가지 구생지의가 잇고 동셩에는 별로히 너의 지친이 업는지라. 우리 류 시도 다만 우숙과 자녀 량아쁜이니 너의 표종 사인이 엇지 졍분이 범연하리요마는 너의 남매 일졀 오가에 오지 아니하니 나의 자녀ㅣ 쏘한 이곳에 오지 아니하는지라. 이럼으로 피차 면목도 표종지간에 이럿틋 셔어하니 남이 아라도 엇지 붓그럽지 아니하리요. 허물며 녀아ㅣ 너의 쏫다온 일홈을 듯고 한번 셔로 맛나보아 졍회를 펴고자 한지 임에 오래되 질녀ㅣ 한 번도 내 집에 오지 아니하니 나의 녀아ㅣ 지친의 졍을 항상 잇지 못하나 규슈에 몸으로 집문에 나기를 어려 녀여 슈차 로부에게 말하기로 우숙이 대답하기를 연형이 츌외함으로 문졍이 젹요하니 잠간 단녀옴을 허하엿노

라.”

쇼져ㅣ 돈슈 사 왈,

“이제 슉부ㅣ 쇼질 등을 이럿틋 권애하시니 실로 각골하리로쇼이다마는 슉부ㅣ 젼일에는 여차 애즁하심이 업더니 도금 이럿틋 총애하심을 감격하거니와 쇼녀 남매는 젼혀 슉부를 엄친갓치 아압나니 바라건대 슉부는 친자녀갓치 아압쇼셔.”

하고 다시 고 왈,

“표형의 친쳑간 사랑하는 은애와 사모하는 졍이 감격한지라. 쇼질이 인사ㅣ 불민하고 식견 노둔하야 외가에 츌입함이 업난 고로 표형 등을 보지 못하고 사모하는 마음만 간졀할지언졍 감히 쳥치 못하엿거니와 만일 져져ㅣ 누사에 이르면 엇지 희행치 아니리잇고. 아지 못거라, 져져ㅣ 어느 날 올이잇가?”

시즁 왈,

“녀아ㅣ 너를 사모함이 깁흔 고로 명일이라도 오려 하나니라.”

공자ㅣ 왈,

“표매 오려 하면 우리 도리에 안연치 못하리니 시비를 보내여 쳥하사이다.”

쇼져ㅣ 공자의 말을 울히 녁여 양랑을 보내여 원 부인과 쇼져게 문후한 후 쇼져의 오려함을 칭사하고 간쳥하야 슉모ㅣ 한가지로 오심을 원하니 원 시 흔연이 허락하고 명일 녀아와 한가<83>지로 갈 뜻을 회보하니 쇼져ㅣ 방시로 더부러 가즁을 쇼제하고 범사를 셩비하야 기다리더라.

명일 원 시ㅣ 녀아로 더부러 연부에 이르니 공자ㅣ 즁문에 맛고 쇼져ㅣ 당하에 마자 슉질과 형뎨 한헌을 맛치매 연 쇼져ㅣ 옥셩낭음으로 슉모와 져져의 강님하심을 사례하며 반가온 회포를 펼 새 언어가 간곡하고 사의가 완젼하야 일언에 은근함이 빗나는지라. 원 시 쏘한 흔흔히 위로하고 류 쇼져ㅣ 연 쇼져를 밧비 보니 실로 듯는 바에 배승한지라. 엇지 한갓 옥빈홍안이며 취빈 운환을 일카라 절색이라 하리요. 다만 눈이 어리고 졍신이 상쾌한지라. 백태 쳔광이 진션진미하야 한 곳도 미진함이 업스니 자긔 갓흔 것은 나무 등걸에 분칠함과 갓고 즁츄 망월에 반대 불빗을 닷토고자 함과 갓흐니 자부하던 교심이 쇼삭하야 안하무인하던 마음이 져상한지라. 어린 듯 취한 듯 안색의 변함을 깨닷지 못하고 스사로 붓그러 머리를 펴지 못하더라. 연 쇼져ㅣ 류 쇼져를 보매 옥안화태 자약하야 안색이 미려하고 긔질이 표경하니 졸연이 그 품질이 유한졍졍치 아니함을 개탄하나 사촌이 그쁜이요 나히 상등하며 면모 아람다옴을 사랑하야 혼자 울젹하던 마음이 친쳑을 맛나매 깃부고 아리싸와 흔연한 빗을 씌엿스매 화왕이 동풍에 웃는 듯 유미셩안에 깃분 빗이 가득하엿스며 부용의 훈긔를 먹음은 듯 쥬슌에 옥치현영하니 일만 자태와 일만 교렴이 구비하야 그 용용작작한 형용을 한 입으로 형용치 못할지라. 원 시모녀ㅣ 황홀 여취하거늘 더욱 아담한 말삼이 옥울 싸리는 듯하니 사람의 경신이 자연 취하는지라. 류 쇼져 취량이 심디황홀하야 능히 언어를 슈작지 못하니 연 쇼져ㅣ 류 쇼져를 향하야 칭사 왈,

"쇼매는 죄악이 심즁하야 유시에 자모를 여희고 육아지통이 흉격에 막켯거늘 또 일신이 외롭고 영졍함을 더욱 슬허하는 바 져져의 아람다온 일홈을 일즉 앙모함이 매양 깁다."

하더라. <84>

원문 임화정연

第四編

第十九回
뎨십구회

연 쇼져가 외삼촌을 의심하야 비자를 보내셔 간계를 탐지하다
延姐疑外舅 遣婢探奸計

차셜. 연 쇼져ㅣ 류 쇼져 다려 왈,

"져져의 아람다온 향명을 흠모한 지 오래오나 피자에 규즁 녀자이라. 쳐신이 번거치 못하야 츌문 못 하는 고로 모친이 기세하신 후에 외가가 셔어하야 피차에 상견치 못함이 거의 십년이라. 유시 면목이 의희하야 그 셔어함이 남이나 다르지 아니하더니 숙부ㅣ 우뎨 남매를 우려하시고 또한 쳔만 뜻 밧게 숙모와 져져ㅣ 강림하시니 엇지 깃부지 아니하리잇가."

하고 이에 시녀를 명하야 다과를 나아와 권하며 친쳑의 후정을 펼 새 류 쇼져 취랑이 가라대,

"숙모 계시지 아니하니 인사ㅣ 차오함이 만코 친권이 셔어하니 야야ㅣ 션숙모를 생각하사 시시 감창하며 불초 우뎨를 경계하사 왈, '사촌 몃 사람 되지 아니하니 친동긔갓치 하라' 하시는 고로 쇼매 몬져 이르러 셔졍코쟈 함이요 또한 현매의 향명을 우뢰갓치 드럿스매 앙모함이 간졀하더니 이제 특이 이르러 현매를 보니 유시 면목이 의연한지라. 반가옴을 칙양치 못하니 차후는 친친이 의를 자별이 하야 동복 뎨매갓치 지내기를 바라로라."

하니 연 쇼져ㅣ 흔연 칭사하고 공자ㅣ 또한 슉질지졍과 표종지의를 일너 말삼이 곡진하고 션부인을 일카라 츄모함을 마지 아니하더라. 이제 쥬과를 셩비하야 극진 관대하며 종일토록 셜화할 새 원 시의 졍졍함은 일즉 아랏스나 취랑의 거동이 아람답지 아니하야 녀자의 졍슉한 태도는 바이 업고 말삼이 빗나며 예모ㅣ 잇지 아니하고 용모ㅣ 아람다오나 졍대치 아니하고 우람경쳔하며 심디 어지지 못하야 그 셩질이 본대 대간대악은 아니로대 심사ㅣ 부졍한 녀자이요 번화하야 규즁 슉녀는 되지 못할지라. 연 쇼져ㅣ 일견하매 깁히 괴탄하고 친애지졍은 업셔 간교한 사람으로 능쇼능대한 녀자<85>이니 다만 친쳑의 졍분으로 후대할 쌴이러라.

날이 졈을매 원 시는 도라가 취랑은 머무니 쇼져ㅣ 슉모 원 시를 배별하고 취랑으로 더부러 침쇼에 도라오니 취랑이 쇼져의 침실에 이르러 눈을 돌여 보니 루사 표묘졍결하며 긔구지물이 간약하되 화려졍결하야 산호 셔안에 『열녀젼』이 노혓고 백옥 연갑에 용슈사필과 오색츈지며 효행례졀의 셔책이며 슈틀 방젹집물이 졍쇄치 아니함이 업고 운병아상에 금침이 쇼아졍결하며 백옥 향노에 향취 애애하며 깁장에 풍경이 더욱 가려하니 거쳐의 졍쇄함이 남자로 더부러 방불한지라. 쇼져의 시녀도 거지 공숀하고 례뫼 빈빈하야 규방 쇼아의 거쳐로대 졔졔 엄졀함이 군신 갓흐며 쇼션의 셜부화용과 취빈운환이 졀세하야 연 쇼져 곳 아니면 상등 사람이로대 긔긔묘묘하고 쳬지황홀하야 쇼져와 방불하니 짐짓 요조가인이라. 자긔 갓튼 용모와 동지 거동은 쇼션에게 비하야도 십백 층에 나리는지라. 심니에 놀납고 칭찬함을 마지 아니하며 일생을 자부하던 교심이 져상하니 슈괴 앙앙하야 심사 울울하나 사색지 못하고 다만 은근한 형색으로 회포를 말삼하야 밤이 맛도록 담화하며 경쳔우람한 거동이 타인이 알가 두려 하나 더욱 현져하니 쇼션이 심하에 냉쇼하야 불쾌히 녁이더라.

인하야 슈일을 지나매 담론함이 다 슉녀, 졀부의 말삼이 업고 이르는 바다 탁 시와 교녀의 일을 아람다이 녁이며 언언이 부졍하고 동지 경쳔하니 연 쇼져ㅣ 그윽히 불쾌하야 심사를 여러 극진이 대졉함이 업더라. 이러구러 사오일이 지나매 시즁이 또 이르러 질녀를 귀즁하며 녀행을 경계하니 쇼져ㅣ 응대하고 사례할 ᄲᅮᆫ이러라.

이ᄯᅢ 진생이 류 시즁을 대하야 궁극한 계교를 가랏쳐 연 쇼져를 취코자 하야 번민함을 마지 아니하더니 슈일 후에 이르러 연부 쇼식을 무르니 류 시즁이 가마니 녀아 취랑으로 계교를 가랏쳐 연부에 이르러 여차여차한다 하니 진생이 대희하야 사긔를 부모게 고치 아니하고 가마니 례폐자장을 일일히 갓초와 기달일 새 진생이 셩 밧게 일개 별원이 잇스니 그 제도ㅣ 굉장 슈려하고 젼후 원림이 무셩하야 경<86>개 긔려하니 삼츈 화시를 당할진대 쇼인 묵객과 공자 왕숀 등이 유상하나 니 만흔지라. 노복을 두어 슈직할 새 호상국에게 알게 하지 못할 일인 고로 별원 직힌 자를 달내여 은자를 쥬고 '내 잠간 피우할 일이 잇다.' 하고 이곳을 비러 셩례코자 하며 연 쇼져를 취하나 부즁에는 일졀 머무지 못할 일인 고로 가마니 쳔금을 훗터 가사를 ᄡᅡ로 졍하야 자미로이 살기를 계교하더라.

시시에 진부에서 리 시와 호 시 셔로 싀긔하야 가내를 어즈러이 하되 낭즁 부쳐ㅣ 능히 검치 못하고 날로 괴로옴을 이긔지 못하니 진생이 량인의 불초함을 혐의하야 졈졈 졍의 셩긔여 침쇼를 찻지 아니하는지라. 이럼으로 리 시는 앙앙분분하나 상문을 매양 두리여 셩품을 진졍하야 참음이 만으되 호 시는 포악하야 간악함이 무쌍한 녀자로 더욱 호 상국의 위세를 밋는 고로 일호도 긔탄함이 업셔 안하무인하야 투긔 심함으로 리 시 질매하기를 시녀와 갓치 하고 구고를 휘ᄲᅮ림이 태심하며 또 가부를 능멸하야 노예갓치 알아 셔안을 ᄲᅮ다리고 심지어 욕셜 포악이 무쇼부지하야 자의 방죵하니 생이 대로하야 ᄉᆞ지즈며 졔어하랴 한즉 몸을 바리고 셩악을 마음대로 부려 엇지 일호나 두림이 잇스리요. 이럿타시 가내 졈졈 요란하야 쥬야로 젼장이 되엿스니 호 시 저의 슉부의 세력을 빙자하고 구가 보기를 홍모갓치 하니 구고 통한하나 매양 것으로 어루만져 흔연이 대졉하니 실은 리 시를 두호애고함에 호 시 엇지 리 시를 사랑하는 긔색을 아지 못하리요. 구고를 더욱 미흡히 녁여 분한함을 흉즁에 품고 사오나온 욕셜이 더욱 심하니 호 상국이 녀자의 투긔를 항상 배쳑하는 고로 호 시를 대책하야 투긔와 발악함을 엄금하고 대톄로 부녀의 도리며 규즁 녀행을 경계하야 볼 젹마다 엄절히 말하니 호 시 젹이 두리여 긔운을 마음대로 펴지 못하는지라. 진생이 호 시를 통한하야 단졍코 부부의 은졍이 업슬지언졍 상국을 두리여 내칠 의사를 두지 못하는지라. 리 시는 진생으로 더부러 은애지졍이 젹은 즁 례모ㅣ 양슌치 못하야 생을 볼 젹마다 울고 보채이니 일로 인하야 쏘한 은졍이 졈졈 쇠한 고로 양쳐 <87>ㅣ 다 불합한지라. 고로 더욱 연 쇼져의 향명과 졀색임을 듯고 취할 마음이 간졀하야 부모 쳐자도 아지 못하게 싼 집을 졍하야 두고 완젼한 화락을 도모코자 하니 대져 대장부의 쇼견이 이갓치 협애하야 차일 내에 연작의 집을 일우려 함이 진상문에게 비함이러라.

시시에 류취랑이 연부에 머무런 지 슈일이 되엿스매 시즁이 시녀를 부려 다려가니 연 쇼져ㅣ 각별 말유치 아니하고 다만 은근히 리별할 새 취랑이 간졀히 쳥하야 한 번 부즁에 오기를 원하니 연 시 박졀히 물이치지 못하야 은근히 허락하더라. 취랑이 도라가 시즁에 뵙고 연 시의 아람다옴을 젼하매 시즁이 깃거 하더니 진 한림이 자로 이르러 연 쇼져의 쇼식을 탐졍하는지라. 이에 시즁이 녀아를 가랏쳐 연 시를 쳥하라 하니 취랑이 시즁의 명을 듯고 이에 글을 닥가 시녀를 재촉하야 연부에 보내이니 연 쇼져ㅣ 류 시의 셔자를 보매 사의 은근하야 리별한 후 사모하는 졍이 지상에 은근하고 쳥하는 쯧이 간졀하나 셔즁사의 십분 교활하야 보이매 심하에 냉쇼하고 회답하야 보내되, '근일에 몸에 미량이 잇셔 츌문치 못하오니 쾌차하기를 기다려 회사할 바를 도모하노라' 하야 사의 십분 졍대하거늘 취랑이 연 쇼져의 답셔를 보고 로 왈,

"연 시의 교만 방자함이 엇지 이러틋 심하뇨. 내 친이 제 집에 몬져 갓거든 제 엇지 스사로 존즁한 톄 하고 회사하기를 불응하니 가히 통분하도다."

하고 글을 밧드러 부모게 드리니 시즁 부쳐ㅣ 쏘한 대로하야 꾸짓고 친이 가셔 다려오랴 하더라.

이때 연 쇼져ㅣ 류가 시녀를 회답하야 보내고 심즁에 불안하야 침사묵연이러니 쇼션이 고 왈,

"류 쇼져의 쳥한 뜻이 간절하올 쁜더러 류 쇼져ㅣ 몬져 다녀갓거늘 엇지 한 번 회사함을 안기시리잇고?"

쇼져ㅣ 왈,

"류가 져져ㅣ 친쳑의 후의를 극히 다졍히 하고 숙부ㅣ 날을 귀애하시며 류 시의 집이 나의 외가이니 무삼 혐의가 잇스리요마는 나의 행신이 규즁 쳐자이라. 츌입함이 례 밧긔요 쏘 내 마음에 의심하는 일이 잇셔 경솔이 움작이지 아니하나니 만일 숙부ㅣ 로하사 책하시면 추사키도 어렵고 사세 난쳐하니 일로써 심사ㅣ 편치 못하도다." <88>

션이 대 왈,

"다른 말삼은 모다 올삽거니와 의심된다 하심은 무삼 뜻이온잇가?"

쇼져ㅣ 침음하다가 왈,

"비배를 대하야 외숙의 과실을 론람함이 가치 아니하나 진실로 너는 나의 심복이요 하류 즁에 불학무식지 아니한 고로 나의 심즁 쇼회를 토진하야 이르노라. 외숙 시즁이 평일에 심히 박졍하야 션부인 기세한 후로 우리를 각별 고렴함이 업셧고 부친과 뜻이 상합지 아니하야 항시 친애지졍이 붕우만 갓지 못하엿고 우리 남매를 차자 갓가히 함이 업셧고 져젹 야야ㅣ 슌무로써 행하실 때 면강하야 잠간 단여 가시고 우리를 다시 차자 고휼함이 업다가 홀연 이르러 은근 유졍하야 권애하심이 날로 더하시니 이것이 크게 의심하는 바요, 류가 취랑 져져를 모친 생시에 피차 삼사 때에 상견한 후 일졀 고문

함이 업더니 불의 금자에 규슈의 몸으로 불고톄면하고 이에 이르러 은근함이 극히 슈상하니 이 가온대 무삼 묘맥이 잇난가 의심하니 내 엇지 경솔히 움작이리요."

쇼션이 쳥파에 웃고 왈,

"쇼져ㅣ 깁히 생각하심이 쇼비의 뜻하는 바와 갓흐오이다. 쇼비 류 쇼져를 살펴 보오니 그 용모는 미려함이 잇스나 음일경쳔함이 창녀와 갓흔 즁에 방종 무식한 녀자오니 결단코 쇼져를 친애함이 협사한 듯하오며 조흔 뜻이 아니요, 쏘한 류 로야의 동지 크게 의심되고 슈상하거늘 쇼져ㅣ 쇼비의 말만흠을 젼일에 책하시니 감히 다시 일캇지 못하엿스나 심즁에 의심이 만복하더니 이제 쇼져의 의심하심이 맛당하시니 원래 류 시즁이 무삼 암계로 쇼져를 불시에 후대하시는고. 쇼비는 실로 깨닷지 못하리로쇼이다."

쇼져ㅣ 왈,

"슉부 부자의 동지 리상함을 의심할지언졍 그 쥬견이야 어이 알이요."

션이 대 왈,

"쇼비의 쳔견에는 반닷이 쇼져를 달내여 리를 탐하야 금을 밧고 쇼져를 권하야 유협탕자에게 친사를 이루려 함인가 하나이다."

쇼져ㅣ 션의 말을 듯고 졈두하거늘 쇼션이 다시 가라대,

"쇼비의 쳔견에는 이 일을 알 길이 업스니 쇼져ㅣ 맛당히 영리한 차환을 가랏쳐 류부에 자조 왕내하야 그 긔미를 탐관하고 류 쇼져를 달내여 져의 쇽을 썝아 눈치를 안 연후에 방비할 도리를 생각<89>하야 쥬션하심이 조흘가 하나이다."

하니 쇼져ㅣ 매우 쳑연한 빗을 씌여 일오대,

"내 뜻과 네 쇼견이 비록 갓흐나 이 쇼임을 맛당히 할 사람이 업고 반닷이 긔미를 탐지하야 혜아림과 다름이 업슬지라도 아즉 부친이 환가하실 긔약이 업고 쏘 츈경 공자ㅣ 아즉 해제를 면치 못하엿스니 당차지시하야 변고

를 막아냄이 용이치 못할 것이매 일로써 민울하고 근심하노라."

셔이 또 가라대,

"아모려나 져의 긔미를 몬져 아온 연후에 자연 제방할 도리가 잇슬 것이니 엇지 망매히 아지 못하고 쇽슈하고 잇스리요. 미리 알고 잇슴이 상책이니 셜마 져의 계교를 방어치 못하리잇가."

쇼져ㅣ 왈,

"너의 말이 졍히 내 뜻에 합당하나 가즁 시비 즁 영오한 자가 잇지 아니하니 모롬즉이 이를 엇지하면 조흐리요."

쇼션 왈,

"자취의 위인이 츙근 민혜하오니 이런 사유를 자셔히 일너 류부에 가 착실 탐졍케 하심이 가하니이다."

하고 즉시 류부에 보내기로 졍하니라.

시시에 시즁이 연 쇼져를 권유하야 다려가고자 하야 연부에 이르니 츈경 공자ㅣ 연망이 류공을 마자 례필 좌졍 후 공자ㅣ 무릅을 쑤러 근일 존후를 뭇자온대 공이 눈셥을 찡긔고 왈,

"션매져ㅣ 기세하신 후 너의 남매를 친자녀갓치 무휼하더니 근일에 질녀를 보고자 하야 녀아를 가랏쳐 슈셔를 보내여 보내라 하엿더니 시비의 젼언으로써 신병이 잇셔 오지 못함을 칭탁하니 엇지 한심치 아니하리요마는 내 오날 다시 이름은 매형이 외방에 나아가고 너의 남매 외로옴을 긍렴하야 우션 질녀의 불슌함을 책하고 내 집에 다려다가 녀아와 한대 두고 슉질의 졍을 다하야 슬하에 무애코자 다리러 왓노라."

공자ㅣ 대 왈,

"슉부에 분부를 거력코자 함이 아니라 매져의 병이 여러 달을 신고하야 상셕을 써나지 못하와 봉승치 못함이니다."

류공이 공자의 말을 듯고 침읍하기를 마지 아니할 새 쇼져ㅣ 류공의 왓

슴을 듯고 대경하야 쇼션으로 더부러 의론하되,

“숙부ㅣ 몬져 날을 보랴 하야 드러오사 나의 모양을 보시면 반닷이 칭병함이 가탁이라 하시리니 드러오시기 젼에 네 나아가 병이 드러 뵈압지 못함을 고함이 올타.”

하고 급히 내여 보내니 차시 류 <90> 시즁이 외당에 좌하야 공자로 더부러 쇼져의 병을 말삼하거늘 쇼션이 쇼져의 명을 바다 외당에 나아와 류공게 고 왈,

“숙부ㅣ 누디에 쏘 왕림하시니 맛당히 쌀이 나아가 뵈옴을 생각하오나 미약한 몸에 우연이 병이 드러 츌입을 못 하기로 숙부를 뵈압지 못하나이다.”

시즁이 고지듯고 가라대,

“가을이 깁헛고 금풍이 쇼슬하야 곡식이 익을 때이라. 약질의 사람드리 츙실치 못하면 약한 몸이 응당 촉감이 가려이니 조심 조보하라.”

하고 쇼져에게 젼어하야 렴려하는 쓰을 이르고 도라가니 취랑이 부친게 엿자오되,

“연매를 보시니잇가?”

시즁 왈,

“질녀ㅣ 과연 병이 깁허 츌입지 못하기로 보지 못하고 도라왓노라.”

취랑 왈,

“이는 반닷이 추탁한 병이니 부친이 드러가 병셰의 엇더한 것을 보지 아니하셧사오니 엇지 일을 이갓치 범연히 하시니잇가. ‘연 어사ㅣ 계시지 아니하고 츈경이 년유하니 내 친히 약으로 다사려 치료하리라.’ 하시면 졔 감히 양병치 못하리이다.”

시즁이 가장 올히 녁여 녀아의 영혜함을 칭찬하더라.

이날 자취 류부에 이르러 류 쇼져를 보고 왈,

"우리 쇼져ㅣ 여러 날 뵈압지 못하와 앙모하는 졍을 고하시며 시즁 로야ㅣ 택상에 와 계시되 슈일 내 미량이 계신 고로 또한 몸을 나아가 알현치 못하시매 마음에 황공하와 비자로 하야금 쇼져게 이런 사연을 알외라 하시더이다."

취랑 쇼져ㅣ 일오대,

"우리 로야ㅣ 너의 택상에 다녀오사 '쇼져의 신병이 잇더라' 하시고 근심하시니 듯기에 놀나와 나 역시 금일 시녀로 하야금 문후코자 하더니 네 몬져 왓도다. 너의 쇼져ㅣ 어대가 불평하시며 증세가 대단치 아니하시냐? 원렴이 무궁하야 우려하노라."

자취 대 왈,

"우리 쇼져ㅣ 각별 대단치는 아니 하시나 긔질이 연약하시고 텬품이 강장치 못하신 고로 쇼쇼한 병이라도 휘지기를 슈히 하시는지라. 로야ㅣ 이르신 때에 뵈압지 못하고 우탄하사 쇼비를 보내여 사례하시더이다."

인하야 류 쇼져를 우러보고 왈,

"우리 쇼져는 쇼져와 갓치 강렬한 긔운이 업셔 미량이 잠간 계신즉 정신이 엄엄하시니 답답하오되 이제 시즁 댁 쇼져는 졍신이 조흐시고 긔운이 강강하와 픔질이 완젼하시<91>니 옥부화모ㅣ 갓초 빗나고 완구하야 오복이 구존하심이 안모에 현져하시거늘 우리 쇼져는 미약하심이 비유컨대 실낫 갓흐며 미풍에도 날이일듯 일신이 슈쳑하사 심히 단슈하실 쓧하고 복긔는 아조 업셔 뵈이더니 쇼져를 뵈오매 행동 톄형이 안졍유일하고 옥보방신이 요요작작하사 후일에 군자 호걸의 백냥우귀함을 맛나 백세동락을 무궁하실 덕용이 면모에 낫하낫스며 명년 이후로 백 세까지 복록이 거룩하야 한 곳도 험할 곳이 업고 신슈ㅣ 대길하야 일후에 자숀이 창셩하며 부귀영화ㅣ 극진하시리니 어느 곳에 팔자 조흐신 경승하실 랑군이 쇼져의 배필이 되실난지 바라건대 쇼비의 말삼을 밋지 아니하시거든 장내를 보아 쇼비 긔망하온 즁죄를 당하리이다."

취랑이 자취의 말을 듯고 어린 듯 긔운이 양양자득하야 가라대,

"너의 쇼져의 옥 갓튼 태도는 만고에 무쌍하리니 날 갓흔 무용둔질이 엇지 감히 비기리요. 연하나 고금 이래로 졀색가인이 다 박복한 고로 셔시와 태진이 다 경국지색이라도 다 박명하엿스며 탁문군이 과부ㅣ 되엿스니 녀자의 재용이 불긴한지라. 연매의 용모와 자태 너모 공교롭고 긔질이 연연하야 박복한 형상이라. 너의 등의 쇼견과 안목이 션명 긔이하도다."

자취 심하에 가소로이 녁이고 그 심졍을 분히 녁이나 류 쇼져의 말삼이 모다 올흠으로 일캇고 짐짓 질겨 오래 머무르며 혜일한 말삼이 그 마음에 흡족하게 아쳠하니 취랑이 깃거 친애함이 지극하야 살을 버혀 먹일 뜻이 잇셔 마음을 기우려 화답하더니 문득 문 밧이 요란하거늘 자취 고히 넉여 문 왈,

"밧게 엇더한 숀이 왓건대 이갓치 요란하니잇고?"

취랑 왈,

"진 한림 로야ㅣ 와 계시니라."

취 왈,

"진 한림이 뉘시며 엇지하야 오시니잇고?"

취랑이 문득 자긍을 하야 자긔 집 형세를 자랑코자 하야 왈,

"져 진 한림의 일홈은 상문이요 나희 이십이 차지 못하엿스나 재명과 물망이 혁혁하고 품슈한 긔질이 남즁일색으로 풍신이 일세에 싸혀나매 만됴즁에 일인인 고로 텬자ㅣ 특춍극애하시니 그 권세와 부귀가 호 상국의 버금이요, 쏘 심졍이 인자 관후하야 우리 야야의 오래동안 침치하<92>심을 듯고 가탄하야 특별이 사괴여 발쳔하기를 허락하고 매사를 우리 상공과 의론하시며 오히려 늣게 만남을 한탄하니 우리 일가ㅣ 져를 감격하야 대졉이 극진한 고로 됴셕으로 왕래하니 허다 거마 복종이며 츄종이 옹위하야 다니니 쇠한 문졍이 자연 번화하야 영광이 무궁하고 져 상공이 이르면 허다 배리 문젼

이 메여 요란하거니와 너희 댁도 그러하더냐?"

자취 쳥파에 헤오되,

'져젹에 우리 로야ㅣ 계실 때에 우리 쇼져와 친사 구하던 진 한림 상문이 세력도 만코 권세가 잇다 하더니 반닷이 이 사람이로다.'

문득 의심이 맹동하되 사색지 아니하고 다른 말삼을 하다가 이르되,

"쇼비 이곳에 온 지 오래되엿스니 우리 쇼져ㅣ 책하실가 두리여 도라가려 하나이다."

류 쇼져ㅣ 젼어를 회답하야 보내며 자조 오라 하더라. 자취 하직하고 이에 가마니 빈 담 뒤에 나아가 외당의 말삼 쇼래를 여어드르니 류 시즁이 무삼 말을 은근이 하며 숀을 다리고 셔당에 와 말삼할 새 날이 치운 고로 문을 닷고 말삼하거늘 자취 종젹을 감츄여 뒤흐로 와셔 창 밋해 업대여 드르니 시즁이 진 한림을 대하야 말삼이 종용하거늘 과연 자셔히 보니 옥모 영풍이 아람답고 긔이하야 짐짓 일세의 긔남자이라. 마음에 신긔히 녁이고 애즁히 녁이나 그 형용이 사람으로 하야금 황홀한지라. 빗난 상아 의상에 단졍이 안잣스니 비컨대 신션이 하강한 듯한지라. 진 한림이 시즁을 대하야 왈,

"쇼생이 쥬야로 령질 쇼져를 사모함이 하로 열두 시로 급하거늘 지금껏 조흔 쇼식이 업나잇가?"

시즁 왈,

"질녀ㅣ 맛참 풍한으로 촉상하야 조리하기로 인교를 거나리고 연부에 내 친히 갓다가 병세를 보고 아즉 다려오지는 못 하엿스나 일간 병이 나흐면 즉시 다려오리니 쳥컨대 한림은 의심치 말고 젼일 말삼하던대로 례물을 갓초 마니 차려 넉넉히 하되 시러금 범사를 쥰비하야 때를 기다리라. 질녀ㅣ 뜻이 놉고 마음이 고상하니 눈에 차도록 하고 부대 간략하게 차리지 말며 만생의 말과 갓치 십분 빗나게 하야 랑패치 말나."

한림이 우스며 왈,

"쇼생이 비록 빈한하나 이제를 당하야 쳔금 례물과 만금 자장은 군색지 아니케 하<93>리니 무삼 렴려가 잇셔 이갓치 말삼하시나잇고. 대인으로 하야금 근로치 아니케 하오리니 다만 쇼생의 쇼원을 쇽히 이루어 백년을 반셕갓치 굿게 하야 쥬시면 쇼생이 맛당히 가장을 기우려 대인을 셤기고 놉흔 벼살과 만종후의 록봉을 어더 로년의 영화와 부귀를 가득하게 할 것이니 쇼생들의 뜻한 바 슈히 일워쥬시기를 만 번 츅슈하며 고대하압나이다."

시즁이 흔흔락락하야 나룻을 쓰다듬어 일오대,

"질녀의 친사는 내 슈즁에 잇스매 병 곳 나흐면 즉시 다려 오리니 한림은 그 사이 황도 길일을 택할지어다."

시비 자취 차언을 듯고 모골이 송연하고 쎠 슷치 져리매 날의 치움을 잇고 가마니 잇셔 종말을 다 듯지 못하고 급급히 몸을 도로혀 부즁에 이르니 시시에 쇼션이 몬져 보고 문 왈,

"무삼 일로 인하야 그다지 더듸이며 너의 모양이 황황하야 보이니 엇젼 연고이뇨?"

자취 일오대,

"져져는 번거이 웃지 말나. 내 류부에 갓다가 큰 변의 말을 듯고 대단 놀납기로 정신을 진정키 어려워 나의 긔색싸지 다르도다."

션이 이에 이르되,

"아마 무삼 묘맥이 잇도다."

하고 자취를 잇글고 침쇼에 나아가니 쇼져ㅣ 더듸옴을 책하거늘 자취 좌우를 물이치고 몬져 진 한림과 류 시즁이 계교를 내여 쇼져로 하야금 병이 쾌차하시면 친히 다려다가 진 한림의 원을 풀고 놉흔 벼살과 녹봉이며 례단은 우션 쳔금에 지나고 가장지물을 마음에 흡족히 차려 질아의 안목에 들도록 하라 하고 재삼 부탁하며 쇼져 다려가기는 시즁 로야의 슈즁에 잇다 하며 그 외에 허다한 셜화ㅣ 망측 고이하기로 대강 고하압나니 이를 장찻 어이

방비하리잇고. 쇼져ㅣ 쳥파에 골경신해하야 말을 일우지 못하고 길이 탄식하야 긔운이 막힐 듯하거늘 쇼션이 발연 대로하야 쇼져게 고 왈,

"류 상공은 진실로 이젹의 행실이라. 엇지 악한 계교를 쑴여 질녀를 팔아 부귀를 도모하려 하난고. 져런 흉참 괴물의 놈이 쳔고의 업슬지라."

하고 분긔 쳘텬하니 쇼져ㅣ 정신을 진정하야 추파를 흘여 정색하고 왈,

"우리 외슉의 불미함은 그러하거니와 즉 나의 슉부시고 션부인의 동생이시라. 이제 여등의 감히 방자함이 여차하야 상<94>하 톄례를 일호도 생각지 아니하고 언어를 무상히 하야 우흘 촉범함이 이 갓흐니 이는 나의 어하하는 도ㅣ 잘못한 허물이 젹지 아니하거니와 너의 방자 무엄함을 내 생각하매 엇지 한심코 통치 아니하리요."

쇼션이 황공하야 사죄 왈,

"쇼비의 우쥰한 생각에 류 상공의 음모지사를 드르매 일시 격분하와 경숄한 말로 상하지례를 밋처 도라보지 아니하고 방자 무례하엿사오니 죄당만사오나 쏘한 쇼져는 외슉의 졍분과 친쳑의 후의를 생각하야 공경하시거니와 아지 못거이다, 엇던 슉당이 타인과 동모동심하야 골육지친을 몹슬 곳에 드리치고자 하는 그 공노로 관작을 엇고자 하니 이러한 구생지간은 일즉 쳔인에셔도 보지 못한지라. 류 로야의 불인무상하심은 일텬지하에 대두하 리 업는지라. 고인이 운하시되 '임군이 신하를 사랑치 아니하면 신하ㅣ 그 임군 보기를 원슈갓치 한다' 하엿스니 이제 류 로야의 무상패약하고 음흉불인하심이 생질녀를 팔아 부귀를 누리고자 하심이니 군신존비와 상하지분이 일톄이라. 쇼비의 일단 츙심은 쇼져를 위하야 쥭을 일이라도 사양치 아니리니 쇼비 엇지 져를 공경할 쯧이 잇사오며 쇼져게셔도 져러한 멸륜패상하는 슉부를 굿하야 심복하시며 질녀를 사랑치 아니하는 슉부에게 무삼 분의를 정셩썻 차리시니잇가. 진 한림이 져젹에 우리 로야게 구친함이 간졀하되 로야ㅣ 진가의 간악함을 쓰리실 쁜 아니라 쏘한 진생의 량쳐 잇슴을 드르시고 긔위

물이쳐 게시니 진가ㅣ 일로 앙앙하야 하던 차에 우리 로야ㅣ 밧게 나아가신 틈을 타 불인무상한 류 로야를 달내여 흉계로 도모하야 억탈로 우리 쇼져를 취코자 하니 류 로야ㅣ 다만 부귀를 달게 녁여 이럿틋 흉참하오며 쏘 쇼져를 여러 번 와셔 달내고 류 쇼져는 쳐자의 몸으로 남의 친사를 도모하는 좌사마ㅣ 되여 친이 쇼져를 유인하야 자긔 집으로 다려가고자 하니 세상의 이러한 더러온 인물이 어대 잇스리잇고. 제 임에 숙질지의를 생각지 아니하고 이러틋 불의에 일을 행하거늘 쇼져ㅣ 쏘한 엇지 향모하는 졍셩이 잇나니잇고. 쇼비는 다만 쇼져를 위하는 츙셩<95>이 촉촉하야 츙심을 다할 짜름이라. 엇지 쥬인을 해코자 하는 사람을 원슈로 보지 아니하리잇고. 류 쇼져의 행동거지는 재상문미의 규슈지례가 아니로쇼이다."

쇼져ㅣ 쳥필에 아미를 찡긔고 왈,

"숙부의 불인하심은 참아 인졍이 아니시나 아동이 엇지 원망함이 올흐리요. 슈연이나 다행이 진가의 묘계를 아랏스니 죡히 방비할 것이요, 내 칭병하고 움작이지 아니하면 숙부ㅣ 엇지하리요. 야야ㅣ 도라오실 긔간이 머지 아니하엿스니 이제로부터 내외를 엄히 하고 숙부를 속여 내 병이 일향 즁하다 하야 야야의 도라오시기를 기다릴지니 부친이 오시면 뉘 감히 여어보리요."

쇼션이 고요이 쇼져를 뫼셔 듯기를 다하고 다시 가라대,

"쇼져의 말삼이 비록 의리에 당연하오나 쇼비의 쳔견에는 류 로야ㅣ 저 진가에게 유뢰를 만이 밧앗슬진대 놉흔 벼살과 후한 녹봉을 식여 쥬기로 단단이 언약하엿슬 것이니 결단코 쇼져의 신상을 무사이 두어 규방을 직히고 잇지 못하게 할지니 이는 목젼의 큰 근심이요, 비록 아즉은 칭병하야 화를 면할지나 필경은 간흉지인이 임에 모계를 내엿슨즉 반닷이 그 쓧을 느리게 아니 할지라. 이로부터 간인이 흉참한 계교 층생쳡출할 것이요, 류 로야ㅣ 임에 욕심이 동하엿스니 우리 로야 도라오시기 젼에는 그 계교 밋지 아니할 곳

이 업슬지라. 쇼져의 슈단으로 엇지 능히 져 량인의 흉참한 계교로 쥬야 겁탈코자는 변고를 이루 막지 못할가 하나이다. 쇼져ㅣ 만일 져의 싀에 싸지지 아니하고 욕을 면코자 하실진대 규슈의 몸으로 비록 난쳐하나 일즉 공자와 의론하시고 집을 써나 타쳐에 잠간 피신하엿다가 우리 로야ㅣ 환경하신 후 도라오심이 맛당할가 하나이다."

쇼져ㅣ 탄 왈,

"내 비록 혼암하나 어이 생각이 업스리요마는 만사ㅣ 다 텬명이라."

하더라.

第二十回
뎨이십회

연·졍 량져가 의로 동긔를 맷고 비자 가월의 모략이 신긔하다
延鄭兩姐結義同氣 婢子佳月謀略神奇

<96> 차셜. 쇼져ㅣ 왈,

"내 비록 혼암하나 엇지 이러한 생각이 업스리오마는 사사ㅣ 텬명이오 또 재앙이 유슈하니 져 불인무의한 쇠가 공교하나 날을 경솔이 움작이지 못할 것이라. 그러하나 쇼인의 흉계는 칙양치 못하나니 나는 다만 몸을 닥고 정신을 슈습하야 명교를 셥엽하면 반닷이 신명이 묵우하시리니 공연히 어즈러이 번뢰함이 무익할가 하노라. 제ㅣ 백 가지 흉계로 도모하거든 나는 백방으로 물니치리니 녀는 요란히 하야 누셜치 말고 류가 시녀와 류 로야 오시거든 내 일향 병와하엿슴을 젼하라."

하고 방 시를 쳥하야 가마니 연고를 이르니 방 시 실색 통해 왈,

"로야 임행에 진가의 변이 잇슬가 렴려하시되 류 로야를 인연할 쥴은 몽매에도 생각지 아니하시더니 사람의 간계 여차함은 진실노 의외이니 인심이 불가칙이라. 밋을 사람이 업도다."

홀연 깨다라 왈,

"져젹 젹은 종년이 제 형의 병을 보러 갓다가 도라와 진가의 부귀함을

칭찬하야 여차여차하기에 내 대책하엿더니 이년이 반닷이 달냄을 드럿도다.”

하고 십분 분노하거늘 쇼져ㅣ 왈,

“차비를 가즁에 두면 반닷이 의심하리니 여차여차하쇼셔. 연이나 차비 응당 정젹을 누셜하리니 셔모는 멀니 치우쇼셔.”

방 시 올히 녁여 응락하는지라. 쇼션이 고 왈,

“셤을 만일 연고 업시 내여보내시면 반닷이 의심하리니 여차여차하옴이 조흘가 하나이다.”

방 시와 쇼져ㅣ 깨다라 방 시 즉시 침에 도라와 셤을 불너 왈,

“이때 가을이 깁헛스니 백곡이 다 셩슉하엿슬지라. 목화 싼 것이 만흐나 집에 드려 오면 쇼져ㅣ 계시고 이목이 번다하니 네 어미 셩외 농장에 잇슨즉 네 요사이 게 가셔 면화를 바쇼와 어미로 더부러 길삼을 잘하야 여러 필 미명을 짜 두라. 팔아 내 것을 삼고 또 너도 후이 쥬리라.”

하며 목화 여러 근을 쥬어 가게 하니 셤이 대희하야 즉일 제 세간을 슈습하야 가지고 셩외 농장 제 어미게로 가니라. 쇼져ㅣ 칭병함을 더욱 심히 하야 호졍 츌입을 아조 끈코 방 시 쇼져의 유병함을 근심하니 일가 로쇼ㅣ 다 쇼져의 유병함을 근심하더라.

슈일 후 류 시즁이 이르러 공자를 보고 쇼져의 병을 무르니 공자ㅣ 근심하는 빗을 씌고 왈,

“져져ㅣ <97> 졸연 촉상하야 대단치 아니하더니 이제부터 증세 극히 즁하온대 대인은 집에 게시지 아니하시고 쇼질은 미거하기로 상당히 의치함을 엇지 못하오니 민망하여이다.”

시즁이 대경 왈,

“진실 이 갓흘진대 맛당히 의원을 보고 약으로 다사릴지니 나를 인도하야 병을 보게 하라. 증세를 보아 의원에게 젼하리라.”

공자ㅣ 황망이 방지하야 왈,

"져져의 례졀이 가장 고집하야 쇼질도 병실에 드지 못하게 하오니 슉부ㅣ 드러가지 못하리이다."

시즁이 변색 왈,

"내 비록 용열하나 너의 슉부이라. 엇지 셔로 내외하리요. 너의 셔모ㅣ 잠간 피함이 조흐리로다."

공자ㅣ 다시 막지 못하야 왈,

"슉부의 원려하심이 감은하온지라. 엇지 츄탁하오리잇가마는 져져의 고집이 극진하사 쇼질도 병실에 드지 못하게 하시니 슉부ㅣ 드러가 보고자 하실진대 몬져 통하쇼셔."

시즁이 즉시 차환을 불너 쇼져게 보하니 쇼져ㅣ 엇지 쳥납하리요. 쇼션을 부려 말삼을 젼하야 왈,

"쇼녀ㅣ 풍한으로 금요에 싸이엿사온즉 슉부ㅣ 비록 부모 갓흐시오나 남녀ㅣ 현격하오니 슉부ㅣ 질녀의 병을 보고자 하심은 감격하오나 후일 회복하압거든 사죄하리이다."

시즁이 노 왈,

"내 비록 남자이나 슉질지간이라. 이갓치 츄탁하니 아지 못게라, 이는 반닷이 날을 용렬히 녁임이로다."

쇼션이 대 왈,

"쇼져ㅣ 젼일에도 매양 유병하시면 우리 로야게셔도 증셰를 밧으로 무러약을 다시리시고 로야ㅣ 일즉 드러와 보랴 하시면 우리 쇼져ㅣ 병쇼ㅣ 누츄함을 사양하시고 병이 나으신 후 쟝쇽을 졍졔하야 로야를 뵈압던 바이오니 이제 역시 로야를 외대하심이 아니라. 쇼져의 레법이 고집하신 연고이오니 복원 로야는 고이히 녁이지 마르쇼셔."

시즁이 쳥파에 묵연하야 다시 말을 하지 아니하고 사매를 쎨쳐 행행히

도라가니 셤이 드러와 류 시즁의 거동을 자셔히 젼한대 쇼져ㅣ 묵연 탄식하더라.

류 시즁이 도라가 원 시에게 연아의 칭병하고 보지 아니함을 말한대 원시 왈,

"이는 반닷이 칭병하야 보지 아니함이로다."

취랑 왈,

"연매가 야야를 외대하야 져럿틋 간교하니 십분 통해한지라. 의심 업는 탁병이오니 야야 모로난 톄 하시고 자조 <98> 가 무르사 그 긔미를 살피쇼셔. 제 어이 매양 탁병하야 병이 나흔 후 무엇이라 츄사하리잇고."

시즁이 올히 녁여 하로 두세 번식 문병하되 한갈갓치 대답하니 그 긔미를 알 길이 업셔 우민하더니 이때 진생이 이르러 쇼식을 탐문하매 시즁이 연시의 병보를 이른대 한림이 작색 왈,

"연 쇼져의 병의 진가를 내 아라보리라."

하고 인하야 류부에 안자 란츈을 불너 왈,

"내 무삼 물을 말이 잇스니 네 아오 난셤을 불너 오라."

원래 난셤이 형에게 통치 아니하고 간는지라. 츈이 응대하고 즉시 연부에 이르러 셤을 차지니 차환이 답 왈,

"난셤이 쥬모의 명으로 슈일 젼에 농장에 나아갓스니 졸연이 도라오지 못하리라."

하거늘 츈이 도라와 이대로 고한대 진생이 악연 불열하는지라. 츈이 고왈,

"로야는 셤을 불너 무삼 분부하실 일이 잇나잇가?"

생이 드듸여 연 쇼져의 병의 진가를 알고져 함을 이르니 츈 왈,

"그러하올진대 쇼비 맛당히 연부예 가 엿보아 보리다."

생이 대희 왈,

"네 만일 엿보려 하거든 부대 자셔히 아라 슈히 회보하라."

이에 츈이 연부에 나아가 노양낭을 차지니 양낭은 본래 난츈과 친하던 바이라. 츈을 다리고 제 방으로 가 말삼할 새 난츈이 짐짓 무러 왈,

"귀댁 쇼져ㅣ 병환이 게시다 하고 우황하더니 지금은 엇더하뇨?"

양낭 왈,

"나는 쇼져의 근시하는 자ㅣ 아니라. 쇼져의 병환이 계시다 함은 드럿스나 병실에 드러가 보지는 못 하엿노라."

하매 다시 엿보는 도리 업는지라. 츈이 도라와 이대로 고한대 생이 연 쇼져의 병이 잇다 함은 확실하나 쏘한 자셔히 아지 못하니 이에 류 시즁을 향하야 왈,

"쳥컨대 대인은 명심 찰지하야 병 곳 낫커든 즉시 다려오게 하쇼셔."

시즁이 허락하더라.

이때 연 쇼져ㅣ 그 외슉의 불인무상함을 두리여 칭병 두문하야 가즁 사람도 보지 아니하며 져 불인한 쐬를 쏘 아지 못하야 쏘 다른 길로 작변하는 화가 잇슬가 번민하는 즁 부친게 쏘 침해하는 화가 잇슬가 우려하야 침식이 편치 못하니 실로 신병은 업스나 자연 마음이 숑구하고 옥안이 슈쳑하더라. 시즁이 됴셕으로 이르러 문병하되 한갈갓치 대답하니 크게 의심하나 병의 진가를 알 길이 업셔 하거늘 취랑 왈,

"연매 무삼 <99> 병을 여러 날 낫지 아니하리요. 반닷이 츄탁함이니 녀아ㅣ 그 문병함을 칭탁하고 친히 나가 보사이다."

시즁이 이에 묘책인 쥴 깨다라 칭찬하고 부녀ㅣ 의론하야 연 쇼져를 가보려 하더라. 연 쇼져ㅣ 일일은 방즁에 잇셔 고셔를 상고하더니 문득 시녀ㅣ고 왈,

"로야를 뫼셔 갓던 가인이 셔신을 가져 이르럿나이다."

하거늘 쇼져ㅣ 이 말을 듯고 놀나 일변 반겨 급히 쇼션을 불너 방 시게

보내려 하더니 공재와 방 시 숀에 여러 장 셔간을 들고 밧비 드러와 왈,

"로야 행노에 일향 무사하시고 질자 경 공자를 맛나 이리 보내시기로 뫼셔 왓다 하니 로야게 본대 질자ㅣ 업고 타향에 연 시 종족이 잇다 함을 듯지 못하얏더니 공자ㅣ 왓다 하니 고이하여이다."

쇼져ㅣ 왈,

"가인의 젼언이 분명치 못하야 와젼이 아닌가 하오니 야야의 셔간을 보와야 알이로쇼이다."

인하야 어사의 셔간을 써여 보니 집 써난 후 평부와 행노의 무사함을 긔록하엿고 쇼져의 셜화를 베푸러 렴려하야 보내니 친동긔갓치 우애하야 져매의 경을 극진히 함을 부탁하고 범사를 영아와 상의하라 하야 사의 만편에 명명하엿고 말단에 왕 과부 모녀의 아람다옴을 말삼하야 한가지로 가즁에 두어 후대하라 하엿고 경 시의 시녀 가월 등 사인은 하류 즁 양평이오 금세의 열협이니 가즁의 불행한 일이 잇거든 사인의 단슈을 좃차 계교를 쓰면 죡히 유익하리라 하엿고 방 시에게 부친 글에는 왕 과부ㅣ 양슌하고 그 녀아ㅣ 비상하니 거두어 양녀를 삼아 긔츌갓치 하라 하엿더라. 삼인이 견파에 깃부고 긔특함을 이긔지 못하야 쇼져ㅣ 방 시를 항하야 왈,

"야야의 의긔 현심이 이러한 희한한 일에 구제하고 지교하심이 이럿틋 하시니 공경하야 밧들미 올흔즉 셔모는 밧비 경 쇼져 노쥬와 왕 과부 모녀를 청하시되 슉부 아르시면 허다 난쳐한 일이 잇슬 것이니 모름이 번거이 마시고 가즁을 분부하야 외인이 모로게 하쇼셔."

방 시 이에 방즁에 자리를 경제하고 쏘 별사를 쇼쇄하야 경돈한 후 연 쇼져ㅣ 자취와 쇼션을 명하야 자긔의 새로온 의상과 장염을 경제하야 하쳐로 보내매 경 쇼져 일행이 하쳐에 머무더니 가인이 인도하야 연부<100>에 다다르매 안으로부터 노유랑이 두어 시녀를 다리고 나아와 마자 별사에 들이고 차과를 올여 노상 긔갈을 위로하며 쏘 쳥의 시녀 일인이 경대와 거울을

가져 들이고 물너 고두하야 쇼져의 말삼을 젼하야 왈,

"대인의 셔즁사의를 보압고 쇼져의 놉흔 일홈을 듯자오니 경복 희행함을 이긔지 못하와 밧비 상견코자 하오되 행노에 귀톄 피곤하실 것이요 쇼져의 장쇽 변하심을 듯고 비록 초솔하오나 일습 의상을 밧들어 보내오니 역복하신 후 오시기를 기다려 뵈압고져 청하나이다."

졍 쇼져ㅣ 쳥파에 칭사하고 양개 시아를 봄에 일인은 졍신이 말고 태도 쇼아하야 하류 즁 싸혀난 인물이요 일인은 년가십삼에 백셜 긔부와 부용용채 요요졍졍하며 츄파 유미와 앵슌 호치가 교연 쳥월하야 왕경낭으로 더부러 못지 아니하고 인사ㅣ 영리하며 품질이 탈쇽하야 일호도 하류의 긔질이 업셔 쳥의를 입엇스나 그 조흔 긔질은 금옥쇼져와 다름이 업스니 짐짓 가월 등의 동렬이 되염즉 한지라. 졍 쇼져의 노쥬와 왕쇼랑의 모녀ㅣ 크게 칭찬하야 생각하되,

'연 쇼져의 시녀ㅣ 져럿틋 아람다오니 그 쥬인의 아람다옴은 미루어 가히 알이로다.'

셔로 사랑함을 지극히 하며 가월 등 사인이 은근 사례하고 친애함이 평생 아든 바와 다름이 업스니 쇼션, 자취 졍 쇼져의 노쥬와 경아를 보고 불승 칭찬하며 깃붐을 이긔지 못하더니 안으로 시녀ㅣ 연하야 나아와 쇼져의 역복함을 무르니 가월이 권하야 졍 쇼져의 운고 푸르고 운환을 씌우며 관잠, 월환을 졍제하니 졍 쇼져의 양안이 교교하고 양협이 쇄락하야 일타 부용이 이슬을 먹음은 듯하니 쇼션, 자취 불승탄복하며 사랑하는 졍이 자연 유츌하더라. 임에 장쇽을 이르매 유랑이 여러 벌 의상을 나아와 내당으로 쳥하거늘 졍 쇼져ㅣ 시녀로 압흘 인도하고 뒤흘 옹위하야 내당에 이르니 방 시와 쇼져ㅣ 또한 의상을 졍제하고 졍 소져를 마자 피차 례를 행할 새 연 쇼져ㅣ 왈,

"우리 대인의 명이 게시와 쇼져로 더부러 형뎨를 매즈라 하시니 쳥컨대 년치를 알아 례도에 작란이 업게 하사이다."

정 쇼져ㅣ 사 왈,

“쳡은 명박 표류지인이라. 연 대인의 텬디 <101> 갓흔 은덕을 입사와 객여지즁에 잔명을 구호하시고 거두어 무애하시니 그 은혜 하날 낫고 짜히 급흔지라. 엇지 써 대은을 갑사오리요. 연 대인이 모든 군현을 슌슈하사 도라오실 긔한이 더딘 고로 쳡을 귀택으로 보내시며 쇼져와 공자게 의탁하라 하시니 일홈이 타셩이오 면목이 초견이나 둣터온 졍과 체체한 의는 골육 동긔 갓흔지라. 굿하야 년치를 의론하리요.”

연 쇼져 왈,

“대인이 사랑하심이 계시나 엇지 과도히 일카르시며 쳡이 부명을 밧자와 쇼져로 더부러 형뎨를 매즈라 하셧사오니 비록 무식한 녀자인들 엇지 례를 어즈러이잇고. 쳥컨대 년월을 이르쇼셔.”

졍 쇼져ㅣ 칭사 왈,

“쳔한 나희 쇽졀 업시 이칠 츈츄를 지내엿고 월일시는 즁량 가졀이로쇼이다.”

연 쇼져ㅣ,

“져져ㅣ 쇼매에게 일년이 더하오니 형위으로 졀하리이다.”

하고 셜파에 량인이 몸을 일어 형뎨의 의로써 졀하기를 파함에 졍 쇼져ㅣ 방 시를 향하야 례하니 방 시 연망이 붓들어 왈,

“쇼져는 재상 문미의 쳔금 귀톄시고 우리 로야에 장녀ㅣ 되여 계시거늘 엇지 쳔쳡에게 과례를 행하시나잇가. 원컨대 쇼져는 존즁하쇼셔.”

졍 쇼져ㅣ 방 시의 현혜공근함을 그윽히 칭복하야 은근히 사사하고 좌를 졍하매 시아ㅣ 고 왈,

“연 공자ㅣ 졍 쇼져게 배현함을 쳥하나이다.”

졍 쇼져ㅣ 몸을 이러 공자를 마지니 공자ㅣ 돗 가에 공경하야 두 번 졀하야 형뎨지도를 지극히 하니 쇼져ㅣ 답례하고 피차 눈을 들어봄에 졍 쇼져

의 슉자화용은 연 쇼져의 눈을 놀나이고 연 쇼져의 유한경졍한 태도는 경 쇼져ㅣ 심복 애경하는 즁 연 공자의 표치 쥰아하고 례모ㅣ 공근하야 군자의 유풍이 현져하니 삼인이 셔로 칭찬하고 공경애즁하는 마음이 심곡으로좃차 유츌하매 그 친애지졍이 동복 형뎨 갓하야 쥬순에 깃분 우음을 띄고 말삼이 지리하더니 왕 과부 모녀ㅣ 당젼에 졀하야 은혜를 사례하거늘 연 쇼져와 방 시 은근히 권하야 말셕에 좌를 쥬고 그 녀아의 옥 갓흔 긔질이 양촌의 무무한 빗이 업스매 연 소져와 방 시 불승애경하야 흔연 위로하니 쇼랑이 유셩화어로 어사의 은혜를 만만사례 하거늘 쇼져와 방 시 은근 칭사하고 이럿틋 <102> 모힘이 하날의 연분임을 이르니 경낭이 연 죠져에 슉자화용을 불승칭션하더라. 경 쇼져ㅣ 연 쇼져를 향하야 옷깃을 염의고 왈,

“쳡 연랑은 상셔 경모의 일녀로 가내 번화치 못하야 하낫 뎨남으로 더부러 부모의 교애함이 쟝즁보옥 갓흐시니 비록 형뎨 외로오나 채의에 노름과 훈지의 락이 미진함이 업는지라. 부귀에 생장하야 세상의 괴로옴과 빈한을 모로더니 시운이 참혹하고 팔자ㅣ 긔구하야 가엄이 무죄히 만리에 원젹하심에 자모를 뫼셔 형뎨 외로이 셰월을 보내일 새 나의 운슈ㅣ 가지록 긔구하야 밧으로 불초한 사람이 자모의 총명을 가리와 어즈러온 거죠로 농락하니 자당의 사랑이 과도하사 일가지간에 변을 맛나 부득이 건곤을 밧고와 남복을 입고 규즁의 자최로 도로의 무궁한 액경과 고초를 격다가 맛참내 타향벽쳐에 쥭을 병을 어더 잔명이 슈유에 잇난대 쥭기난 개회할 바ㅣ 아니오나 부모의 유톄를 바려 오작의 밥이 될가 셜워하는 즁 만리 젹쇼에 바라시는 가엄을 져바리고 자모의 과애하시던 은애를 배반하야 텬하의 불효지인이 됨을 생각하니 오내여할하야 촌심이 사라져 회생활 긔약이 업는지라. 쇽슈하야 쥭기를 기다리더니 의외에 대인이 이르사 별안간에 심폐를 빗최심이 거울 갓흐여 쇼쇼 혐의를 거리끼지 아니하시고 쳡의 근본과 도로 곡경을 다 통측하시며 거두어 슬하를 삼으사 위태한 몸을 보젼하야 쳔대 불효를 면케 하시니

사골생육지인과 목생화지지덕을 엇지 다 갑흐리잇가. 잔쳔을 무휼하사 귀댁에 안돈케 하시고 쇼져와 공자의 우대하심을 입사오며 또 방 시의 어진 덕이 대인 지우하심과 갓사오니 사사의 감은하기 각골하온지라. 원컨대 타셩임을 생각지 말고 일생을 동거하야 골육 갓기를 바라오며 쇼져의 지우지은은 그 갑흘 바ㅣ 묘연하거늘 쇼져ㅣ 고집하사 형뎨 차레를 졍하야 비박한 몸이 참하 쇼져의 우에 거하오니 불안함을 이긔지 못하리로쇼이다."

연 쇼져ㅣ 겸사 왈,

"쇼져의 놉흔 졀의는 쳔고에 비할 이 업사오니 쇼매 탄복함을 이긔지 못하는지라. 우리 대인의 명현 인자함으로써 져져 갓흔 슉녀ㅣ 위태<103>한 때에 엇지 괄시하시리잇가. 이는 썻썻하신 일이어늘 과도히 겸양하사 쇼매로 하야금 불안케 하나잇가. 쇼매 연아는 유시에 자모를 여희고 하낫 아오로 더부러 류아의 통을 품고 가엄이 계시사 무애하시는 은졍이 자모의 졍을 아오르고 슬하를 써남이 업다가 황명을 밧자와 원행하시니 사모하는 마음과 렴려하는 졍이 박렬하압더니 쳔만 의외에 슉녀의 형을 어더 쥬시니 차행이 쇼매의 복됨을 희행하거늘 엇지 타셩임을 깨다르리요. 일생을 동쳐하야 골육 갓기를 원하난 바 져져 말삼이 너모 위자하시니 쇼매의 바라는 배 아니로쇼이다."

졍 쇼져ㅣ 은근 칭사하야 피차 애도하야 심곡으로좃차 애졍이 유츌하는지라. 셜화ㅣ 자못 죵용하고 공자ㅣ 또한 친애지졍이 간곡하야 져져와 다르지 아니하니 방 시 십분 환열하야 쥬찬을 셩비하야 관대하고 왕쇼랑을 각별 사랑하야 왕가 모녀를 후대하며 가월 등을 관곡히 대졉하니 연 쇼져ㅣ 또한 그 츙의를 칭찬하야 표창함에 가월 등이 환희하며 쇼져의 긔특함을 칭복하고 쇼션 등을 친애하야 졍, 연 노쥬의 의합함이 쳔고 희한하니 엇지 범연한 인사로 의론하리요. 하날이 각별 림, 화, 졍, 연 사인을 세상에 내사 만대미사를 삼고 쳔고긔담됨을 알이러라. 연 쇼져ㅣ 졍 쇼져를 잇그러 침쇼에 도라와 만분 득의하니 피차 애모함이 그 우열을 분간키 어렵더라. 차야에 노쥬 팔인이 상대하야 회포를 의론할 새 연 쇼져ㅣ 졍 쇼져의 피화하는 연고를 무르니 쇼져ㅣ 모친의 과실을 슈괴하야 쳑연 대 왈,

"우져의 아람답지 못한 사의는 말하기 붓그럽사오며 자모의 익애하심이 과도하신 연고이나 다 나의 운슈ㅣ 긔구함이라. 엇지 누를 원망하리요."

쇼져ㅣ 왈,

"쇼매 져져를 동복갓치 넉이거늘 져져는 심사를 은휘하시니 이 엇지 대인을 지심함이리요."

졍 쇼져ㅣ 숀사 왈,

"내 엇지 현매를 외대하야 은혜를 져바림이리요. 슈연이나 나의 심사는 사람을 대하야 베풀미 참괴하고 자모의 실례하신 허물이 잇스니 자식의 도리로 감히 타인다려 이르지 못함이라. 현매의 영혜함은 우져의 심사를 참작하고 죄를 용셔하라."

연 쇼져ㅣ 침음 묵연<104>이러니 홀연 대 왈,

"져져의 자당이 곳 쇼매의 자당이시라. 과실이 비록 계신들 감히 시비하야 고이히 녁이리요."

졍 쇼져ㅣ 사례하나 유유침음이어늘 가월이 고 왈,

"연 로야의 은혜 텬디 갓고 쇼져의 지긔함이 골육 갓트시니 엇지 심곡을 은익하야 의혹되게 함을 끼치리잇고. 진생의 빗난 말이 부인을 롱락케 함이니 엇지 한갓 부인의 허물이리잇가. 쇼져ㅣ 발언하기를 어려히 녁이시니 쇼비 방자하오나 일장을 셜파하리이다."

하고 드듸여 쇼져의 화란 근본을 자셔히 셜파할 새 림낭의 말에 이르러는 그 대강을 드러 그 용모ㅣ 적이 미려치 못함을 혐의하야 부인이 진생의 불인무상한 뜻을 맛쳐 사사의 일이 공교함과 봉귀형으로 진생을 쇽인 후 도쥬하야 쳥심암에 와 이괴 등의 음란 무도함이 지극하야 필경은 셕함에 가도려

함에 도망하다가 도즁에셔 젹화를 맛나 낭패 걸식함과 화부에 이르러 지나던 일과 왕 과부 집에 가 쇼져ㅣ 병 즁하야 연 어사 맛나든 일을 세세히 베프러 말삼이 명명도도하야 차례가 착란치 아니하고 언어ㅣ 유슈 갓흐니 연 시노쥬ㅣ 일장을 드름에 통해한 곳도 잇고 한심한 죠각도 잇셔 불승경악하더니 듯기를 맛치매 연 쇼져 졍 쇼져를 향하야 웃고 왈,

“령당의 져져 사랑하심이 쳔금지란갓치 녁이시거늘 림낭의 풍용이 그럿틋 불미 가증하니 자모지졍에 옥슈 갓흔 녀아를 불미한 곳에 더짐을 엇지 한치 아니시리요. 이는 인졍의 면치 못하실 바이나 진가를 마지려 하심이 잠간 생각지 못하심이요, 진가의 간연무상함이 인면슈심이어늘 져져의 긔모비계 양평 갓흐며 도쥬함이 업셧던들 욕을 면치 못하엿스리로다. 연이나 져져ㅣ 녀자의 몸으로 쳥심암 리고에게 가삼을 살오고 화 부인 택에셔 두류하엿스니 쳔고미사이라 하리로다. 다만 화 시 녀자ㅣ 리가의 화를 엇지하야 면하엿는고. 알고자 하나이다.”

졍 쇼져ㅣ 츄연 탄식하야 왈,

“우져의 팔자 긔험하야 만고의 업는 거조를 당하오니 생각함에 모골이 송연하거늘 미사ㅣ라 함을 드르니 더욱 한심하도다. 화가 녀자의 일은 우리가 그 곳을 써난 후 쇼식을 아지 못하니 엇지된 쥴 모로노라.”

연 쇼<105>져ㅣ 화 쇼져를 위하야 차악함을 마지 아니하더니 쇼션이 웃고 왈,

“진생자는 엇던 사림이완대 이럿틋 방자 무례하야 즁표 사이에 이러한 거조를 하고 차환의 장부ㅣ 되여 일세의 붓그러옴을 깨닷지 못하고 또 우리 쇼져를 간계로 속이려 하니 텬하의 무지한 인물이어늘 됴졍이 져러한 란법 란륜하는 쇼인으로 옥당 한원의 은총을 씌워 방자무인하게 하니 됴졍에는 다 귀와 눈이 업는 즘생이로다.”

가월 왈,

"쇼져ㅣ 오실 젹에 로야ㅣ 진가의 간험함을 렴려하시더니 진가에셔는 무삼 지각으로 또 사람을 해하는고."

드듸여 진생이 시즁을 결납하야 쇼져를 쇽여 핍취하려 함에 자취 그 계교를 엿보아 오매 쇼져ㅣ 지금 칭병 볼출하야 시즁을 쇽이고 간모를 졔방하나 필경은 엇지 될난지 아지 못하야 근심하는 셜화를 젼하니 졍 쇼져의 노쥬ㅣ 쳥파에 불승차악하야 진생의 간음사특함을 통해하거늘 연 쇼져ㅣ 쇼왈,

"진가 츅생이 사문 남자로 셩현을 스승하고 금마옥당에 품교를 외우며 례의염치를 삼가난 식리명사로 지친 사이에 난음난법하야 명교의 죄인 됨을 깨닷지 못하엿거늘 더욱 연 시는 타문이니 일호나 불의인 쥴을 알이요. 슉부의 무식하심이 질아를 앗기지 아니하시고 작록을 도모하시니 져 진가를 책망치 모하려니와 다만 야야의 도라오실 긔약은 아즉 아지 못하고 간인의 계교 여차여차하야 백계사곡하고 외슉의 질녀 사랑치 아니함이 여차하시니 내 비록 칭병 불츌하야 급한 것을 방비하나 맛참내 탁병치 못할 갓이요, 진생의 계교 어느 곳에 밋칠 쥴을 아지 못하야 바야흐로 졀민터니 야야의 셔즁사의에 '져져 노쥬의 긔모 비게는 옛날 진유자의 쳔리 승패를 미리 아난 것 갓다.' 하야 더부러 상의하야 보신함을 힘쓰라 하야 계시니 이졔 가월 등의 언사동용을 봄에 그 명실이 다름이 업고 져져의 명쳘하신 지혜는 쇼매에 밋칠 배 아니오니 임에 모사와 양신이 잇스며 밝은 스승과 어진 형이 좌우에 보익함을 어드매 속히 근심할 배 업도쇼이다."

졍 쇼져ㅣ 쳥파에 츄연 함쇼 왈,

"현뎨 아등을 조롱함이 너모 심하니 슈괴함을 이긔지 못하리로쇼이다. 나의 <106> 화란도 가월 등의 힘을 입어 욕을 면하엿나니 엇지 현매의 화란을 면케 하올 긔약이 잇스리요. 연이나 진생의 무상함도 심상치 아니하거니와 이럿틋 결연함이 엇지 고이치 아니하리요."

연 시 쇼 왈,

"상담에 왈, '원슈는 외나무 다리에 맛난다' 하나니 져져ㅣ 진가의 화를 피하야 오니 또 리가의 쇼식을 듯고 진가ㅣ 져져를 일코 다시 흉계로 규즁녀자를 비례로 도모코자 함에 다시 져져의 노쥬의 숀에 화를 면하면 엇지 희한 긔사ㅣ 되지 아니하리요. 져져ㅣ 쇼매를 위하야 간인이 낙담할 계교를 베푸지 아니할진대 실로 야야의 지우를 져바림이요 쇼매에 소망을 져바림이 아니리요."

경 쇼져ㅣ 사사 왈,

"우뎨 엇지 대인의 은혜를 져바리며 현매의 지긔를 져바리리요마는 재조 박약하야 셔로 구완할 지모ㅣ 업슬가 두렬지언졍 만일 도을 힘이 잇슬진대 엇지 슈화를 사양하리요. 가월 등 사인이 비록 쳔인 하류의 식견이나 자못 영혜하오니 사세를 보아 우리 노쥬ㅣ 힘을 다하고져 하오나 견대여 용렬함을 사례하노라."

연 쇼져ㅣ 깃거 사례한대 가월 등 왈,

"연 로야ㅣ 우리 노쥬의 사디를 붓드사 누항에 건지시니 그 은혜 명심하거늘 엇지 보은 보덕을 생각지 아니하리잇고. 원컨대 쇼비 등이 몸쇼 죽을 바로 로야의 지우지은을 갑사오리이다."

연 쇼져ㅣ 대열하야 흉금을 여러 밤이 밝는 쥴 모로고 문답이 쟁쟁한 즁 가월, 쇼션, 왕쇼랑 등이 새로 회포를 일을 새 쇼션이 시즁의 거동과 류 시의 쇼져를 낫고는 계교로 부즁에 왓던 일을 이르니 가월 왈,

"류 쇼져의 용모 긔질이 과연 아람답더뇨?"

션이 대 왈,

"용모 가장 미려하고 재조ㅣ 또한 용렬치 아니하되 다만 셩졍이 간휼 혼암하고 경쳔 음흉하야 슉녀의 풍이 바이 업나니라."

가월이 미쇼 부답하더라. 이러구러 날이 새매 방 시 이르러 야간 신상을

뭇고 대졉함이 관곡하니 졍 쇼져ㅣ 방 시의 양순함을 공경하야 은근 사례할새 공자ㅣ 또 드러와 문안하며 폐사ㅣ 누츄한대 존톄 불안하실 바를 일카르니 졍 쇼져ㅣ 흔연 칭사하더라. 연 쇼져ㅣ 졍 쇼져를 맛나매 공경 애즁하고 환희 쾌락함이 고기가 물을 어듬 갓하야 규방의 의긔는 <107> 고인이 밋지 못하리러라. 가월 등이 또한 쇼션으로 더부러 의긔 상합하야 심곡을 허하며 졍을 기우리니 왕쇼랑이 또한 칭탄하난지라. 량 쇼져ㅣ 심애하야 귀쳔을 혜지 아니하고 친애 지극하며 방 시 또한 십분 사랑하고 왕 과부와 제 시녀를 후대하니 졔인이 감사하야 그 어진 덕을 감격하니 화긔 가득하되 연 쇼져와 방 시는 진가로써 방심치 못하야 미우에 우환이 씌엿고 졍 쇼져는 부친 존망이 묘연함과 모친의 비상함을 생각하고 비회 교극하야 됴운모우에 고향을 바라며 슬픈 회포를 칙양치 못하야 때때 눈물이 화협을 젹시이고 또 화 쇼져의 환란이 엇지 된고. 그윽히 잇지 못하는 즁 자긔의 헛된 빙채를 직히여 헛되이 희망하야 슈졀함이 가이 업고 나죵 쳐치를 생각하야 번민하니 자연 침식이 불편하야 양미에 근심하는 빗을 씌엿더니 연 쇼져ㅣ 보고 지극히 위로하나 연 쇼져 역 화 시 쇼식을 아지 못하야 졍 쇼져로 더부러 차탄함을 마지 아니하더라.

이때 류 시즁이 질녀의 병을 잇지 못하는 즁 진생이 됴셕으로 이르러 쇼식을 탐지하니 시즁이 우민 즁 진생을 깃겁게 하지 못하면 자긔 복직함을 엇지 못할가 하야 몬져 시녀를 보내여 녀아가 쇼져의 문병 오는 뜻을 통하니 방 시 류부 시녀를 밧게 멈추고 친히 쇼져 방에 나아가 류부 시녀 온 뜻을 젼하니 쇼져ㅣ 눈셥을 찡긔여 왈,

"이는 류가 져져ㅣ 나의 동졍을 살피러 옴이니 장찻 엇지 방비하며 더욱 졍 쇼져ㅣ 잇스니 져를 보기 번거러온지라. 엇지 츄탁하리요."

졍 쇼져ㅣ 왈,

"지친이 문병하러 오는대 무삼 츄탁함이 잇스리요. 우형은 깁히 숨고 현

매는 병상에 괴로오나 져를 봄이 무방하니라."

연 쇼져ㅣ 침은 부답이어늘 가월이 진 왈,

"우리 쇼져의 말삼이 맛당하오니 그대로 하쇼셔. 류 쇼져ㅣ 오시거든 쇼비를 좌우에 두사 새로히 어든 시녀ㅣ라 하사 류 랑자의 동졍을 보게 하시면 쇼비 맛당히 져의 인품을 보아 계교를 행하야 쇼져의 화를 막으리이다."

쇼져ㅣ 연히 문 왈,

"무삼 계교를 행하려 하는다?"

하니 가월의 대답이 엇지된고. 차쳥하회하라. <108>

第二十一回 뎨이십일회

가월이 류져를 츙동하야 상문이 그릇 매져 혼인하다
佳月衝動柳姐 相文誤結成婚

어시에 연 쇼져ㅣ 연망이 문 왈,

"네 무삼 계교로 행할고?"

월이 대 왈,

"류 쇼져의 인품을 보아 자시 살핀 후 계교를 행하염즉 하면 베풀여니와 져 쇼져ㅣ 쇼비의 쐬에 빠지지 아니할 자이면 행치 못하리니 엇지 써 예탁하리잇고. 다만 쇼져를 청하야 오쇼셔."

연 쇼져ㅣ 월의 말을 듯고 스사로 쌔다라 정 쇼져다려 왈,

"쇼져ㅣ 월의 뜻을 아시나뇨?"

쇼져ㅣ 왈,

"내 혼암하야 쌔닷지 못하나 짐작한 배 잇스니 엇지 올흔 쥴 알이요."

가월이 웃고 왈,

"량 쇼져ㅣ 쇼비의 뜻을 아랏슬진대 각각 써 뵈이쇼셔."

션이 겻해 셧다가 쇼 왈,

"쇼비는 셕랑의 계교를 아나니 셕에 쥬랑과 무후ㅣ 동남풍을 어더 조죠

를 파하랴 함에 계교를 각각 써 보이매 의사ㅣ 갓다 하엿나니 우리 량 쇼져의 재조와 셕랑의 계교를 무후와 갓흔가 보사이다"

하고 각각 내여 뵈이매 맛치 한 가지이요 쇼션이 쏘한 갓흔지라. 월이 크게 웃고 탄복 왈,

"량 쇼져의 총명지긔는 쇼비 밋칠 배 아니어니와 유랑의 밝은 쇼견은 생각지 못함이나 쇼비의 쇼견은 이 밧게 업사오니 자취로 혈노를 삼고 쇼비와 쇼션은 세객이 되면 엇지 공을 일우지 못하리요. 쇼비 삼인이 류 쇼져를 달내여 계교를 도모하리니 쇼져는 류 쇼져를 달내여 여러 날 머무게 하시고 우리 쇼져는 셔로 보시면 해로울 일이 잇스니 다시 남복을 곳치고 공자로 더부러 고요히 셔당에 게시면 류 쇼져ㅣ 엇지 알며 시즁 로야ㅣ 오셔도 쇼공자ㅣ 나와 보시면 류 쇼져ㅣ 엇지 알이요. 한때 피함이 묘하리이다."

량 쇼져ㅣ 월의 통달함을 대열하야 노쥬 사인이 월의 계교를 행할 새 경 쇼져ㅣ 탄 왈,

"진생은 나와 불공대텬지슈이라. 쳐쳐에 날로 하야금 괴로옴을 밧게 하니 진생이 쏘 내가 이곳에 잇는 쥴 알면 쏘 무삼 작해가 잇슬 듯한즉 내 부득이 <109> 남복을 하려니와 외당이 불안하니 내당 갓가이 쳐쇼를 하고져 하노라."

연 쇼져 왈,

"져져의 말삼 그러하여이다. 우리 대인이 일즉 숀을 사례하시고 고요이 쳐하시던 매쥭당이 잇스니 이곳에 머무시고 셤월 등은 남복으로 사후케 하고 아오는 져져게 슈학하고 밤은 셔당에셔 지내여 류부 시비 혹 뭇거든 원족일가 사람이라 하면 뉘 그 진가를 알이요."

제인이 깃거 매쥭당을 슈쇄하고 공자를 불너 슈말을 일너 경 쇼져와 함께 매쥭당에 쳐하게 하니라. 류가 차환이 도라가 회보하고 쇼져를 보아 금됴에 뫼셔 오라 하니 류 쇼져ㅣ 단장을 셩히 하고 연가에 이르매 방 시 마자

왈,

"쇼져의 환후ㅣ 일향 미류하시나 로야ㅣ 계시지 아니하니 치료할 길이 업셔 민망한 즁 쇼져ㅣ 홀노 고젹히 계시되 위로하 리 업셔 더욱 졀민하더니 쇼져ㅣ 이르시니 다행이라. 쳥컨대 여러 날 머무러 병회를 위로하시면 행일가 하나이다."

류 쇼져ㅣ 흔연 답사하고 연 쇼져 침쇼에 이르니 연 쇼져ㅣ 완연이 상상에 누엇거늘 나아가 집슈 왈,

"현뎨 무삼 병으로 와상하엿나냐. 우리 야야ㅣ 친히 보지 못하심으로 날로 가 보아 병증을 알아 오라 하심에 이르럿노라."

쇼져ㅣ 칭사 왈,

"쇼뎨 우연이 풍한에 촉상하야 신음하나 대단치 아니커늘 슉부ㅣ 과렴하사 존톄 굴하시되 감히 뵈압지 못하얏더니 생각지 아니하온 져져ㅣ 또 왕림하시니 감격하여이다. 츄야ㅣ 지리하와 병회가 괴롭삽더니 이제 져져ㅣ 오시매 여러 날 머무르사 병회를 쇼창케 하시면 다행할가 하나이다."

류 쇼져ㅣ 흔연 허락하고 긔색을 살피니 각별 대단치 아니하되 용모ㅣ 잠간 초최하엿고 운환이 흣터져 금침을 써나지 아니하니 연 쇼져ㅣ 엇지 투미한 취랑을 속이지 못하리요. 때때 신음하야 병색을 지으니 취랑이 조금도 의심치 아니하고 다쇼 문답할 새 좌우 쇼션, 자취 등이 시위하엿고 또 보지 못하던 시비 잇스니 용모ㅣ 극히 미려하거늘 이에 문 왈,

"차인은 일즉 보지 못하던 시비로다."

쇼져 왈,

"차는 가월이니 져젹에 져져ㅣ 오신는 날 졔 어미를 보러 갓기로 보지 못하엿나이다."

취랑이 고지듯고 왈,

"아람답다. 가월이 짐짓 현뎨의 시녀이요 <110> 쇼션의 쌍이로다."

가월이 나아와 고두 왈,

"쇼비 쇼져의 꼿다온 향명을 듯잡고 뵈압지 못함을 한하얏더니 금일 쇼져ㅣ의 션풍을 뵈오니 짐짓 듯던 바에 배승함을 탄복하나이다."

취랑이 져의 칭션함을 가쟝 깃거 웃고 왈,

"너의 쇼져의 옥모 화태 나의 비할 배 아니라. 됴셕으로 션녀 갓흔 쥬인을 대하엿거늘 나의 무염지색을 흠모하나뇨."

월이 쇼 왈,

"우리 쇼져의 아람다옴도 희한하거니와 홍련과 백련이 빗이 다르고 작약이 모란과 한가지이라. 쇼비의 쇼견은 쇼져ㅣ 우리 쥬인보다 나으신가 하나이다."

류 쇼져ㅣ 대쇼 왈,

"가월의 말이 우져를 조롱함이라. 맛당히 문죄하리로다."

쇼져ㅣ 미쇼 왈,

"져져의 쳔엽한 광휘는 쇼뎨 밋칠 배 아니라. 월의 말이 경론이니 무삼 론죄함이 잇스리요."

류 쇼져ㅣ 웃고 월의 말이 빗남을 칭찬하니 월이 유슈지언으로 져를 위자하며 심쳔을 롱락할 새 연 쇼져ㅣ 그윽이 웃고 취랑이 쏘한 흔흔히 우셔 슈일을 머무르니 시즁이 쇼식을 아지 못하야 녀아를 밧비 도라오라 하니 연 쇼져ㅣ 지극히 말유하고 가월이 감언미어로 권유하니 류 쇼져ㅣ 역시 머물기 죠희 녁여 글노써 연부ㅣ 상하ㅣ 말유함을 통하고 '연매의 병이 회복하면 한가지로 가려 한다' 하니 시즁이 방심하야 진생에게 이 말을 젼하니 진생이 깃거하나 이럿틋 쳔연함을 민민하더라. 가월이 류 시를 롱락하며 쏘 자취를 가랏쳐 여차여차하라 하니 취 응락고 쇼져를 사후하며 량인의 문답을 찬조하더니 믄득 류 쇼져게 종용이 고 왈,

"져젹에 쇼비 귀부에 갓슬 때에 외당에 졀믄 명사ㅣ 왓더니 그 뉘시니잇

고?”

취랑 왈,

“외당에 숀이 각금 오매 뉘런지 알이요.”

취 왈,

“그 로야ㅣ 나희 이십이 못 하고 풍채가 당세의 반악이요 거동이 황홀하온지라. 연이나 그 배필이 가작지 못함이 잇슬진대 도로혀 가셕할너이다.”

류 쇼져ㅣ 쳥파에 진 한림인 줄 알고 왈,

“네 그 상공을 실노 사모하도다. 과연 그 날 왓던 자ㅣ 시임 한림 진상문이라.”

하더라. 취 쇼 왈,

“쳔비 감히 그러한 외람한 뜻이 잇스리잇고마는 다만 우리 쇼져를 위하야 잇지 못할너이다.”

가월 왈,

“류 노야ㅣ 션녀 갓흔 배필을 두시고 옥 갓흔 녀아로 동거하시리<111>니 어느 결을에 우리 쇼져를 생각하시리요. 내 과연 진 한림 집 일을 아나니 진 상공의 풍신이 하등이 아니요, 가세 십분 부요하야 금옥 채단이 상자에 가득하고 부귀 영광이 지극하되 오복이 갓지 못하야 부인이 극히 불미함에 금슬이 불호하야 절대가인을 구하되 엇지 못한다 하더이다.”

쇼션이 칭찬 왈,

“진실로 긔특한 상공이로다. 로야ㅣ 젼일 구친할 제 엇지 져러한 상공을 물이치신고?”

가월 왈,

“우리 상공의 본셩이 부귀를 조희 녁이지 아니시매 물이침이니 우리 갓흔 하쳔이 엇지 의론하리요.”

쇼션 왈,

"애답도다, 아모 녀자ㅣ라도 진가 부인이 되면 황후 팔자라도 더하지 못하리로다."

가월이 쇼 왈,

"네 말이 진실로 통달하도다. 우리 로야의 셩경이 남과 다르신 고로 그러한 신랑을 물이치시니 엇지 애답지 아니하리요."

이럿틋 문답하며 빗나고 황홀한 말삼으로 류 쇼져의 심쳔을 도도우니 류 쇼져ㅣ 가월 등의 허다 문답을 들으매 어린 듯하야 다만 져두묵연하니 연 쇼져ㅣ 미우에 우음을 띄고 미미히 함쇼하니 류 쇼져ㅣ 연 쇼져의 미쇼함을 보고 가월 등의 감언을 조히 듯는가 하야 흔연 쇼 왈,

"진 한림이 바야흐로 너의 쇼져를 흠모하야 쳔금을 앗기지 아니하고 구하는 뜻이 간졀하야 우리 야야를 날로 보채여 조조하나니 연슉이 비록 고집하시나 우리 야야ㅣ 셕슉모를 대신하야 혼사를 쥬장하야 례를 일우면 연슉이 도라와 불쾌히 녁이시나 할 일 업셔 하시리니 여등이 져러한 츙심이 잇슬진대 엇지 쇼져를 권치 못할쇼냐?"

가월이 대 왈,

"쇼져 말삼도 맛당하시거니와 류 로야ㅣ 또한 쇼져를 두시고 져러한 가랑을 질녀에게 사양하시면 이는 진실로 비인졍이요, 쇼져를 사랑치 아님이로쇼이다."

류 시 쳥파에 안색을 변하고 말을 아니 하니 가월과 션이 그 뜻을 알고 더욱 도도여 왈,

"진 한림이 류 쇼져의 졀렴 미색을 아치 못하고 우리 쇼져를 구함이 아닌가. 만일 알미 잇슬진대 굿하야 우리 쇼져를 구치 아니리라."

류 쇼져ㅣ 더욱 불열하야 가마니 생각하되,

'원간 대인이 무삼 뜻으로 날을 두고 연뎨를 구하시나뇨. 가월의 말로 보니 진생의 부귀와 풍채가 당세의 독보인가 십은대 져<112>럿틋한 가랑을

내 엇지 남에게 사양하리요. 당당히 연매를 유인하야 다려가지 아니리라.'

이럿틋 분분하니 쇼져와 가월의 사광지총으로써 져의 심쳔을 그윽이 웃더니 취랑이 문득 무러 왈,

"네 엇지하야 진가의 일을 자시 아나뇨?"

가월이 대 왈,

"쇼비의 아자미 진 한림의 유모이매 자시 아나이다."

취랑이 우문 왈,

"진생이 량쳐ㅣ 잇다 함이 올흔가?"

가월이 대 왈,

"초취는 우람하고 재취는 츄루하야 본가에 냇쳣다 하고 얼골도 미려치 못하더이다."

취랑이 다시 말을 아니 하고 진생을 흠모함이 무궁하야 부친을 고이히 녁여 불열하는지라. 엇지 연 쇼져를 유인하야 갈 뜻이 잇스리요. 자긔 진생에게 허가코자 하나 스사로 발셜키 어렵고 남에게 쌧기기는 답답히 녁여 심사ㅣ 번민하니 자연 긔색이 평상치 아니한지라. 가월 등이 그 뜻을 짐작하고 심즁 암희하더라. 문득 류부 시녀ㅣ 이르러 연 쇼져의 병을 뭇고 쇼져를 도라오라 하니 취랑이 묵연 불열이어늘 연 쇼져ㅣ 왈,

"져져ㅣ 츄루한 곳에 와 머무시니 자못 불평하시려니와 쇼매는 져져의 아람다온 뜻으로 위회하심을 입어 병을 이즈매 십분 차도가 잇더니 져져 도라가심을 당하매 훌훌함을 이긔지 못하리로다."

류 쇼져ㅣ 밋쳐 답지 못하야 자취 내다라 왈,

"쇼져ㅣ 무삼 일로 미우에 즐기지 아니하는 빗을 띄시닛가? 쇼비 비록 친근한 시녀ㅣ 아니오나 쇼져게 우덥난 경셩이 마지 아니하오니 쇼져는 불평한 쇼회를 이르쇼셔."

류 쇼져ㅣ 웃고 왈,

“내 무삼 쇼회가 잇스리요.”

자취 쏘한 웃고 왈,

“쇼비 비록 총명치 못하오나 엇지 모로리잇가. 쇼비 츈금의 말의 듯삽고 이제 쇼져의 긔색을 살피오니 쇼져ㅣ 진랑의 부귀와 풍채를 남에게 도라보내임을 즐겨 아니하야 불평하심이요, 원래 로야ㅣ 우리 쇼져를 사랑하야 옥인군자를 배코자 하시니 진실로 감격하오나 다만 친녀를 바리고 질녀를 귀케하심은 너모 인졍이 아니오니 엇지 쇼져의 불열하심이 썻썻지 아니하리요. 우리 로야는 진가 부귀를 심히 ᄉ리시니 장내 일졍 류 로야를 책하시려니와 우리 등은 실로 다행한지라. 이러한 깃분 일을 굿하야 우리 쇼져를 쇽이시고 구차히 도모하<113>시나잇가. 우리 쇼져ㅣ 아르셔도 각별 물이치지 아니시리이다.”

류 시 쳥파에 연 시 노쥬ㅣ 이를 알고 잇슴을 놀나 답지 못하고 묵연 반향에 왈,

“네 발셔 알앗스니 내 어이 쇽이리요. 과연 진생이 연매의 셩화를 듯고 져젹 연슉에게 구혼하되 허치 아니시니 십분 초조하야 우리 야야를 보채이니 저의 세력과 용모 풍채 연져의 텬졍가우이라. 슉부ㅣ 허치 아니한 것을 강박키 어렵고 쏘 연매 즐겨 아니할가 쥬져하시더니 진생이 발분망식하야 우러 로야를 놉흔 벼살을 어더 보은한다 하고 여차 셜계하니 로야ㅣ 허하시되 너의 쇼져ㅣ 유병하야 다려 갈 긔약이 업셔 로야ㅣ 날로 하야금 너의 쇼져를 달내여 보라 하심이니 여등은 쇼져를 권하야 우리 부즁으로 가게 하라.”

자취 거즛 깃거 왈,

“로야의 우리 쇼져 사랑하심은 실노 감격하나니 우리 쇼져ㅣ 쏘한 깃거하실지라. 엇지 즐겨 좃지 아니시리잇고. 쇼비 등이 이제 쇼져게 고하리이다.”

류 쇼져ㅣ 심하에 생각하되,

'연 쇼져의 혼사ㅣ 되면 나는 쇽졀 업시 남에게 가랑을 지시함이 되리라.'

하고 머리 슉여 아연 져상하니 자취 깃거 거즛 밧비 쇼져게 고하려 하니 류 쇼져ㅣ 머무러 왈,

"너는 아즉 고치 말나."

취 왈,

"길일이 머지 아니하엿스니 밧비 고함이 올흘가 하나이다."

류 쇼져ㅣ 문득 안색이 여토하야 말을 일우지 못하거늘 취 왈,

"쇼비 쇼져의 긔색을 보오니 쇼회 게신가 하온즉 원컨대 졍곡을 이르쇼셔."

류 쇼져ㅣ 쥬져하야 능히 발셜치 못하거늘 취 재삼 간졀이 뭇자온대 쇼져ㅣ 비로쇼 가라대,

"차언을 규슈ㅣ 스사로 할 배 아니라. 예로부터 지식이 잇는 녀자는 종신대사를 당하야 젹은 붓그러옴을 도라보지 아니하엿스니 내 어이 심사ㅣ 편하리요. 텬하에 옥인 가랑이 흔치 아니하고 부귀 권세가 배합지 아니하니 진실로 세대의 무쌍한지라. 내 평생의 쥬의가 잇셔 옥인풍류랑이 아니면 셤기지 아니려 하엿더니 진생의 풍류 재화를 드르매 자연 불평하나 발셔 너의 쇼져에게 빙례하야 쇽졀 업시 남에게 아이니 엇지 애답지 아니리요."

자취 미급답에 가월이 내다라 왈,

"쇼져의 말심을 드르매 쇼비 역 애다름을 이긔지 못하오니 부자지졍 <114>은 인지상사어늘 류 로야ㅣ 실로 불근인졍이시라. 쇼져ㅣ 엇지 애답지 아니시리잇고. 진 한림의 옥모 풍채 우리 쥬군이 되엿스면 조흐려니와 쇼져ㅣ 져럿틋 불평함이 게실진대 반닷이 측측하실 것이니 쇼비 한 계교 잇사온즉 쇼져ㅣ 들으시리잇가?"

류 쇼져ㅣ 청파에 십분 슈괴하나 발셔 욕화가 압을 가려 렴치을 일엇는지라. 이에 문 왈,

"네 무삼 계교 잇나냐?"

월이 대 왈,

"진 한림이 우리 쇼져의 꼿다온 셩화를 흠모하야 발분함에 이르오나 쇼져의 아람다온 일홈은 아지 못하오니 쇼비의 쇼견은 아쥬와 쇼져ㅣ 일심이 되야 여차여차하시면 계교 이 밧게 지나지 아니할 것이요, 진생이 쇼져의 옥안화태를 보면 굿하야 우리 쇼져를 생각지 아니하야 백년 화락으로 영총 부귀하오리니 엇지 아람답지 아니리요."

류 쇼져ㅣ 청파에 불승대희 왈,

"너의 지모ㅣ 긔특하거니와 너의 쇼져ㅣ 즐겨 내게 사양치 아니할가 하노라."

월이 쇼 왈,

"우리 쇼져는 본대 부귀를 원치 아니하시고 부명이 업스니 혼취치 아니실 듯한지라. 쇼비 쇼져를 위하야 잘 쥬션하오리니 타일 즁상을 앗기지 마르쇼셔."

류 쇼져ㅣ 대열하야 칭사하니 가월 왈,

"쇼져ㅣ 종용한 째에 우리 쇼져를 대하야 말삼하면 쇼비 맛당히 찬조하리이다."

류 쇼져ㅣ 졈두하고 각각 도라와 차야에 쇼져와 방 시에게 가셔 촉하에 담쇼하다가 류 쇼져ㅣ 믄득 연 쇼져를 향하야 왈,

"현뎨야, 이제 깃분 일이 잇스니 듯고자 하나냐?"

연 쇼져ㅣ 대 왈,

"내게 무삼 깃분 일이 잇스리요."

류 쇼져ㅣ 대 왈,

"우리 야야ㅣ 현뎨를 위하야 진 한림과 결혼하야 빙례를 밧고 길일이 머지 아니하엿스니 진생은 옥인군자이라. 엇지 하례치 아니리요."

쇼져ㅣ 정색 왈,

"져져ㅣ 엇지 이런 말삼을 망영되이 하시나뇨. 슉부ㅣ 비록 존즁하시나 혼인은 막즁대사어늘 가친이 계시지 아니한대 엇지 부명 업시 츌가하리요."

류 쇼져ㅣ 정색 함쇼 왈,

"현매는 거즛 겸사 말나. 녀자의 일신 고락이 장부에게 달엿스니 금옥군자를 맛날 바에 엇지 쇼쇼한 례졀을 거리끼리요."

쇼져ㅣ 미우를 찡긔여 왈,

"이는 규즁 녀자의 일을 배 아니니 다시 일컷지 마르시고 스사로 말삼을 삼가쇼셔."

류 쇼져<115>ㅣ 쳥파에 참색이 만면하니 쇼션이 고 왈,

"쇼져의 정대한 말삼이 진실로 녹녹지 아니하도쇼이다."

가월 왈,

"류 로야ㅣ 비록 조흔 뜻으로 쇼져의 친사를 쥬장하시나 우리 로야ㅣ 계시지 아니하니 실로 쇼져의 친사를 의론함이 맛당치 아니코 류 로야ㅣ 임에 진부 빙채를 밧닷다 하니 류 쇼져로 셩친함이 맛당한지라. 다만 진 상공이 우리 쇼져를 구하고 류 쇼져를 구치 아니하엿난다 하니 차혼이 비록 슌치 아니하나 여차여차하시면 우리 쇼져도 무방하고 류 쇼져도 종신대사ㅣ 빗나리이다."

연 쇼져ㅣ 작색 왈,

"네 말이 요망 불인하도다. 남녀 혼인은 인륜대사어늘 엇지 일흠을 가탁하고 네 어이 진가의 무례함을 감심하야 져져게 일홈을 빌여 비례를 도모하리요. 당당히 슉부게 고하리라."

류 시 연 쇼져ㅣ 견집함을 보고 진가의 부귀를 남에게 사양치 아니할지라. 십분 착급하야 눈으로써 가월을 보거늘 연 쇼져ㅣ 류 시의 행색을 보고 불승통한하야 긔색이 씩씩하니 쇼져ㅣ 가장 어려히 녁여 머리를 슉이고 부모

를 한하며 향여 진가 혼사ㅣ 연 쇼져와 결친할가 초조하니 가월이 웃고 취랑을 대하야,

"류 로야의 일이 졍도ㅣ 아니시나 사세 이에 이르럿스니 쇼져ㅣ 물이치지 못할 것이요, 우리 쇼져는 로야의 뜻을 아지 못하매 타일 즁책이 어대 밋칠 쥴 아지 못하니 류 쇼져를 셩친하옴이 맛당하온즉 쇼져는 쇼쇼한 례졀을 구애치 마르시고 류 쇼져로 더부러 저긔 나아가 사톄를 살피사 친영하는 날에 류 쇼저를 보내시면 가장 슌편하올지라. 이 일을 류 로야ㅣ 알으시면 허치 아니시리니 쇼져의 일홈을 빌여 류 쇼져를 보내심이 가장 맛당하온즉 쇼저는 널이 생각하쇼셔."

쇼져ㅣ 침음하다가 왈,

"너의 말이 여차하나 져져ㅣ 즐겨 아니할가 하노라."

류 쇼져ㅣ 왈,

"현뎨 만일 혐의치 아니하면 엇지 물이치리요."

연 쇼져ㅣ 함쇼 왈,

"무삼 치원함이 잇스리요. 져져ㅣ 도로혀 불평할가 하노라."

류 쇼져ㅣ 왈,

"비록 불평함이 잇스나 쏘한 나의 팔자이요, 현뎨의 탓이 아니니 무삼 원망함이 잇스리요."

연 쇼져ㅣ 미쇼하니 류 쇼져ㅣ 만심 환희하는지라. 가월이 쏘 지모로 류 쇼져를 롱락하니 다시 근심<116>할 배 업는지라. 이러구러 슈일이 지나매 쇼져의 병세가 졈졈 감하야 이러나 병장을 것고 쇼세를 나아오니 방 시 깃거함을 마지 아니하더라.

차시 진 한림이 연 쇼져의 병세가 일향 낫지 아니한다 하니 츄탁인가 의심하되 이에 택일하야 보내고 몬져 납채를 치숑하니 시즁과 원 시 대희하야 날을 기다릴 새 원 시 녀아를 생각하야 십분 앙앙하더라. 차일 시즁이 연부

에 이르니 쇼져ㅣ 바야흐로 슉부를 마자 렴려함을 칭사하고 병의 회복함을 말삼하니 공이 대열하야 이에 녀아로 더부러 부즁에 이르기를 당부한대 쇼져ㅣ 흔연 응명하니 공이 크게 깃거 쳔만 당부하고 도라가 부인을 대하야 연질의 차병함을 이르니 원 시 깃거 왈,

“길일이 갓가왓스니 아모커나 질아와 녀아를 쇽히 다려 오쇼셔.”

하고 이 날부터 내외 진동하야 혼구를 차리더니 임에 길일이 다다르매 이에 쇼져를 다려오고 진생에게 통지하니 생이 환열하야 각별 부모게 고치 아니하고 범사를 쥰비하며 별원을 슈리하고 긔용을 갓초와 연 쇼져로 더부러 종용히 화락할 계교를 생각하매 마음이 갈이고 동지 분쥬하니 그 부모는 무심하고 호 시는 흉포한 녀자이라. 근래 생의 동지 젼일치 아니함을 의혹하더라.

일일은 류 쇼져ㅣ 종용한 째를 타 그 모친 원 시를 대하야 왈,

“부친이 근본 친사로 쇼녀를 졍치 아니시고 도로혀 연뎨 일생을 영화롭게 하시니 녀아 십분 의아하압난 바 쇼녀ㅣ 연부에 가슬 째에 가월의 말을 드르오니 더욱 애답삽되 계교 업더니 연뎨 여차여차하온즉 엇지 쇼녀의 복이 아니리잇고.”

원 시 실색 왈,

“너의 부친이 연질은 진생의 갈망하난 바이라. 고로 진가의 깃거옴을 엇어 작녹을 구하려 함이어늘 네 엇지 누셜하난다. 당초부터 진가가 연질을 구하고 너를 구치 아니하엿나니 대사ㅣ 그릇될가 하노라.”

쇼져ㅣ 답쇼 왈,

“태태는 근심치 마르쇼셔. 녀아의 용모ㅣ 비록 연뎨만 갓지 못하오나 박색이 아니오니 진가ㅣ 혐의함이 업슬 것이요, 쇼녀ㅣ 연 시의 일홈을 비러 가면 진생이 연 시의 면목을 보지 못하엿스니 엇지 진가를 알며 녀아를 연 시라 하야 례를 일웟다가 셔로 은졍이 깁고 부친이 벼<117>살을 어든즉 아라도

무방하리니 부부의 은애가 깁흐면 진생이 연 시 아니라 하야 쏫츠리잇가. 다만 부친이 공겁하사 진가에 책망을 어들가 허치 아니시리니 모친은 잠잠하쇼셔."

원 부인이 역시 깃거하나 오히려 렴려하더니 길일이 다다르니 시즁이 내외로 분쥬하야 혼구를 쥰비하니 연 쇼져ㅣ 짐짓 시즁에게 뭇자오되,

"무삼 일로 가내 이갓치 쇼요하니잇고?"

시즁 왈,

"녀아의 길일이 명일이매 그러하니라."

쇼져ㅣ 대 왈,

"연즉 쇼질이 이에 잇기 불안하오니 본부로 도라가리로쇼이다."

공이 연망이 말유 왈,

"네 아쥬미 본대 향암하고 쏘 늙엇스매 더욱 사톄를 아지 못하니 너는 잠간 머무러 장쇼를 잘하야 만좌에 빗이 잇게 하라."

쇼져ㅣ 슉부의 연무 즁 어린 긔운을 미쇼하야 왈,

"신부의 자태 화려하고 쏘한 평생 계활이 길셕 우에 잇사오니 빗나게 함이 맛당하오나 쇼질인들 무삼 사톄를 알이잇고."

드듸여 안색이 자약하야 일호 의심함이 업스니 공이 깃거 진생을 대하야 왈,

"생녀ㅣ 이 일을 망연히 아지 못하니 만일 바로 일은즉 결단코 슌종치 아니할 것이매 거즛 나의 녀아 길일이라 하엿스니 그대 여러 개 건장한 시녀를 다려와 무심 즁 겁측하야 담아 가라."

생이 깃거 장원에 잇는 힘이 세찬 차환을 구하야 의복을 션명이 하야 여차여차하라 하더라,

명됴에 류 쇼져ㅣ 연 쇼져로 더부러 단장을 빗나게 하고 침쇼로 도라간 후 시즁이 부인다려 왈,

"녀아를 여차여차하야 보내고 사긔를 비밀히 하라."

부인이 응대하더라. 생이 십여 개 차환을 류부로 보내이니 차환 등이 용략하야 채루에 이르니 가월 등이 문에 드리지 아니하며 꾸지져 왈,

"그대는 엇더한 사람이완대 감히 쇼져 침쇼에 방자히 돌입하나뇨?"

진부 냥낭이 져 삼인의 쥰절함을 보니 감히 일언을 발하지 못하고 물너오니 시즁이 다리고 드러와 원 시다려 일으되,

"부인은 당차하야 변이 나게 말지니라."

원 시 마지 못하야 시녀를 다리고 들어가니 사면 문을 굿게 닷쳣거늘 원시 쇼래하야 '문을 열나' 하고 몬져 드러가 이르되,

"너의 일을 쥬밀히 하야 사긔를 패루케 말나."

가월 왈,

"이제 부인이 특히 슈상히 구지 말고 쥬밀히 쥬션하쇼셔. <118> 쇼비 등이 쥬의 쳐변하리이다."

원 시 응낙고 눈을 들어 좌우를 살피니 질녀는 간 대 업고 녀아ㅣ 단장을 화려히 하엿스니 광채 찬란하고 십분 요요하야 짐짓 가인이요 용모ㅣ 극히 슈려한지라. 심리에 흔열하야 왈,

"진부 차환이 이르럿스니 너의 등은 조히 조쳐하라."

하고 완완히 도라가니 가월이 인하야 문을 열고 진부 차환을 마지매 모든 시녀ㅣ 쇼져를 보고 눈이 황홀하야 암암 칭찬하더라. 이윽고 진 한림이 옥안영풍에 길복을 셩히 하고 위의를 거나려 젼안지례를 파하매 쇼져를 붓드러 뎡에 드릴 새 시즁이 내외를 헤지르며 향여 질녀ㅣ 쥭어 대사ㅣ 그릇될가 초조하나 감히 나아가 재촉지 못하고 진생은 외당에셔 쇼져의 상교함을 기다리더니 이때 진가 차환이 한림의 분부를 들엇는지라. 풍류 쇼래를 듯고 일시에 다라드러 쇼져를 에워싸고 일시에 숀을 버려 하슈하려 하더니 원 시 총총이 드러와 가라대,

"신랑이 임에 젼안을 맛쳐스니 질녀는 뎡에 들나."

하매 그 쇼져ㅣ 잠간 변색하고 이러셔니 삼시녀ㅣ 쇼래 질너 왈,

"부인이 이러한 불의를 행하시나잇고."

말이 맛지 못하야 진부 차환이 불문곡직하고 다라들어 쇼져를 안아다가 뎡 쇽에 너흐니 한림이 연망이 나아와 뎡문을 잠그고 하리를 재촉하야 본부로 도라가니 시즁이 마음에 렴려하다가 대사 무사히 됨을 희행하야 쥬셕을 치우고 내당에 드러가니 원 시 분쥬하야 각별히 말이 업는지라. 시즁이 쇼 왈,

"질녀 강렬하매 핍박지 못할가 근심하엿더니 맛참내 아녀자이라. 우리 쐬에 빠져 진가에 도라가니 그만하면 될 것을 심려도 한 업시 하엿도다."

하며 슈렴을 만지며 흔흔락락하더니 연 쇼져ㅣ 나아와 왈,

"슉부ㅣ 대례를 지내시니 치하하나이다."

시즁이 이 말을 드르매 신색이 재 갓흐며 능히 말을 일우지 못하고 두 눈을 뒤룩이며 연 쇼져를 보니 쇼져ㅣ 잠쇼 왈,

"슉부ㅣ 현셔를 어드시니 치하하는 즁 진가는 부귀 공명이 일세를 진동하니 져져의 유복함과 슉부모의 영화ㅣ 제미하거늘 엇지 이렷틋 불평하시니잇가. 신랑이 마음에 부족하시니잇가?"

시즁이 넉이 업셔 능히 말을 일우지 못하고 다만 쇼져를 보아 목<119> 인갓치 안졋거늘 가월이 진젼 고 왈,

"쇼져의 대례를 지내시니 우리 쇼져는 도라가사이다. 본부 창두ㅣ 대후하엿나이다."

쇼져ㅣ 몸을 일어 시즁 부부게 하직을 고하고 태연이 도라가니 방 시와 유랑이 마자 화를 면하고 무사히 도라옴을 치하하더라. 쇼져ㅣ 침쇼로 도라오니 졍 쇼져ㅣ 벌셔 녀복을 입고 마자 왈,

"현뎨 진가의 욕을 물이치고 무사히 도라오니 깃부도다."

쇼져ㅣ 탄 왈,

"쇼매 진가의 화를 면할 길이 업슬가 주야 번민하더니 져져의 놉흔 의긔와 가월의 긔특한 지모를 힘입어 호구를 면하고 무사히 도라오니 져져 노쥬의 대은이 칭양업사와 갑흘 바를 아지 못하나이다. 연이나 쇼매의 운슈ㅣ 긔구하야 호구에 써러질 번하니 쳐자의 몸으로 엇지 욕되지 아니리요."

졍 쇼져ㅣ 왈,

"진생이 일후에 류 쇼져인 쥴 알면 앙앙분로하야 반닷이 불량한 심사를 내이리니 쏘 후일이 렴려롭도다."

연 쇼져ㅣ 왈,

"져져의 쇼견이 놉하 옛날 양평에게 비하리로다. 연이나 다행이 피화하엿거니와 이제 류형의 신세가 가련한지라. 이 쏘한 친쳑 동긔이니 엇지 다행하리잇고."

졍 쇼져와 가월이 만 번 위로하야 쇼져 호구에 버서남을 치하하더라. 시즁이 이 지경을 당하고 대경 져상하야 원 시를 원망하야 왈,

"질녀ㅣ 계교로 탈신하니 녀아의 신상이 조치 아니할 것이요, 제 만일 이런 긔미를 알면 그쌔는 벼살은 고사하고 대화를 면치 못하리니 그대 이런 일도 하나뇨. 더욱 한림 상원은 호 상국의 질녀이니 크게 현명하고 승총하다 하니 취랑이 한미한 형세로 져곳에 가 보젼하기를 엇지 바라리요. 가부의 은총이 잇스면 모로거니와 진생이 미흡히 녁이면 일시도 용납지 못하리니 일녀의 신세를 이갓치 맨드러 노흐니 이는 다 그대의 탓이라."

하고 분분히 날쒸여 한탄하니 원 시 차언을 듯고 실색 황황하야 넉이 어린 듯하다가 숀에 들엇던 것을 더지고 삭지져 왈,

"녀아 연질의 쐬에 싸져 종신대사를 그릇하엿도다."

쏘 원망하야 왈,

"이는 다 상공의 탓이라. 누를 원하며 누를 한하리요."

도로혀 연 쇼져를 ᄭᅮ짓기를 마지 아니하니 시즁이 ᄯᅩ 가라대,

"당초에 차사ㅣ 질녀ㅣ 아지 못하게 엄히 긔엿더니 엇지<120>하야 이에 이르럿나뇨."

원 시 드듸여 녀아의 말을 세세히 이르니 시즁이 듯고 탄식 왈,

"이는 녀아ㅣ 스사로 부귀를 탐함이요, ᄯᅩ 질녀의 빗난 말이 녀아를 혹하게 함이니 조흐나 그러나 이제는 할 일 업거니와 진 한림이 쇽음을 분하야 셜한하려 하면 내 복은 고사하고 한림 부인이 호 상국의 양녀ㅣ라 하니 녀아ㅣ 편히 살기 만무한즉 이러한 슬은 일이 어대 잇스리요. 우리가 다 혼암하야 요인의 ᄭᅬ에 ᄲᅡ져 쇼아에게 쇽앗스니 엇지 한심치 아니하리요."

하고 부부 량인이 종야토록 번뢰함을 마지 아니하더라.

이ᄯᅢ 진상문이 신부를 마저 도라갈 새 마음에 깃부고 쾌함을 이긔지 못하야 의긔 양양하야 스사로 자득함이 범여 셔시를 싯고 오호로 도라감 갓더라. 행하야 동화문 밧 장원에 이르니 이곳 동각이라. 나라이 한림을 사급하신 장원이니 누사ㅣ 가장 화려한지라. 이 친사는 부모 친쳑이 아지 못하는 바인 고로 장상에 하낫 숀이 업고 생이 스사로 시녀를 지휘하야 신부를 붓들어 내여 청당에셔 교배를 행하고 한림이 밧비 눈을 들어 신부를 살펴보니 신부의 용모ㅣ 미려하야 조화의 빗남이 잇스나 불과 예사 녀색이요 짐짓 절대 슉녀 아니라. 리 시의 등치이니 심하에 크게 패흥하야 생각하되,

'연 시에 향명을 내 분심 갈망하야 허다 심력을 허비하야 겨우 취하야 왓더니 예사 색태이라. 일즉 이런 쥴 아랏더면 그대도록 번민하리요.'

심히 뉘웃기를 마지 아니하야 왈,

'가장 의혹하는 바는 연 쇼져 분 외슉의 쇽임을 맛나 핍박하야 왓슬진대 사긔 화평치 아니하야 크게 어즈러올 것이로대 제 공숀이 례를 이르고 일ㅣ 불호한 사색이 업스니 이는 시즁이 반닷이 그즛 연 시라 하고 제 ᄯᆞᆯ을 보냇거나 다른 녀자를 대신 보내엿도다.'

하야 만분 의심하나 도차에 분간할 길이 업는지라. 오작 머리를 슉이고 심사ㅣ 분분하더니 신부ㅣ 가마니 눈을 드러 생을 보니 옥안영풍이 진실로 아람다오니 만심 환열하야 임에 날이 졈을매 동방에 화촉을 밝키고 량신이 대하야 말삼하더라. 차쳥하회하라. <121>

第二十二回 뎨이십이회

상문이 신정을 매자 날로 깁허 가니
호부가 류부를 쳐셔 즁이 상하다
相文結新情日深 扈婦打柳婦重傷

이때 류 쇼져ㅣ 가마니 눈을 들어 생을 보니 옥안영풍이 진실로 아람다온지라. 십분 환열하야 인하야 날이 졈을매 동방 화촉을 밝키고 셔로 대하야 생이 몬져 가라대,

"학생이 쇼져의 꼿다온 영명을 흠모하야 령존대인게 여러 번 구친하되 령대인이 불허하시니 부득이 령슉게 갈구하야 금일 곡경의 친사를 이루니 쇼져는 관셔하라. 연이나 이 또한 텬졍연분이니 원컨대 생의 무례함을 용셔하시고 백년동락을 길이 허하쇼셔."

쇼져ㅣ 쳥파에 생의 아람다온 풍채와 은근한 말을 드르매 깃븜을 이긔지 못하야 만면 화긔로 태도를 먹음고 염용 대 왈,

"가친의 퇴혼하심은 쳡의 비박지질이 군자의 배위 불가함을 위함이러니 군자의 후의가 깁흐사 맛참내 백년결승을 일으시매 쳡의 일생고락이 군자에게 잇나니 감히 불슌함이 잇스리요."

생이 쳥파에 신부의 경쳥한 언사를 낫비 녁이나 호색 쇼인이 년쇼 미아를 맛나매 현우 진가를 엇지 헤아리리요. 이에 촉을 물이고 한가지 금금에

나아가니 량졍이 피차에 은근하더라.

명일 밧비 도셩에 드러가 됴찰하고 부모게 뵈오니 낭즁 왈,

"작일 어대 가 밤을 지내인다?"

생이 대 왈,

"친우에 집에 가 야화하고 오니이다."

공은 잠잠하나 호 시 변색 왈,

"근간 눈에 긔색이 밋친 듯하니 무삼 연괴 잇는지 모로거니와 반닷이 외쳥에 미색을 두고 미혹한 쥴 알이로다."

생이 흔연 쇼 왈,

"부인은 억견으로 가부를 너모 구속지 말나. 규즁에 량위 미쳐를 두고 무엇이 부족하야 외쳐에 작쳡하야 구차히 왕래하리요. 그대는 호의 만흔 녀자이로다."

호 시 로 왈,

"쳡이 혼암하나 그대의 심곡을 살피나니 거즛 졍대한 톄 하고 쳡을 외친 내쇼하야 리녀에게 혹하엿더니 이 사이는 리녀도 찻지 아니하고 넉이 쓴 사람 갓흐<122>니 무고하고야 이러 하리요. 그대 쥰졀이 발명하거니와 나죵을 보리라."

생이 부답타가 식경 후에 왈,

"아모리 억탁으로 말하나 나는 한 배 업스니 두리지 아니하노라."

하고 이러 리 시 침쇼로 가거늘 호 시 대로 졀치하야 생의 동지를 규찰하더라. 생이 리 시를 호언 위로하니 리 시는 망연히 아지 못하고 졍의 흔열하더라.

차야에 생이 호 시를 두리여 동각에 가지 못하고 부즁에셔 자고 명됴에 동각에 이르러 쇼져를 보니 취랑이 거야에 진생이 오지 아니함을 애연 실망하야 날이 새도록 젼젼하다가 생의 드러옴을 보고 반겨 젼도히 이러 마자 함

태제미하니 생이 나아가 웃고 왈,

"사고가 잇셔 작야에 오지 못하니 신졍이 울울하야 금됴에 밧비 이르럿나니 쇼져ㅣ 반닷이 생의 오지 아니함을 한하엿스리로다."

류 시 잠쇼 왈,

"낭군은 금루옥당에 아람다온 부인이 쌍으로 잇다 하니 무삼 여가에 셔어한 쳡을 유렴하리요. 쳡은 졸연이 집을 써나 이곳에 이르니 우으로 구고게 현알치 못하고 젹막한 집에 혼자 잇스니 경경한 심사를 엇지 칙양하리요."

생이 져의 동지 조금도 유한졍졍치 아니함을 고이 녁이는 즁 언사ㅣ 경쳔함을 보고 심즁에 가장 의심하야 짐짓 숀을 잡고 흔연 왈,

"생의 량쳐는 과연 드문 미색이로대 생이 오히려 부족하야 쇼져의 향명이 진동하기로 흠모함을 마지 아니하야 여러 번 악장게 구친하되 윤허하심을 엇지 못하야 악장을 어사지임으로 멀이 가시게 하고 령슉을 개유하야 쳔만 심사를 허비하고 곡경을 감심하야 쇼져로 인연을 일우니 진실로 희행함을 이긔지 못하거늘 일야 화락이 덧업는지라. 작야 상리함을 즐겨 하엿스리요마는 됴강 부인 호 시는 긔운이 셰차고 투긔 과인하야 의심이 동하매 써나지 못하고 재실 리 시는 본대 생의 심애자이라. 연연한 졍을 버히지 못하야 그대를 심난케 하니 참괴하도다. 그대 반닷이 우리 부모게 뵈울 날이 잇슬 것이니 안심하야 괴로옴을 참으라. 생이 실로 젼일이 동쳐치 못할 형세이니 그대는 고이히 녁이지 말나."

취랑이 쳥파에 생이 져를 시험ᄒᆞ는 쥴 쌔닷지 못하고 다만 호 시를 두려하고 리 시를 춍애하는 쥴 심즁에 <123> 아쳐하야 발연히 낫빗을 변하나 신혼 삼일에 불호지언을 참아 못 하야 머리를 슉이고 묵연하니 생이 불열 왈,

"그대 남의 말을 듯고 불평함은 엇졈이뇨? 아즉 본부에 도라가 악장이 오신 후 행례코져 하노라."

류 시 아즉 바로 이르기 좃치 아니하야 종시 부답하니 생 왈,

"그대 나의 작야에 오지 아니함을 로하야 대답지 아니하나냐?"

취랑이 오래게야 눈몰을 쓰려 왈,

"낭군이 그럿틋 정즁한 부인이 잇슬진대 무삼 일로 쳡을 백 가지로 도모하야 어더다가 이러한 고원에 감초와 텬일을 보지 못하게 하니 만일 대인이 도라오시면 하로도 이곳에 두지 아니하리니 낭군은 쌀이 돌녀 보내이라. 내 어이 참아 남의 아래 되여 구구히 괴로옴을 감심하고 낭군이 또 무삼 연고로 나의 일생을 그릇하고자 하나냐."

언파에 옥누ㅣ 방방하니 생이 신졍이라. 져의 원망하고 슬허함을 브고 애셕하야 위로 왈,

"우리 이갓치 맛남도 텬연이요, 또한 팔자이라. 이제 비록 원망한들 엇지하리요. 악장이 도라오신 후 만만 불안할지라도 임에 업친 물이라. 츌가한 딸을 마음대로 아사가리요. 내 비룩 량쳐가 잇스나 풍류장부의 호색함은 자고 상사이니 맛참내 그대를 불평케 아니리라. 내 그윽이 드르니 부인이 규합에 덕이 잇다 하매 투긔는 업슬가 하엿더니 엇지 이럿틋 불안한 색을 짓나뇨. 생이 그대를 슉녀로 알앗더니 실로 슉녀는 어렵도다. 슈연이나 은졍이 량쳐에 지내리니 너모 심사를 번뢰치 말나."

인하야 집슈견권하니 류 시 이에 생의 은근함을 환희하야 눈물을 거두고 탄식 왈,

"낭군의 사랑하는 량 부인이 잇스니 비루한 쳡이 감히 우러러 쟁권하리요. 쳡은 종신토록 부모 친쳑 하에 지나 그 존문에 나아가지 아니리라."

생이 웃고 위로하나 망연히 연무 즁에 잇셔 유, 연의 진가를 깨닷지 못하고 의심하는 뜻이 간졀하더니 취랑의 답언 몽롱하야 명백지 아니하니 의심이 과치 아니하야 은졍이 흡연하나 호 시를 두리여 연일 동금치 못하고 슌일에 한 번식 왕래하니 류 시 항상 젹막히 잇셔 심사ㅣ 울울하더라.

이때 류 시즁이 질녀의 꾀에 빠져 녀아를 보내고 밤이 새도록 번뢰하다

가 명됴에 시녀를 동각에 보<124>내여 동졍을 탐관하니 한림이 각별 다른 거조ㅣ 업고 신부와 화락하다 하니 젹이 진졍하나 진생이 이르면 보기 참괴하야 슈작이 불안할 것이매 가인을 분부하야 '진 한림이 오시거든 여차여차 하라' 하다.

십오일 후 과연 진생이 시즁게 치사하러 유부에 이르니 가인 왈,

"우리 로야ㅣ 길셕 후 병을 어드사 츌입지 못하시고 쏘한 자녀ㅣ 업스매 구완하 리 업셔 내당에 드러 조리하시기로 두문사객하시나이다."

진생이 가인으로 하야금 문후하니 생이 은근 회사하거늘 도라와 류 시 다려 왈,

"령슉이 우리 친사를 인하야 근뢰하시기로 신병이 가장 비경타 하매 놀나 문병하엿더니 내실에 잇기로 보지 못하고 왓노라."

류 시 쳥파에 가장 놀나 왈,

"상거 요원하기로 망연히 아지 못하엿도다."

즉시 차환을 보내여 로야의 불평하심을 문후하고 한림이 이르럿슴을 고하니 시즁이 일야 실망하던 녀아의 그릇됨을 참괴하야 깁히 내당에 잇셔 진생도 보지 아니하고 심사ㅣ 민울하더니 홀연 진부 시녀 와 쇼져의 문후하는 셔간을 바드매 시즁이 다만 반길만 하더라.

차셜. 류 쇼져ㅣ 분괴하나 부친게 문후하야 회셔 왓스되 대단치 아님으로 답셔하엿더라. 류 쇼져ㅣ 일야에 진생이 찻지 아니함을 로하야 야간에 장통비읍하야 신세를 한탄하니 진 한림이 자조 이르러 쇼져의 애원한 태도를 보고 어엽비 녁여 집슈 위로하야 즁졍이 은근하니 쇼져ㅣ 진생의 권애함을 보매 로긔가 다 푸러져 눈물을 거두고 환락하는 졍리에 희불자승하더니 호사다마는 자고 상사이라. 차시 호 시 생의 동졍을 살피더니 맛참 호 상국 질자 호 한림이 이르러 호 시로 더부러 말삼할 새 문득 문 왈,

"진생이 이 사이 한림원에 번을 드지 아니하고 리 한림에게 번을 비니 무

삼 연고ㅣ 잇나뇨?"

호 시 쳥필에 경아하야 ᄭᅮ지져 왈,

"필부ㅣ 근간에 동지 슈상하야 내 의심하엿더니 필연 외간에 요인을 두고 혹하야 날을 졀졀이 쇽이니 엇지 분치 아니하리요. 입번 십여 일에 됴셕 식반을 보내엿나니 근간 별단 곡졀이 잇도다."

호생이 쇼 왈,

"년쇼 풍류랑이 녀색을 유의함은 상사이라. 이 무삼 허물이 잇스리요. 매뎨를 긔탄할 새 감히 가<125>즁에 두지 못하고 이럿틋 핑계하니 일변 가련하도다. 매뎨는 각별 아른 톄 말나."

호 시 냉쇼 왈,

"진생이 방자 호탕하야 리녀를 젼춍하고 날을 쵸개갓치 녁임을 통한하되 리녀는 나의 몬져 졍한 계집이요 형세 부득이 젹국이 되여 참난 배 커만니와 기여 요물 쳔인이야 일시나 용납하리요."

언파에 긔운이 분분하야 위험한 거동이 고래가 사람을 삼킬 듯한지라. 호생이 다시 개유치 못하고 도라가니 호 시 분연이 졍당에 쇼래를 놉혀 왈,

"한림이 무삼 연고ㅣ 잇셔 리 한림에게 번을 빌고 어대로 가니잇고?"

낭즁 부부ㅣ 경혹 왈,

"아자ㅣ 입번하야 여러 날 식반을 보내거늘 현부ㅣ 이 무삼 말이뇨?"

호 시 냉쇼 왈,

"한림이 동관에게 번을 빌고 됴참도 아니 한다 말을 졍녕이 드럿나니 구고ㅣ 또한 쳡을 쇽이나잇가?"

낭즁 왈,

"우리는 실로 아지 못하나니 현부는 어대로 좃차 드럿나뇨?"

호 시 로 왈,

"대인이 실로 아지 못하실진대 됴셕 가져가는 차환과 셔동을 ᄭᅮ지져 무

르실진대 한림 거취를 쾌히 알이이다."

낭즁 부쳐ㅣ 호 시의 로함을 보고 가장 겁하야 즉시 셔동 교운과 차환 슈매를 불너 문 왈,

"너의 한림의 식상을 매일 갓다가 어대 두고 오나뇨?"

량인이 대 왈,

"궐내로 갓다가 직쇼로 드렷사오니 어대로 가리잇고."

호 시 대로 질 왈,

"여등이 몹슬 한림으로 동심하야 이럿틋 쇽이기를 잘한다! 종용이 무러셔는 일으지 아니할 것이니 즁히 형벌하여야 바로 고하리라."

좌우를 호령하야 '큰 매를 드리라' 하고 낭즁게 고 왈,

"차인 등이 귀쥬인을 업슈히 녁여 쇽이기를 기탄치 아니하고 한림도 부모를 긔망하니 맛당히 엄히 사핵하야 긔망한 죄를 다사리쇼셔."

낭즁이 부득이 량인을 올여 매고 즁형하야 무른대 양인이 비록 한림의 엄명을 두리나 호 시의 위엄을 두리고 또한 압픔을 이긔지 못하야 울며 고 왈,

"한림 로야ㅣ 분부하시기를 '됴셕 식반을 날마다 동각으로 가져 오라' 하시고 '가즁에 알게 말나. 만일 누셜하면 쥭이리라' 하시니 쇼복 등은 명을 듯고 행할 쁜이요, 곡절은 아지 못하나이다."

낭즁 부부ㅣ 또한 놀나 왈,

"한림이 동각에 무삼 일을 하며 엇던 사람이 잇더뇨?"

대 왈,

"쇼인은 식반만 올이고 올 짜름이요, 다른 일은 <126> 모로나이다."

호 시 고셩 질 왈,

"차인 등이 져럿틋 간사하야 바로 고치 아니하니 너의 목숨을 장하에 맛치리라."

셜파에 노자를 호령하야 즁장하라 하니 량인이 혼비백산하야 고 왈,

"쇼인 등이 연유는 자셔이 아지 못하오나 엇던 부인을 친영하야 별원에 두어 계시나 본부 대로야게 긔이시고 아모도 알 이 업스나 새 부인이 텬하 졀색이라. 로야ㅣ 십분 애즁하시되 호 부인을 두리여 본부에 뫼셔 오지 못하고 자로 가지 못하매 입번 핑계하고 한림이 가 계시다 하더이다."

낭즁 부쳐ㅣ 차언을 듯고 대경 실색하야 말을 일우지 못하고 호 시는 분긔 하날에 쌧쳐 안색이 남빗 갓고 눈이 뒤박혀 란간을 치며 고셩 대매 왈,

"필부ㅣ 방자 무상하야 엇던 부인을 감초와 두고 부모를 쇽이고 음욕을 임의로 하니 엇지 통해치 아니하리요."

이에 구고를 향하야 발악 왈,

"한림이 비록 무상하나 불고이취는 아니 하엿스리니 구고ㅣ 반닷이 한림과 동심하야 쳡을 쇽임이라. 엇지 통해치 아니리요."

낭즁 부부ㅣ 발명 왈,

"우리 부쳐ㅣ 아자의 새로히 취쳐함은 젼혀 아지 못하는 일이라. 엇지 현부를 쇽이리요. 실로 쳐음 듯는 말이니 현부는 의심하지 말나."

호 시 익로 왈,

"구고ㅣ 실로 모로실진대 한림의 패려 무상함이 금슈와 갓흔지라. 혼사는 비록 부모ㅣ 죽고 업드래도 사당에 고하고 취하거늘 이제 한림은 구고 계시거늘 쏘 임의로 취쳐하니 차는 부모를 초개갓치 녁임이라. 텬하의 져러한 란법 패악한 자ㅣ 어대 잇스리요. 구고는 자애에 침익하야 용셔하려니와 쳡은 결단코 덥허두지 못하리니 당당히 동각에 나아가 요녀를 잡아 육장을 맨다라 분을 셜치하리니 한림은 쳡을 다사리지 못하려니와 쳡은 쳐치할 도리가 잇스리이다. 구고는 위엄이 업스니 져 방자한 아달을 다사릴 호령이 잇스리요."

인하야 교아 등을 맹장하야 내치고 흉녕한 노긔 대발하니 낭즁 부쳐ㅣ

넉이 업셔 눈이 두렷하야 아모리 할 쥴 모로더니 호 시 분연히 위의를 차려 동각에 가랴 하는지라. 낭즁이 바야흐로 권연하야 왈,

"아자ㅣ 량쳐를 두고 부모를 쇽이며 그대를 쇽이여 또 취실함은 실로 통한하나 옴에 업친 물이라. 현부ㅣ 비록 분<127>하나 져 곳에 감이 사톄에 불가하니 로부ㅣ 아자를 잡아다가가 즁치하리니 현부는 아즉 식로하고 사세를 보아 쳐치함이 가하도다."

호 시 냉쇼 왈,

"한림을 다사리심은 구고의 톄면이니 쳡이 간예치 아니하려니와 요녀는 나의 슈즁지물이라. 분함을 일시나 참으리요. 한림은 당당한 장부라도 사톄를 모로거늘 규즁에 무식한 녀자ㅣ 무삼 사톄를 알이잇고. 쥭을지언졍 참지 못하리로쇼이다."

언파에 분분히 교자를 갓초와 유모와 시녀를 거나려 동각으로 향하니 낭즁 부쳐ㅣ 감히 책하야 말이지 못하고 급히 동각에 사람을 보내여 호 시 작란하러 감을 긔별하고 낭즁이 뒤좃차 동각으로 가니라.

차시 한림이 류 시로 더부러 쥬야 화락하니 취랑이 한이 족족하야 장부의 호탕함을 일일 가랍하니 생이 쇼년 풍졍으로 욕심을 다하야 로류장화갓치 백쥬 화락이 무슈하고 쥬야 방즁에 잠겨 문을 긴긴히 닷고 한 벼개에 팔을 연하야 음난한 거동이 쳔태만상이라. 류 시 조금도 붓그러 슈습하는 거동이 업셔 생의 하는대로 좃차 방일한 언사와 음란한 모양이 칙양 업스니 복시 차환 등이 감히 그 방 근쳐에 가지 못하고 셔로 머리를 맛초와 개쇼하야 왈,

"져 쇼져ㅣ 반닷이 창가 녀자라도 참아 붓그려 하려든 오히려 창녀보다 심하다."

하더라.

차시 호 시 교부를 셩화갓치 재촉하야 가더니 즁노에셔 진부 가인을 맛나 구고ㅣ 한림에게 통긔함을 알고 더욱 로하야 아역을 호령하야 결박하야

길가에 쉴이고 슌식간에 동각에 이르러 바로 거러 내현에 드러가니 모든 복부ㅣ 실색 경황하야 어대로좃차 옴을 아지 못하야 면면상고할 싸름이라. 호 시 교자에 나려 당상에 오르니 창문을 젹젹히 닷고 사환이 창 밧게 사후하거늘 호 시 문 왈,

"한림이 어대 계시뇨?"

차환이 호 시의 거동이 맹열하고 위의 부셩함을 보고 두리여 즉시 대 왈,

"로야ㅣ 그 방즁에 계시니이다."

하거늘 우문 왈,

"방즁에 또 뉘 잇나뇨?"

대 왈,

"새 부인이 계시니이다."

호 시 '새 부인' 삼자를 듯더니 분긔 더욱 급하야 돌입고자 하다가 그 동지를 보고자 하야 창 밋해 가 여어보니 생이 과연 바야흐로 일위 미인으로 더부러 집기슈 연기슬하야 만<128>희롱과 쳔단 견권에 호흥이 놉거늘 그 미인이 웅장셩식으로 함쇼교태하야 어즈러온 운환을 만지며 가는 눈씨가 몽롱하엿스니 용모ㅣ 졀염이요 생의 연애함이 칙양 업는지라. 져 거동을 목도하매 분긔가 하날에 씻치고 가삼이 터지는 듯하니 엇지 테면을 도라보리요. 창을 박차 열치고 쒸여드니 류 시 희롱이 무르녹아 밧갓 일을 아지 못하더니 홀연 사람이 다라드는지라. 부지불각에 놀나옴이 쳥텬백일에 벽녁이 쇡뒤에 임한 듯 실색 경황하야 누구인지 아지 못하되 복색이 부인 모양이매 생은 호 시인 쥴 짐작하고 혼비백산 하야 아모리 할 쥴 모로거늘 류 시는 생을 밀치고 이러나고 생도 급히 일어 말을 못 하더니 호 시 아모 말도 아니 하고 다라드러 생의 관을 벗기고 운고를 잡아 업즈르고 고셩 대매 왈,

"반신젹자, 무신젹자야! 드르라. 그대 글을 읽어 사군사친하는 의를 알여든 부모를 쇽이고 요녀를 취하야 십여 일을 요녀에게 침혹하야 부모를 젼

혀 쇽이니 무삼 도리이뇨."

하며 흉참한 욕셜이 무궁하니 호 시는 완부패악지녀로 호 상국 세를 밋고 류 시는 본대 강긔 업고 허약한지라. 호 시의 독슈를 맛나 능히 방어할 모략이 업셔 슈족을 움작이지 못하고 호 시에게 무슈히 마지니 머리 깨여지고 연한 가족이 터져 셩혈이 임리하고 긔색이 엄홀하나 호 시 일호 겁함이 업고 경히 류 시를 걱구로 잡아 시비를 명하야 '칙간에 박으라.' 하니 생이 다라드러 시비를 차 바리고 류 시를 구하야 보니 만신이 남은 대 업시 상하야 긔졀하엿거늘 생이 눈물을 흘이고 호 시를 수지져 왈,

"그대 비록 츄악하나 이대도록 사람을 쳐 측간에 박아 쥭이려 하니 져 본대 사족지녀로 마지 못하야 생에게 굴하엿스나 그 부친이 입됴 대신으로 벼살이 언관에 거하니 그대의 죄상을 나라에 고하고 법대로 다사릴 것이니 녀자의 투긔는 칠거의 읏듬이요 살인지죄는 도망치 못하나니 생은 비록 허물이 잇스나 져는 실로 무죄하거늘 그대 엇지 쥭이랴 하나냐."

호 시 생의 류 시 구함을 더욱 로하야 쳘 방망치를 들고 다라들어 류 시를 치랴 하거늘 생이 몸으로써 가리우고 차환 등을 지휘하야 업어 방으로 <129> 보내니 호 시 분긔 돌돌하야 류 시를 좃치랴 하니 생이 호 시를 붓잡고 하슈치 못하게 하니 호 시 돈족 대매 왈,

"시복 등은 빨이 류 시를 잡아내이라."

호령이 추상 갓흐나 시녀 등이 한림의 로긔를 두리여 다시 하슈치 못하는지라. 호 시 분함을 이긔지 못하야 생을 붓들고 고셩 질 왈,

"무신 필부야! 져 쳔녀를 위하야 됴강 정실을 업슈히 녁이나뇨. 져 년이 불과 하쳔이니 제 무삼 사족이며 제 아비 무삼 됴경 대신이리요. 언관 아니라 제왕이라도 나는 두리지 아니하나니 요녀를 쥭이고 내 쥭어도 한이 업슬지라. 엇지 사생을 두리랴? 이 반젹 쇼인아, 장구히 질길가 녁이나냐? 네 부모ㅣ 아모리 무식하야 자식을 교훈치 못하얏슨들 자식의 도리에 이대도록

방자하리요. 거즛 입직한다 하고 부모 쇽이기를 능사로 아니 차는 인면슈심이라. 감히 법률을 일컷나뇨. 리녀의 요사를 고혹하다가 또 요녀에게 침익하니 두 요물이 진문을 망하고 그대 몸을 맛치리라. 쾌히 화근을 업시 하려 하나니 계집을 위하야 남자의 눈물을 경히 발하니 져런 용열한 자ㅣ 임군의 작록을 욕되게 하니 임군도 모로고 아비도 아지 못하는 탕자ㅣ 계집만 즁히 녁이니 내 당당히 상국 대신게 고하고 너를 절새에 내치리라."

생이 역로 분연하야 크게 쇼래하야 왈,

"이 무행한 완부ㅣ 례를 아지 못하고 한갓 대악 대투로 승사를 삼아 가부를 능욕질매하고 구고를 능멸경시하니 남자는 칠부인과 백미희를 어더도 죄가 업고 계집은 가부를 능욕하며 구고를 만모하고 젹국을 잔학한 죄는 삼쳔 극률에 강상죄를 마련하야 쳐참하나니 그대 큰 가문에 생장하야 이런 법을 아지 못하고 가부 욕매하기를 긔탄 업시 하니 내 당당히 텬자게 고하고 그대를 내쳐 변방에 젹거케 하리니 그대는 오작 상국을 빙자하거니와 호 상국 위엄이 비록 즁하나 진상문의 쳐첩을 엇지 검하며 져 부친 연 어사는 호 상국을 쵸개갓치 녀기나니 딸의 원억히 쥭음을 잠잠하고 잇스리요. 그대 살인지죄는 도망치 못하리니 엇지 면하려 하느냐."

호 시 대로하야 수지져 왈,

"필부ㅣ 맛참 내게 지은 죄는 생각지 아니하고 이럿틋 방자하뇨."

하며 생을 붓잡고 <130> 발악하고져 하더니 낭즁이 숨을 헐떡이고 이르러 량인의 광경을 보고 일변 호 시를 권애하며 아자를 책하야 왈,

"너의 행사ㅣ 불쵸하야 부모도 모르게 쳐실을 취하니 만일 이런 말이 박게 들니면 네 어늬 낫츠로 됴항에 셔리요. 다시는 이런 무행한 일을 하지 말나."

생이 분함을 익의지 못하야 대 왈,

"져 패악 완부ㅣ 이럿틋 무상하니 해아ㅣ 쳐자 그릇 맛남을 셜워하야 어

진 안해를 엇고자 발분망식하오나 차녀의 작란이 잇슬가 하야 부모게 고치 못하고 연 시를 취하야 이곳에 두고 나와 고하려 하얏삽더니 어나 사이에 이럿틋 작란하야 가부를 능욕 구타하고 젹국을 쥭이려 하오니 져런 패악한 녀인은 당당히 나라에 고하고 법률을 졍하야 능지쳐참하려 하옵나니 엇지 견댈 배리요."

호 시 문득 대매 왈,

"상문 젹자야! 네가 비록 방자하야 쳔녀를 두호하고 나를 업슈히 녁겨 능욕을 마음대로 하고 나라에 고하라. 나도 할 말이 잇스리라. 아모려면 이졔 무삼 부부의 졍이 잇스랴. 일로죠차 구슈가 되엿스니 요녀를 쥭이고 내 쏘한 쥭으리라."

하며 연쇽하야 발악하니 표독한 거동이 칭냥키 어려운지라. 낭즁이 보고 어이 업셔 생을 잇글고 나가니 호 시 쥭기를 앗기지 안는지라. 고로 두려운 배 업시 류 시를 쳐 쥭이려고 방으로 드러가니 생이 발셔 류 시를 방즁에 너코 차환으로 직희여 구원하게 하고 문을 밧그로 잠갓느지라. 호 시 더욱 로하야 챵을 박차고 지게를 두다려 욕매하고 스사로 머리를 난간에 두다려 피가 흘너 낫헤 가득하며 가삼을 허뷔여 자결할 뜻이 잇스니 가즁이 모다 황황한지라. 낭즁은 정신이 어아하야 아달 꾸지질 쇼래도 나지 안이 하고 며나리 책할 호령도 쥬러져 한 구셕에 셔셔 눈셥을 찡그리고 한 말도 못 하니 생이 호 시에 져러틋 흉녕하게 날쒸여 쥭으려 함을 보니 분한 즁에도 져이 몸이 상하면 호 상국의 로를 맛날가 겁하야 분을 참고 시녀를 명하야 붓드러 진정하라 한대 어늬 시녀ㅣ 호 시의 욕을 당하리요. 호 시 좌우로 밀치고 무슈히 부듸져 일신이 다 상하고 머리의 피 흐르니 생이 할 일 업셔 나아가 붓드러 왈,

"그대 상하사에 통달하더니 이대도록 급히 몸을 도<131>라보지 아니하나뇨. 생이 비록 그릇한 허물이 잇스나 향일 부부의 은졍을 도라보아 용셔

하염즉 하고 연 시를 거절하라 하여도 진실로 황괴 자참하야 항거치 못하려든 이대도록 상쏘이 격로하야 부졀 업시 내 몸을 상해오나뇨. 연 시 아니요 셔시라도 그대의 존위와 춍권을 항거하며 생이 감히 져를 갓가히 하리요. 과연 그대와 부모를 쇽이고 이곳에 유쳐함은 젼혀 그대를 져허함이니 도라 생각하면 엇지 가련치 아니하랴. 그대는 깁히 생각하야 용셔하라. 차후 연 시를 거절하야 졀제를 위월치 아니리라."

인하야 운환을 거두며 만단 개유하니 호 시 비록 흉완하나 맛참내 계집의 마음이라. 생의 비는 말을 듯고 마음이 젹이 풀여 발악을 긋치고 왈,

"그대 만일 요녀를 거졀하려 하면 내 다시 무삼 말을 하리요. 실로 바리려 하거든 즁히 맹세하라. 내 이제 도라가리라."

생 왈,

"내 비록 용열하나 바히 쇼졸치 아니하니 금일지사는 그대 일이 과이 아니한 쥴로 아라 이리 함이니 엇지 그대를 능멸히 아라 그러하리요. 그대는 렴려 말나. 대장부ㅣ 한 번 결심하면 그 마음을 굿게 할지라. 연 시 즁히 마자 쥭게 되니 만일 쥭으면 살인자ㅣ 사할 것이요, 금일로 연 시를 도라보내여 구완케 하고 차후 거졀하리니 그대는 의심치 말고 도라가라. 만일 살인이 날진대 그대와 내 만히 굿길가 두리나니 상국 풍녁이 만흐나 살인 즁률은 도모치 못할 것이요, 승상의 셩졍이 투긔는 배쳑하나니 그대의 거조를 드르시면 두리건대 그대를 용납지 아니시고 즁책하시리니 큰 일이 날진대 그대 쥬변치 못하리라."

호 시 분긔 젹이 나리매 사톄를 생각하니 져의 작란이 녀도의 만히 어그릇친지라. 승상이 상시 경계하야 투악을 검하던 바이라. 상국이 차사를 드르면 즁책이 이를 것이요, 류 시 약질의 몸이 마니 마자 인사를 모로든 것이니 쥭기 곳하면 리치 아니할 것이요 얼픗 드르니 방즁에셔 이르되 '쇼져ㅣ 생맥이 업스니 오날 해도 사지 못하리라' 하매 심즁에 겁하야 호 시의 독긔 젹이

쥬려지니 모진 긔운이 오히려 사생을 두리지 아니하는지라. 생의 달내임을 냉쇼 왈,

"내 어이 그대의 말을 듯고 도라가리요. 내 사<132>라셔 두 요녀를 결제하고 아니ᄉᆞ온 ᄂᆞᆺ을 보지 아니리라."

생이 강잉하야 빌기를 마지 아니하며 낭즁이 호 시의 셩용이 나작함을 보고 비로쇼 심신을 졍제하야 겨우 위로하니 호 시 일호 사죄하는 ᄯᅳᆺ이 업고 분한 졀치하나 이곳에 잇기도 무익하야 분연이 이러나 교부를 호령하야 도라가니 낭즁이 바야흐로 아자를 대하야 대책 왈,

"네 두 안해도 족하거늘 다시 취쳐함도 그르거니와 부모를 속이고 대사를 자단하야 이곳에 엄유하고 변란이 이럿틋 잇게 하니 원간 뉘 집 녀자이며 눌로 더부러 이 혼사를 지여 이갓치 무상하니 무삼 낫으로 세상에 용납하리요. ᄯᅩ 이 갓튼 누명이 요란하며 쇼문이 헌자하면 행세를 엇지 하리요. 연이나 호 상국의 로를 맛날진대 더러온 누욕이 부모에게 밋지 아니하리요."

생이 사죄 왈,

"쇼자ㅣ 불고이취한 죄는 깁삽거니와 쇼자ㅣ 자초로 졍 시의 숙요함을 사모하압다가 허다 참괴한 욕을 보고 호 시, 리 시를 어드나 졍 시에게 비치 못할 바이라. 심즁에 불합하야 그윽히 가인을 바라더니 어사 연권의 녀자ㅣ 텬하의 졀색이라 함을 듯고 구친하기를 간졀하되 어사ㅣ 매매 사졀함에 실망하는 즁 맛참 연젹이 어사로 나감을 타 여차여차하야 류 시즁을 사고 여한 업는 심려를 허비하야 연 시를 취하되 실로 호 시의 투긔를 맛날가 두리여 부모게도 고치 못하고 가마니 취하야 두고 죵용이 고하려 하여삽더니 완부ㅣ 엇지 알고 작희가 비경하야 연 시를 ᄡᅡ려 명재됴셕하오니 만일 쥭을진대 어사ㅣ 도라와 쇼자를 증한하는 즁 그 ᄯᅡᆯ이 쥭엇스면 반닷이 큰 사단을 일으켜 셜분하랴 할지니 쇼자ㅣ 엇지 무사하리잇가."

낭즁이 쳥파에 실색 왈,

"연 어사는 극히 강렬하고 고집이 잇거늘 그 쌀을 속여 취하고 또 사생이 재젼하니 연 시 죽으면 장찻 큰 일이 날지라. 이를 장찻 엇지 하리요. 임에 지은 바는 엇지 할 슈 업스니 연 시의 상쳐를 보아 급급히 구하야 생도를 구하라."

이에 생이 호 시를 졀치 왈,

"투부ㅣ 이럿틋 사오나오니 쇼자ㅣ 다시 결단코 부부의 졍을 끈으려 하나이다."

낭즁이 불열 왈,

"네 만일 호 시를 박대한즉 가내 대란하고 리 시 등이 보젼치 못하리니 부대 <133> 져를 후대하여야 무사하리라."

생이 묵연 탄식하고 시녀를 불너 연 쇼져의 긔운을 무르니 시녀ㅣ 대 왈,

"상쳐ㅣ 졈졈 붓고 졍신을 차리지 못하나이다."

낭즁과 생이 경해하야 급히 드러가 보니 류 시 호흡이 돈졀하고 머리 깨여져 만신이 피빗이 되여 상한 곳이 크게 부어 살 빗이 하나도 업고 이때 융동이라. 동풍 한셜이 늠늠한대 칙간과 싸해 구을너 의상이 다 찌여져 살이 드러낫스니 곳곳이 즛두다려 대단히 상한 즁에 밧으로 쓸고 내왕한 고로 상쳐에 바람이 드러 졈졈 부어 오르며 분하고 놀나옴이 겸한 즁 어지러이 마자 긔운이 진하엿는지라. 생이 좌우로 '더운 물을 가져 오라' 하야 친히 몸에 피를 씻고 붓드러 상에 누이며 피 무든 옷을 벗기되 오히려 인사를 모로는지라. 낭즁은 경황 초조하고 생은 눈물을 흘여 쥬무르며 왈,

"이것이 다 나의 죄이라. 어엿분 인생이 맛게 되엿다."

하고 슬허함을 마지 아니하니 류 시의 시녀는 눈물만 흘이며 류부로 통하려 가거늘 이윽고 낭즁이 의원을 부르며 약을 다사리고 생이 구하기를 극진히 하야 이러구러 날이 어두우매 류 시 잠간 인사를 차려 눈물을 흘이며 애애히 우는지라. 낭즁이 극히 잔잉히 녁여 은근히 위로하고 생은 위로할 말

이 업셔 다만 얼우만져 애련하더니 밤이 졈졈 깁흐매 생이 부친을 권하야 '도라가쇼셔' 하니 낭즁이 머물 곳이 업셔 도라가매 생이 호올노 머무러 낫 경상을 생각하니 새로히 졀치 통한하야 쇼져의 즁상함을 참혹히 녁여 손을 잡고 간졀히 위로하니 취랑이 더욱이 쥭어가는 톄하고 말을 하지 아니하더라.

이때 시녀ㅣ 황황젼도하야 본부에 도라가 쇼져ㅣ 호 시에게 매 마자 사생이 급함을 젼하니 원 시 대경실색하고 시즁은 어린 듯하다가 오래게야 왈,

"한림 부인은 호 상국의 양녀이니 그 위세 즁한즉 아즉 작란은 쇼사이요 필경 대화ㅣ 날지라. 이를 엇지 하리요. 원래 진생이 아녀 취함을 쇽인다 하더니 일이 엇지 이갓치 슈히 낫나뇨."

차환이 대 왈,

"한림이 거즛 번 드노라 하고 쇼져 곳에 유하기로 본부에셔 의심하야 시녀를 져쥬어 아랏다 하더이다. 한림의 원 부인 호 시 허다 시녀를 거나려 와 우리 쇼<134>져를 짓두다려 만신이 다 부어 남은 살이 업고 피 흐르는 몸을 것구루 잡아 측즁에 박으랴 할 새 한림이 겨우 구하야 긋치니 호 부인이 한림을 잡고 무슈 발악하며 한림의 의건을 다 찌즈되 한림이 제어치 못하야 낭즁 로야ㅣ 와셔 싸홈을 말이시니 그 부인이 쇼져를 다시 차자 아조 쥭이려 하는 것을 한림이 몸으로 막고 못 드러가게 하매 호 부인이 날쒸며 부대져 쥭으려 셔드니 한림이 할 일 업셔 도로혀 비러 '쇼져를 영영 거졀하마' 하고 백단 애걸하야 도라보내엿스나 쇼져의 긔운이 아조 끈쳐 오날 밤도 보젼하기 어려오매 급히 고하나이다."

시즁 부쳐ㅣ 듯기를 다하매 슬음을 이긔지 못하야 눈물을 흘이며 한갓 가삼만 두다리고 급히 동각으로 갈 새 시즁이 시녀다려 문 왈,

"진생이 녀아의 근본을 아더냐?"

시녀ㅣ 대 왈,

"지금 모로시고 대상공게 고할 제 뵈오매 '연 어사의 녀아라' 하시며 호

시와 싸홀 졔도 '연 어사의 녀아이니 쥭으면 큰 일이 날이라' 하더이다."

시즁이 원 시다려 왈,

"진생이 아즉 녀아의 근본을 아지 못한다 하니 그대 일졀 친녀인 톄 말고 질녀인 테 하라. 우리 녀아 안인 쥴 알면 호가에셔 긔탄치 아니하고 진생도 겁하지 아니하리니 십분 상심하라."

원 시 대답하고 부부ㅣ 동각에 이르니 거의 초경은 되엿고 낭즁은 가고 업더라. 진생이 시즁 부쳐의 이름을 보고 참괴 무류하나 마지 못하야 마질새 원 시는 쳐음이라. 례모를 가장 공슌히 하거늘 시즁이 가라대,

"시녀의 젼어를 드르니 영부인이 투긔를 과도히 하야 질녀의 사생이 급하다 하니 놀남을 이긔지 못하야 우리 부쳐ㅣ 이르럿거니와 군이 어이 범사를 쥬밀히 못 하야 이럿틋 화란이 슈히 나게 하뇨?"

생이 사 왈,

"영질은 친영하야 이곳에 두엇스나 부모ㅣ 모로시는 고로 임의로 츌입지 못하야 동관에게 번을 빌고 이에 머물기로 악쳐ㅣ 무상하야 세상의 업는 투긔로 쇼져의 쳔금지신을 상케 하와 약질이 위태하니 실로 대인게 뵈올 낫이 업나이다. 쳐자ㅣ 이갓치 사오납기로써 불합하야 령질을 구차히 마자 왓더니 슈월이 되지 못하야 참욕을 밧게 하니 도시 생의 죄로쇼이다."

시즁이 할 말이 업셔 원 시로 <135> 더부러 방즁에 드러가 보니 녀아ㅣ 금금에 싸엿다가 부모를 보고 실셩 애읍하니 시즁 부부ㅣ 가삼이 무여지는 듯하나 강잉하야 나아가 금리를 여러보매 옥 갓튼 살빗이 하나도 보이지 아니하고 만신이 피떵이 되고 낫이 부엇스니 녀아인 쥴 모를너라. 원 시 이를 보고 참지 못하야 탄셩 오렬하야 졍히 말을 일우지 못하고 시즁도 눈물이 슈렴에 이음차 가라대,

"이것이 다 나의 죄이라. 오라지 아니하야 연공이 올 것이니 질녀ㅣ 평길이 잇셔도 져의 쯧이 엇덜고 근심하려든 더욱 져럿틋 즁상하야 사생이 위태

하니 연공의 셩벽과 고집이 이상하니 반닷이 큰 사단을 져즐고 로부와 한림을 무사케 못 하리니 이를 장찻 엇지 하리요. 로부ㅣ 불초무상하야 한낫 질녀의 목슘을 맛게 하니 내 디하에 가 무삼 낫으로 션져져를 보리요."

언파에 실셩 유체하니 원 시는 쇼져의 손을 잡고 늣겨 울기를 마지 아니하더라.

第二十三回
뎨이십삼회

연져에게 장가든 것이 그릇 류져를 취하니 쳔금을 허비코 가란을 비져내엿더라
娶延姐誤娶柳姐 費千金釀出家亂

차셜. 원 시 쇼져의 숀을 잡고 누하여우하니 시즁 왈,

"녀아 과히 상하엿스니 다시 말할 배 아니로대 도시 텬슈이요 비인지죄이라. 남을 함매하야 부귀를 취하다가 도로혀 자긔에게 해가 되니 누를 한하리요."

하더라.

어시에 호 시 한림게 다짐밧고 도라와 존고게 뵈압지 아니하고 바로 침쇼에 도라와 난간을 두다리며 방셩대곡하고 란언을 지어 가라대,

"내 승상게 고하야 차 량녀를 업시 하리라."

하니 시녀ㅣ 말여 가라대,

"상국 로야ㅣ 부인의 투긔를 심히 배쳑하시니 쇼져의 이럿틋 하신 작란을 아르시면 즁책을 바드시리니 미리 셔드지 마르시고 또 류 시의 상쳐ㅣ 대단하야 사생을 아지 못하난대 져갓치 셔드시면 반닷이 일이 것츨 것이니 아즉 분을 참으시고 나종을 보아 행사하려니와 한림이 종시 져를 침혹하거든 셔셔히 도모하사이다."

호 시 올히 녁여 긋치니라. 낭즁이 집으로 도라와 됴 시를 대하야,

"호 시의 패악이 연 <136> 어사의 쌀을 즁타하야 사생을 미가분하니 엇지 두렵지 아니하리요."

됴 시 대경 왈,

"상문이 셕일 연 시를 사모하야 항상 일컷더니 굿하야 취하엿다. 연이나 져 녀자ㅣ 불행이 사지 못하면 큰 일이 나리로다."

낭즁 왈,

"지금 연 어사는 팔도 슌무어사로 가매 아자ㅣ 류 시즁을 달내여 청혼하니 류 시즁은 연 시의 외숙이매 질녀를 쇽여 혼인하엿스니 연 시의 혼인은 연 어사ㅣ 망연히 아지 못하는지라. 만일 쥭으면 연로의 셩품이 타인과 다르고 청촉을 듯지 아니하는 사람이라. 우션 아자ㅣ 사부가 자를 비례로 취하야 쳐쥭인 죄목이 법부에 정쇼하고 텬폐에 쥬달한즉 상문이 반닷이 무사치 못할 것이요 내 쏘한 교자치 못한 죄목이 잇스리니 사세 크게 어즈러올 것이어늘 호 시는 상국 위세를 밋어 투악이 측양 업스니 이 일은 장찻 엇지 하리요."

하더니 문득 시녀ㅣ 고 왈,

"리 쇼져ㅣ 한림 상공을 한하야 상상에 누어 사생을 결하려 하나이다."

하거늘 공의 부부ㅣ 어이 업셔 다만 묵연 탄식하더라.

명일 진 부인과 리생이 이르러 낭즁으로 말삼할 새,

"드르니 질아ㅣ 거거를 쇽이고 새로 취실하야 동각에 두엇다가 대란리 낫다 하니 올흐니잇고?"

낭이 슈말을 자셔히 이르니 진 부인은 묵연이요 리생은 대쇼하고 생의 풍유를 일커르매 진 시 탄 왈,

"질아는 유식한 사람이어늘 이럿틋 불초하야 방자하니 가즁이 젼장이 될지라. 거거와 됴형은 근심이 업나잇가?"

리생이 쇼 왈,

"진질은 짐짓 영웅호걸이니 삼국 젼장에 뉘 득턴하할고."

낭즁 왈,

"희담은 고사하고 큰 근심이 잇노라."

인하야 연 시의 마진 일과 연 어사ㅣ 도라오면 큰 일이 날 것을 일으니 진 시 위로하고 리 시를 보니 리 시ㅣ 부인을 보고 크게 울어 왈,

"진생의 무신무졍함이 태심하야 우리를 쇽이고 미녀를 취하야 고혹하엿스니 쳡은 다시 낭군의 은애를 바라지 못할지라. 홍안백면이 엇지 슬지 아니하리요. 무졍할사, 진낭이여. 다시 옥인의 자최를 보지 못하고 원앙장에 옛 사랑을 늣길 제 참아 어이 살이요. 진낭아, 진낭아! 향일 날다려 언약할 제 백 년을 온젼하리라 하더니 슌세도 되지 못하야 엇지 이즐 쥴 알이요."

인하야 머리를 부듸쳐 통곡하<137>니 진 시 리 시의 거동이 심이 통한하나 붓드러 위로 왈,

"질아 비록 호탕하야 새 미인을 취하엿스나 평일 낭자를 우대하던 것이 엇지 일됴에 박졍하리요. 쇼져는 너모 번뢰치 말고 투긔를 방자히 말나. 남자의 셩품이 투긔를 배쳑하나니 이런 일을 알은 톄 말고 안연자약하면 공경후대하리니 조심하야 신세를 그릇되게 말나."

리 시 울며 진 시의 션언을 듯지 아니하고 원언이 무궁하니 진 시 다시 말을 아니 하고 도라가다. 김 시 이런 말을 듯고 가장 졀책하니 진 시 민민함을 이긔지 못하더라. 시즁 부부와 생이 류 시를 지극 구완하야 병이 잠간 나으매 삼인이 대희하야 원 시는 도라가고 생이 류 시의 병을 구완하노라고 부즁에 오지 아니함을 더욱 통한하야 호 시 심복으로 졍탐하니 류 시 병이 낫다 하매 더욱 한하야 졀치하더니 이러구러 그 해가 지나고 신년이 되매 생이 졍됴 신하하려 드러와 부모를 뵈니 낭즁 부쳐 연 쇼져의 병 나음을 깃거하거늘 생이 가라대,

"비록 대세는 나으나 지금도 상쳐ㅣ 완합지 못하고 통세 한가지이니 아

즉도 생도를 바라지 못하는 즁 연공이 불구에 온다 션셩이 잇사오며 연 어사의 셩도ㅣ 과격한지라. 쌀의 형상을 보면 우리를 그져 두지 아니하리니 엇지 하리잇고."

한대 낭즁이 역시 가삼이 벌덕이여 근심이 만복하더라. 낭즁 부쳐ㅣ 연시로 말매암아 아자의 젼졍이 위태할 쥴 우황초조하는 즁 두 자부의 이렇틋 부란함을 보매 일시도 마음이 편치 못하더라. 어시에 류 시 상쳐ㅣ 슈일이 지나매 젹이 나어 식음을 때로 하고 진생의 지극 은근함을 보매 마음이 젹이 풀이더라. 차시 리 시 생을 백단으로 조르며 실신 배약한다 보채이니 생이 다만 웃더라.

명일은 뎡됴일이라. 생은 입됴하고 호 시, 리 시는 구고게 문안한 후 밋쳐 사실에 가지 못하엿더니 생이 파됴하야 호 상국을 보니 쥬찬으로써 대졉하거늘 생이 궐내에셔 어온을 먹고 상국의 권하는 슐 사오 배를 먹으매 가장 취하야 부즁에 도라와 부모게 뵈오니 션명한 관복이 빗나거늘 옥안영풍에 쥬긔 담담하매 부모ㅣ 새로히 두굿기니 호 시 이 거동을 보고 더욱 분심이 발하야 로긔 가삼에 가득하<138>니 안색이 찬 재 갓고 두 눈을 돌녀 생을 보니 생이 아른 톄 아니 하고 리 시를 향하야 왈,

"내 하사 어온 삼배를 먹고 올 길에 상국게 뵈오매 잡고 괴로이 권함으로 여러 잔을 먹어 취함을 이긔시 못하니 부인은 한 그릇 쳥다를 가져 오라."

리 시 연망히 시녀를 불너 차를 나아와 생에게 젼하려 하거늘 호 시 져 거동을 보고 분을 참지 못하야 발연이 이러 리 시의 가잣던 차를 아사 생에게 더지고 고셩 대매 왈,

"상문 필부ㅣ 가지록 방자함이 이렇틋 하냐! 그대 무삼 낫으로 우리 대인게 뵈이러 갓더뇨."

또 리 시를 향하야 대질 왈,

"가권이 차례 잇거늘 음녀ㅣ 감히 내 압해셔 방자히 가부에게 차를 나와

원실을 압두하니 내 당당히 두 요물을 인체를 맨들이라!"

리 시 대로 질 왈,

"그대 어이 원실이리요! 내 몬져 한림 빙채를 밧고 셩례 갓가왓거늘 투부 남의 인연을 아사 위세로써 원실이 되엿스나 차례는 내 웃듬이어늘 그대 엇지 원실로 존즁한 톄 하리요."

호 시 대로하야 크게 싸호려 하거늘 낭즁이 정색 왈,

"금일이 무삼 날이완대 그대 등이 내 압해셔 이럿틋 요란히 하리요."

한림이 대로하야 취안을 부릅쓰고 이러 팔을 뽑내여 장차 말을 하랴 하거늘 낭즁이 꾸지져 나아가라 하니 생이 분을 참고 옷에 차물이 져젓난 고로 리 시 침쇼로 도라가니 리 시 뒤좃차 이르러 로긔를 먹음고 가라대,

"쳡이 낭군의 빙폐를 몬져 밧고 례를 일우러 할 제 호가 로젹이 위세로 남의 가긔를 휘짓고 위력으로 한 날 셩례하야 원실을 아삿스나 기실은 내 웃듬이라. 투부ㅣ 방자 존대하야 쳡을 비쳡으로 마련하니 엇지 분치 아니하리요."

생 왈,

"호 시는 싀랑이요 호 상국은 일국 권신으로 만됴의 위복을 쳔자하니 내 긔탄하야 분을 참나니 그대는 져와 결으지 말고 져 투부를 상국의 낫을 보아 내치든 아니 하나 호공이 업스면 츌부를 하코자 하나 엇을쇼냐. 그대와 연 시로 화락하고 호 시는 면목도 보지 아니하리라."

리 시 환희하고 생이 취즁에 희쇼견권하더니 호 시 분을 참지 못하야 리 시 침실에 가 드르니 이 말을 하는지라. 로긔 대발하야 부지불각에 창을 멸치고 다라드러 리 시의 운환을 푸러 잡고 무슈 란타하거늘 생이 대로하야 <139> 호 시를 밀치고 리 시를 구하니 호 시 더욱 로하야 셔안을 들어 생을 치고 방에 버린 것을 두다려 작란하더니 낭즁 부부ㅣ 알고 급히 이르러 쇼래를 놉혀 책 왈,

"오날이 신츈 하례하는 날이어늘 너의 무삼 일로 이럿틋 싸호난다. 이는 우리를 업슈히 녁임이라."

한대 호 시 분연 대 왈,

"구고도 혜여보쇼셔. 리녀 음부ㅣ 여차여차하니 한림이 책함이 업고 우리 대인과 쳡을 훼방하야 호공이 쥭으면 쳡을 내친다 하니 쳡이 목셕이 아니어든 엇지 로하지 아니리잇고. 구고는 리 시나 쳡이나 갓흔 자식이니 편 드지 말고 공론하야 쥬쇼셔. 한림이 쳡을 구슈로 지목하니 내 몸이 편치 못할 지경에 엇지 잠잠하리잇고. 사라도 구슈 되고 쥭어도 한가지로 쥭어 혼자 자득하야 함을 보지 아니하리니 아모려면 가즁이 화평할 쥴 아시나잇가."

인하야 한림을 ᄭᅮ지져 왈,

"그대 연녀를 사랑하고 리녀를 사통하나 하로도 편치 못하리니 그대 동각에셔 날다려 무엇이라 하엿나뇨. 장부일언이 쳔년불개라 하엿거늘 그대는 달이 못 하야 배약하니 금슈만 못한지라. 요녀를 거절한다 하더니 어이 지금ᄭᅡ지 보내지 아니하나냐. 내 다시 동각에 가는 날이면 한칼에 쥭여 렴왕게 송사하려 하나니 나를 내치고 두 요녀를 장구히 화락할가보냐."

셜파에 사매 ᄯᅥ치고 양양히 도라가니 낭즁 부부ㅣ 한 말도 못 하고 한림은 어이 업셔 묵묵하니 리 시 호 시에게 머리를 ᄯᅳ기고 난타함을 입어 분한 눈물이 쥴쥴이 흘너 질욕하며 원언이 무슈하며 셩을 이긔지 못하야 방즁에 남은 물건을 바아시며 어즈러이 셔드니 생이 정신이 황홀하야 바이 분간치 못하고 팔자만 한탄하며 외당으로 나아가니 호 시, 리 시 차우로 셔로 작란하며 견집하야 생을 보채니 생이 견대일 길이 업셔 동각에 가고져 하되 호 시 ᄯᅡ라와 작란할가 두리여 분을 참고 달내여 후대코져 하나 호 시는 리 시의 유ㅣ 아니라. 일호 용셔하야 가랍함이 업고 가지록 시험하야 생의 일신을 편치 못하게 하니 리 시도 호 시 호령에 두리여 임의로 못 하고 보는대로 보채이니 생의 괴로옴을 어이 칙양하리요. 매양 신세를 자탄하더니 이 해 맹츈

회간에 연 어사의 상경<140>하는 션셩이 이르매 진생이 경황하야 동각에 나아가니 류 시 한림의 여러 날 오지 아니하고 호 시 날마다 심복 노자와 차환을 보내여 슈욕하야 '슈히 가라' 하며 필경은 호 부인이 한림을 져어하야 운신치 못하게 하며 '호 상국이 로하야 잡아다 욕하려 한다' 하며 쳔만 가지로 말하니 취랑이 경겁하야 집에 긔별하니 시즁이 다려가고 업거늘 생이 호 시의 작란인 쥴 알고 분하나 할 일 업셔 도셩에 드러가 류부에 이르니 이ᄯᅢ 시즁이 ᄯᆞᆯ을 다려오매 상쳐ㅣ 낫지 못하엿고 호 시에게 보채여 안색이 초최하엿거늘 원 시 붓들고 위로 왈,

"이것이 다 내 탓이라. 연아의 달냄을 혹하야 녀아의 신세를 그릇 만드니 누를 원망하리요."

취랑이 탄 왈,

"부친이 진생의 달내는 말을 혹하야 질녀를 팔아 부귀를 도모하엿스니 쇼녀ㅣ 도로혀 연 시의 노쥬의 ᄭᅬ에 ᄲᅡ짐이 모다 부친의 탓이라. 엇지 애답지 아니하리요."

시즁이 ᄭᅮ지져 왈,

"나는 쳐음에 호 시의 어지지 못함을 알고 너를 의론치 아니하고 질녀나 보내여 벼살을 엇고자 함일너니 네 진가의 빙폐 만음을 보고 탐심을 내여 진생의 풍채를 사모하고 내 계교를 누셜하야 대사를 그릇되게 하며 네 일생을 맛치니 너희 진가가 잇난 쥴이나 아랏나냐. 너희 모녀ㅣ 부귀를 탐하야 가장을 쇽이고 용사한 탓이니라."

원 시 로 왈,

"그대 져ᄭᅡᆺ치 용치 못하기에 일녀의 일생을 그릇 하고 죄 업는 질녀를 져런 어즈러온 곳에 보내기를 ᄭᅬ하며 그 아비 모로게 혼가하야 남의 일륜을 어즈러이 하기로 하날이 앙화를 나리사 내 자식이 그릇 되엿거늘 누를 원망하리요."

부부ㅣ 이럿틋 닷토더니 젼문에 '연 어사ㅣ 국사를 션치하고 무사히 도라온다' 하니 시즁이 그윽히 경괴하나 요행 질녀 통달하야 완연이 무사하니 져이 방심하나 타일 볼 낫이 업셔 민민하던 즁 문득 진생이 이르러 례필 후 물어 왈,

"영질이 동각을 써나 이곳에 왓다 하더니 그 사이 신병이 쾌차하니잇가?"

시즁이 답 왈,

"본부 사람이 연하야 구축하니 로부ㅣ 다려왓거니와 신상은 아즉도 쾌복지 못하엿나니라."

생 왈,

"연공의 상경하는 션문이 왓스니 십여 일 후 집에 일을지라. 그 사이 쇼져ㅣ 차복하면 오작<141>조흐리잇가. 연이나 엇지 본부에 가지 아니하고 이예 잇나잇가?"

시즁이 쳥파에 참괴하야 심하에 생각하되,

'질녀ㅣ 비록 무사히 잇스나 진생은 녀아를 연질로 알앗는지라. 곡졀을 모르고 연공을 보아 녀셔ㅣ로라 칭할진대 연공의 로를 맛날듯 하고 진생이 근본을 알 것이니 엇지 하리요.'

렴려 무궁하야 눈셥을 찡긔고 머리를 숙여 침음이어늘 생 왈,

"연공이 도라와 친사 일을 비록 불쾌히 녁이더라도 임에 부부의 례를 일웟스니 로하나 할 일 업슬 것이요, 쇼생이 용우하나 벼살이 한원에 잇고 용모ㅣ 남의 류에 참례할만 하고 그 쌀을 후대하니 역시 깃거 대인게 사례하리니 대인은 너모 번뢰치 마르쇼셔."

시즁 왈,

"연공의 셩품이 극히 괴벽하야 매몰하니 나는 모로난 사회라 하고 내칠가 하노라."

생이 대소 왈,

"사회를 내치고 쌀의 신세를 엇지 하며 아모리 괴벽한들 인졍이 아닌 일을 하며 쏘 비록 내치나 두렵지 아니로쇼이다."

시즁이 묵연 부답이어늘 생이 조흔 말로 위로하며 '쇼져를 보아지라' 하니 시즁이 생을 다리고 취랑의 침쇼에 이르니 취랑이 바야흐로 생을 원망하며 호 시를 졀치하야 금금에 싸엿거늘 생이 나아가 근일 병졍을 무른대 취랑이 로긔를 먹음고 눈물을 흘여 가라대,

"나의 부뫼 낭군을 구치 아니함에 낭군이 백단으로 구하야 어더 두고 이러틋 괴로옴을 지내되 젼연히 고렴함이 업고 투부에게 잡혀 굴긔함이 심하니 쳐음부터 투부의 사오나온 쥴 알여든 엇지 이러한 행사를 하엿나뇨. 투부 호 시 날로 노복을 동각에 보내여 욕하며 구츅하더니 필경은 호 상국 위염으로 작란하려 하니 두리여 이리 왓나니 쏘 무삼 일로 차자와 흉인의 음욕을 뵈이려 하나뇨. 쌀이 도라갈지니 내 종신토록 부모 슬하에 의지하야 다시 가기는 생각지 아니하리니 투부와 동락하고 쳡을 찻지 말나."

생이 쳥파에 생각하되,

'미녀 쳐쳡은 장부의 상사이요 풍류 제일이라 하것마는 세 안해 다 흡족지 못하고 쏘 온슌치 못하야 이갓치 보채고 불슌한 거동이 무궁하야 종신토록 이러하면 반닷이 보채여 죽으리니 차라리 연 시나 업스면 이대도록 아니하려니와 내 그릇 연 시의 절색이란 <142> 말을 듯고 심려를 들여 겨우 어덧스나 불과 호 시의 동류이요 불평함은 더 심하니 뉘웃치나 밋지 못하고 연 시를 아조 버리기는 쇼년 녀자의 일신이 가련하고 연로의 로를 맛나 나의 흔단을 창셜하면 사단이 비상할 것이요 화락고자 하니 호 시의 흉험함이 심하고 연 시 견집하야 공손치 아니하니 이러하고 백년을 어이 견대리요. 내 쳐궁이 졍 시 갓흔 슉녀 못 엇어 만단 참괴함을 보매 엇지 한홉지 아니하리요.'

이럿틋 생각하니 분분 한탄ᄒᆞ여 양미를 찡긔고 묵연 부답하거늘 시즁이

생의 긔색이 좃치 아님을 보고 취랑을 ᄭᅮ지져 왈,

"한림이 너를 너모 후대함으로 허다 편치 못함이 되여 네 몸에 욕이 이르니 이것이 한림의 탓이 아니요 금일 누쳐에 이르러 날을 봄이 더욱 감격하거늘 네 이럿틋 혹독하리요. 생심코 한림을 불안케 말나."

언파에 한림을 향하야 새로 사례하니 생이 가라대,

"져의 원망함이 그르지 아니하니 엇지 허물하리요. 다만 어사의 도라옴이 머지 아니할 것이니 쇼생이 반자지의를 폐치 못할지라. 맛당히 멀이 가 몬져 청죄하야 정셩을 나타내고 이리 된 연유를 고코자 하나이다."

시즁이 차언을 듯고 경황하나 참아 바로 이르지 못하고 그져 잇자 하나 연 어사의 로를 맛나 진생이 욕을 볼지라. 사세 양난하야 가삼이 벌덕벌덕하니 자연 츅쳑하야 장승을 취색한 듯하고 머리를 슉엿스니 생이 져 사색을 보매 별단 연유는 아지 못하고 그 질녀를 쇽여 취가함을 어사ㅣ 알면 로할가 렴려하는 쥴 알고 우어 왈,

"대인은 번뢰치 마르쇼셔. 쇼생이 악장을 뵈올 ᄯᅢ에 빗난 말삼으로 대인의 허물이 아닌 쥴 쥬션하려니와 연 시인들 슉부를 위하야 좃토록 하지 아니하리잇가."

시즁이 탄 왈,

"로부ㅣ 혼암 불명하야 일이 그릇되엿스니 연공도 볼 낫이 업고 한림게도 득죄를 무궁히 하얏스니 뉘웃치나 밋칠 길이 업스니 욕사무디로다."

생은 능히 ᄭᆡ닷지 못하고 한갓 관위하나 시즁은 울울불락하야 의사ㅣ 만단이러니 생이 취랑다려 왈,

"그대 부친이 오실 ᄯᅢ에 엇지 이곳에 잇나뇨?"

류 시 왈,

"나는 가나 아니 가나 낭군의 알 배 아니요, 이는 내 부모의 집이니 연부는 내 알 곳이냐."

생 왈,

"그<143>대 연 어사의 쌀이요 류 시즁의 생질이어든 이곳이 어이 친경이리요?"

류 시 냉소 왈,

"연매는 나의 사촌이라. 부친이 비록 외슉의 친함이 잇슨들 엄뷔 아지 못하는 친사를 어이 지내며 인륜을 어즈러이리요. 그대 연 시를 구할진대 광명졍대히 구혼치 아니하고 비례로 구하다가 여디업시 쇽고 누를 탓하리요. 친영날 연매 부즁에 아니가고 엇지 우리 집으로 왓더뇨. 연 시는 희한한 졀색이요 어사의 일녀로 고졀과 열행이 놉거늘 그대에게 무단이 쇽아 츌가하며 부모의 명령 업시 종부하리요. 그대 글을 읽거 사리를 알고 벼살을 하니 국법도 알 것이요 부모를 뫼셧스니 인사 도리도 알여든 이러한 무식한 일을 하나뇨. 그대 빙물을 앗기거든 맛당히 거두어 가고 우리 부친이 그대를 쇽여 혼인하엿다 하야 나라에 고하고 숑사하라. 그 죄가 뉘게 가난가 보리라."

생이 쳥파에 류 시의 담대함을 보고 더욱 로하야 진목 질 왈,

"너 갓흔 용열한 것을 취하려 하면 쳡으로 취하야도 어렵지 아니할 것이요, 그대도 애써 은금 보화를 허비하야 부모 긔망한 죄를 감심하고 호 시의 무궁한 질책을 보며 일만가지 어려온 것을 감심하렷스리요. 류가 도젹놈이 거즛 족하를 허하고 더러온 쌀로써 날을 쇽엿스니 이 분함을 씻고 말이라."

취랑이 쇼래 질너 왈,

"그대 우리 부친을 이럿틋 욕하니 그대 부모를 헤지 아니함이라마은 그대 빙금을 차지랴거든 졍장하라."

생이 이러나 압해 노인 목침을 집어 류 시를 치며 왈,

"너 갓흔 것을 슈천 금으로 빙폐하고 엇지 안해라 하리요. 법사에 졍치 아니한들 내 것을 찻지 못하며 너를 권연할쇼냐."

취랑이 발악 왈,

"그대 재상가 녀자를 흉계로 취하려 하던 죄는 엇더하관대 무삼 낫으로 큰 말을 하며 내 어이 진상문의 바린 쳡이 되리요. 내 당당히 등문고를 울여 네 졍젹을 텬자게 고하야 원상을 폭백하리라."

생이 익로 왈,

"류 젹자와 류녀 음뷔 나의 만은 빙물을 욕심하야 날을 쇽엿스니 나는 연 시를 구한 것이요, 너 갓흔 음녀를 구치 아니하엿노라."

취랑이 질 왈,

"그대 연 시를 흠모하야 구할진대 연가에 구치 아니하고 엇지 우리 부친게 구하뇨. 혼셔에 부친 명자를 써 친녀를 취하<144>노라 하엿스매 친영날 연부로 아니 하고 우리 집으로 왓더뇨. 그대의 젼후 간험한 죄를 론핵하면 엇지 머리를 보젼하리요. 자긔 사나옴은 생각지 아니하고 한갓 우리 부친만 욕하리요."

진생이 류 시의 찰찰한 말을 듯고 대답할 말이 업셔 다만 분분하더니 시즁이 알고 혼백이 비월하야 심즁에 황괴하나 마지 못하야 드러가니 녀아의 부부ㅣ 로목을 크게 쓰고 싸호거늘 시즁이 한림을 향하야 사죄하야 가라대,

"로부ㅣ 실로 한림을 쇽임이 아니라 기간 곡졀이 잇셔 도로혀 질녀의 계교에 빠져 질녀를 보낸 것이 녀아ㅣ 밧고여 간 후 초조 황황하나 능히 할 일 업셔 스사로 분함을 이긔지 못하더니 녀아ㅣ 맛참내 쇽이지 못할 쥴 알고 쇼회를 말한가 십으니 한림의 분한 마음이야 엇지 다 칙양하리요. 로부ㅣ 한가지로 알고 한 일은 아니로대 그 황괴함은 욕사무디이라. 바라나니 현셔는 용셔하라."

인하야 자긔 질녀를 쇠여 도모하던 정상과 겨우 다려왓더니 질녀ㅣ 총명하야 칭병하며 녀아 유인하러 갓더니 무삼 쇠에 빠짐을 일일히 셜파하매 진생이 그제야 로긔를 긋치고 왈,

"대인이 이럿틋 하니 감히 가르지 못하거니와 연 시 긔미를 알고 령녀를

달낸 연유는 령녀ㅣ 알 것이니 이제를 당하야 긔이지 못할지라. 한 번 듯고자 하나이다."

시즁이 치사 왈,

"불초 녀아ㅣ 한림의 은총을 밋고 방자 셜만함이 십분 통해하거늘 그대 관홍 인자함이 부부의 도를 생각하니 큰 도량이로다. 로부ㅣ 감격하나니 녀아는 장부의 은애 각골명심하리니 엇지 은익함이 잇스리요. 곡졀을 자시 일으라."

취랑이 로 왈,

"진랑이 부친을 능욕하고 쇼녀를 쳔대하야 씻지 못할 욕을 하야 아조 바리려 하니 무삼 일로 슌셜을 허비하리요. 쇼녀ㅣ 자연 쳐치할 것이니 부친은 너무 굴긔치 마르쇼셔. 아모려면 이제 부부의 륜상이 온젼하리잇가."

쳐음에 취랑이 진생에게 도라갈 제 가월이 이르기를 '연 로야ㅣ 도라올실 때면 진생이 녀셔ㅣ로라 할 제 종시 쇽이지 못하리니 여차여차하야 진생의 말을 막으라' 하엿슴으로 취랑의 말이 이럿틋 패하니 진생이 쳥파에 류시 언사ㅣ 불슌하며 그 뜻이 심상치 아님을 보고 심<145>즁에 분로하나 근본을 들츄어 내면 자긔 허물이 몃 곳에 도라가리요. 말을 쾌히 할 낫이 업고 류 시 행여 작변하면 사단이 크게 어즈러을지라. 일단 겁함이 업지 아니하야 분을 참고 강쇼 왈,

"그대 부도를 알지니 가부를 법사에 고하면 나는 죄가 잇스려니와 그대 가부를 해한 즁률이 잇슬 것이니 아모리 아녀자의 협쳔한 쇼견인들 언사ㅣ 져럿틋 무도하뇨."

취랑이 냉쇼 왈,

"녀자ㅣ 가부를 무고히 해하면 강상즁률이 되려니와 가부ㅣ 무상하야 재상가 규슈를 겁탈하야 취하려 하다가 일우지 못함을 한하야 무죄한 쳐자를 내치며 장인을 슈욕하니 어이 고장을 아니 하며 나도 죄 잇다 하려니와 그대

의 죄 가장 크니 연 어사ㅣ 한 장 상쇼를 올이면 그대 비록 쇼장의 구변이 잇셔도 국법을 도망치 못할가 하노라."

생이 류 시의 말이 가지록 불순함을 분하나 말이 막혀 낫이 불고 묵연하야 로색뿐이어늘 시즁이 한림의 긔운이 최참함을 보고 그윽이 깃거하나 짐짓 녀아를 대책하며 한림다려 왈,

"녀아ㅣ 편협 무례하니 허물치 말나. 로부의 마음은 대사를 진심하더니 쯧 밧게 일이 그릇 되엿스니 이는 질녀ㅣ 그대에게 인연이 업슴이라. 바라나니 군은 죄를 용셔하라. 로부ㅣ 다만 렴려하난 바는 연공이 괴독하야 헌헌장부ㅣ 아니요 고집이 이상한지라. 우리 일을 들으면 일졍 순히 잇지 아니할 듯하니 불행하야 연로의 로를 맛날진대 우리 등은 취졸을 면치 못할가 하노라."

진생이 왈,

"대사를 그릇 되게 하고 류 시 패행이 악악하야 생을 욕하니 이것이 생이 사람을 밋어 스사로 욕을 취함이니 누를 한하리요. 연공이 아모리 고벽하나 제 쌀을 침노치 아니하엿스니 엇지 하리요. 생이 팔자ㅣ 긔박하야 쳐궁이 업셔 일에 쇽음을 맛나 스사로 괴로음을 취하니 누를 원하리요. 슈연이나 호시 투긔가 과도하야 쥭을지언졍 가즁에 용납지 아니리니 령녀는 아즉 이곳에 두쇼셔. 생이 종용이 쳐치하야 도라오게 하리이다."

언파에 도라가니 시즁이 두루 번민하야 마음이 편치 못하고 취랑은 가월의 말을 들어 져를 공격하엿더니 생이 함로하고 도라가매 가즁이 근심하며 시즁이 슬음을 참지 못하<146>야 식음을 폐하고 시즁 부부는 심사ㅣ 일야 편치 못하야 '연 쇼져ㅣ 엇지하야 져를 진가에 보냇던고' 하야 취랑다려 무르니 취랑이 드듸여 가월 등의 진가 칭찬하던 연유를 세세히 말하니 시즁 부쳐ㅣ 듯기를 다하매 탄식 왈,

"연아는 진실로 제갈양의 지혜로다. 왕사는 후회막급이어니와 지금 연

공이 드러오면 질녀ㅣ 반닷이 사연을 말할지라."

하고 삼인이 가장 번민하더니 원 시 왈,

"질녀ㅣ 인자하니 상공이 져를 보고 달내여 '연공게 이런 말을 일으지 말나' 하면 질녀ㅣ 반닷이 외숙의 낫을 고렴하야 응당 무사하게 하리이다."

시즁 왈,

"차언이 유리하나 무삼 낫을 들고 져 곳에 가 쳥하리요."

원 시 왈,

"엇지 젹은 붓그러옴을 도라보리잇가."

취랑이 쏘한 권하니 시즁이 할 일 업셔 연부로 향하니라.

차시 연, 졍 량쇼져ㅣ 규방에 고요히 잇셔 의합 슈젹하야 즐기난 즁 각각 부친을 영모하는 회포ㅣ 간졀하더니 문득 해 밧고이매 어사ㅣ 도라오는 션셩이 이르니 합가ㅣ 깃붐이 칙양 업스나 '류부 취랑이 한림 조강 부인에게 참욕을 보고 본부예 도라왓다' 하니 연, 졍 량쇼져는 차탄함을 마지 아니하되 가월 등은 용략 왈,

"예부터 사람이 어즈지 못하면 반닷이 벌이 잇나니 류 로야ㅣ 불의 무상하야 질녀를 쇽여 팔여 하다가 일녀의 평생이 그릇 되니 엇지 하날이 명명치 아니하며 류 쇼져ㅣ 탐욕이 무궁하야 쳐자의 몸으로 친사에 세작이 되엿다가 보배를 흠모하야 우리 계교에 싸져 허다 곤욕을 격고 진가의 바림이 되니 삼인의 불인이 엇지 맛참내 무사하리요. 하마하드면 우리 쇼져ㅣ 신세를 맛칠 번하니 엇지 놀납지 아니하리요."

이럿틋 희행하거늘 졍 쇼져 왈,

"여등이 간사함이 심하야 사람 쇽이기를 능사로 하니 조흔 졍도ㅣ 아니어늘 무엇을 져다지 깃거 하나뇨."

가월 왈,

"쇼비 등이 사람을 쇽임이 아니라. 형세 마지 못함이니 쥬인의 위태함을

건지고져 하되 자연 계교로 진생을 두 번 쇽이고 류 쇼져의 신세를 그릇 되게 하니 차인 등이 스사로 괴로옴을 취함이니 엇지 쇼비의 사오남이올이잇고.”

량 쇼져ㅣ 탄식 함쇼하더니 홀연 보 왈,

“류 로야ㅣ 이르러 게시니이다.”

쇼져ㅣ 마지 못하야 공자<147>에게 보하라 하고 즁당에 나아와 마즈니 공자ㅣ 발셔 슉부를 마자 한헌을 파하엿더라. 쇼져ㅣ 쏘한 례하니 시즁이 혼연 왈,

“우슉이 연일 사고ㅣ 잇셔 즉시 이르러 져져 가묘에 배알치 못하고 너의 남매를 보지 못하니 결연하야 이에 이르럿노라.”

공자와 쇼져ㅣ 사 왈,

“쇼질 등이 맛당히 슉부게 신년례를 하례함이 올커늘 슉부ㅣ 몬져 누쳐에 림하사 쇼질을 무르시니 감사하여이다.”

시즁이 문 왈,

“연형이 국사를 션치하고 오신다 하니 불승희행하나니 아지 못게라, 어느 날 황됴에 득달하나뇨?”

량인이 사례 왈,

“슉부의 후의를 입사와 가친이 평안이 도라오신다 하나 아즉 어느 날이 될난지 모르나이다.”

시즁이 문득 침음 반향에 왈,

“우슉이 현질에게 득죄함이 태과하고 연형을 뵈올 낫이 업스매 금일 붓그러옴을 무릅쓰고 질녀에게 사죄하야 한 일을 청코져 하나니 청납함을 바라노라.”

쇼져ㅣ 피셕 대 왈,

“슉부ㅣ 질녀에게 엇지 이런 황공한 말삼을 하시나잇가. 무삼 말삼인지

듯고자 하나이다.”

시즁이 탄 왈,

“우슉이 차언을 함이 진실로 참괴하나니 질녀는 우슉의 불인함을 관셔하라. 우슉이 과연 진 한림의 유슈지언을 듯고 과혹하야 질녀의 배필을 삼고자 하되 연형이 전일 거졀하엿고 질녀ㅣ 부명 업시 연혼치 아닐가 하야 진생의 계교를 좃차 우슉이 불초하야 져의 쇠에 빠져 너를 속이고 혼인하고자 부즁에 다려왓더니 일이 되지 못하야 도로혀 너에 쇽아 녀아로 대신 하엿스니 이왕지사는 일너 쓸 대 업거니와 이제 연형이 도라와 나의 행사를 드르면 일정 법관에 률을 상고할지라. 질녀의 관홍한 도량으로 외슉의 낫을 보아 용셔함을 어드랴?”

쇼져ㅣ 쳥파에 피셕 사례 왈,

“진개 져져의 불평함이 잇스나 장부ㅣ 유신하면 자연 회복하리니 슉부는 번뢰치 마르쇼셔. 지어 슉부의 과실은 무엇이 아람다와 가친 젼에 창셜하오리요. 슉부ㅣ 이갓치 아니하셔도 쇼질이 다 생각하엿사오니 슉부는 렴려치 마르쇼셔.”

시즁이 만심환희하야 연망이 사 왈,

“우슉이 질의 후의를 감사하나니 엇지 너희 나의 긔츌과 다르리요.”

쇼져와 공자ㅣ 은근 사례하니 시즁이 쳔만 번 부탁하고 도라가니라. <148>

연 쇼져ㅣ 침소에 도라와 묵묵하니 졍 쇼져ㅣ 문 왈,

“류공이 현매를 보러 옴이 무삼 뜻이던고?”

연 시 슉부의 온 뜻을 일으니 졍 시 함쇼 부답이어늘 가월 왈,

“류 로야ㅣ 진실로 낫 쓰거온 사람이오이다. 아모리 친질인들 하면목으로 와 쳥촉하더잇고.”

졍 쇼져ㅣ 책 왈,

"존비 톄면이 잇거늘 네 감히 시비하나냐."

연 쇼졔ㅣ 왈,

"비록 혁혁하나 올흔 말이야 못 하리잇가. 연이나 나의 친족이니 여등은 불츌구외하라. 야야ㅣ 아르시면 거조ㅣ 대단하시리니 엇지 모친 동긔를 불안케 하리요."

가월이 칭복하더라.

차시 진생이 만분 졀통하야 집에 도라와 부모게 뵈오니 호 시와 리 시 구고 겻해 잇다가 진생을 보고 호 시 분로 왈,

"그대 어대 갓다가 이졔 도라오뇨?"

생이 쇼 왈,

"그대 내 거취를 총찰하나뇨. 연 어사ㅣ 금명간 드러오면 그대 악사ㅣ 낫타나 살생한 쥬륙을 면치 못할 것이니 내 쏘한 그대의 가장으로 연좌를 당할가 두려워 하나니 엇지 이럿틋 방자하뇨. 장부의 츌입을 녀자에게 취품할 배 아니며 엇던 녀자ㅣ 무례히 가부의 츌입을 총찰하더뇨."

호 시 대로 왈,

"그대 요녀에게 혹하야 조강 정실을 해하려 셜계하거니와 연권 필부ㅣ 날을 침해하다가는 제 도로혀 머리 업는 귀신이 되리니 내 어이 두려하리요."

생이 발연대로하야 답고져 할 새 낭즁이 꾸지져 왈,

"너의 부부ㅣ 모다 난륜지언을 하니 엇젼 도리뇨. 빨이 나아가라."

생이 함구하고 물너나니 호 시 즉시 침쇼에 도라와 생각하되,

'연권이 쌀과 사위를 부츅여 나의 대악을 창셜할진대 그 욕을 견대지 못하리니 미리 모의하리라.'

하고 즉일 상부에 나아가 상국게 뵈오니 호공이 흔연이 반겨 왈,

"네 요사이 무삼 사고ㅣ 잇셔 오래 오지 아니하며 얼골이 초쵀하엿스니 진랑이 너를 박대하더냐, 구고ㅣ 사랑치 아니하더냐? 너는 다만 부덕을 닥그

며 효봉승순을 극지히 하면 진생이 자연 몬져 대졉하리라."

호 시 대 왈,

"쇼녀ㅣ 진가에 드러간 지 지금 삼년이 되엿스나 하로도 화평이 지내지 못하압고 리녀의 간악이 가부를 슈즁에 잠가 쇼녀를 초개갓치 녁이오나 진생의 총애함이 극진하와 언청계용하야 쇼녀를 박대하며 구고ㅣ 쏘한 그 자식의 낫을 <149> 보아 리 시 대졉함이 특이하와 쇼녀는 다만 슬음을 참고 세월을 보내더니 낭군의 호협함이 칙량 업셔 부모를 긔이고 어사 연권의 쌀을 쏘 취하야 동각에 두고 침익하야 쇼녀를 더욱 도라보지 아니하오니 쇼녀ㅣ 애답고 슬음을 이긔지 못하야 진생의 이 거조를 발각하엿사오나 구고ㅣ 자식의 불고이취함을 책지 아니하고 도로혀 연 어사의 세력를 가차하야 연 시를 우대하는지라. 쇼녀ㅣ 분을 참지 못하야 진랑의 허물을 책하니 진랑이 쇼녀를 구타하고 대인을 즐욕 비방하며 연녀ㅣ 양양자득하야 졔 아비를 자세하야 '한 장 상쇼로 호 상국을 션제하려 한다' 하니 쇼녀ㅣ 다른 욕은 애답지 아니하오나 대인을 업슈히 녁여 욕함을 통한하야 두어 말을 불공히 하엿더니 연녀ㅣ 스사로 제 몸을 부대쳐 즄게 마잣다 하고 '제 아비 도라오면 황상게 글을 올여 쇼녀의 죄상과 대인의 허물을 법사에 고하야 다사런다' 하고 진생이 한가지로 계교하야 쇼녀를 백단으로 욕하매 쇼녀ㅣ 로함을 참지 못하야 대인게 고하오니 대인은 이 분을 셜치하야 쥬쇼셔."

진생과 연 시의 말이 '호공은 나라를 그릇한 쇼인이라. 즁치케 한다' 하며 눈물을 흘여 비읍하니 좌우ㅣ 불승분연하고 호공이 대로 왈,

"상문 젹자ㅣ 초야 필부로 황은이 지즁하고 내 저를 애대하야 질녀로 배하되 내 리녀의 청빙한 바를 완젼히 하엿거늘 은혜를 잇고 이럿틋 방자하니 차인이 원래 간험 무의하야 지친을 잔해하매 항상 통증히 녁엿더니 본심이 사오나온지라. 쳐자에겐들 신의가 잇스며 날을 공경하리요. 차인을 됴졍에 머문즉 반닷이 날을 해하리니 내 당당히 벼살을 못 하게 하리라."

또 냉쇼 왈,

"연권이 비록 간관에 잇스나 제 엇지 날을 침노하리요. 각별 쳐치함이 잇스리니 너는 도라가 방심하라. 연, 리 량녀를 용납지 못하게 하고 진생을 져어하야 내 위엄을 두리게 하리라. 연로 갓흔 것을 두리리요. 다만 나의 의심하는 바는 네 셩졍이 온슌치 아니하고 젹국에게 투악을 방종히 하야 가부를 능멸하기로 욕을 취함인가 하노라."

호 시 대 왈,

"쇼녀ㅣ 대인의 교훈을 밧고 분로를 삼가거늘 투긔를 방자히 하야 가부를 능멸<150>하리잇가. 쇼녀의 허물은 조곰도 업나이다."

공이 묵연 부답하니 공의 쳐쳡이 호 시를 슬어 녁여 진생 부자의 죄를 쥬츌하나 공은 진생과 연 어사를 해할 쓧이 업더라.

명일 호 시 도라갈 새 상국이 가라대,

"너는 구가에 도라가 긔색을 온슌히 하고 분함을 삼가라. 내 자연 진자를 제어하고 연 어사를 쳐치하야 너의 분을 셜치하리라."

호 시 사례하고 도라가니라. 진생이 고요이 쳐하야 생각하되,

'내 처궁이 박하야 졍 쇼져를 일코 류 시에게 쇽고 호 시의 독을 맛남을 생각하매 졀치하야 아모조록 졍가 부자와 림생을 업시 하야 화근을 덜고 다시 졍 쇼져를 맛나 백년을 동락하리라.'

하더라.

차셜. 연공이 팔로를 슌무하야 국사를 션치하고 절월을 도로혀 맹춘 회간에 경사에 이르러 텬자게 복명하니 상이 인견하실 새 어사ㅣ 계하에 베무하온대 상이 옥음을 나리오사 위유하시니 어사ㅣ 축사하고 제읍 군현의 현부를 일일히 쥬달하더라. 차쳥하회하라.

第二十四回
뎨이십사회

연공이 됴정에 도라와 가치난 대 나아가고
상문이 특별이 순무를 배하다
延公還朝就囚 相文特拜巡撫

차셜. 연 어사ㅣ 팔로를 슌무하고 도라와 텬자게 복명한대 상이 그 츙셩을 표장하시고 가자를 도도시며 상사를 후히 하시니 어사ㅣ 고두 사은이퇴하야 본부에 이르니 아자와 녀아ㅣ 즁문에 졀하야 별래 존후를 뭇자오니 어사ㅣ 쏘 희연하야 자녀의 숀을 잡고 경 시의 상경함을 깃거하니 경 시 사례하고 공이 방 시를 향하야 자녀를 무사히 밧들물 위유하더라. 외당에 하객이 각산하고 야심 후 공이 화 쇼져와 리 공자의 사유를 젼하니 좌우 제인이 그 긔모를 칭선하고 경 시 화 쇼져의 곤경을 한심하나 무사함을 대희하며 연 쇼져는 화 쇼져의 긔특함을 듯고 불승탄복 왈,

"화가 녀자의 긔특함은 쳔고의 희한한 슉녀어니와 대인이 친히 보아 계시니잇가? 그 재용이 엇더하더잇고?"

공 왈,

"쇼져의 화용월태는 경<151>아와 너로 일반이니 텬하의 슉녀ㅣ 만흠을 가히 알너라."

쇼져ㅣ 우 왈,

"화 쇼져의 경빙한 사람은 엇더한 집 자숀이더잇고?"

어사ㅣ 왈,

"경생이란 자는 그 얼골을 보지 못하엿스나 션악은 아지 못하거니와 긔이한 일이 잇더라. 화 시 유시에 경빙한 바 경운은 졀강 쇼흥부 경 상셔의 아자이라 하니 경 상셔 현은 경아의 부친밧게 업스니 로부ㅣ 경현의 자녀ㅣ 이럿치 아님을 아난 고로 의혹하더니 졀강에 이르러 경부 쇼식을 무르니 경 부인이 일향 평안하시고 경 공자를 쳥하야 보니 옥안 영긔 짐짓 자산의 아달이요 경아의 동긔이라. 내 의혹함을 마지 아니하야 두 날 머무러 보매 재학과 언사ㅣ 슉셩 통달하며 졉인응대가 비록 노사 슉유라도 밋지 못할지라. 누의의 말을 일으며 슬품을 이긔지 못하니 그 비졀함을 연측하나 내 원려를 두어 경아의 쇼식을 이르지 못하고 왓거니와 내 경 공자다려 무르매 경문에는 운이란 쇼년이 업다 하니 이럼으로 맛참내 경생의 근본을 아지 못하고 왓노라."

하며 인하야 공자의 문답을 일으고,

"경당 부인이 평안하시며 일문이 무사하니 이만 깃분 일이 업고 로부ㅣ 도라오는 길에 일즉 아던 사람이 창쥬에 갓다 오거늘 자산의 평부를 무르매 평안하시다 하며 일호 불평 우구함이 업셔 인리 명유를 사괴여 시쥬로 쇼일을 하야 안한함이 고향에 잇스나 다르지 아니하다 하니 크게 깃분 일이라. 아해는 심려를 허비치 말고 나의 슬하에 편히 잇스라. 자산이 도라오는 날 너를 친경으로 보내리라."

경 쇼져ㅣ 본부 쇼식을 들으니 반갑고 깃붐을 이긔지 못하야 츄파에 누슈ㅣ 잠잠하야 사례 왈,

"해아ㅣ 대인의 은휼하심을 입어 심규에 안한하오나 부모 동긔의 쇼식을 듯지 못하와 쥬쇼 답답하압더니 이졔 자셔히 듯사오니 지금 비록 쥭사와도 무삼 여한이 잇사올이잇가. 다만 쇼녀ㅣ 유락하와 완명이 사랏슴을 부모

동긔 아지 못하오니 일로 좃차 해아의 사라잇슴을 일으심이 조흘가 하나이다.”

어사ㅣ 왈,

“로부ㅣ 엇지 이번 경사를 모로리요마는 경당부인이 깨닷지 못할진대 네 내 집에 잇고 제 경사에 벼살하는 쥴 알면 무지한 흉계를 만날지니 구외에 불<152>츌하라. 네 임에 무사이 잇스니 부모 형뎨 상봉하는 날은 곳 길운이라. 흉인이 지쳑에 잇스니 엇지 방심하리요. 내 금번 행즁에 림낭을 차자 풍신 보니 이 뢰락헌앙하야 영웅호걸의 긔상이 잇고 경텬위디할 재조ㅣ 잇스니 사군보국은 위상, 병길의 우이라. 반닷이 사해를 쓰러 화이를 진복하야 일홈이 쥭백에 드리올지라. 로부ㅣ 한 번 보매 흠앙함을 마지 아니하엿나니 로부ㅣ 행년 오십에 텬하를 편답하되 이 갓튼 사람은 보지 못하엿도다. 너의 일생이 쾌활함을 형언치 못하리니 내 녀아를 위하야 안심하나 그 안모를 살피매 응당 일쳐로 늑지 아니하고 칠부인과 십이금차를 갓촐 것이로대 취색경박재 아니리니 졍아의 현쳘함과 오아의 현슉함이 짐짓 군자호구이라. 황영의 미사를 효칙하야 나의 양녀로 림낭을 셤기게 하고자 하나니 자산은 은연한 군자이요 명쳘 장부이라. 로부를 망영되다 아니 하려니와 진 부인이 쓰리실가 두려워 하고 너의 마음을 듯고자 하나니 금야 좌상에 타인이 업는지라. 양아는 로부를 위하야 일을지어다.”

졍 쇼져ㅣ 염임 대 왈,

“대인이 해아를 사랑하사 친생에 못지 아니하시니 은혜 텬디 갓흔지라. 엇지 감히 심사를 은휘하리잇가. 대인의 재생지은과 현매의 무애하는 졍으로 일생을 떠나지 마자 함이 셔로 다름이 업슬지로대 쓧과 갓지 못할가 두려하오며 자모 쏘한 차사에 불안하실 배 업사오나 다만 해아의 일단 쇼회 잇삽나니 젼일 쇼녀ㅣ 도로에 유락하야 화 상셔 부즁에 이르매 긔갈을 이긔지 못하야 근본을 말삼하압고 양식을 비오니 상셔 부인 쥬 시는 슉부 쥬 어사의 종매이라. 해아ㅣ 정 상셔의 쇼자ㅣ라 함을 듯고 연친지의일 ᄲᅮᆫ 아니라 화 상셔ㅣ 가엄의 사생붕우이라 하고 관곡히 대졉하며 화가지자는 년쇼 해동이로대 위인이 인자 명현하야 지극 애대하고 셔당에 머무를 새 무탁걸객이 의지 어듬을 희행하야 십여 일을 유하더니 리 지현이 화 시의 현명함을 여러 번 구혼함으로 내외 우황하더니 화부 쥬 부인이 해아를 유의 칭탁하야 거즛 '정 상셔 아자와 화공이 셔울 잇슬 ᄯᅢ에 정혼하야 맹약이 구든 고로 정생이 셩례하러 <153> 이르럿다' 하고 뢰약하며 쇼녀에게 절박한 사졍을 말하며 구친하기를 간절히 하매 쇼녀ㅣ 가령 남자이라 할지라도 우흐로 부모가 계시니 자단치 못하려든 더욱 녀자의 몸으로 져 친사를 허함이 가할이잇고마는 리가의 무상한 핍박이 지쥬의 세를 빙자하야 외로온 녀자ㅣ 화를 면할 길이 업고 쇼져의 위란한 정사ㅣ 쇼녀와 방불함을 연측하는 즁 리가의 무뢰강한함을 통해하야 권도로 친사를 졍하야 리가의 렴려를 덜고 화 시의 급란을 구하엿다가 타일 션쳐하고자 쾌허하고 길긔가 삼일을 격하엿더니 리가에셔 알고 흉계를 내여 쇼녀를 쥭이고 화 시를 겁측하려 하는지라. 화가ㅣ 그 긔미를 알고 급히 피하라 하니 해아ㅣ 황망이 리별할 새 쥬 부인이 은근이 부탁하야 후의를 츅할 새 진졍 언사ㅣ 간측하니 해아ㅣ 그 정사를 참연하야 졍령이 고하고 맹장을 쥬어 씻치니 화 쇼져ㅣ 화답하야 언약이 금셕 갓해사오매 화 시 해아의 근본을 모르고 졀을 굿게 직혀 쇽졀 업시 공규에셔 해아를 쳡망하리니 쇼져ㅣ 화가의 은혜를 입고 도로혀 져의 신세를 희지은지라. 쳐음 행빙할 제 림낭의 보낸 것을 화가에 행빙함은 타일 져로 하야금 림낭에게 도라보내고자 함이러니 림생을 과찬하야 현매로ᄡᅥ 한가지로 보내고자 하시니 화 시 녀자는 엇지 쳐치하여야 조흐리잇고?"

어사ㅣ 쳥파에 대소 왈,

"오애 쇼쇼 녀자로대 져럿틋 영량이 잇셔 세쇽 투긔를 물렴하니 사람의 급화를 개연히 건즐 ᄯᅳᆺ이 잇셔 혐의를 도라보지 아니한즉 이는 규즁군자이

라. 이럿틋한 곡졀이 잇는대 로부ㅣ 망연히 깨닷지 못하고 괴로히 졍가의 근본을 아지 못하야 번민하엿도다. 내 화 시를 보매 졀색이요 재모ㅣ 과인 즁 리가의 악사를 개연히 바리고 현경 부자를 사디에 구하니 너른 도량과 현슉한 마음이 갓초 긔특한지라. 졍생의 복을 크게 탄복하엿더니 녀아의 작용이 쳔고 긔담이요 림낭의 복이 화 시 갓흔 졀부슉녀를 취하게 되엿스니 엇지 희한한 일이 아니리요. 슈연이나 너의 작용이 이에 이르럿스니 화 시 녀자ㅣ 타문을 생각지 아니하고 반닷이 림낭에게 도라갈 것이요, 또 네 말 갓흘진대 <154> 령당이 아쳐하실 배 업슬 뜻하며 또 녀아 너로 졍의 둣터워 일시 떠나지 아니한다 하니 가히 졍, 연, 화 삼인이 황영의 고사를 효측하야 숏다온 덕을 닷가 골육갓치 화우하면 엇지 아람답지 아니리요. 이 젼혀 너의 현심슉덕을 말매암아 일이 공교하야 이에 이르게 되엿스니 가히 쳔고에 긔담이 되리로다.”

쇼져ㅣ 불감사사하고 이윽히 뫼셔 말삼할 새 도로 풍경과 향촌 인물을 론란하야 밤이 깁도록 말삼하다가 각각 침쇼로 도라가니라.

시시 한림 진상문이 불의 경영하야 류 시즁으로 더부러 연 시를 백계로 취하다가 일이 되지 못하야 심력만 허비하고 남의 우음이 되니 분함을 이긔지 못하야 마음에 헤오대,

‘내 재모 풍신이 하등이 아니로대 다만 쳐궁이 부족하야 몬져 졍 쇼져를 취하랴다가 요인에 슈단에 싸져 크게 쇽으매 봉귀형에 말이 가흥 일경에 긔담이 되고, 또 리 시와 호 시를 취하매 리 시는 용모ㅣ 졀세하고 셩질이 낭졍하나 호 시는 사오나와 투긔가 심하야 가내 한 젼장이 되엿스니 마음에 항상 다시 슉녀를 생각하다가 또 연 시에게 쇽은 배 되매 엇지 마음에 분앙하고 애달지 아니하리요.’

이갓치 생각할 지음에 연 어사ㅣ 도라왓슴을 듯고,

‘연 쇼져ㅣ 일졍 우리 일을 말삼하엿슬 것이니 연로ㅣ 반닷이 통한하야

사단이 잇슬지라. 아모커나 긔색을 탐지하리라.'

슈일 후 연부에 이르러 보기를 쳥하니 어사ㅣ 문득 즐겨 아니하야 왈,

"이 사람이 날을 차질 일이 업거날 왓스니 또 친사를 구하려 함이 아닌가. 한 됴경에 잇스나 져 갓흔 쳥년을 사괴지 아니하엿거늘 당돌이 와 보기를 구하니 반닷이 묘맥이 잇는지라. 보아 유익지 아니하다."

하고 하인을 분부하야 '여차여차하야 보내라' 하니 하인이 나아와 가라대,

"우리 로야 작야에 취하사 이제씃 상에 누어 계시니 깨와 고코자 하되 쥬긔 미란하와 아지 못하시매 쇼공자ㅣ 말삼하시기를, '귀객이 누쳐에 강림하시나 대인이 진취하야 계시니 고치 못할지라. 귀인이 도라가사 타일 회사함을 기다리쇼셔.'"

하거늘 생이 져의 칭탁함인 쥴 알고 심즁에 가장 로하나 짐짓 가라대,

"너의 로야ㅣ 그러하실진대 쇼공을 쳥하야 보고자 하<155>노라."

가인이 대 왈,

"로야ㅣ 취하사 긔운이 불평하시매 공자ㅣ 일시 써나지 못하나이다."

진생이 분연하야 사매를 쩔쳐 도라가니 가인이 드러와 진생이 로하야 도라감을 고한대 어사ㅣ 냉쇼 왈,

"간악 쇼인이 로하야 도라갓슨들 무엇이 해로오리요."

하더라. 진생이 연 어사의 보지 아니함을 대한졀치하야 해코져 하는 마음이 가득하되 핑계할 됴각이 업셔 쥬사야탁하더니 일일은 문하 식객이 갓가히 와 한담하다가 문득 연 어사의 화 시 옥사 쳔단하던 말을 자셔이 이르고 또 도로에셔 경 쇼져를 만나 몬져 올녀 보낸 사연을 말삼하야 상감함을 마지 아니하니 상문이 드르매 분심이 대발하는지라. 한 계교를 생각하고 '이제야 연권을 셜한하리라' 하며 명일 호부에 이르러 상국게 왓슴을 고하니 호공이 즉시 쳥하매 진생이 즉시 드러가 재배 후 말셕에 시립하니 공이 명하야

좌를 쥬고 한담할 새 공이 녀아의 말을 들어 젹이 불온함이 잇스나 생의 풍신재화를 사랑하야 위곡히 대졉하더니 진생이 갓가이 나아와 고 왈,

"근일에 됴졍 즁신이 해괴한 일이 잇더이다."

공이 문기고한대 생이 교언영색으로 말삼하되,

"연공이 각도 슌무사로 국사는 행치 아니하고 즁노에셔 젹객 졍모의 녀ㅣ 용모 긔질이 졀색임을 보고 유의하야 실어 몬져 경사로 올여 보내고 가흥 화경연이 탐재로 젹거하고 그 쳐자ㅣ 고향에 갓더니 그 녀아ㅣ 잇셔 용모ㅣ 졀색이라. 본현 지현 리현경이 구친하니 화녀ㅣ 져의 졍밀한 곳이 잇다 하야 츄탁함에 현경이 불쾌하야 할 새 화가 녀자ㅣ 그 졍빙한 남자를 쥭이고 졍생의 벗을 사통하야 쇼문이 낭자한 고로 지부, 지현이 화가 노복을 잡아 가도우고 그 간졍을 힐문할 때에 연권이 이르러 그 옥사를 결쳐하는대 화가ㅣ 연가로 젼일부터 아던 사이런지 즁한 뇌물을 밧고 화녀를 애매한 모량으로 벗기고 리가 부자의 죄를 얽어 됴졍에 고하랴 하니 화녀ㅣ 법사에 명경사핵할가 두리여 거즛 어진 톄 하고 리가 부자를 구하니 연권이 짐짓 져를 사하야 고향에 내치라 하니 차사ㅣ 극히 통해하온지라. 가령 리현경이 치민을 부졍히 하야 백셩이 오오할지라도 됴졍에 보<156>하야 그 죄를 상당이 할 것이어늘 사졍과 쳥촉을 인하야 일방 지쥬를 임의로 내치고 거짓 탐학한다 몽죄하야 됴졍을 쇽이이니 참 란신젹자이라. 이런 무상한 자ㅣ 벼살을 하야 국톄를 상해오니 참아 식록인신의 도리가 아니요, 됴졍을 흐리는 필부이라. 대인이 다사림즉 하거늘 듯지 못하야 계신지 동졍이 업스매 세인이 다 합하의 명찰지 못함을 시비한다 하는 고로 쇼생이 특별이 와 고하나이다."

공이 쳥필에 발연 대로 왈,

"연권이 이럿틋 무상하야 국가를 져바리며 안연이 직졀츙력이 급암을 묘시하난 듯하며 허언을 쑴여 셩상을 쇽이고 됴졍을 업슈히 녁이니 내 당당히 즁치하려니와 내 들으매 연권이 그대의 빙부라 하거늘 이럿틋 허물을 창

셜하니 인졍이 아닐가 하노라."

진생이 불평 대 왈,

"뉘라셔 쇼생을 연권의 사회라 하더잇고?"

공이 가라대,

"그대 연녀를 가마니 취하야 동각에 엄유하야 슈유불리하고 졍실을 구타 박대하며 연녀ㅣ 방자 간악하야 쏘한 원실을 질욕하고 로부를 능욕하되 그대 조곰도 경계함이 업고 한가지로 로부의 슉질을 질욕하야 태만한 행사ㅣ 무궁하다 하나 부부ㅣ 사졍에 구애하야 통한함을 참거늘 그대 간사이 엇지 쇽이고자 하나뇨. 실로 그 뜻을 아지 못하리로다."

진생이 쳥파에 호 시의 하쇼함인 쥴 알고 연망이 대 왈,

"대인이 뉘의 젼언을 들어 계시니잇고. 쇼생이 대인의 지우지은을 입사와 금옥 쇼져를 배하시고 쏘 리녀의 인연을 허하시니 감은각골이어늘 감히 졍실을 박대하야 대인을 비방하리잇가. 다만 영질이 투긔 과인하야 가내 편치 못하고 쇼생을 용납지 아니하오니 쇼년의 심사ㅣ 울울한 즁 쳐자ㅣ 화슌치 못함을 한하더니 생이 밝지 못함으로 그릇 말 조흔 사람의 쇽임을 입어 젼임 시즁 류일의 녀자ㅣ 셔자의 덕과 장강의 덕이 잇다 하매 년쇼한 마음에 침혹하게 들어 류녀를 취하오나 우흐로 량쳐ㅣ 잇스니 이는 불과 쳡 모양이라. 번자함을 쓰려 부모게도 고치 못하고 초초히 마자 동각에 두엇스나 용모ㅣ 듯던 바와 다른지라. 쇼생이 불긴이 녁여 별로 대졉함이 업거늘 호 시 알고 대사로 동각에 들어와 류녀를 참혹히 구<157>타하야 명재경각하오니 녀자의 투긔는 칠거의 웃듬이어늘 더욱 투긔로 인하야 살인이 날 번하오니 호 시의 죄악이 엇더 하오며 쇼생인들 제가 못한 죄를 면하리잇가. 고로 쇼생이 싸홈을 말녀 졔 집에 보낸 후 다시 찻지 아니하엿나이다."

공이 묵연 부답이러라.

명됴에 상국이 입됴하야 연 어사의 일을 진생의 말로써 쥬달한대 상이

가라사대,

“연공은 쇼시로부터 츙효 과인하고 강명하던 바어늘 이번 슌행에 그대도록 무도함을 하엿스리요. 화녀와 리현경 부자의 일은 슈쳔 리 사이에 젼문이 젹실 여부를 모를 것이니 자셔이 사핵하야 그 진가를 분변하려니와 몬져 연권을 불너 그 진가를 무르리라.”

하시고 즉시 명초하시니 차시 연공이 원로에 구치하야 신병이 잇셔 됴회에 불참하엿더니 사명을 싸라 궐내에 들어가 계하에 복지한대 상 왈,

“경이 무삼 연고로 금일 됴회에 불참하뇨?”

공이 고두 왈,

“신이 원로에 구치하온 고로 쳔신이 불평하와 됴회에 불참하오니 방자하온 죄 욕사무디로쇼이다.”

상 왈,

“짐이 경에게 무를 말이 잇셔 부른 바이라.”

어사ㅣ 고두 쳥문하온대 상이 호 상국의 허다 쥬달한 말삼을 이르시고 왈,

“경이 황명을 바다 제현을 슌무할진대 민간 질고를 살펴 원망이 업게 하고 옥사를 명졍이 다사려 국법을 밝혀 짐의 교화를 빗나게 하고 츙성을 다할 것이어늘 뢰물을 밧고 원옥을 하며 식록 동렬을 임의로 파츌하고 쥬색을 방자이 하야 미녀를 거나려 오고 탐남을 긔탄치 아니하야 짐을 긔망하고 됴졍을 어둡 녀이니 이 엇젼 뜻이뇨? 짐이 불승통한하나 내 생각하난 배 잇셔 몬져 뭇나니 자셔이 쥬달하라.”

연공이 쳥파에 대경하야 생각하되 차사는 반닷이 날을 해코자 하는 간인이 잇셔 날을 모함하야 창셜함이니 비록 실사를 고한들 엇지 무사함을 어드리요. 십분 경황하나 작죄함이 업는지라. 안색을 불변하고 고두 쥬 왈,

“신이 폐하의 지우지은을 입사와 작록이 과하압고 국은이 망극하압거

늘 비록 불츙무상하온들 향여 국사를 그릇하와 폐하를 져바리고 엇지 뢰물을 밧아 인민의 원상을 씻치오며 신이 본대 색계에 범연하온대 허물며 국사로 외방에 가<158>셔 미녀를 다려올이잇고. 연이나 차사ㅣ 근본이 업지 아니하오니 졍유를 자셔이 고하리이다.”

드대여 왕 과부 모녀 다려온 일이며 화 시의 지모담약이 긔특함을 세세히 쥬달하고 낭즁으로좃차 화 시의 젼후 셔장을 밧들어 올여 왈,

“신이 현경 부자를 법사로 올이려 하엿삽더니 화녀의 쇼사ㅣ 진실로 긔특한 고로 현경 부자를 법부에 올이지 아니하압고 졔 원래 백셩에게 학졍을 행하오며 탐남한 죄 잇삽난 고로 신이 폐하의 칙교를 밧자와 ‘불사한 관원의 츌척을 임의로 하라’ 하신 고로 현경의 벼살을 앗고 향리에 냇쳣삽더니 엇던 사람이 신을 모함함이 이에 밋쳐 폐하의 셩춍을 가리옵고져 하오니 복원 폐하는 명찰지 하쇼셔.”

상이 드르시고 화 시의 두 장 글을 보시며 왈,

“경의 쥬사를 듯고 화녀의 셔장을 살피니 진실로 차언이 올흘진대 화녀는 짐짓 지모ㅣ 긔특한 슉녀이요 현경 부자는 극악무도한 젹신이로다.”

호 승상이 졍색 쥬 왈,

“연경의 쥬사ㅣ 분명한 참증이 업고 화녀의 글을 더욱 밋지 못할 바이라. 현경 부자의 죄가 이갓치 젹실할진대 명교 풍화를 상해오고 폐하의 셩덕지치를 어즈러이는 란신젹자이라. 당당이 왕법을 졍이 하야 즁치함이 맛당하오니 연권을 탁용하야 즁임을 맛기시면 폐하의 이목을 삼아 이러한 불법불공한 란신젹자를 살피게 함이어늘 아녀자의 란언을 취신하야 임군을 긔망하고 국법을 해태케 하리요. 일로써 츄측하압건대 연권이 쳥촉을 들음이 분명하고 화가 녀자는 일개 쇼녀로 그 행사ㅣ 방자 무륜하오며 리가 부자의 과악은 실로 미들 배 업는지라. 가히 사람으로 하야금 쇼흥부에 보내여 리가 부자와 화녀의 작용을 사실하야 죄를 다시려 국법을 졍이하시고 또 연권을 옥

에 나리와 엄힐하야 죄를 밝히쇼셔."

상이 유용의 말을 여러 번 어긔기 어렵고 또한 그 말이 유리한 듯한지라. 하교하야 '연권을 우션 옥에 나리여 자셔이 사핵한 후 흑백을 졍하라.' 하시니 제인이 유용의 안색이 좃치 아니함을 보고 화를 억제이 참고 묵연하니 상이 갈아사대,

"연권의 음란한 죄와 화가 리가의 흑백을 짐이 자셔이 핵실할 것이니 사람을 택졍하야 사<159>핵하라."

하시니 연공이 참분하고 옥에 갓치니 상 왈,

"뉘 능히 졀강에 가 자셔이 사핵하야 올고?"

호 상국이 쥬 왈,

"한림 진상문이 총명 특달하고 공경 명상하니 차인을 졀강에 보내여 간인의 쇼실도 알고 연권의 흑백도 살피게 하쇼셔."

상이 윤허하시고 즉일 진상문을 졀강 별슌무를 하이사 명일 발행하라 하시니 진생이 불승희행하야 사은 숙배하고 행장을 다사려 부모게 하직하니 낭즁 왈,

"네 군명을 바다 고향에 나아가니 져져와 형을 차자 보아 반기고 도라오라."

생이 하직하고 또 호 상국을 리별하니 공이 셔당에 쳥하야 왈,

"차사는 그대 시작하엿스매 로부ㅣ 특별이 그대를 보냄이니 십분 상심하야 우리 량인의 말이 종내 유력케 하라. 만일 일호나 쇼루함이 잇스면 셩상이 우리를 그릇 녁이시고 됴졍 간관의 견책을 면치 못하리라."

생이 재배 대 왈,

"삼가 대인의 명교를 간폐에 삭이리이다."

공이 슐로써 리별하니 생이 졀월을 거나려 갈 새 여러 가지로 원을 이루러 깃부고 다행함을 이긔지 못하니 가히 슬푸도다, 화 시의 액이 진치 못하

엿스며 연 어사의 시운이 옹폐하야 간인의 득지함이 여차하고 쇼인이 승시하니 세사ㅣ 한심치 아니하며 조물이 싀긔함에 엇지 애답지 아니하리요.

차시 연부에셔 어사의 하옥함을 듯고 무삼 연고ㅣ인 줄 아지 못하야 쇼져와 공자ㅣ 황황 초조하야 공자ㅣ 밧비 옥문 밧게 나아가 야야의 하옥하는 곡졀을 알고자 하더니 시아ㅣ 도라와 셔찰을 올이거늘 쎠여보니 갈왓스되,

> 쇼인이 허언을 지여 셩총을 가리와 모함함이 이 갓흐나 무죄지인은 자연 몽방할지라. 오아 등은 경동치 말고 이 말을 지은 자ㅣ 심상치 아니한 원인이니 내 비록 사죄는 면하나 무사치는 못할 것이니 너의 등은 맛당히 가사를 졍제하면 내 사세를 보아 다시 쳐치할 도리가 잇스리라.

하엿고 '화 쇼져의 연고로 호 상국이 텬자게 뒤잡아 쥬달함으로 내 쥐옥하엿노라.' <160> 하엿더라. 일가ㅣ 실색 대경하야 왈,

"엇더한 자ㅣ 무상지언을 지여 모함하엿나뇨. 우리 야야를 됴졍에 업시하고자 하는 자의 작얼이로다. 호 상국이 텬자게 쥬달하엿스면 차사ㅣ 반닷이 무사치 못하리니 야야의 일단 츙심이 쇽졀 업시 쇼인에게 잡혀 욕을 면치 못할지라. 이를 장찻 엇지 하리요."

인하야 눈물을 흘이고 아모리 할 쥴 모르더니 공자ㅣ 왈,

"우리 야야ㅣ 본대 호가로 불목하시던 것이니 차사를 뒤잡아 해코자 하나 근본 잇는 일이니 쇼뎨의 생각은 진상문이 져져의 친사 일관을 통한하다가 이 쇼문을 알고 호공을 츙동하엿는가 시부니 호공이 역시 진가에게 쇽음인가 하나이다."

량 쇼져ㅣ 황연이 경각 왈,

"현뎨의 신명이 과연 통달하니 차언이 올흔지라. 진가ㅣ 호가를 협력하엿스니 야야ㅣ 불측지화를 면치 못하실지라. 이를 장찻 엇지 하리요."

이러틋 경황하야 문하인 졍츙을 보내여 옥리에게 유뢰를 행하고 '그 사건을 듯보아 오라' 하니 졍츙이 은젼을 가져 금의관을 사고여 사실을 듯보더니 맛참 아는 자ㅣ 잇셔 가라대, '호 상국은 이러한 쇼문을 모로거늘 진 한림이 승상게 고하엿다' 하며 '텬자 진 한림을 졀강에 보내여 이 일을 사핵한다' 하거늘 드른대로 고하니 량 쇼져와 공자ㅣ 이 말을 듯고 돈죡실경 왈,

"진공이 이 일을 사핵하러 가니 이는 하날이 우리를 쥭게 함이요, 화 시의 젼졍이 크게 어즈러와 액화ㅣ 비상하리니 진가ㅣ 엇지 질겨 바른대로 고하리요."

하야 십분 경황하고 졍 쇼져ㅣ 화 시 갱참에 참익할가 우황하며 진생을 졀졀 통한하더니 가월이 진 왈,

"진생이 화 쇼져의 아람다옴을 드럿슬진대 반닷이 간계를 내여 해코자 하리니 리가의 죄상은 올흔대로 쥬할 듯하나 로야는 죄를 얼거 무사치 못하게 하리니 로야ㅣ 다만 자단불치한 죄 귀양밧게 더할 것이 업스되 화 쇼져ㅣ 다시 호구를 맛나 슈졀함이 잇셔 슌치 아니한즉 독슈로 시험하리니 화 쇼져의 위란이 가셕하고 형세 위태하니 이것이 극히 한심한 됴각이요 화 쇼져ㅣ 장부의 근본을 차자낼 젹이면 우리 로야를 호명할 것이요 로야의 아달을 차질 때에 쇼져의 근본이 자연 패로하야 사세 분란<161>하리니 진생은 졍, 연, 화 삼쇼져의 결원슈인이니 졀치 원슈 되면 몃 집에 화란이 잇스리잇고. 아모려나 진생은 각별 하날이 나리와 삼쇼져를 굿기게 하엿난가 시부나 진생인들 무사하리잇가. 슈연이나 화 쇼져ㅣ 망연이 모로고 잇다가 급작이 력경을 맛나 세궁력진하야 쇽슈무책하리니 엇지 가련치 아니하며 쇼져의 헛 빙채를 직혀 괴로옴을 감심하오리잇가. 셤월, 난난 등이 족히 쇼져를 보호하리니 쇼비 남복을 개착하고 가흥부에 나아가셔 화 쇼져의 동졍을 듯보아 만일 급함이 잇거든 구활하야 림 낭군의 슉녀 일는 탄이 업게 하리이다."

졍 쇼져ㅣ 쳥파에 불승희열하야 칭사 왈,

"네 사람의 급화를 구하매 그 셩심과 츙의 만고의 일인이 되리로다."

연 쇼져ㅣ 역희하야 만만 칭사하니 가월이 겸양하고 졍츙다려,

"진 한림이 어느 날 발행하는고. 아라 오라."

하매 츙이 즉시 회보하되,

"뎐자ㅣ 재촉하시매 명일 발행한다 하더이다."

가월이 쇼져게 고 왈,

"쇼비 명일 써날 것이니 화 공자에게 글 두 장을 하야 부치시되 한 장은 여차여차하고 또 한 장은 여차여차하야 쥬시면 조각을 타셔 행사하리이다."

난난 왈,

"글을 두 장토록 하야 무엇하리요?"

월이 쇼 왈,

"져 곳에 가셔 사세를 보아가며 진생이 혼인을 구박하야 형셰 어렵거던 방신할 계교로 쇼져를 다리고 쥬 어사 임쇼로 가시계 하고 그럿치 아니하야 무사하거든 그져 평셔를 젼하야 우리 유신함을 표하고 졍 공자ㅣ 쥬 어사 임쇼에 잇스니 그리로 차지라 하는 뜻을 젼코자 하노라."

난난이 졈두 칭사하고 양 쇼져ㅣ 가월의 지모를 칭찬하더라. 이에 행장을 다사려 남복을 개착하고 명일 행할 새 연 쇼져ㅣ 노셩한 가인과 쥰마를 갓초와 가게 하니 월이 양 쇼져게 하직한대 졍 쇼져ㅣ 츄연 탄 왈,

"네 이제 써나가매 진가의 작화ㅣ 백출할지라도 화 쇼져ㅣ 무사할 것이니 내 다시 렴려치 아니하나 다만 행노에 보즁하야 슈히 도라와 나의 근심을 업게 하라."

졍 쇼져ㅣ 이에,

"야야의 액화 맛남이 자긔의 연고이며 화 쇼져의 위태함이 또한 자긔로 인연함이니 자긔 비록 져를 해치 아니하나 백인이 유아이사ㅣ라. 스사로 졀민 황황하되 힘이 밋지 못<162>함을 한하더니 이럿틋 의긔를 세우고 현심을

행하니 신명이 감오하시리라. 슉녀로 하야금 방신하는 환이 업게 하라.”

가월이 고두 사례하며 난난 등을 당부하야 ‘쇼져를 잘 위로하라’ 하고 방 시에게 하직하고 왕쇼랑을 리별하니 쇼랑이 타루 왈,

“차사는 아등의 일로써 간인이 불측지언을 모함하니 엇지 통원치 아니하며 낭자의 차행은 쳔고의 의협이라. 원컨대 대사를 일우고 슈이 도라오라.”

월 왈,

“양 쇼져ㅣ 과도이 우려하시니 관위함을 바라노라.”

쇼랑이 응락하더라. 가월이 두루 리별하고 채를 들어 말을 달여 절강으로 향할 새 여러 가지 계교를 생각하고 진생의 행도를 싸라가다.

화셜. 진생이 황명을 밧자와 졀강으로 향하며 생각하되,

‘내 이번에 가매 화 시와 인연이 잇스리라.’

하고 화 시 엇기를 십분 생각하며 행한 지 십여 일에 일일은 길에 올을 새 절월과 패문이 길을 열고 뒤에 허다 츄종이 좌우로 버려 위의 화려하고 엄슉하거늘 붉은 곤장 든 아역이 좌우의 사람을 치우더니 좌편 길 우에 일위 쇼년이 하낫 츄종을 다리고 오다가 하마치 아니하거늘 진생이 대로하야 좌우를 호령하야 ‘쌀이 잡아오라’ 하니 좌우ㅣ 일시에 다라들어 큰 쇼래로 외이되,

“마상 쇼년은 눈이 업관대 어사 행차를 보고 하마치 아니하나뇨!”

쇼년이 황망이 하마하야 피코자 하거늘 범 갓튼 아역이 잡으려 하니 쇼년이 비러 왈,

“열위는 식로하쇼셔. 생이 하방 션배로 례를 아지 못하야 어사 로야 행차에 범가한 죄를 엇으니 엇지 도망하리요. 내 스사로 가셔 청죄할 것이니 열위는 너모 업슈히 녁이지 말나.”

하고 개연이 거러 교자 압해 고두 청죄 왈,

"쇼생은 원방 한사로 황셩을 구경치 못하엿난 고로 대인 엄위에 득죄하오니 황공하오나 무례함을 사하시고 돌여보내쇼셔."

진생이 그 셔생을 한 번 보매 옥안 영풍이 슈려 쇄락하야 향촌 부유 갓지 아니한지라. 심하에 경의하야 왈,

"그대를 보니 아람다온 션배 톄면을 아지 못하리요. 응당 나의 벼살을 업슈이 녁여 이갓치 함이니 노상에 번거한즉 하쳐에 가셔 드르려니와 날을 싸라 오라."

하니 좌우 쇼년이 뒤를 싸라 좃츠매 그 쇼년이 거슬임이 업셔 하쳐에 이<163>르니 지현이 어사를 영졉하야 별관에 하쳐하고 졉대함이 거록하더라. 진생이 지현으로 더부러 슐 먹기를 파하매 좌우를 명하야 '노상 쇼년을 부르라' 하니 슈유에 쇼년이 면젼에 이르러 재배하거늘 생이 명좌하고 왈,

"나는 됴졍 대신이요 흠차어사이매 지현 관안이 다 츌영하거늘 그대 안연 방자이 행하니 맛당히 즁형을 더할 것이로대 나히 젹고 풍채 아람다옴을 사랑하야 죄를 사하거니와 원래 어내 곳 사람으로 이곳에 지나더뇨?"

기인 왈,

"쇼생이 엇지 감이 대인의 위엄을 항거하리요. 실로 법도를 아지 못하고 사죄를 범하엿거늘 대인의 일월 갓흔 셩심을 입사와 쥭기를 사하시니 그 은혜 턴디 갓사온지라. 맛당히 마혁을 잡아 견마의 졍셩을 다하야 대은을 갑삽고자 한들 엇지 감히 어드리잇고."

하더라.

四姓奇逢 림화졍연 종

임화정연 해제

1. 개요

〈임화정연〉은 〈옥루몽〉, 〈하진양문록〉 등과 함께 구활자본으로 간행된 조선시대 장편소설이다. 한글장편소설이 구활자본으로 두 차례 이상 출간된 사례는 〈임화정연〉과 〈옥루몽〉, 〈하진양문록〉 세 작품뿐이라는 점을 감안하면, 〈임화정연〉의 인기가 대단했다는 점을 짐작할 수 있다.

남윤원(南允元)은 1888년 소설 〈옥수기(玉樹記)〉를 번역하고 남긴 발문에서 〈임화정연〉을 언급했다. "ᄃᆡ져 이 ᄎᆡᆨ 하회(下回)로 볼진ᄃᆡ 가(嘉), 화(花), 왕(王), 딘(陳) ᄉᆞ가(四家) 후진(後進)의 소셜(小說)을 이어 일우면 〈님화정연(林花鄭延)〉과 〈명ᄒᆡᆼ정의(明行貞義)〉로 더부러 ᄉᆞ양(辭讓)치 아니ᄒᆞ올 듯"[72]이라 한 것이다. 자신이 번역한 〈옥수기〉를 높이 평가하면서 그 기준으로 〈임화정연〉과 〈명행정의록〉을 언급했으니, 〈임화정연〉이 당시의 한글장편

72 서울대학교 규장각 소장 『옥수기(玉樹記)』 9권 49장 앞~50장 앞.

소설을 대표할 만한 작품으로 인식되었던 정황을 짐작할 수 있다.

근대 이후이기는 하나 『조선소설사』를 집필한 김태준 역시 〈임화정연〉을 〈하진양문록〉과 함께 그 당시 가장 인기를 끌었던 작품으로 추정하기도 하였다.[73] 정병욱도 치밀한 구상과 세련된 표현을 이유로 들어 〈임화정연〉을 '걸작(傑作)'[74]이라고 평한 바 있으며, 김기동 역시 주제와 구성이 독창적이라면서 "고전소설의 작품적인 수준으로 보아 확실히 성공한 대작"[75]으로 평가했다. 1962년 소설가 최인욱(崔仁旭, 1920~1972)은 〈임화정연〉을 개작한 현대 활자본 『임화정연』을 출판했다.[76] 비록 작품의 전반부에 해당되는 내용만을 다루었지만, 조선시대에 창작된 한글장편소설 중 필사본과 구활자본, 현대 활자본의 형태로 변모를 거듭하면서 살아남은 사례는 〈임화정연〉이 유일하다는 점에서 의의가 있다.

〈임화정연〉은 〈완월회맹연〉,[77] 〈명주보월빙〉[78]과 더불어 조선시대의 3

---

73 김태준은 동아일보에 1930년 10월 31일부터 1931년 2월 25일까지 <조선소설사>를 연재했다. 1931년 1월 18일 "英正時代의 小說(三)"이라는 제하로 글을 썼는데, 여기에서 "河陳兩門錄과 林花鄭延은 가장 人氣를 갓는 작품일지라"는 언급을 했다. 초판과 개정증보판에서도 이 언급은 바뀌지 않는다. 1931년 1월 18일자 동아일보 기사 및 김태준 저, 박희병 교주, 『증보조선소설사』, 한길사, 1990, 158쪽(초판은 1933년, 개정증보판은 1939년 간행).

74 "그 雄渾하고도 緻密한 構想과 眞實된 虛構와 洗鍊된 表現은 현대 작가의 도저희 따르지 못할 傑作인 것이나 누구 하나 古典硏究家 現代作家를 막론하고 화제에조차 올리지 못하고 있는 형편이다." 정병욱, 『국문학산고』, 신구문화사, 1959, 48쪽.

75 "이 作品과 같은 大長篇은 事件이 重複되어 읽기가 지루하나, 이 作品은 事件이 複雜하면서도 重複되는 플롯이 없어서 讀者를 끝까지 끌고 가도록 豊富한 興味를 주고 있다. 플롯도 先行作品의 模倣보다는 作者의 獨創을 더 많이 결구해 놓아, 先行作品에서는 이 小說과 같은 主題나 類型을 찾아볼 수 없는 獨創的인 作品으로 보지 않을 수 없고, 古典小說의 作品的인 水準으로 보아 確實히 成功한 大作이다." 김기동, 『한국고전소설연구』, 교학사, 1981, 729쪽.

76 최인욱이 개작한 <임화정연>의 전반적인 특징은 김지연의 선행연구에서 다루어진 바 있다. 김지연, 「<임화정연>의 현대적 출판과 개작의 특징: 1962년 을유문화사 판 최인욱 본 <임화정연>을 중심으로」, 『고소설연구』 33, 2012.

77 가장 긴 한글장편소설은 <완월회맹연>이다. 한국학중앙연구원 소장 180권 180책 <완월회맹연>은 장서각 디지털 아카이브 사이트에서 원문 파일을 열람할 수 있다. 해당 원문 파일을 토대로 추산한 이 책의 글자 수는 약 298만8천자이다.

78 <명주보월빙>은 147만5천자, <명주보월빙>의 속편 <윤하정삼문취록>은 145만5천자이다. 두 작품의 글자 수는 최길용의 계산을 참고했다. 최길용 교주, 『교감본 <명주보월빙>』 1, 학고방, 2014, 서문 vi쪽.

대 장편으로 일컫기에 부족하지 않은 거질(巨帙)의 작품이기도 하다. 이 책에서 번역의 저본으로 삼은 구활자본의 글자 수는 약 81만자이고,[79] 필사본의 글자 수는 약 150만자이다. 이들도 완전한 이본이 아닌 축약본이다. 지금은 실전되었지만, 과거 경성제국대학 도서관의 장부에는 139권 139책 분량의 〈임화정연〉을 구입한 기록이 있다.[80] 최남선도 향목동 세책집에서 139권 139책 규모의 〈임화정연〉을 보았다는 기록을 남겼으니, 139권 139책으로 이루어진 〈임화정연〉의 존재는 거의 확실하다. 또 〈임화정연〉의 후속편 〈쌍성봉효록〉은 80권의 모본을 16권으로 축약한 이본만 남아있는데 그 분량이 60만자에 달한다. 이처럼 방대한 분량의 작품은 상업적으로 출판되기가 쉽지 않은데도 불구하고 〈임화정연〉은 두 차례나 간행될 정도로 상당한 인기를 누렸던 것으로 짐작된다.

2. 주요 이본

〈임화정연〉의 이본은 현재 8종이 확인된다. 완질본 2종과 낙질본 6종이다. 이 책에서는 역주의 대상으로 삼은 조선도서 주식회사 1923~1925년 발행 구활자본 6권 6책과 72권 72책본에 대해서만 살펴보기로 한다.

---

79 송성욱, 「필사본 <임화정연> 72책본 텍스트 연구: 구활자본과의 비교를 중심으로」, 『한국문화』 36, 2005, 3쪽.

80 서울대학교는 경성제국대학 도서관(이하 경성제대도서관)에서 50만권 가량의 장서를 넘겨받았다. 경성제대도서관에서는 자료의 구입 내역을 서류로 작성해 놓았는데 이를 '도서원부(圖書原簿)'라고 한다. 도서원부에 의하면 경성제대도서관은 1928년 6월 9일 이성의(李聖儀)로부터 51종 593책의 소설책을 450엔에 구입했는데, 그 목록에 <임화정연> 139책이 있다. 이날 구입한 51종의 소설책은 지금 모두 일실되었다. 정병설, 「'도서원부'를 통해 본 경성제국대학 도서관의 한국고서 수집」, 『문헌과 해석』 63, 2013.

1) 『사성기봉 임화정연(四姓奇逢 林花鄭延)』(이하 조선도서본)

이 책에서 역주의 저본으로 삼은 조선도서본의 표제는 '사성기봉 임화정연(四姓奇逢 林花鄭延)', 내제는 '사성기봉 임화정연 권지일(四姓奇逢 林花鄭延 卷之一) 림화뎡연 권지일'이다. 체제는 6권 6책으로, 1권부터 4권까지는 1923년, 5권은 1924년, 6권은 1925년 출간되었다. 글자 배치는 면당 16행 46자로, 일반적인 구활자본보다 글자의 크기를 줄여 지면 당 글자 수가 더 많다. 전체 글자 수는 약 81만자로 추산된다. 1925년 완간된 조선도서본 〈임화정연〉은 1928년 다시 발행되었으며, 1938년에는 박문서관에서 조선도서본과 동일한 판본의 〈임화정연〉을 발행하기도 했다.

조선도서본 1책은 2개의 편(編)으로 구성되고, 각 편은 6회의 장회로 구성되어 1권부터 3권까지는 각 권이 2개의 편과 12회의 장회로 구성된다. 1권부터 3권까지는 72책본에 비해 서술이 다소 축약되어 있을 뿐 큰 차이가 없는데, 축약의 정도가 심해지고 편집 체제도 흐트러진다.[81]

조선도서본이 출판되기 이전인 1913년 유일서관에서, 1916년 세창서관에서 〈임화정연〉을 발행한 적이 있었지만, 완질본은 조선도서본 뿐이다.[82] 조선도서본과 세창서관본은 그 체제와 내용이 흡사하지만 세부적인 문장과 어구는 부분적인 차이를 보인다. 두 이본이 동일 계열이기는 하지만 조선도서본이 앞서 출판된 세창서관본을 직접적인 모본으로 삼

---

81 조선도서본은 1권부터 4권까지가 같은 해에 출간되었으며, 3권까지는 축약의 정도가 크지 않은데 4권부터 큰 폭의 축약이 나타난다. 또 조선도서본의 1권부터 3권까지는 비교적 일관적인 방식으로 편집되어 있는 반면 4권 이후부터는 장회 하나의 면수가 8~10면으로 줄고, 한 권당 장회 수도 12회에서 4권 20회, 5권 21회, 6권 20회로 늘어난다. 또 5권과 6권에서는 10편과 12편의 표기를 누락하는 등 체제가 흐트러진다. 4권부터는 비용이나 시간 등의 문제로 출간을 서둘렀던 것이 아닌지 의심된다.

82 조선도서본보다 먼저 발간되었던 유일서관본과 세창서관본의 완질 여부는 확실하지 않다. 조선도서주식회사에서 동아일보에 낸 광고를 보면, "諸位의 日時로 苦待하시든 小說 / 朝鮮古代의 名作인 四姓奇逢이 今에 完帙出來하얏슴니다!"(동아일보 1925년 2월 25일자 광고)라고 되어 있어 최초의 구활자본 <임화정연> 완질본은 1925년 조선도서본일 가능성이 있다.

지는 않은 것으로 보인다.[83]

2) 『임화정연기봉(林花鄭延奇逢)』(이하 72책본)

72책본 〈임화정연〉은 72권 72책의 한글 필사본으로, 표제는 '임화정연기봉(林花鄭延奇逢)'이며, 내제는 1권~10권의 경우 '님화뎡연긔', 11권~72권은 '님화뎡연긔봉'으로 되어 있다.[84] 글씨는 가지런하고 정성들여 쓴 궁체로 필사되어 있으며, 낙서나 파손된 부분을 찾을 수 없을 정도로 보존상태가 양호하다. 각권은 70면~77면으로 이루어져 있으며, 76면인 경우가 가장 많다. 72책본의 각 권당 글자 수는 16,000자에서 24,000자까지 비교적 큰 폭의 차이를 보인다.[85] 72책본의 전체 분량은 대략 150만자로 추산된다.[86]

선행연구에서는 72책본과 조선도서본을 비교하고, 72책본도 일부 매끄럽지 않은 부분이 있어 원본이라고 볼 수는 없지만 현존하는 이본 중 원본의 전체 내용을 가장 많이 보유하고 있는 것으로 판단했다.[87] 또 72책본은 조선도서본보다 서술이 풍부하지만 전체적인 서사는 거의 동일하다고 보았는데, 낙질본을 포함해 72책본과 조선도서본은 다른 이본

---

83 세창서관본의 장회 제목들은 일부 표기의 차이만 제외하면 조선도서본의 장회 제목과 동일하다.

84 역자는 여러 경로로 72책본의 소장자와 접촉을 시도하였으나 실물을 열람할 수 없었다. 72책본의 서지사항에 대한 정보는 72책본의 영인본과 선행연구의 논의를 토대로 적은 것이다.

85 72책본은 모든 권이 11행으로 필사되어 있다. 다만 1행 당 글자 수는 상당한 차이를 보인다. 1권부터 3권은 1행이 20자 내외이며, 비교적 크고 또박또박한 필체로 충분한 여유 공간과 함께 본문이 필사되어 있다. 이 부분의 1쪽당 글자 수는 대략 220자 가량이다. 그런데 4권 이후부터는 점차 글자의 크기가 작아지고 조밀해지기 시작한다. 55권이나 58권은 1행 당 글자 수가 30자, 1쪽당 글자 수가 300자를 넘기도 한다. 한 줄당 글자 수는 해당 권의 앞(2~3쪽)과 중간(30~35쪽), 뒤(70~75쪽)의 1행 당 글자 수를 평균한 수치이다.

86 선행연구에서는 72책본의 전체 분량을 190만자로 언급한 바 있다.(박재연 외 교주, 『님화뎡연긔봉』 1~6, 학고방, 2008, 1쪽) 그러나 본 논문의 계산 결과 72책본의 전체 분량은 대략 152만 5천자 내외이다.

87 송성욱, 앞의 글, 2005.

에 비해서도 내용의 차이가 비교적 적은 편이다.

3. 구성

〈임화정연〉은 연구의 초기 단계에서부터 전반부와 후반부가 서로 다른 주인공으로 이루어져 있으며, 서사구조 역시 불연속적이라는 문제가 제기되면서 이를 둘러싼 논쟁이 벌어졌다.[88] 작품의 주인공이 누구이며, 서사구조가 어떠한가를 파악하는 일은 작품의 해석에 있어 중요한 문제이다. 그런데 이 문제에 대해 지금까지 제출된 연구자들의 견해는 매우 다양할 뿐만 아니라 큰 폭의 차이를 보인다. 그 결과 작품의 위상에 비해 연구가 심화되지 못하는 정체 상태가 지속되어 왔다.

옮긴이는 2016년 박사논문 「〈임화정연〉 연구」에서 이 문제에 대해 후속편 〈쌍성봉효록〉을 함께 보는 방식으로 해결책을 제시했다.[89] 해당 내용을 간략히 요약한 내용을 아래 제시하며, 자세한 내용은 옮긴이의 선행연구를 참고하여 주기 바란다.

현존하는 〈임화정연〉은 임씨 가문의 1대와 2대를 다루고 있으며, 〈쌍성봉효록〉은 3대와 4대를 다루고 있다. 옮긴이는 임씨 가문의 1대-2대-3대의 서사를 다룬 실전본 〈임화정연〉이 존재했을 것으로 추정한다. 다만 본고의 가설을 직접적으로 증명할 수 있는 실전본 〈임화정연〉은

---

88 <임화정연> 연구는 1966년 정규복으로부터 시작되었다. <임화정연>의 구조적 불연속성 문제는 1980년 양혜란이 '이원화된 구조'의 관점에서 논의를 펼친 것이 처음이며, 이에 대해 1983년 이현국이 반론을 제기하면서 논쟁이 본격적으로 이어졌다. 정규복, 「<임화정연> 논고」, 『대동문화연구』 3, 1966; 양혜란, 「<임화정연> 연구」, 이화여대 석사논문, 1980; 이현국, 「<임화정연> 연구」, 경북대 석사논문, 1983.

89 김동욱, 「<임화정연> 연구」, 서울대학교 박사논문, 2016.

아직 나타나지 않은 상태이며, 어쩌면 영원히 발견되지 않을 수도 있다.[90] 만일 실전본 〈임화정연〉의 존재를 가정한다면 〈임화정연〉의 서사는 어떻게 볼 수 있는지 살펴보자.

1대인 임자순은 임씨 가문의 가부장으로 등장한다. 그는 명문가의 후손으로 서술되어 있지만 실제로는 아무런 정치적, 경제적 기반이 없는 한미한 처사에 가깝다. 또 그는 주도적으로 어떤 일을 벌이거나 다른 인물과 갈등구조를 형성하지 않는 인물이다.

2대인 임규는 가문을 실질적으로 일으키는 주역이다. 그는 두 차례의 갈등을 빚는다. 〈임화정연〉의 전반부에서는 정연양과의 혼사 문제를 놓고 진상문과 갈등을 빚는다. 임규와 진상문의 갈등은 진상문이 진심으로 회과자책하면서 해소된다. 후반부에서는 첩 양씨와 갈등을 빚으며, 이 부분은 임씨 가문의 2대 서사가 3대의 서사로 연결되는 지점이라고 할 수 있다. 이 과정에서 정연양의 시비 석가월은 양씨와의 갈등 끝에 집을 나와 천하를 유람하다 도교로 출가했다가, 나중에 양씨 등의 음모를 해결하는 데에 결정적인 공을 세우게 된다. 임규와 양씨의 갈등은 〈임화정연〉에서는 해소되지 않는다.

3대 인물 중 주인공은 정실 정연양의 소생 임백영이고, 그와 갈등을 일으키는 인물은 첩 양씨 소생의 서장자(庶長子) 임효영이다. 정연양의 시비 석가월은 〈임화정연〉의 후반부에서 양씨와 갈등을 빚는 사이가 된다. 그들의 갈등은 계속 누적되어, 〈쌍성봉효록〉에서 본격적으로 대립하게 된다. 임백영과 임효영은 가문의 종통 계승권을 둘러싸고 대립하는 구도

---

90 본고의 주장을 가장 직접적으로 뒷받침할 수 있는 증거는 주인공 1대부터 3대까지의 서사를 모두 보유한 완질본 <임화정연>의 출현이 될 것이다. 서울대학교 도서관에 한때 소장되었지만 지금은 분실된 139권 139책 <임화정연>이 책 수로 미루어 볼 때 실전본 <임화정연>의 모습에 가까울 것으로 보이나 확실하지 않다.

를 이루는데, 그 과정에서 벌어지는 여러 사건들은 2대의 서사와 유사한 점이 많다. 임규의 경우 진상문과 진 부인의 계략으로 인해 정연양이 남복으로 개착하고 집을 떠나 고생했는데, 임백영과 임효영의 대립에서도 임효영의 모친 양씨가 주도적으로 음모를 꾸미며, 이로 인해 임백영의 처 유계화와 임중영의 처 소옥설이 집을 떠나 조천관에 몇 년간 머물러 있게 된다.[91] 그들의 갈등구조는 〈쌍성봉효록〉 6권 137면에서 완전히 해소된다.

실전본 〈임화정연〉은 주인공 가문의 3대를 대상으로 하되, 1대에서 한미했던 가문이 2대에 이르러 크게 성장하며, 3대에서 가문 내적 질서를 확립한다는 점에서 가문의 성립과 번영을 기본적인 틀로 삼고 있는 삼대록계 가문소설의 서사구조와 크게 다르지 않다고 할 수 있다. 〈임화정연〉의 서사구조에 대해 다양한 의견이 제출된 이유는 현존하는 〈임화정연〉의 자료적 속성 탓인 셈이다.

요컨대 현존하는 완질본인 조선도서본과 72책본 모두 완질본이기는 하지만 한 편의 작품으로서 완결된 서사구조를 갖추고 있는 이본은 아니다. '완질본'이라는 용어는 작품을 이루는 전체 책 수 중 '낙질'이 없다는 뜻이지 그들이 '원본'의 서사 전부를 온전히 지니고 있다는 의미까지 담고 있지는 않다. 〈임화정연〉의 서사는 임씨 가문의 1대-2대-3대로 파악해야 하며, 따라서 〈쌍성봉효록〉의 전반부까지 합쳐서 파악해야 온전하게 이해할 수 있다.

이렇게 본다면 쌍성 형제를 중심으로 한 〈쌍성봉효록〉의 후반부는

---

91 현존하는 72책본의 51권 28~29면에는 유계화와 소옥설의 고난에 대한 복선이 있다. 조옥연은 꿈에서 자신의 모친을 만나 도교로 출가할 운명임을 듣게 되는데, 그 때 자신이 앞으로 지내게 될 도관을 둘러보다가 두 명의 여인을 보게 된다. 이 두 여인의 정체에 대해서는 언급이 되지 않으나, <쌍성봉효록>에서 유계화와 소옥설이 조천관에 와서 지내게 되면서 앞의 두 여인이 그녀들임을 알 수 있게 된다.

후대에 덧붙여져 창작되었을 가능성이 높다. 현존하는 국립중앙도서관 소장 〈쌍성봉효록〉은 3대인 임백영과 4대인 쌍성 형제의 서사가 결합되어 있어 제명과 내용이 일치하지 않는다.[92] 앞서 지적했듯이 〈쌍성봉효록〉은 전, 후반부의 서사구조가 분절적이고 서술의식도 이질적이며, 가상의 필자인 옥호산 양문진인에 대한 설명이 두 번에 걸쳐 이루어지는 점도 눈길을 끈다.[93] 단언할 수는 없지만, 〈쌍성봉효록〉은 '쌍성봉효(雙星奉孝)'라는 제목에서 알 수 있듯이 원래는 임부의 4대 쌍성 형제의 서사만 다루는 내용으로 창작되었다가 후대에 지금과 같이 1대-2대 〈임화정연〉, 3대-4대 〈쌍성봉효록〉의 형태로 만들어졌을 가능성이 있다.

4. 2권 줄거리 요약

소홍부 지현인 이현경은 자신의 죄를 화빙아에게 덮어씌우려 화부의 노복들을 심문하지만 성과가 없다. 한편 진상문은 두 아내를 두고도 연권의 딸 연영아가 아름답다는 소문을 듣자 청혼하나 연권은 이를 거절한다. 진상문은 연권이 없는 틈을 타 일을 꾸미기 위해 연권을 순무어사

---

92 선행연구에서도 <쌍성봉효록>의 제명과 내용의 불일치에 대한 의문이 제기된 바 있다. "작품 제목이 의미하는 '쌍셩' 역시 임규의 쌍둥이 손자인 성인과 성현 형제를 일컫는 말이다. …(중략)… 그러나 작품 전체를 통해 볼 때, 이 쌍성 형제의 활약이 제목으로 부상될 만큼 중요하거나 많은 비중을 차지하는 것이 아니다. 따라서 왜 이런 식으로 제목을 정했는가에 대해서는 여전히 의문으로 남는다." 송성욱, 「<임화정연> 연작 연구」, 『고전소설연구』 10, 1995, 368쪽.

93 <임화정연>의 1대 임자순과 정현, 연권, 화경윤 부부는 <쌍성봉효록>의 16권 112면부터 차례로 세상을 뜨고, 16권의 129면부터 가상의 서술자인 양문진인에 대한 서술이 나온다. 이는 대다수의 한글장편소설에서 작품을 끝낼 때 쓰는 상투적 방식이다. 그런데 <쌍성봉효록>은 양문진인에 대한 서술이 끝난 뒤인 16권 135면에서 쌍성 형제의 군담이 새로 시작된다. 쌍성 형제가 개선하자, 사람들은 이미 죽은 1대 인물들을 추모하며 슬퍼한다. 그리고 16권 153~154쪽에서 재차 양문진인이 <임화정연>을 짓게 된 경위가 서술되는 것으로 작품이 끝난다. 가상의 서술자에 대한 소개가 두 차례에 걸쳐 중복되어 있는 현상은 쌍성 형제의 군담 대목이 후대에 추가되었기 때문에 발생했을 가능성이 있다.

로 천거한다. 순무어사가 된 연권은 직무를 수행하다가 우연히 왕 과부의 집에 머물던 정연양 일행을 만난다. 정연양은 기주로 가는 도중 병이 심해진 상태였다. 연권은 병에 걸린 정연양이 조리할 수 있도록 도와주고 왕 과부 모녀와 함께 경사에 있는 집으로 보내 자신의 딸과 함께 지내도록 도와준다.

순무어사 연권이 소흥부에 도착하자 화빙아는 유모 편에 그간의 사정을 적은 편지를 올린다. 연권이 관련자들을 불러들여 심문한 결과 이현경의 늑혼과 이창백의 납치 시도 등 사건의 진상이 모두 밝혀진다. 연권이 이들을 엄히 다스리려 하자 화빙아가 선처를 호소한다. 연권은 이현경을 고향으로 돌아가게 하고 이창백에게는 장 일백 대의 형을 내린다. 이창백이 매를 맞다가 긴장하여 설사를 심하게 하니, 이 모습을 본 사람들은 모두 이창백을 한심하게 여기며 놀림감으로 삼는다. 화빙아는 시비 홍연이 이창백과 부부 사이였던 것을 감안하여, 이창백이 착하게 살 수 있도록 타이르라고 하고 홍연을 그에게 보낸다.

연권은 정연양과 혼인한 임규의 사람됨이 어떤지 알아보려 한다. 연권은 미복으로 임자순의 집에 찾아가 임규를 만나고 그를 사위로 삼을 의사를 품는다. 연권의 행동거지를 미심쩍게 여기던 임규는 노복을 시켜 그를 미행한 결과 연권이 순무어사라는 사실을 알아낸다. 연권은 정연경을 불러 정현의 집에서 벌어진 일에 대해 위로하고 화빙아와 정혼한 정 공자의 이야기를 하며 사실 여부를 확인하니 정연경은 자신은 정혼한 사실이 없다고 답한다. 연권은 다시 임규의 집에 방문하지만 임규 부자가 유람을 떠났다는 말을 듣자 시 한 수를 지어 남기고 공무를 마친 다음 수도로 떠난다.

한편, 연권이 집을 비운 사이 진상문은 연부의 시비 난섬을 재물로 꾀어낸다. 난섬이 진상문의 인물과 재물을 칭송하나 연권의 첩 방 씨는 난섬을 꾸짖는다. 연권의 죽은 아내에게는 호부시랑이었던 이복동생 류일이 있었는데, 그는 진상문의 꼬임에 넘어가 조카딸인 연영아와 진상문의 혼사를 이루기 위해 진상문과 모의한다. 류일은 자신의 딸 류취향으로 하여금 연영아와 친분을 쌓게 하나, 류취향은 연영아의 아름다움에 질투를 느끼고, 아버지가 자기보다 연영아를 위해 좋은 혼처 자리를 알아본다 하여 속상해한다. 한편 연영아는 시비를 통해 진상문과 외삼촌의 모의 내용을 파악하게 되고, 병이 깊다는 핑계로 외부인을 거절하며 대비책을 세운다.

이때 정연양 일행과 왕 과부 모녀가 경사에 도착하니, 연영아는 그들을 환대한다. 연영아는 석가월의 입을 통해 정연양이 도망치게 된 사정을 알게 되고, 현재 외삼촌이 진상문과 합심하여 자신의 혼사를 모의한다는 사실을 말한다. 정연양 일행은 연영아를 돕기로 하고 계책을 마련한다. 먼저 석가월 등이 짜고 류취향을 충동질하자, 류취향은 자신이 연영아 대신 진상문에게 시집가겠는 결심을 하게 된다. 마침내 진상문과 연영아의 혼인이 이루어지지만, 사실은 류취향이 시집을 간 것이었다. 류일은 뒤늦게 이 사실을 알고 딸의 장래를 걱정한다.

호 씨는 진상문의 행동이 평상시와 다름을 눈치채고, 종들을 족쳐 진상문과 류취향이 침상에 있는 현장을 발각한다. 호씨는 류취향을 끌어내 철 몽둥이로 난타한다. 진상문이 몰래 세 번째 아내를 맞은 일이 탄로나 호 씨와 이 씨, 류 씨가 서로 싸우니 진상문은 자신에게 아내 복이 없음을 한탄한다. 류취향은 자신의 집으로 돌아가 몸을 조리하다가, 진상문이 찾아오자 화를 내며 자신은 류일의 딸임을 밝힌다. 진상문은 분노하지만 류일의 만류에 마음을 진정한다.

연권은 수도로 올라와 가족들과 재회하고, 화빙아의 이야기를 전하며 정혼한 정 공자의 정체를 궁금해 하니 정연양이 그간의 사정을 털어놓는다. 연권은 정연양, 연영아, 화빙아 셋이 모두 임규의 처가 되는 것이 좋겠다고 생각하고, 정연양과 연영아 역시 이에 동의한다.

진상문은 연권과 만나려 하나 거절당하자, 호유용에게 찾아가 연권을 모함한다. 진상문이 연권을 모함하자, 평소 연권을 못마땅하게 여기던 호유용은 황제에게 연권이 순무어사로서 잘못 처리한 일이 있다고 모함한다. 황제는 진상문을 절강 순무어사로 임명해 진상 조사를 명한다. 진상문은 화빙아의 미모가 아름답다는 소문을 듣고 절강에 가서 화빙아를 취하려는 음모를 꾸민다. 정연양과 연영아가 이 사실을 알고 걱정에 빠지자, 석가월이 남장을 하고 절강으로 가서 미리 화씨 집에 알려 주겠다고 한다.

참고문헌

박재연 외 교주, 『님화뎡연긔봉』 1~6, 학고방, 2008.

『사성기봉 임화정연(四姓奇逢 林花鄭延)』, 조선도서 주식회사, 1923~1925, 6권 6책

『옥수기(玉樹記)』, 서울대학교 규장각 소장

최길용 교주, 『교감본 〈명주보월빙〉』 1, 학고방, 2014.

김기동, 『한국고전소설연구』, 교학사, 1981.

김동욱, 「〈임화정연〉 연구」, 서울대학교 박사논문, 2016.

김지연, 「〈임화정연〉의 현대적 출판과 개작의 특징: 1962년 을유문화사 판 최인욱 본 〈임화정연〉을 중심으로」, 『고소설연구』 33, 2012.

김태준 저, 박희병 교주, 『증보조선소설사』, 한길사, 1990.

송성욱, 「〈임화정연〉 연작 연구」, 『고전소설연구』 10, 1995.

송성욱, 「필사본 〈임화정연〉 72책본 텍스트 연구: 구활자본과의 비교를 중심으로」, 『한국문화』 36, 2005.

양혜란, 「〈임화정연〉 연구」, 이화여대 석사논문, 1980.
이현국, 「〈임화정연〉 연구」, 경북대 석사논문, 1983.
정규복, 「〈임화정연〉 논고」, 『대동문화연구』 3, 1966.
정병설, 「'도서원부'를 통해 본 경성제국대학 도서관의 한국고서 수집」, 『문헌과 해석』 63, 2013.
정병욱, 『국문학산고』, 신구문화사, 1959.